高等法律职业教育系列教材
GAODENGFALUZHIYEJIAOYUXILIEJIAOCAI

司法警察实务

SIFA JINGCHA SHIWU

主　编◎周静茹　金　琳
副主编◎陈汉彬　龚亭亭

暨南大学出版社
JINAN UNIVERSITY PRESS
中国·广州

本书编委会

主　编：周静茹　金　琳

副主编：陈汉彬　龚亭亭

主　审：刘　钦（广州市中级人民法院）

撰稿人：（按姓氏笔画排列）

王凌云　兰凤英　朱巧红　齐　霞

陈汉彬　林　兰　罗光华　金　琳

周静茹　项　琼　龚亭亭　曾　郁

目　录
CONTENTS

总 序

高等法律教育职业化已成为社会的广泛共识。2008年，由中央政法委等15部委联合启动的全国政法干警招录体制改革试点工作，更成为中国法律职业化教育发展的里程碑。这也必将带来高等法律职业教育人才培养机制的深层次变革。顺应时代法治发展需要，培养高素质、技能型的法律职业人才，是高等法律职业教育亟待破解的重大实践课题。

目前，受高等职业教育大趋势的牵引、拉动，我国高等法律职业教育开始了教育观念和人才培养模式的重塑。改革传统的理论灌输型学科教学模式，吸收、内化“校企合作、工学结合”的高等职业教育办学理念，从办学“基因”——专业建设、课程设置上“颠覆”教学模式：“校警合作”办专业，以“工作过程导向”为基点，设计开发课程，探索出了富有成效的法律职业化教学之路。为积累教学经验、深化教学改革、凝塑教育成果，我们着手推出“基于工作过程导向系统化”的法律职业系列教材。

《国家（2010—2020年）中长期教育改革和发展规划纲要》明确指出，高等教育要注重知行统一，坚持教育教学与生产劳动、社会实践相结合。该系列教材的一个重要出发点就是尝试为高等法律职业教育在“知”与“行”之间搭建平台，努力对法律教育如何职业化这一教育课题进行研究、破解。在编排形式上，打破了传统篇、章、节的体例，以司法行政工作的法律应用过程为学习单元设计体例，以职业岗位的真实任务为基础，突出职业核心技能的培养；在内容设计上，改变传统历史、原则、概念的理论型解读，采取“教、学、练、训”一体化的编写模式。以案例等导出问题，根据内容设计相应的情境训练，将相关原理与实操训练有机地结合，围绕关键知识点引入相关实例，归纳总结理论、分析判断解决问题的途径，充分展现法律职业活动的演进过程和应用法律的流程。

法律的生命不在于逻辑，而在于实践。法律职业化教育之舟只有融入法律实践的海洋当中，才能激发出勃勃生机。在以高等职业教育实践性教学改革为平台进行法律职业化教育改革的路径探索过程中，有一个不容忽视的现实问题，高等职业教育人才培养模式主要适用于机械工程制造等以“物”作为工作对象的职业领域，而法律职业教育主要针对的是司法机关、行政机关等以“人”作为工作对象的职业领域，这就要求在法律职业教育中要对高等职业教育人才培养模式进行“辩证”地吸纳与深化，而不是简单、盲目地照搬照抄。我们所培养的人才不应是“无生命”的执法机器，而是有法律智慧、正义良知、训练有素的有生命的法律职业人员。但愿这套系列教材能为我国高等法律职业化教育改革作出有益的探索，为法律职业人才的培养提供宝贵的经验、借鉴。

张立民

2010 年 11 月 15 日

前 言

《中华人民共和国人民警察法》在总则第二条规定，人民警察的任务是维护国家安全，维护社会治安秩序，保护公民的人身安全、人身自由和合法财产，保护公共财产，预防、制止和惩治违法犯罪活动。人民警察包括公安机关、国家安全机关、监狱、劳动教养管理机关的人民警察和人民法院、人民检察院的司法警察。司法警察作为人民警察队伍中的一个独立警种，依法维护司法场所设施安全与司法活动秩序的正常进行是其有别于其他警种的重要职责，是具有武装性质的司法行政执法力量。

司法警察依法履行法律赋予的职责，必须熟练掌握司法警察业务技能，遵纪守法，忠于职守，服从命令，听从指挥，廉洁公正，文明执法，对党忠诚，勇于献身。既要有较高的思想政治觉悟，丰富的法律知识，又要有优良的战斗作风，严明的组织纪律性和过硬的司法警察业务技能。

本书是广东司法警官职业学院专业教师对近年来的教学实践和学生顶岗实训过程的经验总结，既可作为司法警官职业院校司法警务专业的教材，也可作为在职人员司法警察业务的培训教材。同时，对从事司法执行理论研究及司法执行实务工作也具有一定的指导作用。

本书在编写过程中，得到广州市中级人民法院法警支队、广州市各区人民法院法警大队的大力支持和指导。广州市中级人民法院法警支队刘钦支队长在百忙之中主审了全书，并提出了建设性的修改意见，为该书的最后付梓倾注了大量心血。在此一并向他们表示谢忱。

由于编者的水平和实践经验有限，本书不足之处在所难免，恳请读者批评指正。

编者

2010 年 11 月

单元一

司法警察业务概述

【知识目标】

明确司法警察的含义及司法警察业务内容

明确司法警察业务的指导思想

明确司法警察工作的基本特点和要求

【能力目标】

能够运用司法警察业务的指导思想指导司法警察业务工作

能够把握司法警察业务的工作特点与工作要求

项目一　司法警察概述

一、司法警察的概念

【新闻链接 1－1】

1995 年 2 月 28 日第八届全国人民代表大会常务委员会第十二次会议通过，中华人民共和国主席令第四十号公布施行的《中华人民共和国警察法》第 2 条规定，人民警察包括公安机关、国家安全机关、监狱、劳动教养管理机关的人民警察和人民法院、人民检察院的司法警察。

司法警察在英语中称为 bailiff，其含义也包括“执行官”。司法警察的概念有广义和狭义之分，广义的概念是指所有介入司法程序的警察；狭义的概念是指在司法机关执行特定司法任务的警察。我国使用的是狭义的概念。

中华人民共和国司法警察简称法警，是指隶属于司法机关，依照法律规定可以使用强制手段维护司法活动秩序、保障司法人员和其他诉讼活动参与人的人身安全及司法场所设施安全的执法人员。它包括人民法院的司法警察和人民检察院的司法警察两大类。

【应知应会】

司法警察的概念包括以下四层含义：

（一）司法警察是人民警察的一个独立警种，有自己特有的组织建制和职务序列

首先，司法警察是人民警察。《中华人民共和国警察法》第 2 条第二款明确规定，人民警察包括公安机关、国家安全机关、监狱、劳动教养管理机关的人民警察和人民法院、人民检察院的司法警察。

其次，司法警察是一个独立警种。《中华人民共和国警察法》明确规定了公安机关的人民警察、国家安全机关的人民警察、监狱机关的人民警察、劳动教养管理机关的人民警察、人民法院和人民检察院的司法警察等五大警种。

国家根据人民警察的工作性质、任务和特点，设置组织建制和职务序列。司法警察的工作性质、任务和特点不同于公安、国家安全、监狱、劳动教养管理机关的人民警察，因此，它不仅是一个独立的警种，而且必须有自己特有的组织建制和职务序列。《人民法院司法警察暂行条例》第 13 条规定，人民法院司法警察实行编队管理。最高人民法院设立司法警察局，高级人民法院设立司法警察总队，中级人民法院设立司法警察支队，基层人民法院设立司法警察大队。《人民检察院司法警察暂行条例》第 12 条规定，人民检察院司法警察实行编队管理。最高人民检察院设法警局，省、自治区、直辖市人民检察院设法警总队，省、自治区、直辖市人民检察院分院和自治州、省辖市人民检察院设法警支队，县、市、自治县和市辖区人民检察院设法警队。

（二）司法警察是设置在人民法院、人民检察院的人民警察

司法警察不像公安机关、国家安全机关、监狱和劳动教养管理机关的人民警察那样能自成一个独立的体系，并且是一级国家机关。司法警察设置在人民法院、人民检察院内并受人民法院院长和人民检察院检察长直接领导，其不是一个完整的国家机关，而是隶属于人民法院、人民检察院并受人民法院院长、人民检察院检察长直接指挥和管理的一支武装性质的司法力量，是人民法院、人民检察院的重要组成部分。

（三）司法警察是在人民法院和人民检察院执行特定司法任务的人民警察

由于司法警察的工作性质、任务和特点受到人民法院审判工作、人民检察院检察工作的直接支配和影响，所以司法警察工作性质、任务和特点就不同于公安、国家安全、监狱和劳动教养管理机关的人民警察，它执行的是特定的司法任务。例如，人民法院司法警察的主要任务是警卫法庭、值庭、押解、看管被告人、送达法律文书、参与和协助执行发生法律效力的判决、裁定和决定等；人民检察院司法警察的主要任务是执行传唤、执行拘传和协助执行其他刑事强制措施、保护由人民检察院直接受理的犯罪案件的现场、参与搜查、押解、看管犯罪嫌疑人或被告人、送达法律文书等。司法警察通过完成上述任务，为审判工作和检察工作服务，保障国家的审判工作和检察工作的顺利进行。

（四）司法警察必须依法履行职责

《中华人民共和国警察法》第 18 条明确规定，国家安全机关、监狱和劳动教养管理机关的人民警察和人民法院、人民检察院的司法警察，分别依照有关法律、行政法规的规定履行职责。这一条款从客观上讲包含两层意思，一是人民警察的职责必须由法律法规规定；二是人民警察必须依法履行职责。

目前，司法警察履行职责的主要依据是 1997 年 5 月 14 日实施的《人民法院司法警察暂行条例》和 1996 年 8 月 14 日实施的《人民检察院司法警察暂行条例》。虽然目前法律法规尚未对司法警察职责作出明确规定，但是《人民法院司法警察暂行条例》和《人民检察院司法警察暂行条例》毕竟是国家最高司法机关作出的规范性文件，作为司法机关内部工作章程，具有最高效力。

【特别提醒】

《人民法院司法警察暂行条例》和《人民检察院司法警察暂行条例》分别是由最高人民法院和最高人民检察院制定的内部工作条例，而不是全国人大常务委员会制定的法律。

二、司法警察制度的历史沿革

我国的司法警察最早出现于清朝末年。1906 年，清政府在变法修律的过程中，改刑部为法部，掌管全国司法行政；改大理寺为大理院，相应设立了检察厅，掌管全国复核死刑案件、平反冤狱等工作。司法警察就是为了适应审、检两厅履行审判和检察职能的需要而设置的。

在国民党统治时期，司法警察是为协助检察官侦办刑事案件而设置的特殊警种，其人员分专职与兼职两种。

我国人民法院、人民检察院司法警察制度是随着人民司法制度的建立而建立，并适应人民法院、人民检察院机关工作的需要而产生的。它的发展和建设与人民警察队伍的发展建设密切相关。

新民主主义革命时期，在中国共产党的领导下，各个革命根据地相继建立起人民的审判机关。例如，1931 年 11 月，在江西瑞金召开了第一次中华苏维埃共和国工农兵代表大会，成立了中央工农民主政府临时最高法院，之后又成立了中华苏维埃共和国裁判部、边区法院等。1948 年统一称人民法院。特别是诞生于延安革命根据地时期的巡回法庭如“马锡武巡回办案”，既提高了审判效率，又方便了群众诉讼等。在这个历史时期，虽然没有明确规定人民审判机关设置专职司法警察，但是也不同程度地明确了司法警察这一职务，规定了人民审判机关调用赤卫队、警卫员、民警等执行司法警察职务。这些实践和规定为新中国成立后我国司法警察的设置打下了坚实的基础。

中华人民共和国成立后，人民法院和人民检察院的司法警察建设经历了一个起伏的发展过程。1950 年经周恩来总理批准，将执行不同任务的警察统一命名为中华人民共和国警察。1951 年 9 月，中央人民政府委员会通过《中华人民共和国人民法院暂行条例》，承认了人民法院的组织体系，其中规定“县级人民法院设法警、省级人民法院设置法警若干人”。这是中华人民共和国成立后首次对人民法院设置司法警察机构明确作出的法律规定。1954 年 9 月 21 日，第一届全国人民代表大会第一次会议通过的《中华人民共和国人民法院组织法》尽管没有对人民法院设置司法警察作出规定，但在此期间，各级法院根据实际工作的需要和历史形成的做法，仍数量不等地配备了司法警察并进行了有效的工作。

1956 年 5 月，公安部、财政部、司法部、国家人事局联合下达通知，决定自 1956 年 7 月 1 日起，将各级人民法院的司法警察列为中国人民警察的警种之一。其着装、工资待遇等与公安机关人民警察相同。

1957 年 6 月 25 日，国家公布《中华人民共和国人民警察条例》，规定了人民警察的性质、任务、职责、权限等。《中华人民共和国人民警察条例》的实施为人民法院、人民检察院司法警察依法执行任务、履行职责提供了法律依据。

在十年动乱期间，人民法院、人民检察院司法警察工作遭到严重的破坏。粉碎“四人帮”后，特别是党的十一届三中全会以后，人民法院、人民检察院司法警察建设同整个人民法院、人民检察院建设一样，进入了新的发展阶段。

1979 年 7 月 1 日，第五届全国人民代表大会第二次会议通过的《中华人民共和国人民警察警衔条例》颁布实施。这是有关人民警察队伍建设的一部重要法律，依照规定，人民法院、人民检察院司法警察与其他警种的人民警察一样实行警衔制度。这是司法警察队伍建设史上的一件大事，标志着人民法院、人民检察院的法警队伍进入了一个新的历史阶段，从此迈上革命化、现代化、正规化建设的轨道。

1995 年 2 月 28 日，由第八届全国人民代表大会常务委员会第十二次会议通过的《中华人民共和国警察法》是我国警察制度的总章程，是警察法规体系中的基础性法规。它规定了人民警察工作环节的基本原则和方法。该法的颁布实施，对人民法院、人民检察院司法警察制度的确立，人民法院、人民检察院司法警察队伍建设的加强，发挥了重要的作用。《中华人民共和国警察法》颁布实施后，最高人民法院、最高人民检察院便着手组织《人民法院司法警察暂行条例》、《人民检察院司法警察暂行条例》的起草工作。其中，《人民检察院司法警察暂行条例》于 1996 年 7 月 18 日经最高人民检察院第八届检察委员会第五十八次会议通过并实施；《人民法院司法警察暂行条例》于 1997 年 4 月 26 日经最高人民法院审判委员会会议讨论通过并于 1997 年 5 月 4 日公布实施。以上两则条例在总结人民法院、人民检察院司法警察实践经验的基础上，依据《中华人民共和国人民警察法》、《中华人民共和国人民法院组织法》及《中华人民共和国人民检察院组织法》，根据我国人民法院、人民检察院司法警察的性质、任务，结合全国法院、检察院司法警察的现状，并参照其他警种人民警察管理的丰富经验，对司法警察的职权、组织管理、警务保障等方面作了较为全面的规定。它对人民法院、人民检察院司法警察队伍建设的革命化、管理制度的规范化、人员配备和教育训练的正规化、警务装备的现代化等方面都提出了严格要求，为建设一支高素质的法警队伍提供了必要的制度保障。《人民法院司法警察暂行条例》和《人民检察院司法警察暂行条例》的正式颁发和施行，是人民法院、人民检察院司法警察队伍建设的里程碑。

三、司法警察的性质

按照马克思主义的警察本质属性说，警察是国家重要的专政工具之一，是武装性质的暴力机关，是维护国家安全和社会秩序的社会力量。上述三种特征密切联系，相辅相成，是警察性质的基本体现。

【应知应会】

司法警察作为人民法院、人民检察院的司法行政力量，还具有以下属性：

（一）司法行政性

人民法院是国家审判机关，人民检察院是国家法律监督机关，审判权和检察权都是国家重要的权力。人民法院和人民检察院都是行使国家司法权的机关。司法警察是在人民法院和人民检察院行使特定司法任务的警察，司法警察的全部执法活动都紧紧围绕人民法院和人民检察院的职责、任务来展开和进行，是武装性质的司法行政执法力量，是司法权和行政权的统一，具有明显的司法行政性。这也是司法警察在属性上与其他警种人民警察的一个显著的区别。

（二）依法辅助性

司法警察另外一个明显的属性表现在，无论是人民法院的司法警察还是人民检察院的司法警察，在人民法院的司法活动或人民检察院的检察活动中，司法警察都是在法官或检察官的指挥下依法履行职责。这也是司法警察区别于其他警种人民警察的另外一个属性——依法辅助性。

【特别提醒】

公安机关、国家安全机关、监狱机关、劳动教养管理机关的人民警察在体制上隶属于国务院和各级人民政府，是各级人民政府的一个职能部门；司法警察在体制上隶属于人民法院和人民检察院，是设立在人民法院和人民检察院内部的机构。因此，其他警种的人民警察和政府的其他部门一样，突出了警务工作的行政性，而司法警察更突出其司法性。

四、司法警察的地位

《中华人民共和国人民法院组织法》第 41 条第三款明确规定，各级人民法院设司法警察若干人。最高人民法院有关文件规定，人民法院专职法警按所在法院干警控编数的 12% 配备。《中华人民共和国人民检察院组织法》第 27 条第三款明确规定，各级人民检察院根据需要可以设司法警察。第 28 条规定，各级人民检察院的人员编制由最高人民检察院另行规定。这些规定赋予了司法警察在人民法院和人民检察院的合法地位，说明人民法院、人民检察院的司法警察是人民法院和人民检察院组成人员中不可缺少的重要部分，它有着独立的、不可替代的组织建制、工作内容和要求，以其特有的工作方式履行国家法律赋予的职责。

司法警察是人民法院、人民检察院法定成员之一，根据《中华人民共和国人民法院组织法》规定，各级人民法院设院长、副院长、庭长、副庭长、审判员、助理审判员、书记员、司法警察；根据中华人民共和国人民检察院组织法》规定，各级人民检察院设检察长、副检察长、检察员、助理检察员、书记员、司法警察。

司法警察是人民法院、人民检察院内部独立的业务职能部门，实行双重领导和编队管理，上下形成一个独立的体系。《人民法院司法警察暂行条例》第 13 条规定，人民法院司法警察实行编队管理。最高人民法院设立司法警察局，高级人民法院设立司法警察总队，中级人民法院设立司法警察支队，基层人民法院设立司法警察大队。《人民检察院司法警察暂行条例》第 12 条规定，人民检察院司法警察实行编队管理。最高人民检察院设法警局，省、自治区、直辖市人民检察院设法警总队，省、自治区、直辖市人民检察院分院和自治州、省辖市人民检察院设法警支队，县、市、自治县和市辖区人民检察院设法警队。同时，《人民法院司法警察暂行条例》和《人民检察院司法警察暂行条例》分别规定，最高人民法院领导地方各级人民法院和专门人民法院司法警察工作，上级人民法院领导下级人民法院司法警察工作。最高人民检察院领导地方各级人民检察院和专门人民检察院司法警察工作，上级人民检察院领导下级人民检察院司法警察工作。

这一规定明确了由人民法院和人民检察院分别领导人民法院和人民检察院的司法警察工作。同时，也说明司法警察接受所在人民法院院长、人民检察院检察长的领导，接受所在人民法院、人民检察院和上级人民法院、人民检察院司法警察部门的领导。

从上述规定来看，人民法院和人民检察院的司法警察实行编队管理：法警局/法警总队/法警支队/法警大队。在法警工作方面，上下级法院、检察院是领导与被领导的关系；在司法警察人员方面，上下级法院、检察院是管理与被管理的关系，从而形成了人民法院、人民检察院内部独立的、上下统一的编队管理和工作领导与被领导的组织管理体系。《人民法院司法警察暂行条例》和《人民检察院司法警察暂行条例》分别对各级法警组织的主要责任作了具体、严格的规定，司法警察队伍的建设逐步走向革命化、规范化、现代化。

【应知应会】

（一）人民法院司法警察是重要的司法审判辅助人员和司法行政执法人员

《中华人民共和国人民法院组织法》第三章规定了人民法院的审判人员和其他人员的选用条件及规格。其中，人民法院“其他人员”是指除审判人员以外与办理案件直接有关的人员，包括司法警察、书记员、执行员和法医。可见，司法警察是参与人民法院审判活动的法定成员。司法警察依照《人民法院司法警察暂行条例》规定，履行押解、看管被告人或罪犯、值庭、警卫、送达诉讼文书等职责，保障审判活动顺利进行。另外，人民法院司法警察依法保障审判人员和其他参与诉讼活动的人员及相关设施财产的安全，维护审判秩序；依法执行死刑、参与生效判决文书的强制执行活动，是人民法院重要的司法行政人员。

（二）人民检察院司法警察是重要的司法监督辅助人员及刑事执法人员

《中华人民共和国人民检察院组织法》第三章规定了人民检察院的机构设置和人员的任免。其中，“人员”包括检察官、书记员和司法警察。《人民检察院司法警察执行职务规则（试行）》第5条规定，人民检察院司法警察在检察官的指挥下履行职责。可见，人民检察院司法警察处于从属地位。司法警察依据《人民检察院司法警察暂行条例》规定，履行押解、看管犯罪嫌疑人、被告人和罪犯，保护犯罪现场，参与搜查，执行传唤、拘传及有关刑事强制措施，送达法律文书等职责，是与检察工作直接相关并保障各项检察活动顺利进行的重要辅助力量。另外，人民检察院司法警察依法保护检察人员和其他参与检察活动的人员及相关设施财产的安全，维护检察工作秩序；依法执行自侦案件犯罪现场保护任务，参与搜查，协助执行拘留、逮捕、追捕在逃犯罪嫌疑人等刑事侦查活动，是人民检察院重要的刑事执法人员。

五、司法警察的作用

人民法院、人民检察院司法警察的作用主要是通过行使职权，预防、制止和惩罚妨碍检察、监督、审判活动的违法犯罪活动，维护审判、检察秩序，保障审判、检察工作的顺利进行。其具体表现有以下两个方面：

（一）维护国家法律尊严

从广义上讲，每个公民都有责任和义务维护国家法律的尊严，但现实社会是复杂的、多样的，不是每个公民都能自觉做到遵守国家法律，其中还包括极少数人对国家法律的蔑视和对抗。因此，这就需要国家的专门机关来维护国家法律尊严。人民法院作为国家审判机关，它通过判决、裁定等方式，调整、规范公民、法人和其他组织的行为，通过惩罚违法犯罪行为，以达到维护国家法律尊严之目的。人民检察院作为国家的法律监督机关，对于叛国案、分裂国家案以及严重破坏国家的政策、法律、法令、政令实施的重大犯罪案件，行使检察权；对于直接受理的刑事案件，进行侦查；对于公安机关侦查的案件，进行审查，决定是否逮捕、起诉或者免予起诉；对于刑事案件提起公诉，支持公诉；对于公安机关的侦查活动、人民法院的审判活动、刑事案件判决、裁定的执行和监狱、看守所、劳动教养机关的活动是否合法，实行监督；依法保障公民对于违法的国家工作人员提出控告的权利，追究侵犯公民的人身权利、民主权利和其他权利的人的法律责任。人民法院、人民检察院司法警察作为审判、检察机关的执法力量，是国家强制力在人民法院、人民检察院最直接、最具体的体现，理所当然要承担起维护国家法律尊严的重任，通过履行职权，维护国家法律的尊严。

（二）保障审判、检察工作的顺利进行

人民法院司法警察通过警卫法庭，维护审判秩序，送达法律文书，执行传唤、拘传、拘留，提解、押送、看管被告人或罪犯，参与对判决、裁定的财产查封、冻结或者没收等活动，执行死刑以及法律、法规规定的其他职责，保障审判工作的顺利进行；人民检察院司法警察通过执行传唤、执行拘传和协助执行其他刑事强制措施、参与搜查、保护由人民检察院直接受理的犯罪案件的现场、押解、看管犯罪嫌疑人或被告人、送达法律文书、参与执行死刑临场监督活动以及法律、法规规定的其他职责，保障检察工作的顺利进行。也就是说，人民法院、人民检察院的司法警察通过履行职责，用自己直接、具体的工作，维护审判、检察秩序，保障审判、检察工作的顺利进行。

项目二　司法警察业务的指导思想

一、司法警察业务指导思想的具体内容

【新闻链接 1－2】

2005 年 10 月 18 日，最高人民法院政治部主任李克在全国法院司法警察规范执法暨为先进集体和先进个人表彰大会上发表了题为“弘扬先进总结经验，全面规范司法警察队伍的执法行为”的讲话。他在讲话中强调：要培养司法警察的规范执法意识。司法警察应具有军事化素质，处处表现出较强的规范意识。要树立服从命令，听从指挥的意识，任何时候、任何情况下，都要服从于法院审判工作大局，令行禁止，纪律严明。

司法警察的性质、地位、作用和司法警察所担负的工作任务，决定了司法警察业务的指导思想是服务、服从审判工作和检察工作，保障审判工作和检察工作的顺利进行。

人民法院是国家的审判机关，人民检察院是国家的法律监督机关，人民法院和人民检察院的一切工作和活动都必须围绕“审判工作、检察工作”这一中心运转。作为人民法院和人民检察院组成部分的司法警察，也必须以“审判工作、检察工作”为中心来确定指导思想。

【应知应会】

（一）服务于审判、检察工作，为审判、检察工作提供良好的环境，保障审判、检察工作的顺利进行，这是司法警察工作的出发点

司法警察作为国家司法机关的一个组成部分，其基本工作出发点就是为审判工作、检察工作服务，满足审判工作、检察工作的需求。在工作中，根据审判工作、检察工

作的需要按时地将犯罪嫌疑人、被告人提解、押送到指定的地点；在人民法院的庭审活动中维护法庭秩序，做好法庭警卫；根据庭审工作需要，传唤证人、出示证据；在执行现场维护现场秩序，协助执行人员完成执行任务；在诉讼活动中，及时、准确、合法地送达诉讼文书，等等。通过警卫审判、检察机关和场所活动，按照审判和监督检查工作的要求履行职责，来满足审判工作、检察工作的需求，服务于审判工作和检察工作。

（二）服从于审判工作、检察工作

这里包含两层含义：一是工作上的主次关系。法警工作要服从审判工作、检察工作。例如，司法警察在维护法庭秩序工作中，要服从审判长的指挥，根据审判长指令，处置各种违反法庭纪律的行为；在执行现场，同样要根据执行人员的要求，协助做好执行工作；《中华人民共和国人民法院法庭规则》第2条规定，人民法院开庭审理案件时，合议庭的审判长或者独任的审判员主持法庭的审判活动，指挥司法警察维持法庭秩序。《人民检察院司法警察执行职务规则（试行）》第5条规定，人民检察院司法警察在检察官的指挥下履行职责。这是一种主次关系，是指挥与被指挥的关系。二是工作上的服从关系。司法警察工作的计划、安排，要服从审判工作、检察工作的需要，要随着审判工作、检察工作的变化而变化。这既是一种主次关系，同时也是一种默契配合关系。例如，庭审活动发生了变化，司法警察工作计划要随之而变、密切配合，不能影响人民法院的审判工作和人民检察院的检察工作。

（三）全面服务的观念

司法警察服从、服务审判工作和检察工作是全方位的。人民法院司法警察对于人民法院的审判工作的全面服务，体现在刑事、民事、经济、行政等多方面的审判工作中，无论在庭审前、庭审中、庭审结束后，还是在执行阶段的全过程中，押解、看管被告人、值庭、送达、执行以及为审判工作提供交通保障和现场警卫等都是全方位的。人民检察院司法警察的全面服务，体现在提解、押送犯罪嫌疑人和被告人，警卫审讯场所，传唤当事人和其他诉讼参与人，送达法律文书等方面。检察机关在查办自侦案件过程中依法执行刑事强制措施，在参与侦查活动中，司法警察也可以不同程度地参与侦查工作，主要是辅助检察官做好各项侦查工作，如搜查犯罪嫌疑人的住所和办公室、讯问犯罪嫌疑人、询问证人；勘验、检查、侦查实验等。在司法活动中，要处理好法警工作与审判工作、检察工作的关系。这种主次关系、服从关系并非说明司法警察的地位和作用不重要，如果没有司法警察工作的保障，审判工作、检察工作就难以顺利进行。

二、确定司法警察业务指导思想的依据

确立司法警察业务指导思想要基于以下三个方面：

（一）基于人民法院的审判职能、人民检察院的法律监督职能

人民法院作为国家的审判机关，工作的中心和重心是依法审判各类案件。人民检察院是国家的法律监督机关，其主要的工作职责是依法对刑事诉讼、民事审判和行政诉讼及刑罚执行活动实行法律监督；对刑事案件依法审查批准逮捕、决定逮捕、提起公诉；依法对贪污、贿赂等由人民检察院管辖的犯罪案件立案侦查。因此，人民法院和人民检察院的各个部门，都必须围绕“审判工作、检察工作”这一中心来考虑问题，

确定计划，安排工作。

（二）基于司法警察的性质、地位和作用

司法警察工作的性质决定司法警察业务的指导思想，是服从、服务于审判工作、检察工作。这里有一个主角与配角的关系问题。司法警察工作在审判工作、检察工作中是主角还是配角？应该说既是主角也是配角。从人民法院审判工作的全局来看，审判业务庭（合议庭）是审判任务的主要承担者，司法警察工作是配角，是审判工作的配合者；但是，司法警察在执行其他法定任务中，比如提押、警卫法庭以及执行传唤、拘传、拘留、送达等工作时是主角，是执行法定任务的主要承担者。要正确处理好主角和配角的关系，既要不断增强法警专业意识、执法意识、服务意识，做好主角，也要当好配角。要防止和克服消极意识和无所作为的思想。在审判工作中，要坚决服从审判人员的指挥。同时，又要以主人翁的姿态，按照执法人员的要求，不断增强责任感和荣誉感，积极发挥主观能动性和创造性，依法、及时、准确、文明地做好各项司法警务工作。不仅如此，司法警察还应当在力所能及的范围内发挥监督作用。对于在审判工作中发现的问题，包括审判人员的作风和审判工作中的差错和失误，要在审判结束后，及时向有关审判人员指出，以便今后工作的改进。

（三）基于人民法院和人民检察院长期司法实践的结果

长期以来，人民法院和人民检察院形成了一套行之有效的工作程序和机制，有的已经上升为法律，有的还仍然停留在司法实践中反复运用，发挥其应有的作用。随着人民法院审判方式和人民检察院检察工作改革的不断深入，司法警察保障审判工作、检察工作的方式也将不断改进。但是，其中最根本的服务于、服从于审判工作、检察工作的职能不会变。

三、确定司法警察业务指导思想的必要性

司法警察业务指导思想是人民法院和人民检察院的司法警察机构和人员安排工作、考虑问题、评判工作优劣的基本准则和出发点，具有重要的现实意义和作用。

首先，司法警察业务指导思想确定以后，司法警察工作就找到了自己的位置，明确了方向，确定了工作重点；其次，确定了司法警察业务指导思想，有利于司法警察不断地拓宽自己的业务，界定业务范围；最后，明确了业务指导思想以后，可有效地防止司法警察力量的分散和流失。目前，在相当一部分法院、检察院领导中，甚至我们司法警察本身，都认为司法警察没有什么业务工作可做，而是停留在打杂、出公差等勤务性工作中，这不仅是法警工作的损失，对审判工作来说同样也是一种损失，必须予以纠正和克服。

项目三　司法警察业务内容及工作要求

一、司法警察业务的内容

【新闻链接 1－3】

2006 年 2 月，为深入推进“规范司法行为，促进司法公正”专项整改活动，山东

省青岛市四方区人民法院通过多种渠道和形式，广泛开展司法警察岗位练兵培训活动，使干警熟练掌握基本法律、业务操作程序和规范，不断提高司法技能和水平，为公正司法打下坚实的基础。他们通过开展司法警察工作技能比赛活动，设立押解、值庭及警械器具的使用等比赛项目，对司法警察应该掌握的基本工作技能进行考核，促进执法素质的提高；组织规范执法知识考试，使干警进一步熟练掌握执法的各项规范，增强规范执法、公正执法、文明执法的自觉性。

司法警察业务的内容是指司法警察在法律规定的管辖范围内所进行的工作内容或担负的责任，是司法警察职责的具体化。由于司法警察分属于国家的审判机关和检察机关管理，这两个司法机关在职能、权限等方面不同，隶属该部门的司法警察的任务和职责也就不同。现对人民法院司法警察和人民检察院司法警察的业务分别进行阐述。

【应知应会】

（一）人民法院司法警察业务的内容

司法警察职责规定了司法警察的工作范围。《人民法院司法警察暂行条例》第 7 条规定了人民法院司法警察的八项职责，由此也明确了人民法院司法警察的业务工作范围和业务工作方向，确定了人民法院司法警察的业务工作重点。根据有关的法律规定，人民法院司法警察业务的主要内容有以下八个方面：

（1）警卫法庭、维护审判秩序。

（2）值庭。

（3）送达法律文书。

（4）执行传唤、拘传、拘留。

（5）押解、看管被告人或罪犯。

（6）参与对财产的强制执行。

（7）执行死刑。

（8）法律、法规规定的其他职责。

（二）人民检察院司法警察业务的内容

《人民检察院司法警察暂行条例》第 7 条规定了人民检察院司法警察的八项职责，由此也明确了人民检察院司法警察的业务工作范围和业务工作方向，确定了人民检察院司法警察的业务工作重点。根据有关的法律规定，人民检察院司法警察业务的主要内容有以下八个方面：

（1）保护由人民检察院直接受理的犯罪案件的现场。

（2）执行传唤。

（3）执行拘传、协助执行其他刑事强制措施。

（4）参与搜查。

（5）押解、看管犯罪嫌疑人或被告人。

（6）送达法律文书。

（7）参与执行死刑临场监督活动。

（8）法律、法规规定的其他职责。

二、司法警察工作的基本特点

【应知应会】

司法警察工作的基本特点可以归纳为以下六点：

（一）强制性多

司法警察是人民法院和人民检察院的一支特殊的执法力量，他们的工作往往带有很多强制性。在工作中，无论是押解、看管犯罪嫌疑人或者被告人，还是警卫法庭以及执行拘传、拘留任务和参与对财产的强制执行，都大量地运用国家强制力，强制某些人为一定行为和不为一定行为，很少用协商、调解等方式完成任务。

（二）机动性大

提押犯罪嫌疑人、被告人和送达法律文书等工作都是机动性很大的工作，特别是司法警察的警卫，在参与搜查和死刑的执行过程中，经常发生各种突发事件，随时需要派出警力予以处置。这些工作决定了司法警察工作的机动性大这一特点。也正由于这一特点，决定了司法警察必须配备必要的交通工具和通信设备，以保证快速反应来确保各项工作的完成。

（三）时效性高

人民法院的司法警察在执行押解任务时，必须按时将犯罪嫌疑人、被告人提押到指定地点，保证按时开庭；在执行送达任务时，应及时送达出庭传票，保证庭审活动正常进行。特别是法律文书的送达实效性是很强的，大量的法律文书一经送达，就会直接产生法律后果。

（四）涉及面广

司法警察工作不仅要与犯罪嫌疑人、被告人打交道，而且还要直接接触旁听和来访的群众，在送达法律文书过程中，与各种各样的当事人打交道，接触面十分广泛，必须严格执法、文明执法，维护法律、捍卫法律。

（五）政策性强

司法警察工作具有很强的政策性，与少数民族当事人打交道，要考虑民族政策；与外国人、无国籍人打交道，要考虑外事政策；同时，还要区分取保候审与在押犯罪嫌疑人、被告人的区别，在押犯罪嫌疑人、被告人与一般当事人的区别，少年犯与一般犯罪嫌疑人、被告人的区别，当事人与旁听人员的区别，等等。因此，要求每名司法警察都要具有较高的政治素质和业务素质，特别是司法警察的领导干部，不仅要严格要求自己，率先垂范，更要严格管理队伍，全面提高警员的综合素质。

（六）责任心重

押解、看管犯罪嫌疑人或被告人，保护犯罪现场，参与对财产的强制执行，警卫法庭等，都需要司法警察具备高度的责任心，否则就可能会出差错。而法警工作一旦出现任何差错，都会对审判工作和监督检察工作造成负面影响，甚至造成严重的后果。

三 、做好司法警察工作的基本要求

人民法院、人民检察院司法警察的性质、任务和特点决定了对这支队伍必须严格教育、严格管理、严格训练、严格纪律，实现队伍建设的革命化、现代化、正规化。

【应知应会】

(一) 严格教育

严格教育就是要用马克思主义、毛泽东思想、邓小平理论和“三个代表”重要思想、科学发展观和构建和谐社会的理论教育司法警察队伍。加强司法警察队伍教育,是由人民警察在国家机器中的作用所决定的;加强司法警察队伍教育,才能保证司法警务人员坚定正确的政治方向,增强政策观念,保持高度统一;加强司法警察队伍教育,才能保证司法警察宗旨明确,才能为审判工作、检察工作提供优质服务,才能培养高素质的司法警务保障人员。

(二) 严格管理

严格管理就是要按照有关法律、法规和规范性文件以及工作细则的要求,建立健全司法警察机构,配备好司法警察的领导干部,完善各项工作制度,并且随着法制建设的不断推进,保持各项管理工作和业务内容不断与时俱进。针对单位的司法警察工作中薄弱环节和存在的问题,改进和完善管理制度,实行目标管理。司法警察的各项勤务都要力争做到定岗、定位、定指标、定措施,责任到人,奖惩分明,切实做到奖优罚劣、奖勤罚懒。严格各项管理制度,努力提高司法警察队伍的整体素质,把司法警察工作的管理提高到新的水平,不断适应新形势的发展和司法警察业务不断开展的需求。

(三) 严格训练

严格训练就是要严格按照《人民法院司法警察训练大纲》和《人民检察院司法警察训练大纲》的要求,“抓基层、打基础、苦练基本功”。严格训练,严格要求,从难、从严、从实际工作需要全面规划,强化体能训练,抓基础应用训练,分级负责,精心组织;抓落实,切实做到“人员、时间、内容、效果”四落实;各级人民法院和人民检察院的领导及司法警察指挥机构,要将司法警察业务训练提到重要议事日程,列出具体实施计划,抓好检查落实;要正确处理工作与训练、训练与实际应用的关系,抓实干,抓实效,努力提高司法警察队伍的业务素质和执法水平,增强队伍的战斗力。

(四) 严格纪律

严格纪律就是要严格遵守党纪国法和最高人民法院、最高人民检察院颁发的规范性文件的规定,加强廉政建设,自觉抵制不正之风,做到吃请不到、送礼不收、求情不允。秉公执法,保持队伍的纯洁性;严格组织纪律,讲究警容风纪,注意礼貌礼节,抓好作风的养成,使之成为司法机关严肃执法的战斗集体。

(五) 革命化

革命化就是要按照忠诚可靠的要求建设司法警察队伍,使之成为忠于党、忠于祖国、忠于人民、忠于法律和严格维护法律尊严的忠诚卫士。

(六) 现代化

现代化就是要求司法警察队伍在观念上要适应改革开放不断深入、社会主义市场经济不断发展的需要,在知识结构上要懂法律、精业务;在操作技能上会使用、能操作现代化的装备和器材;在工作作风上能适应新形势、快节奏、高效率的需要,使司法警察队伍成为具有坚强战斗力的队伍。

(七) 正规化

正规化就是要坚持“依法治警、从严治警”的方针,形成一整套符合我国国情的规范化、制度化、能操作、可考核的司法警察工作规范，建立健全的符合各地情况的各项工作制度，完善各级司法警察工作的岗位责任制，把司法警察的各项工作和行为纳入规范化道路。严格管理，严格要求，使司法警察队伍成为忠诚可靠、正规文明、威武雄壮的司法力量。

总之，“四严”即“严格教育、严格管理、严格训练、严格纪律”，是我们贯彻“从严治警”这一方针的具体措施，也是我们实现司法警察队伍革命化、现代化、正规化的必由之路。

长期以来，人民法院、人民检察院的司法警察在人员少、任务重、条件差的情况下，克服困难，积极工作，起着重要的作用，为人民法院审判任务、人民检察院检察工作的完成作出了贡献。通过这些工作，维护了国家法律的尊严和社会主义法制的权威，树立了审判机关、检察机关秉公执法、执法如山的高大形象，也为和谐社会的构建作出了贡献。同时也必须看到，随着审判工作、检察工作不断发展，司法警察队伍也不断发展壮大，在机构设置、人员编制、业务训练、指挥监督、工作方式、装备保障等方面，基本上简单套行其他警种和行政人员的有关制度和模式，其中暴露出来的体制不顺、管理不规范等问题，影响了司法警察队伍的建设和警务工作的开展，在一定程度上影响了人民法院审判工作、人民检察院检察工作的发展，其弊端早已明显地暴露出来，必须对此进行改革。

在进一步推进司法体制和工作机制改革的进程中，要紧紧围绕提高政法机关的执法能力，保障社会公平正义，建设公正、高效、权威的司法制度这一目标，在巩固已有改革成果的基础上，不断深化改革，突破重点难点，确保改革取得实效。在改革的原则上，要坚持党的领导，从我国国情出发，依照宪法和法律的规定稳妥进行；在改革的方向上，要不断满足人民群众的司法需求、解决人民群众不满意的问题；在改革的标准上，要以人民是否满意来检验；在改革的部署上，要一手抓现有改革措施的完善和落实，一手抓深化改革措施的研究和实施；在改革的方式上，要坚持积极稳妥，循序渐进，自上而下，总体规划，分步推进。要优化司法职权配置，以建设公正、高效、权威的社会主义司法制度为目标，合理配置侦查权、检察权、审判权、执行权，确保司法机关既互相配合又互相制约，完善监督制度。

项目四　司法警察业务训练

一、司法警察业务训练的含义和作用

（一）司法警察业务训练的含义

司法警察业务训练，又称司法警察业务技能训练，是指通过有计划、有步骤的训导和操练，使人民法院、人民检察院的司法警察掌握履行职责所必需的技术和能力。

司法警察作为一种职业，一种岗位，它对每一名工作人员的工作要求都是具体的、客观的。要使司法警察的工作符合其工作需要和要求，训练就是必经的途径。司法警察业务训练是一种岗位前的业务与技能的训练，也是司法警察培养和强化技能的重要方式，是警察职业性的体现和要求。具体地说，司法警察业务训练就是按照司法警察

工作的标准和条件，在理论素质的基础上，通过结合实际仿真的训练，通过灵活多样的方式方法，直接有效地帮助司法警察具备并不断提高履行职责的能力，从而提高工作效率的有目的、有组织的训练活动。

【应知应会】

司法警察业务训练的概念包含以下四个方面的含义：

（1）从训练的目的来看，是使司法警察掌握和提高履行本职工作的技术和能力，是一种能力的培训和技术的提高。

（2）从训练的内容来看，主要是与司法警察履行本职工作直接相关的技能，也就是履行职责所必需的技能，它包括业务知识、业务技能训练、体能训练、心理素质训练与培养。

（3）从训练的方法来看，是有目的、有计划、有步骤地通过教育、培训和操练，使司法警察掌握并履行本职工作的技术和能力。

（4）从训练的对象来看，参与训练的是人民法院的司法警察和人民检察院的司法警察。司法警察工作是一种专业工作，司法警察的业务工作与其他警种人民警察的业务既有联系，又有区别，有其特有的工作内容和方式。因此，对司法警察的业务训练，也应与其他警种有所不同，要根据人民法院、人民检察院法警的工作特点来开展司法警察业务训练，才能使其具有生命力，才更有实际意义。

（二）司法警察业务训练的意义

建设一支高素质的司法警察队伍，一靠教育，二靠管理，三靠训练。搞好正规化教育训练，是我们当前抓好人民法院、人民检察院司法警察队伍建设的突破口。通过训练，提高司法警察队伍素质，增强工作效率，改善工作质量，推进警务工作规范化。“向训练要警力，向训练要效率，向训练要质量”，就是对司法警察业务训练重要性的高度概括。

【应知应会】

司法警察业务训练的意义主要表现在以下四个方面：

1. 加强业务训练，是提高司法警察队伍素质的需要

做好各项工作的关键在于人员的素质。司法警察的素质高低，直接影响其执法水平的高低，关系到是否能正确有效地开展各项警务工作，为审判工作和检察工作提供优质高效的警务保障，保证审判工作、检察工作顺利进行等问题。因此，只有通过加强业务训练，不断充实司法警察的业务知识，扩大业务知识面，改善业务知识结构，从而增强司法警察的业务技能，提高司法警察的执法水平，才能建设一支高素质的司法警察队伍。

2. 加强业务训练，是提高司法警察实际工作能力的需要

司法警察业务训练的一个主要目的，就是不断提高司法警察的实际工作能力，使每一位司法警察都能够胜任本职工作，使司法警察对其所从事的工作会干、爱干、肯干，并具备干好本职工作的能力。

3. 加强业务训练，是适应形势不断发展的需要

随着“依法治国”方略的不断贯彻实施和社会主义市场经济体制的不断完善，以及社会主义法制的不断健全，一方面，人民法院的审判工作和人民检察院的检察工作领域在不断扩大，人民法院的审判职能和人民检察院的法律监督职能作用将越来越重

要；另一方面，全社会公民法律意识的不断增强，对司法警察工作提出了更高要求。为适应形势不断发展的需要，司法警察工作将是一个不断改进工作方式、提高工作质量的过程，这就需要司法警察通过训练，不断提高正规化和规范化程度，为审判工作、检察工作提供一个优质、高效、强有力的警务保障。

4. 加强业务训练，是实施科学管理的需要

训练是通过有计划、有步骤的训导和操练使一类人员或一支队伍掌握某种特长和技能的过程。因此，要形成和建立符合人民法院、人民检察院司法警察工作特点的科学管理模式，就必须通过训练，不断提高人民法院、人民检察院各级法警机构的管理人员实施科学管理的能力；通过训练，使现代、科学、合理的管理模式得以贯彻实施；通过训练，使广大司法警察自觉纳入这一科学管理模式之中，并积极运作，充分发挥他们的主观能动性和聪明才智，在法警工作岗位上作出新的更大的贡献。

（三）司法警察业务训练的作用

【应知应会】

司法警察业务训练的作用，主要有以下五个方面：

1. 充实作用

通过训练，不断充实司法警察的法律知识、业务知识和文化知识。只有这些基础理论知识不断得到充实、更新，才能不断提高整个司法警察队伍的素质和执法水平，才能使人民法院、人民检察院司法警察工作做得更好，再上一个新台阶。

2. 规范作用

通过训练，不断规范司法警察的工作和行为，规范司法警察执行任务时的各个动作要领，以期达到整齐划一，令行禁止。

3. 养成作用

严格的训练对司法警察作风纪律的养成具有极为重要的作用。因为训练的过程，本身就是一个作风纪律养成的过程。作风纪律的养成不是仅靠一招一式的训练就能完成的，关键是从点滴抓起，从穿衣戴帽抓起，从言谈举止抓起，常抓不懈，常训不断，以达到养成清正廉洁、忠于职守、服从命令、听从指挥、英勇顽强、吃苦耐劳、协调一致、团结奋斗、连续作战的良好作风和纪律。

4. 管理作用

对司法警察实行严格的训练，也是实施对司法警察管理的一个重要途径。通过训练，传授业务技能和管理方式，本身就是一种严格意义上的管理。

5. 考察作用

对司法警察实行训练的过程，也就是对司法警察进行考察的过程。即要从知识、技能、业务水平、组织能力和思想道德、作风纪律上进行全面的考察。根据有关规定，司法警察必须进行“上岗前的培训”和“晋升前的培训”，其目的不仅是为了取得“上岗”和“晋升”的资格，更重要的意义就是进行“上岗前”和“晋升前”的考察。

二、司法警察业务训练的基本内容

司法警察业务训练以提高司法警察执行职务需要为目的，因此，其训练的基本内容应以更好地履行职责这一中心环节来确定司法警察业务训练的内容范围。根据实际工作需要，此外，需要重点掌握基本理论、基本知识和基本技能，以提高司法警察队

伍的执法水平。

司法警察业务训练的基本内容包括法律知识的学习、专业训练和技能训练。

【应知应会】

1. 法律知识的学习

司法警察作为人民法院、人民检察院的工作人员，必须掌握和了解与其履行本职工作直接有关的法律、法规的基本知识和内容，以便更好地依法履行职能。它主要包括《中华人民共和国宪法》、《中华人民共和国刑法》、《中华人民共和国刑事诉讼法》、《中华人民共和国民法通则》、《中华人民共和国民事诉讼法》，此外，需要重点掌握的是《中华人民共和国警察法》、《中华人民共和国枪支管理法》、《中华人民共和国人民警察使用警械和武器条例》、《人民法院司法警察暂行条例》、《人民检察院司法警察暂行条例》等有关法律法规和规范性文件。

2. 专业训练

人民法院司法警察的专业训练包括押解、看管、值庭、安全检查、送达、参与执行、执行死刑、警卫法庭、强制措施的实施等人民法院司法警察业务的培训；人民检察院司法警察的专业训练包括押解、看管、送达、保护现场、参与搜查、强制措施的实施等人民检察院司法警察业务的培训。专业训练是司法警察具备圆满完成所担负任务必备的基本素质的重要途径，要求司法警察全面掌握法警工作范围、工作程序、基本职能和基本业务知识，有针对性地对执勤操作动作、执勤方法和执勤中遇到的各种情况处置的原则、方法进行训练。特别是强制执行的训练，应熟悉各类强制执行的法律程序和原则，掌握强制执行过程中各种突发事件、意外情况的处置方法。

3. 技能训练

技术能力的训练是司法警察完成担负任务所必需的基本条件，它包括射击、警械使用、擒敌技术、罪犯的捆绑等训练。射击应在学习常用枪械常识、射击原理、掌握动作的基础上，抓好基本射击训练，突出快速准确和首发命中的应用射击训练；警械使用主要掌握常用警械的性能、使用方法和使用原则；擒敌技术应在抓好基本功训练的基础上，重点抓好应用动作的训练，突出一招制敌；捆绑技术的训练要结合不同对象和任务，学会使用制式器材和简易器材，突出迅速、准确、牢固；在警务急救技能训练方面，突出抢险救护、心肺复苏、骨伤固定、伤口包扎等技能的培养与训练。

此外，司法警察业务训练还包括队列、通信常识、车辆驾驶、游泳、识图用图等警察共同课目的训练。通过这些课目的训练，使司法警察具有高度的组织纪律观念、严整的警容风纪、英勇顽强的战斗作风和良好素质，掌握现代化装备设施，以适应在新形势下保障审判工作、检察工作的需要。

单元二
押解（jiè）

【知识目标】

明确司法警察押解的含义及工作对象

掌握押解的类型与特点

掌握押解过程中司法警察的职责和纪律

【能力目标】

掌握押解的操作要领，并能正确组织实施押解活动

熟练掌握押解过程中突发事件的处置要领

能够在具体的押解任务中，把握并应用处置突发事件的原则

项目一　押解的概念与特点

一、押解的含义

押解（jiè）是司法警察依据法律有关规定将羁押的犯罪嫌疑人、被告人和罪犯强制提解、押送到指定地点，接受讯问、审判或执行刑罚活动的过程。

根据讯问和审判工作的需要，决定将取保候审或因其他原因在羁押场所以外的犯罪嫌疑人、罪犯，变更强制措施，收回到监管场所中羁押，由司法警察将其交公安机关看守所等羁押场所的过程称为收押。对犯罪嫌疑人、罪犯进行讯问或审判活动结束后，将犯罪嫌疑人、罪犯押解到原羁押场所的过程，称为还押。根据讯问和审判工作的需要，将在押犯罪嫌疑人、罪犯从一个羁押场所押解到另一羁押场所的过程，称为移押。

【引例2-1】

【河南新乡市中级法院执行押解程某等绑架杀人案审理】2008年4月2日，河南新乡中级法院在封丘县开庭审理绑架杀人案中被告人程某、杜某、石某（案情：2007年9月17日，程某、杜某、石某等人将邵某骗至一出租屋后将其绑架，在向其家人索要财物未果后将其杀害，后怕事情败露，又将一知情人李某骗至出租屋并将其杀害。案发后，杜某的6名亲友帮助2名被告人毁灭证据）。在法院临时羁押室里，司法警察马晓晖发现程某、杜某2名被告人的手上有字迹，马上向公诉人报告，公诉人认真查看了2名被告人手上的字，内容一致，书写的内容是程某、杜某共同向第三被告人石某

身上推卸责任，以求减轻自己罪责，保住自己的性命（该案中两名被告人因涉嫌绑架并杀害被害人，依法律规定，其量刑应为法定刑死刑）。

公诉人判断，既然两名被告人可能串供，其他几名被告人也有串供的可能，随即果断作出决定，要求该院司法警察立即对本案9名被告人进行人身检查。不出所料，司法警察在9名被告人身上又搜出2封长达7页的串供信和两个记事本，内容涉及几名被告人之间对案件的信息交流及如何逃避司法机关制裁的方法和手段。更为严重的是，在第三被告人石某的身上竟发现了开手铐的金属片。当时在庭审现场，旁听人数超过200人，多为被害人和被告人的亲友，因为这一突发事件，双方情绪开始激动。为防止双方出现对抗局面，确保案件的顺利诉讼，法警队队长当即向审判长提出两项建议，一是延期审理，二是对9名被告人异地关押。审判长采纳了队长的意见，在检察官的全程监督下，9名被告人从封丘县看守所被换押至百里之外的新乡市看守所。到了新乡市看守所后，检察官马上对9名被告人进行讯问，固定了几名被告人串供的证据，同时又发现封丘县看守所曾将该案的2名被告人关押在同一监舍的严重违规现象。

【问题思考】

请根据引例2-1思考以下问题：

1. 执行押解任务的主体是谁？在执行押解任务时，法律法规对执行主体有哪些要求？

2. 押解的对象有哪些？在押解过程中，押解对象应遵守哪些纪律规定？

3. 押解的性质是什么？为了保证押解的安全可以使用哪些安全防范的措施和手段？

4. 押解的目的是什么？

【应知应会】

（一）执行押解任务的主体是司法警察

从看守所或其他临时羁押场所将犯罪嫌疑人、被告人或罪犯提解、押送到指定地方接受讯问、审判或执行刑罚等活动是司法警察的职责。无论是人民检察院还是人民法院的执行押解任务，只有司法警察才有权执行，并且只有经过专门培训，掌握押解的业务知识与技能的司法警察，才能胜任这一职务。司法警察的押解不同于公安机关、武警队伍的押解任务（主体、任务不同），司法警察的押解是代表人民法院或人民检察院依法行使职权。

（二）押解的对象是特定人群

押解的对象是在押的犯罪嫌疑人、被告人、罪犯或已经对其采取了强制措施的人员。

（三）押解是一项执法活动

在押解犯罪嫌疑人之前，必须办理相关的法律手续，如开具提押票，司法警察才可以凭证执行。

（四）押解是一种强制性行为

押解是限制人身自由的强制性行为。在押解的过程中，为保证安全，司法警察有权对押解对象使用警械具，如手铐、脚镣、警绳等，必要时还可以武装押解。

（五）押解的目的是保障审判工作、检察工作的正常进行

司法警察的押解工作直接为审判、检察工作服务，是审判、检察工作的一个重要组成部分，是人民法院、人民检察院依法行使审判权、法律监督权的体现。司法警察依法执行押解任务只要依法定程序进行且手续齐全，任何机关、部门、个人都无权干涉或阻止押解。

【特别提醒】

(1) 司法警察前往看守所提押是押解的一种，是司法警察的一项法定职责。只要手续合法、齐全，任何个人或单位都无权干涉。为了防止在押解过程中发生意外，押解前必须掌握押解对象的各项信息。

(2) 在押解的过程中，司法警察如果发现在押对象有继续犯罪的可能，应果断制止，发现有不适合在原看守所羁押的情况，应立即向主审法官、检察官报告，采取及时、必要的措施，防止发生新的违法犯罪行为。

二、押解的特点

【引例2-2】

【武警深圳支队执行押解张子强犯罪团伙审理】 1998年6月24日4时，武警深圳支队官兵将以张子强为首的十余名戴着面罩和脚镣、手铐的案犯从深圳某看守所提押出来，被推上车时，其中一名案犯突然发问："我们要去哪里?"战士袁惠忠严肃地答道："到你该去的地方!"其余案犯没有再吭声。

此次所押解的犯罪分子非同一般，押解对象个个作恶累累，狡猾异常，且漏网的案犯曾扬言要不惜一切代价抢夺在押犯。为了尽快将案犯押送到广州，按照指示，武警官兵一路上既不能吃饭，又要少喝水，以减少中途停车次数和时间。武警战士同案犯共乘在闷罐囚车里，顶着近40度的高温，忍着饥饿和干渴，始终保持旺盛的斗志和高度的警惕性，安全地将罪犯送到目的地。押解途中车行每隔10分钟，押解指挥部就要求武警官兵检查案犯的脚镣、手铐，防止松动和遭到破坏；同时，还不断检查案犯的嘴，以防止案犯咬断舌头或吞食物品自杀。未经许可不准与案犯讲话。

【问题思考】

请根据引例2-2思考以下问题：

1. 押解有哪些特点?
2. 押解过程中对于押解对象的要求如何处置?
3. 押解过程中会出现哪些危险情况？针对不同的案情，应如何做好防范工作?
4. 对于路途较远的押解，司法警察应做好哪些准备?

【应知应会】

（一）押解工作的合法性

司法警察在执行押解任务过程中，必须按照法律和有关规定实施，同时受到法律的保护。在押解过程中对于押解对象的合理要求可以满足，但对于不合理的要求应坚决予以拒绝、制止。

（二）押解工作的适时性

适时性也称时效性，司法警察在执行押解任务时，应根据讯问和审判工作的需要，按照计划，适时地将犯罪嫌疑人押解到指定地点。适时，即不迟不误，也不宜过早，既保证讯问、审判工作无误，又不能提前很长时间押出羁押场所，避免增加看管和警卫人员的工作量。

（三）押解工作的危险性

由于押解对象是被批准逮捕的犯罪嫌疑人，押解处于运动状态，押解过程中不确定因素多，这些因素决定了押解的危险性。在押解过程中，押解对象一旦发生脱逃、行凶、自杀等问题，将会给下一步的讯问、审判工作带来诸多负面影响。

（四）押解工作的强制性

押解是强制押解对象从某一地点到另一地点，时间、地点、方式不以押解对象的意志为转移，押解对象必须服从司法警察的指令，只要押解的手续齐全，押解工作不受任何机关、部门、人员的干涉。

（五）押解工作的艰巨性

犯罪嫌疑人、被告人或罪犯需要异地羁押，审判活动需要异地进行等情况，需将押解对象押到外地，其间可能会有路途远，地理环境复杂，押解可能采用车、船等公共交通工具等情况，如果是徒步押解就更增添了工作的强度和难度，甚至还会有吃饭不便、昼夜不休、风餐露宿等情况，担任押解任务的司法警察必须做好思想准备，克服以上种种困难。

（六）押解工作的严肃性

押解工作是司法警察的法定职责，是国家的执法活动，体现着法律的尊严，是一项严肃的工作。因此，司法警察执行押解任务时必须警容严整、作风严谨、语言文明、行为规范，这些也体现了人民法院和人民检察院严肃、文明、公正的执法形象。

三、执行押解的工作步骤

【引例 2-3】

【宁夏吴忠市人民法院执行长途押解涉嫌贩毒犯罪团伙】宁夏吴忠法院的司法警察与宁夏武警总队吴忠支队武警战士共同完成押解一个涉嫌贩卖 15.23 千克海洛因的 7 名毒贩的犯罪团伙成员（其中一名为女性）的任务。武装押解从云南大理到宁夏吴忠，路程长达 6 000 余千米，跨越 5 个省区，历时 9 天 8 夜（宁夏吴忠市同心县占地 7 264 万平方千米，有着 35 万人口，又被称为“痛心县”，与安徽省临泉县和甘肃省广河县同被称为中国内地最主要的三大毒品集散地）。

由于路途远，情况复杂，押解组负责人张旭平队长召集参加本次执行任务的法警制订押解方案。第一个问题是交通工具的选择。为了防止押解对象逃跑或武装劫持情况的发生，押解组带上的武器有 2 支手枪，4 个自卫器和 4 个电棍，因此乘飞机是不可能的。如果走公路，要经过地形复杂的四川省，押解组担心会有意外发生，经过一番讨论后，最终决定乘火车押解。

要解决的第二个问题是选择乘车路线。可供选择的路线有三条：云南昆明到陕西西安、云南大理到甘肃兰州和云南广通到陕西宝鸡。第一条路线都是大站，一旦罪犯家属在车站煽动人群闹事，押解组将很难控制局面，后果将不堪设想。如果走第二条路线，到达兰州时是下午，再开车到吴忠就是晚上了，容易出事。权衡再三，押解组决定选乘火车从云南广通到陕西宝鸡，在宝鸡乘警车押解回宁夏吴忠。

押解组事先和车站及列车上的乘警取得了联系，考虑到押解对象的饮食习惯，押解组准备了大量的清真食品，并在出发前进行了三天的演练，以确保每个环节不出问题。

被押解的7名毒贩都是二三十岁，除了主犯苏某是宁夏同心县人以外，其他涉案人员都是云南人，地方口音很浓，押解组很难听懂。为了防止他们串供，押解组向押解对象明确禁止相互说话。然而刚刚上火车时，毒贩们显得异常兴奋，不能聊天，他们就频繁要吃要喝、要求上厕所，对于这些看似合理要求的行为，法警尽量满足。他们要吃喝，押解组就喂给他们，要上厕所，押解组就同犯人铐在一起陪他们去。

法警何涛负责主犯苏某，苏某身高1.83米，上火车的时候他用力地夹挤何涛，试探法警是否有力气制服他，押解法警何涛就加大了力气顶住，从心理上战胜毒贩。从广通到宝鸡的车是慢车，一路上停靠很多小站，苏某上车后就假装睡觉，可是每当车停下来，他都会睁开眼睛，法警何涛就死死盯住他，他也目露凶光地看着法警。被盯了很长时间，苏某转过头，像是自言自语地说，我知道不要一年我就进黄土窑了（死了），所以只要有机会就要跑。事实证明，在何涛的看守下，这始终是不可能的。

苏某的情妇康某是7名疑犯中唯一的女犯，上了火车后她突然捂着肚子乱撞，好像很痛苦。一开始押解组以为她是毒瘾犯了或者是要自残，直到从她身上搜出了一瓶药后，才根据用药说明判断出她可能患有胆囊炎。可是这瓶药真的是治胆囊炎的吗？在火车上很难检查。看着康某难受的样子，法警队队长张旭平决定去找乘务员拿药。“疑犯也是人嘛，他们有病我们应该尽可能治疗。”在张旭平的帮助下，康某的病痛缓解了，情绪也平稳了。

49小时的火车押解过程中，每名法警只睡了四五个小时，实在困得不行了，他们就喝口随身带着的辣椒水。在宝鸡下火车的时候，车站的群众看到武警押解犯人，都过来围观。法警们背起毒贩的行李，把毒贩架起来，押上等待的警车。从出站到乘坐上警车，押解组只用了15分钟。

【问题思考】

请根据引例2-3思考以下问题：

1. 押解是司法警察的法定职责，为了更好地履行职责，司法警察应在押解之前做好哪些工作？

2. 押解的方案主要包括哪些内容？

3. 押解过程中可能会出现哪些突发事件，如何应对？

【应知应会】

（一）接受任务，制订实施方案

司法警察执行押解是法律赋予的职权。法警队的负责人接受法官或检察官下达的押解任务后，应根据押解任务的具体情况制订押解方案。押解方案的内容包括押解组织领导、押解方式、押解时间、押解地点、押解路线、警用器材的配备以及押解的具体要求等。

（二）押解负责人布置工作

对全体司法警察明确押解任务，进行分工并提出押解工作中的具体要求。

（三）检查出发前的准备工作

检查出发前的各项准备工作，了解、掌握押解对象的基本情况（包括押解对象的犯罪性质、认罪态度、相互关系、身体情况等），确认押解手续是否完备，车辆、武器、械具性能是否正常，司法警察是否到位，警容是否符合要求等。

（四）保持警惕进行押解

法警在押解过程中必须保持高度警惕，随时掌握押解对象的思想变化，做好突发性情况的处置准备，防止押解对象之间用暗语示意、传递信息，保障押解活动的正常进行。

（五）果断处置突发事件

押解过程中一旦发生押解对象生病、病情发作或自杀、行凶等突发事件，一定要在保证押解对象生命安全的前提下，及时、果断地处置，严防押解对象失控，确保押解活动的安全。

（六）移交文书、物品并进行总结

押解任务完成后，应及时将提押票及有关诉讼文书、枪支弹药、械具等装备交还给负责保管人并办理移交登记手续。押解任务的负责人要视情况对押解任务完成的情况进行讲评，表扬先进，指出不足。

【特别提醒】

押解前制订合理的押解方案、对押解对象基本情况的了解、各项设施的充分准备和押解过程中高度的警惕，是成功押解的根本保证。

四、押解过程中的纪律要求

【引例 2－4】

【沈阳市中级人民法院法警支队乘飞机执行押解涉嫌贪污犯任某】某国有控股公司驻沈阳办事处工作人员任某因涉嫌贪污，根据最高人民检察院的指定管辖，需要将任某押解到沈阳市接受审判。为确保押解安全，沈阳市中级人民法院法警支队副支队长赖文辉等事先制订了方案，对参与押解的人员、装备、路线、应急方案等均作了缜密的安排。考虑到押解路程较远、时间紧、押解对象的身体状况不适合长途押解等情况，也为了确保审判工作能如期进行，押解组决定搭乘飞机押解。为了避免遭遇机场乘客、媒体的围观和引发同机乘客不必要的恐慌，押解组又决定让法警着便衣执行押解任务。因为飞机上不能携带武器，犯罪嫌疑人也不能戴手铐。押解组又想出了一个办法：用木板和绷带缠住任某手脚的关节位，这样任某想逃跑或反抗就没有那么容易了。执行任务当天，任某被押解到深圳机场，任某身高 1.8 米，体重近 100 千克，在为其手脚缠绷带时，任某极不配合，并声称“要在飞机上制造麻烦”。面对这种情况，司法警察庄豪源对任某进行严厉警告后，政策攻心，积极劝导，任某终于改变了态度。

上了飞机后，赖文辉和庄豪源按照押解常规坐在机舱的最后一排座位，将任某夹在两人中间。在飞行过程中，为了稳定任某的情绪，赖文辉和庄豪源尽可能分散任某的注意力，跟他聊天、唠家常，让他放松。两个多小时后，任某终于被押解到沈阳，然后被送进沈阳市看守所。

【问题思考】

请根据引例 2－4 思考以下问题：

1. 司法警察执行押解任务过程中有哪些纪律要求？
2. 司法警察执行押解任务过程中出现使用枪支情况时，应如何处置？
3. 司法警察执行押解任务过程中需乘坐公共交通工具时，应如何处置？

【应知应会】

（一）听从审判长的指令，服从押解负责人的领导

在执行押解任务之前，必须召开相关人员的会议，指定一名司法警察为此次押解任务的负责人，所有参与执行任务的司法警察必须听其指挥。

（二）按照押解工作的规定执行任务

参与执行任务的每一名司法警察必须明确本次押解任务和各自的职责，严肃、认真地做好押解工作，确保押解工作万无一失。在押解中不得询问案情，不得与押解对象讨论与审判活动有关的事宜，不得侮辱、打骂、体罚、虐待押解对象，做到严肃押解、文明押解。

（三）严格执行《中华人民共和国人民警察使用警械和武器条例》及有关规定

《中华人民共和国人民警察使用警械和武器条例》中明确规定：

（1）人民警察制止违法犯罪行为，可以采取强制手段；根据需要，可以依照本条例的规定使用警械；使用警械不能制止，或者不使用武器制止，可能发生严重危害后果的，可以依照本条例的规定使用武器。

（2）人民警察使用警械和武器，应当以制止违法犯罪行为，尽量减少人员伤亡、财产损失为原则。

（3）人民警察使用警械和武器前，应当命令在场无关人员躲避；在场无关人员应当服从人民警察的命令，避免受到伤害或遭受其他损失。

人民警察依照前款规定使用警械，应当以制止违法犯罪行为为限度；当违法犯罪行为得到制止时，应当立即停止使用。

（4）人民警察判明暴力犯罪行为的紧急情形，经警告无效的，可以使用武器。

（5）人民警察使用武器造成犯罪分子或者无辜人员伤亡的，应当及时抢救受伤人员，保护现场，并立即向当地公安机关或者该人民警察所属机关报告。

（6）人民警察使用武器的，应当将使用武器的情况如实向所属机关书面报告。

（7）人民警察违法使用警械、武器，造成不应有的人员伤亡、财产损失，构成犯罪的，依法追究刑事责任；尚不构成犯罪的，依法给予行政处分；对受到伤亡或财产损失的人员，由该人民警察所属机关依照《中华人民共和国国家赔偿法》的有关规定给予赔偿。

（四）押解中遇有紧急情况应立即报告

押解中遇有紧急情况应立即报告；来不及报告的应沉着冷静，灵活果断地进行应急处置，处置结束后，立即将事件的处理过程报告法警队责任人。

（五）押解时司法警察必须着人民警察制式服装，但特殊情况除外

使用航空器这样的公共交通工具执行押解任务时，为了避免不必要的麻烦，在保证安全的前提下，可以着便衣。

【特别提醒】

押解被告人或犯罪嫌疑人乘坐民航班机时，应注意如下五个问题：

（1）押解重要被告人或犯罪嫌疑人，因特殊紧急情况需要乘坐民航班机的，须经地、市以上（含地、市）公安机关、法院或检察院领导批准，并由该机关出具购票介绍信。凭购票介绍信和押解对象身份证件办理机票和登机手续。

（2）押解被告人或犯罪嫌疑人乘坐民航班机应提前向当地民航公安机关通报案犯的情况和应采取的安全防范措施，征得民航公安机关的同意和配合。

（3）司法警察押解被告人或犯罪嫌疑人乘坐民航班机，应注意如下事项：

①在押解过程中，为了分散押解对象的注意力，可以与其聊天、唠家常，但是对于案情等敏感话题应尽量避开。

②押解对象乘机时不得携带武器，执行押解任务的人员应早登机、晚下机，避免对同机乘客造成影响和不便。

③在候机和飞行过程中，押解对象的安全防范工作主要由押解单位负责，押解警力应二至三倍于押解对象，以保证押解工作万无一失。

项目二　押解工作的类型

根据押解工作的不同任务、不同要求和不同形式，以及各级法院多年的押解实践经验，押解有不同的分类。从路途上，可分为短途押解、长途押解；从押解对象的人数上，可分为单个押解、成批押解；从使用警械上，可分为徒手押解、戴械押解；从交通选用上，可分为徒步押解、车辆押解等方式。采用何种方式实施押解任务，视具体情况而定。总之，采用最能顺利实施押解任务，并能安全可靠地到达目的地的方式和手段。本书根据对押解对象进入不同司法程序分类。

一、途中押解

途中押解是指司法警察将押解对象从一地提押到另一地接受审判或监管的过程。途中押解可以具体分为乘车（船）押解和徒步押解，主要有以下三种押解方式：

【应知应会】

（一）乘警车押解

乘警车押解就是司法警察使用警车押解押解对象的过程，是目前司法警察在押解中使用最广、最多，安全系数最大的一种押解方式。

（二）乘公共交通工具押解

乘公共交通工具押解是指司法警察在路途较远、不便使用警车押解押解对象的情况下，乘公共交通工具押解的过程。主要是指乘公共汽车、火车、飞机和轮船等公共交通工具，是异地、长途押解经常采用的押解方式。

（三）徒步押解

徒步押解是司法警察采用非乘公共交通工具押解的一种方式，通常在路途较短、交通不便，或犯罪嫌疑人罪行较轻、防范措施较严的情况下采用。

二、法庭押解

司法警察根据审判长的指令，将押解对象从法院（包括其他临时审判场所）的临时羁押场所押送到审判法庭接受审判或将押解对象从法庭还押到临时羁押场所的过程。

【引例 2－5】

【河南省周口市中级人民法院刑事被告人张瑞华法庭脱逃案】2007 年 7 月 24 日下

午，河南省周口市中级人民法院公开审理以张瑞华为首的特大抢劫盗窃案。该17人的特大抢劫盗窃团伙在安徽、河北、湖北、河南省境内以空货车为作案目标，手持凶器疯狂作案，共抢劫、盗窃27起，抢劫钱物近百万元，其中致伤多人，杀死一人，首犯张瑞华直接参与作案17起。押解由周口市中院法警支队副支队长张玉林负责，司法警察毛建中负责看守首犯张瑞华，几十位司法警察参与押解。当日下午4点多钟，法庭辩论和被告人陈述已经结束，审判长宣布休庭，审判台上的控辩双方也收拾有关材料，准备离席，审判长正要宣布让司法警察给犯罪嫌疑人戴上械具时，张瑞华突然跃上审判台右侧，从辩护席的椅子上，顺着半敞开的窗户口扑下去。司法警察毛建中追到窗户边时，没有从这个离地面仅有两米多高的窗户跳下去，而是跑出审判大厅，再绕道走外边的一个胡同去追。因耽误时间，致使张瑞华跑掉。

【问题思考】

请根据引例2－5思考以下问题：

1. 法庭押解有哪些类型？

2. 法庭押解中司法警察应履行哪些职责？

3. 法庭押解中防止刑事被告人脱逃的方法与措施有哪些？

【应知应会】

（一）法庭押解的类型

根据法庭押解的不同情况和要求，可将法庭押解分为以下五种类型：

（1）根据庭审任务不同，分为提审押解、审理押解和宣判押解。提审押解就是将被告人从监所内提押、在监所内审判的过程；审理押解是指押解被告人到法庭接受审理的过程；宣判押解是指押解被告人到指定地点接受宣判的过程。

（2）根据庭审形式不同，分为公开庭审押解和不公开庭审押解。目前，司法警察在执行押解任务中，绝大多数是公开的庭审押解，但涉及未成年人犯罪或被害人中有未成年人的，往往都采用不公开庭审押解。

（3）根据庭审规模不同，分为一般庭审押解、重大庭审押解和大型审判活动的押解。庭审规模主要由受审被告人人数、犯罪性质、参加庭审人数以及庭审场所来确定。

（4）根据押解对象数量不同，分为单被告人和多被告人押解。

（5）根据押解对象拟判处刑种不同，分为判处收监押解对象押解和判处死刑犯押解。

（二）法庭押解中司法警察的职责

1. 接受押解任务

根据押解的整体任务，接受押解负责人分配的押解任务，认真准备、执行押解任务。

2. 掌握押解对象的基本情况

参与押解任务的每一名司法警察对所负责的押解对象的基本情况（如犯罪性质、认罪态度、相互关系、身体情况等）和旁听群众的情况要了解，确保审判活动参与人的安全和法庭活动的安全。

3. 保持高度的警惕

在审判进行过程中，必须保持高度警惕，随时注意押解对象的情绪、思想、行为等方面的变化，防止押解对象与同案犯、家属等人接触或用暗语示意、传递信息，保障审判活动正常进行。

4. 果断处置突发事件

当押解对象发生脱逃、生病、自杀、向法庭工作人员攻击或行凶时，司法警察要本着及时、果断的原则处置突发情况，特别要注意防止出现被押解对象失控。

【附注】

在法庭押解中，一旦发生突发事件，司法警察应灵活果断地给予应急处置，司法警察应按照各自的分工各司其职。在上述引例中，当张瑞华发生脱逃之后，其余的司法警察立即给其他犯罪嫌疑人戴上械具，加紧看管，防止事态的进一步扩大，这种处置是非常正确的。但是负责人张玉林、司法警察毛建中在处置过程中却存在重大失误。2007年8月4日，涉嫌失职致使被监管人员脱逃的副支队长张玉林、司法警察毛建中被批准逮捕。8月7日，河南省政法委领导带领省高法、检察院的有关领导奔赴西华县督办此案，继续深挖，进一步查清事实真相。

三、执行死刑押解

执行死刑押解是司法警察将被判处死刑立即执行的罪犯，从宣判场所（羁押场所）押赴刑场执行死刑的过程。

【引例2-6】

【河南平顶山市中级人民法院司法警察王斌执行押解死刑犯宣判】河南平顶山市中级人民法院司法警察王斌负责押解一名女死刑犯杨某到法庭接受宣判。杨某已经预感到自己将被判处死刑，精神处于崩溃状态，一会儿清醒，一会儿糊涂。为了稳定杨某的情绪，王斌在法院的看押室里蹲在她的面前，用手摸着她的膝盖说："待会儿就要宣判了，你不要这么紧张。你还有什么要说的话，尽管跟我说。"杨某说："我知道我一会儿就要被枪毙了，我最不放心的就是我的孩子。我想给孩子写封信，可是，我的手不听使唤了，你能帮我写这封信吗？"王斌说："行，没问题。"她叫同事拿来纸和笔，杨某说一句，她就写一句。慢慢地，杨某渐渐平静下来。

【问题思考】

请根据引例2-6思考以下问题：

1. 执行死刑押解有哪些类型？
2. 执行死刑押解中司法警察有哪些注意事项？

【应知应会】

（一）执行死刑押解的种类

由于执行死刑押解工作环节多，要求高、难度大、危险性强，故执行死刑作为一种单独的押解的方式，可分为以下两种：

（1）从宣判形式上，分为大型宣判执行死刑押解和一般宣判执行死刑押解。

（2）从被执行人数上，分为单个执行死刑罪犯押解和集中执行死刑的押解。

（二）司法警察执行死刑押解的职责

执行死刑押解实际是途中押解和法庭押解的结合。但是，由于押解对象将被剥夺生命，所以从法庭押解至行刑场的途中，比起一般的途中押解更具有危险性。死刑犯在生命进入倒计时的时候，往往会有三种表现：一种是平静、坦然地接受审判结果；第二种是神情麻木，听从指令；第三种就是情绪激动或情绪失常。在实际押解过程中，第三种情况较多。第三种情况要求司法警察具有极强的应变能力，分散死刑犯的注意力，可以与其聊天、拉家常，或让其吸烟。一定要在短时间内稳住其情绪，使之安定，保证执行活动的正常进行，以防不测。有时也可以给他们适度的人文关怀，以便顺利行刑。同时，要防止死刑犯的家属在宣判或执行过程中出现一些极端的行为。

【特别提醒】

死刑犯中有“示威”的，有“装熊”的，有横下一条心等死的，有良心发现忏悔的，但没有一个说再给他一次机会他不愿活的。能让一些死刑犯在生命最后的日子里展现一点点人性的良知，也是司法警察工作中的荣耀。

四、其他情况下的押解

【引例 2－7】

【北京市第一中级人民法院司法警察执行押解犯罪嫌疑人刘某参加丧礼】 2006 年 12 月 8 日，刘某在北京市海淀区一歌厅内因结账问题与歌厅人员发生纠纷，一时冲动砸坏了歌厅内设施，被一审法院以寻衅滋事罪判处有期徒刑 4 年。判决后，刘某不服，向北京市第一中级人民法院提出上诉。案件还在审理中，刘某的母亲因病逝世。在刘某家属的申请下，法院破例同意刘某在法官和该院两名司法警察的陪同下见母亲最后一面。在母亲遗体前，沉浸在悲痛之中的刘某感激地说：“能见我妈最后一面了却了我一桩心事，我一定正确对待法院的判决，好好改造，争取早日回归社会。”在法官的特意安排下，刘某还见到了自己约两岁的儿子，这是自儿子出生以来他第二次与儿子见面。

【问题指引】

请根据引例 2－7 思考以下问题：

1. 司法改革体现了对犯罪人的人文关怀，对上述案例你有何感想？
2. 押解押解对象辨认犯罪现场或进行司法鉴定等活动时，有哪些注意事项？

【应知应会】

其他情况的押解是指为了保障审判工作需要，司法警察将押解对象从一地押解到另一地进行特殊诉讼活动的过程，主要有以下四种情况：

（1）押解被押对象到犯罪现场进行辨认。

（2）押解被押对象进行司法鉴定。

（3）押解因在审判活动中突发疾病的被押对象去指定医院检查治疗。

（4）押解被押对象参加民事、经济、行政案件的诉讼活动。

【特别提醒】

被告人因犯罪应当受到法律的惩罚，但对他们个人的一些权利也应当给予尊重。虽然让被告人刘某破例参加其母亲的遗体告别仪式，法院要承担一定的风险，但考虑到刘某是其母亲唯一的亲生儿子，在确保安全的情况下，让其见母亲最后一面是人之常情，这也是司法人文关怀的具体体现。

以上只列举了几种司法警察在特殊情况下的押解，随着审判活动领域的不断扩大，工作要求日益规范，司法实践中将会遇到更多形式的押解任务。

项目三　押解的组织实施

押解是司法警察诸多工作中工作量最重、流动性最强、危险性最大的一项工作。预先做好押解前的各项准备工作、做好组织保障是押解工作顺利完成的基础。

【引例2-8】

【汪忠押解王某等聚众斗殴案审理，成功制止突发事件的发生】 2007年5月6日，安徽省黄山市中级人民法院刑一庭开庭审理王某等聚众斗殴案。提押前，该院法警队队长向刑事审判法官了解准备开庭的各被告人的基本情况，得知被告人王某等六人系叔侄关系，且聚众斗殴情节恶劣。法警队成立了以大队长汪忠为组长的押解组并进行了明确的人员分工，由司法警察崔灿负责押解王某，并启动了处置突发事件预案。在看守所，押解司法警察再次向管教人员了解了各被告人情况，得知被告人王某患有高血压，精神不稳定，且有自杀倾向。

当天下午2：20准时开庭，在长达四个小时的庭审过程中，司法警察崔灿不离被告人王某的左右。被告人虽然情绪较激动，但一直配合法官的庭审，6：20分审判长宣布闭庭。司法警察将各被告人带出法庭，准备押解回看守所。在下楼的过程中，被告人王某突然用头向楼梯的扶手撞去。危急时刻，司法警察仝龙灿迅速转身挡在其撞头的位置，司法警察崔灿也迅速拽住犯罪嫌疑人的左手，被告人一头撞到了仝龙灿的身上。被告人看自杀没有得逞，竟就势躺在地上装病不起。崔灿和仝龙灿两名司法警察果断地将被告人抬到囚车上，迅速带离了现场。他们在囚车上做通王某的思想工作，安全顺利地返回看守所，圆满完成了押解任务。

【问题思考】

请根据引例2-8思考以下问题：

1. 请制订该案件的押解方案。
2. 如果押解被告人高血压病突发，司法警察应采取什么措施？

【应知应会】

一、押解的准备

综合各种押解方式，押解实施前应做好以下准备工作：

（一）明确押解工作的组织领导

对死刑犯、重刑犯、犯罪团伙犯罪嫌疑人押解、大型宣判活动的押解，应由法警队负责人亲自担任负责人执行押解，其他押解可以临时指定负责人。在同一次押解任务中，对押解对象采用不同的押解方式押解，如途中押解、法庭押解、执行死刑押解等；在同一审判活动中对不同押解对象采取不同的押解方式，如押解犯罪嫌疑人参加宣判，宣判后有的当庭释放，有的罪犯还需还押服刑，有的罪犯押赴刑场执行死刑，必须要明确各阶段的负责人。

（二）明确押解工作的警力配备

押解警力配备要根据押解对象的数量、犯罪性质、押解的方式来确定。具体的警力配备应遵循以下原则：一名司法警察押解一名犯罪嫌疑人或被告人，但每次押解时不得少于两名司法警察；押解多名犯罪嫌疑人或被告人、徒步押解以及长途押解时，应相应增加警力；乘车押解时，每辆警车押解的司法警察不得少于两名；押解重刑犯、死刑犯，每名罪犯不得少于两名司法警察；庭审时间较长的押解，应增加交替警力；押解女犯罪嫌疑人或被告人，必须有女司法警察参加。

（三）押解前做好各项保障工作

押解中的各项保障工作包括：检查提押票以及有关诉讼文书是否齐备和符合要求；检查枪支、弹药、械具、通信工具等装备是否齐全有效；检查车辆使用性能是否完好、油料是否充足；检查押解途中所需的生活用品以及交通地图、车船时刻表是否备好；检查警容风纪是否符合要求等。

（四）制订押解任务的实施方案

由于押解对象的危险性、押解过程的艰巨性、押解的严肃性，押解勤务执行前必须制订实施方案。对审判规模较大，押解人数较多和长途押解等情况，更要制订周密的押解实施方案，以防止各种影响押解的突发事件发生。

【特别强调】

押解方案包括的内容：押解任务、押解指导思想、押解负责人、押解对象基本情况与信息、押解方式、押解路线、押解对象分工、押解的具体要求、配备的警用器材，押解途中可能发生突发事件的处置要领等。

【附注】

在执行押解任务前，法警队队长汪忠了解了王某的基本情况，如王某的犯罪性质、认罪态度、相互关系、身体状况等，立即作出对于王某叔侄两人不得同车押解的决定，并启动了处置突发事件预案。反复强调在押解过程中，押解两名首犯的司法警察时刻提高警惕，防止突发事件发生。突发事件一旦发生，应果断、迅速地处置所发生的突发事件，确保押解的安全。

二、途中押解的组织实施

（一）监所提押

【引例2－9】

【东城区法院司法警察钟毅认真核对犯罪嫌疑人信息，有效避免错误提押】2008年2月9日，东城区法院司法警察钟毅持法官刘刚开具的提押被告人侯某的提押票到区看守所，看守所警察任某将提押票上法官刘刚的姓名信息输入电脑，结果找到了羁押在二监区206室的犯罪嫌疑人刘刚，于是将贩毒嫌疑人刘刚提押出来交给了司法警察钟毅，当钟毅核对侯某的姓名、年龄、案由、籍贯和住址等信息时，发现了任某的错误。

【引例2－10】

【大庆市第二看守所警察错误释放犯罪嫌疑人】2006年12月29日，大庆市萨尔图区法院法警到大庆市第二看守所送达盗窃犯张龙等5名押解对象取保候审手续及释放通知书。当日值班中队长翟永疏忽大意，未对被释放人张龙的身份进行核实即发给释放证明书，结果将与盗窃犯张龙同名的贩毒犯罪嫌疑人张龙错放，致使贩毒犯罪嫌疑人张龙脱逃。

【问题思考】

请根据引例 2－9、2－10 思考以下问题：

1. 监所提押的工作程序是怎样的？

2. 监所提押时如何有效避免出现错误？

【应知应会】

监所提押是途中押解的第一步，担任此项任务的司法警察要做到以下三点：

（1）司法警察应持有盖有法院公章、法官签名手续完备的提押票、有关的诉讼文书和司法警察的警官证一同出示给看守所的值班警察，方可办理提押手续，在看守所中遵守监所相关规定。

（2）按照提押票，逐人核对提押对象的姓名、年龄、案由、籍贯和住址等，一次提押多人的，离开监所前一定要认真核对人数。

（3）根据押解对象的不同情况，采取不同的强制措施，适用不同的械具。

【特别提醒】

司法警察到羁押场所提押被告人或罪犯，必须按照提押票逐人核对提押对象的姓名、年龄、案由、籍贯和住址等信息，这看似非常简单似乎又多余的核对，在实践中，却能有效避免失误。特别是一次提押多人的，离开监所前也一定要认真核对提押的人数，否则可能因一时的疏忽大意，而使自己身陷囹圄。嫌犯一旦脱逃，公安机关、检察院和法院需要再次投入大量力量侦查、起诉和审判。一人的工作失误，将造成大量的人力、物力和财力的浪费，而且也有损于司法活动的严肃性，应坚决杜绝。

【附注】

引例 2－10 中，萨尔图区检察院非常重视这一监管场所警察渎职案件，2007 年 12 月 26 日，该院对翟永以涉嫌失职致使在押人员脱逃罪立案侦查，此案移送审查起诉。

引例 2－10 中，公安机关再次投入大量警力才将张龙抓获，后法院以贩卖毒品罪和非法持有枪支罪判处张龙无期徒刑。

（二）徒步押解

【应知应会】

徒步押解应严格限制在路程较短、犯罪嫌疑人罪行较轻、车辆无法通行、不具备其他押解条件等情况下使用，具体要求是：

（1）徒步押解必须熟悉押解沿线情况，有严密的安全防范措施，确保押解途中的安全。

（2）徒步押解必须使用械具，必要时可以手铐和警绳并用。

（3）徒步押解一名押解对象时不得少于两名司法警察、押解多名押解对象时应配备足够的警力。在人行路上押解要位于人行路的一侧，过桥时要位于桥的中央。

（4）徒步押解时押解人应位于押解对象的侧后，手抓押解对象手臂，与押解对象保持一定的距离，不可只抓押解对象的衣领，防止途中押解对象挣开衣扣，脱掉上衣，摆脱押解而逃跑。

（5）徒步押解时司法警察必须佩带武器、配备通信器材。

（三）警车押解

【引例 2－11】

【寿宁县法院开庭期间犯罪嫌疑人脱逃案】 2007 年 4 月 17 日，寿宁县法院在开庭审理张某涉嫌盗窃摩托车一案后，当时司法警察给张某戴的手铐有一边已经坏掉，但司法警察没有注意，张某在庭审时就试着挣开手铐。庭审结束后，张某趁一名司法警察开车门之际，突然挣脱手铐，摆脱另一名司法警察的控制，一只手戴着手铐逃离法院。寿宁法院的后面就是深山，当天又下着大雨，张某侥幸脱逃。

【问题思考】

请根据引例 2－11 思考以下问题：

1. 警车押解时应该注意的事项有哪些?

2. 警车押解时如何避免事故发生?

【应知应会】

警车押解是目前司法警察押解中最常用的方式，其实施的方法是：

（1）使用性能良好的警用囚车，车上应装有警灯、警报、囚笼和通信设备。押解前一定要清除车上的全部杂物，选用驾驶技术好的司法警察担任驾驶员。

（2）对押解对象进行认罪伏法、配合押解工作的教育，严密监视押解对象的行为动态。为防止押解对象行凶、脱逃，对押解对象应一律使用械具。使用械具时可以根据押解对象的不同情况使用不同的械具，以确保安全。

（3）使用汽车进行多人押解时，指定一名司法警察先上车，站于车辆的前面左或右角，然后令押解对象有序地上车，押解对象座位不能靠窗或车门口，而应将其安置在便于监视和控制之处，司法警察位于押解对象的后方或对面，押解对象一律加戴械具。要控制上车、下车、停、开四个环节，关好车窗，控制车门，防止跳车、用手铐撞击车玻璃和攻击其他押解对象等行为的发生。

（4）同案被告尽量分车押解，避免相互之间串供，诱发新的犯罪。押解多名押解对象时，要勤查看、勤点数，禁止押解对象之间谈话。

（5）使用多台囚车实施押解时，应配备指挥车和开道车。多车押解时，要确定车辆编组，规定行车速度、距离和联络信号，并预留机动车辆，以替换途中发生故障的车辆。编组通常分为指挥组、警戒组、押解组和机动组，路途远时，还应有生活保障组。警戒组先头前进，负责线路引导，排除障碍。指挥组随后，负责指挥。押解组乘坐押解车，负责监视押解对象。机动组随后，负责应付突发情况。车辆在行驶中，如道路宽直、视线良好，车距可保持在 30～50 米。通过城镇、拐弯、上下坡和复杂地形时，要缩短车距，减低车速。

（6）押解途中遇有交通障碍应及时疏通道路或绕道行驶，以最快的速度开辟行车路线。遇有押解车辆发生交通事故或故障时，司法警察应及时组织警戒，劝阻围观群众，确保押解对象的安全。车辆不能及时修复的，应及时更换备用车辆或调用其他车辆。不论采用哪种办法，都应尽量减少途中停留的时间，以保证对押解对象的绝对控制，确保安全到达押解目的地。

（7）执行押解任务的囚车，严禁搭载与执行押解任务无关的人员。

【特别提醒】

警车押解是押解中最常用的押解方式，也往往被认为是最安全的押解方式。“警车押解有囚车，铁门很牢靠，途中戴手铐，押解对象就如笼中鸟，逃不出、飞不掉”，这样的麻痹思想，长此以往，必将引发事故。

【附注】

涉嫌盗窃摩托车犯罪嫌疑人张某利用警车开门之际从寿宁县人民法院脱逃案发生后，寿宁政法部门成立专案组，历时8个月才将张某抓获。

（四）乘公共交通工具押解的组织实施

乘公共交通工具押解是押解方式的补充，其具体组织实施方法是：

【应知应会】

（1）乘公共交通工具押解事先应与车（船）公安执勤人员取得联系，以取得其对工作的支持，确保押解工作的安全。

（2）乘公共交通工具押解时间长，工作环节多，以及需处理车（船）上的生活事宜等，故应适当增加警力，以确保有足够的警力完成押解任务。

（3）乘公共交通工具押解应尽量将押解对象安置在易于监控、与乘车（船）群众相对隔离、远离车窗车门、靠近厕所等处。同时还应远离驾驶室等危险、要害位置，必要时可以将押解对象铐在车（船）的固定部位，以利于押解对象的管理，保障押解过程中的安全。

（五）长途押解

由于长途押解路途遥远、情况复杂，押解对象心理不稳定，司法警察易疲劳，押解途中未知情况多，需要在途中就餐、住宿和临时羁押，需要变换押解方式，安全不易得到保障，是一种特殊押解任务。

【引例2-12】

【四川南充营山法院长途押解途中犯罪嫌疑人死亡】2008年5月17日下午，四川南充营山法院的司法警察将贩毒嫌疑人李阳押解上广州到成都T128次火车，李阳将接受四川南充营山法院的审判。18日凌晨4：40分左右，在江西吉安境内，李阳从卧铺车厢厕所跳车，坠车身亡。司法鉴定中心出具的尸检报告显示，死者李阳左脚戴着脚镣，左手戴着手铐，100毫升血液中竟然含乙醇29.9毫克。

【问题思考】

请根据引例2-12思考以下问题：

1. 长途押解中怎样才能确保安全？

2. 长途押解过程中押解对象可能会出现哪些危险的行为？

【应知应会】

在长途押解中，可能采用徒步押解、乘车押解、乘船押解等多种押解方式，其组织实施的有关要求，除按照前面讲到的要求办理外，另提出如下六项注意事项：

（1）押解实施前，制订周密的押解方案。包括押解的组织领导、押解的路线、押解的方式、押解途中的食宿、押解过程中的安全防范措施和出现不同情况时的处置等，押解方案要严格保密。

（2）长途押解必须配备足够的警力，司法警察最低要达到押解对象人数的两倍。押解重刑犯、要犯和多押解对象除上述的要求外，还应适当增加机动警力。押解女性押解对象时必须有女性司法警察参加。

（3）长途押解必须做好安全防范和物资保障工作。应具备良好的通信设备，携带必要的武器、械具和途中所需的逮捕证明、临时羁押证明、警官证等相关证件；应随时与沿途法院、检察院和公安机关等相关部门取得联系，以取得其配合和协作。

（4）长途押解中不得带押解对象在外住宿。途中需要住宿的，应将押解对象押解到当地临时羁押监所。条件不具备的，应在严密监控下，由司法警察统一购食，在囚车内或车（船）内进行就餐；不得带押解对象进入商店、剧院等公共场所。

（5）长途押解中应严格控制押解对象的活动。要随时掌握押解对象的思想动态，时刻控制押解对象的行为，严防押解对象脱逃、行凶、自杀、自残、串供和传递信物，不得让任何人与押解对象接触，严防押解对象与外界联系，严防押解对象被劫持。

（6）长途押解中，押解人不准询问案情，不准虐待、体罚押解对象；不准擅自离开岗位，失去对押解对象的控制；押解途中不准饮酒；枪支不准离开身体。

【特别提醒】

在长途押解过程中，为了保证押解活动能顺利进行，对于不配合押解工作的犯罪嫌疑人、被告人，可以在医生的指导下给其服用正常剂量的安眠药物；切忌途中大量饮水，人为增加上厕所的次数；严禁使用饮酒来催眠押解对象。

【附注】

贩毒嫌疑人李阳双手的手铐如何被打开和其体内的酒精从何而来至今虽未能查清，但此事件说明在押解途中司法警察监管不到位。后来营山县检察院反渎职侵权局介入调查，确认执行押解任务的司法警察是否存在渎职行为，应该追究法律责任的，坚决移交司法机关处理。

三、法庭押解

【应知应会】

法庭押解是在庭审押解过程中的押解，具有环境的特点，其组织实施的内容是：

（一）法庭押解前的准备

（1）掌握押解对象羁押的地点、押解的路线以及押解对象接受审判的位置。

（2）按季节着规定制式服装、佩带武器、枪械和通信工具。

（3）认真核对押解人数，熟悉押解对象姓名、特征、案由。

（二）法庭押解的动作要领

（1）一名司法警察押解一名押解对象时，司法警察位于押解对象的左后侧，右手抓住押解对象的左大臂。

（2）两名司法警察押解一名押解对象时，司法警察分别位于押解对象的后两侧，各自抓住押解对象的大臂。

（3）司法警察押解被押人进出法庭时，司法警察的精力要集中，动作要规范。押解对象看到旁听席上的家属，情绪可能会发生变化，要注意押解对象的反应。

（4）庭审时，担任押解任务的司法警察在公诉人宣读起诉书和法庭宣判时，应取立姿；其他情况可取坐姿，坐姿要端正，精神要集中，保证押解对象在视线之内。

（三）法庭押解的要求

由于法庭押解是在审判场所进行的，司法警察的举止直接代表着人民法院、人民检察院的形象，对其有特定的要求。

（1）在庭审中，司法警察押解押解对象进出法庭，应按审判长或检察官的指令行事。押解对象提出的任何请求，须经审判长的许可方可进行，司法警察不得以任何方式和理由催促缩短庭审时间。

(2) 按季节规定统一着警装，佩戴警衔标志。着装应整齐、干净，不得披衣、敞怀、卷裤腿、歪戴帽子、穿拖鞋或赤足。

(四) 大型审判活动的押解

为扩大审判效果，配合法制宣传和社会综合治理，各地对一些死刑犯、重犯、要犯采取大型审判活动方式。大型审判活动的押解也属法庭押解，是目前配合法制宣传活动常采用的、工作量最大的一种押解。

【引例 2-13】

【北京西城区法院对毒贩杨某等 16 名罪犯进行公开宣判】 2008 年 6 月 26 日，北京西城区法院对毒贩杨某等 16 名罪犯进行大型公开宣判，杨某由于精神紧张，浑身瘫软，两条腿根本无法站立，大小便失禁。司法警察刘青和另外一名女司法警察一人一边架着她的胳膊，把她架住。在 40 分钟的宣判过程中，杨某的大小便顺着裤腿往下流，一股股恶臭气味扑鼻而来，刘青极力忍着一阵阵的反胃，没有丝毫的懈怠。

杨某由于意识不清，两腿的膝盖弯曲着，浑身的重量都压在了两名女司法警察的身上。为了保证杨某能站在法庭上，刘青使劲用胳膊支撑着。宣判没有结束，她必须要继续保持这个姿势。后来，她只好用腿去顶住杨某的膝盖，直到审判活动结束。

【问题思考】

请根据引例 2-13 思考以下问题：

1. 大型审判活动押解中会出现哪些异常情况？

2. 针对以上异常情况，司法警察应采取怎样的措施以确保大型审判活动的安全？

【应知应会】

由于大型审判活动的规模和场所不同，对这种押解方式有以下特殊的要求：

(1) 宣判前应对宣判场所的周围环境、押解对象的羁押处所、押解对象站立位置、车辆进出路线等做到心中有数。

(2) 根据押解对象确立押解警力；按押解对象人数进行人员分工，做到定人定位；按宣判大会要求排列入场、按次序退场。

(3) 根据押解对象可能发生的不认罪、不服判、喊冤叫屈、哄闹等行为，担任押解任务的司法警察应有充分的思想准备和防范措施，一旦发生此类情况，应及时采取措施，果断予以制止。

(4) 押解对象因病体力不支、精神崩溃，在审判活动中站不稳时，司法警察应及时采取措施，使其站立。

【特别提醒】

由于公开审判活动规模大、参加人数多，担任押解任务的司法警察的形象直接代表着人民法院、人民检察院的形象，所以要时刻注意自己的言行举止，时刻保持高度警惕。还要和值庭、警卫人员紧密配合，随时准备处置各种意外情况，当发生突发事件时，担任押解任务的司法警察不可脱离押解岗位，应以牢固控制押解对象为首要任务。

四、执行死刑押解

1997 年 5 月，最高人民法院下发的《人民法院司法警察暂行条例》中，明确规定执行死刑是司法警察的一项工作职能。执行死刑押解是司法警察将判处死刑立即执行的罪犯，从宣判场所（羁押场所）押赴刑场执行死刑的过程。其组织实施方法是：

【应知应会】

（一）确定押解行车路线

（1）选择好押解行车路线，了解沿途周边地段的治安社情。

（2）选定备用路线，以备发生意外情况时及时改变行车路线。

（3）行车路线要严格保密，防止劫走罪犯和罪犯家属拦截囚车。

（4）押解道路不通时，应及时考虑转换到备用刑场执行。

（二）要备足押解警力

执行死刑押解时每名罪犯除要配备三名司法警察外，还应增加机动警力，以应付押解途中出现的各种情况，确保押解途中的安全。

（三）要做好死刑罪犯的伏法工作

【引例2－14】

【新疆乌鲁木齐市中级人民法院法警队队长屈宝堂押解死刑犯执行死刑】 新疆乌鲁木齐市中级人民法院对持枪抢劫犯马某进行一审判决，判处其死刑。因马某没有上诉，故立即执行（案情：马某1992—2004年在武汉、重庆、乌鲁木齐等地伙同他人或单独作案，实施持枪抢劫6起，致7人死亡、5人重伤，抢得现金80余万元）。2005年6月20日，临刑的前一天，法警队队长屈宝堂来到乌鲁木齐六道湾看守所，确认马某的身份，屈宝堂像往常一样，语气平静地说："马某，明天就要送你上路了，你现在还有什么话要说吗？"马某声音低沉地说："我只想向被害人的家属说声对不起，虽然我知道一句对不起是不够的。现在我一无所有，有的只是对父母、妻子、孩子、朋友的思念。我这一生最大的遗憾就是，作为丈夫我没能让我的妻子过上好日子，作为父亲，我不能养育自己的小孩长大，我最想抱一下我4岁女儿……"一个被外界喻为杀人不眨眼的魔王的马某，说到这里，眼中涌出了泪水。屈宝堂得知该情况后，为马某作了申请。

21日，马某的妻子、女儿和哥哥一起来到了六道湾看守所，会见即将被行刑的马某。会见前，马某请求：能不能将我脚上的脚镣取掉，不想让孩子看到自己这副模样，怕给孩子幼小的心灵留下阴影。考虑到马某在看守所内悔罪态度非常好，很配合管教工作，从未违反监规，屈宝堂向看守所的领导和审判法官申请，经过讨论，法官和看守所领导均同意。马某见到其女儿时，神情凝重起来："宝贝儿，我能抱抱你吗？"他发颤的声音几乎是哀求，看守所又满足了他的要求。

从押往刑场到执行枪决，马某非常配合。

【问题思考】

请根据引例2－14思考以下问题：

1. 怎样才能让死刑犯配合执行工作？

2. 对于死刑犯最后的心愿能否都予以满足，满足的标准是什么？

【应知应会】

（1）对认罪伏法的死刑犯，应重点做好思想安抚，促使其配合执行工作。

（2）对判处死刑思想准备不足，有不服判决表现，尚能服从司法警察管理的罪犯，应对其做好认罪伏法教育，讲清配合执行的利弊关系，并注意随时掌握罪犯的思想行为动态。

（3）对不服从管理的死刑犯，应采取有效的强制措施将其制服，并教育其认罪伏法，配合执行。

（4）对有重大揭发检举的，应及时将有关的情况报告审判人员。

【特别提醒】

2007 年 3 月 11 日，最高人民法院、最高人民检察院、公安部、司法部联合出台的《关于进一步严格依法办案确保办理死刑案件质量的意见》规定：人民法院向罪犯送达核准死刑的裁判文书时，应当告知罪犯有权申请会见其近亲属。罪犯提出会见申请并提供具体地址和联系方式的，人民法院应当准许，原审人民法院应当通知罪犯的近亲属。罪犯的近亲属提出会见申请的，人民法院应当准许，并及时安排会见。

特别强调的是一定要在保证安全的前提下，对被执行死刑的罪犯提出的请求给予准许，这也是践行人文关怀的体现。

（四）执行死刑押解的特定要求

【应知应会】

执行死刑押解与其他押解相比，社会影响大，但危险性更大，要求更高，对此提出以下特定的要求：

（1）执行死刑押解必须配备刑场指挥车，用于开道指挥。押解车辆应使用专用囚车，并应配备备用的押解囚车。

（2）执行死刑押解必须保持畅通的通信联络。

（3）执行死刑押解应实行武装押解，担任押解的司法警察必须配备武器。

（4）执行死刑押解的车辆不得搭载与执行死刑任务无关的人员，不得让任何无关人员与死刑犯接触。

（5）押解中不得以任何理由对死刑犯进行体罚虐待。

押解结束后，由提押负责人及时将提押票与有关诉讼文书以及押解工作单交审判人员签字后登记入册；将武器、械具等公用装备退交保管人员，办理交还手续；组织对押解工作进行讲评。

【特别提醒】

死刑犯在生命进入倒计时的时候，有些人的心理会彻底崩溃，产生异常举动。此时，要求司法警察具有极强的应变能力，能在较短的时间内稳住死刑犯的情绪，以防不测。

1997 年 1 月 1 日起实施的修订后的《中华人民共和国刑事诉讼法》规定，死刑采用枪决或者注射等方法执行。采用注射方式执行死刑，是死刑执行制度向文明化、人道化方向发展的重要标志。让死刑犯在被执行死刑时承受最小的痛苦是社会文明发展的体现。目前，我国执行注射死刑的方式有两种：一种为车载方式，一种是在固定刑场执行。

项目四　押解过程中突发事件的处置

押解过程中，由于种种原因，经常会发生一些突发情况。掌握处置原则和处置要领，一旦发生情况，就能有条不紊地果断处置。

一、处置突发事件的原则

【引例 2－15】

【西安市雁塔区法院开庭时当事人企图行凶】2008 年 6 月 24 日，西安市雁塔区法院正在审理一起故意伤害案，被告人宋某与已婚女子迟某长期保持不正当关系，后被迟某的丈夫发现，宋某要求迟某与其丈夫离婚，迟某不答应，于是宋某将迟某囚禁并殴打致残。在案件审理过程中，司法警察陈东发现一男子精神恍惚，形迹可疑，慢慢靠近该男子后，发现其腰间藏有凶器，遂立即通知其他司法警察将其扑倒在地，从其身上搜出一把匕首，两把斧头。据该男子自己交代，他就是被害人的丈夫，他痛恨宋某，所以今天携带凶器想为妻子“报仇”。

【问题指引】

请根据引例 2－15 思考以下问题：

1. 重新思考押解的工作性质。
2. 处置押解过程中的突发事件有哪些原则？

【应知应会】

（一）依法处置的原则

在押解过程中，处置各种情况要严格按照法律、条例及有关规定办事，这是司法警察有效处置突发事件的前提，是其他原则的核心。要针对情况中的不同对象、矛盾的不同性质、问题出现的不同场合、可能产生的不同后果，慎重采取不同的处置方法，做到处置得有理有据，尤其是使用武器、械具和采取强制措施时，更要严格按照有关法律规定行事。

（二）以人为本、确保安全的原则

司法警察在执行押解任务中采取的各项措施，均是以保障押解对象、审判参与人员、旁听人员的生命财产安全为基点的。保障安全，是处置突发事件的主要原则，不论出现什么情况，首先要考虑是否触及现场人员的安全，处置时也应以最大限度地避免和减少因突发事件而造成的人员伤害和财产损失为原则。

（三）统一指挥、积极负责的原则

对突发事件的处置直接涉及处置效果和事后责任问题。因此，在发生突发事件时，司法警察应当头脑冷静，在指挥关系上要明确和坚持以下三点：首先，根据《人民法院司法警察暂行条例》第 8 条，人民法院司法警察在法官的指令下履行职责的规定，现场的统一指挥权应由法院在场职务最高的领导行使，没有领导的由级别最高的法官行使；其次，在法警队伍内部必须执行下级服从上级、一级指挥一级的原则，对指挥员的指令司法警察必须坚决执行，不得有令不行、自作主张；最后，配合、支援单位的司法警察应服从申请单位领导的指挥，不得以任何理由或借口拖延、拒绝执行领导的指令。

（四）及时、果断处置的原则

建立处置突发事件预警和快速反应机制，保证预警响应、处置等环节紧密衔接，采取一切有效措施和手段控制事态，依法、从快处置突发事件。各级法院应该制定详细的押解突发事件处置预案，划分责任，由院长任总指挥。在处置突发事件时，司法警察要采取灵活多变的战术，利用警力优势果断下达行动命令，快速出击。对在聚众闹事中的组织者、鼓动者、带头行凶者首先要观察准，其次要采取强制措施惩戒准，以排山倒海之势把不法分子的气焰压下去。

【特别提醒】

当事人既包括刑事案件的犯罪嫌疑人、附带民事诉讼原告，也包括民事案件中的原告和被告。“行凶”既有当事人之间的暴力行凶，也有当事人针对法官、书记员及司法警察的暴力抗法行为。在押解过程中，司法警察一旦发现可疑情况，应立即盘查。在案件审理过程中，可能由于当事人认识的偏颇，不懂法律，把败诉的原因归咎于法官，还有一些刑事案件的被告人屡次“进宫”而仇视政法工作人员，还有些被判处死刑的被告人，抱着“我死也不能让你好过”的心态报复社会，这都是导致突发事件的因素。因此，在押解工作过程中务必小心谨慎，防止突发事件发生。突发事件一旦发生，突发事件处置原则就是司法警察处置活动的工作准绳。现实中会发生各种各样的突发事件，不同的突发事件因其案情、押解对象的个人因素、环境等不同，表现形式也不同，处理要领和方法也各异，把握处置原则也就把握了工作方向。

二、押解中常见突发事件处置要领

【引例 2-16】

【新疆乌鲁木齐市中级人民法院被害人的家属哄闹法庭】 2007 年的 4 月 26 日，一起故意杀人案在乌鲁木齐市中级人民法院开庭，被告人蒋某是一名 32 岁的已婚女性，其与一名 26 岁的年轻男子余某保持着不正当的男女关系。事情败露之后，余某要求蒋某将自己杀死，而蒋某竟然真的将余某杀害。

开庭审理时，法警中队中队长屈宝堂将蒋某押到法庭上，审判还没有开始，情绪激动的余某家属一看仇人便分外气愤。幸亏司法警察早有防备，蒋某才没有受到余某家属的攻击。在庭审中，蒋某说出了一些连余某家属都不知道的杀人细节，就在屈宝堂押解蒋某离开法庭的时候，余某的妹妹突然哭喊着扑了上来，对着蒋某又抓又打。屈宝堂见状忙把余某的妹妹拉开，但余某的其他家属则一拥而上，有伸手揪被告人头发的，也有拳脚相加的。法警立即阻止被害人家属的行为，被害人家属又将内心的愤怒发泄到执行押解和值庭的司法警察身上。法警立即增援，制止了被害人家属的过激行为，制止了事态的发展。

【问题思考】

请根据引例 2-16 思考以下问题：

1. 法庭押解中可能会发生哪些突发事件？
2. 你列举出的突发事件一旦发生该如何处置？

【应知应会】

（一）家属或其他人哄闹法庭情况的处置

押解途中遇到家属或其他人哄闹情形应向其讲清干扰公务违法行为的危险性，及时制止哄闹行为；遇到家属或其他人谩骂、威胁司法警察时，应对首要分子实行警告，及时制止。制止不听时，可以对首要分子采取强制措施。有时为了保护押解对象的身体不受伤害，司法警察可能会遭押解对象家属、被害人家属等的袭击，在一般情况下，应尽量先实施劝阻警告；经劝阻无效时，再使用警械，防止矛盾被激化。

（二）押解对象的家属、亲友要求会见或递送食品、衣物情况的处置

押解途中遇到押解对象的家属、亲友要求会见或递送食品、衣物等情形时，应讲明政策，进行规劝，声明押解过程中不准接见，不准递送食品、衣物。如发现强行要求接见和递送食品、衣物并阻挠前进时，应提出警告，将押解对象带走，或尽量阻止押解对象的家属、亲友，直到其不能接触到押解对象为止。

（三）因故停留遇有群众围观情况的处置

押解途中因故停留遇到群众围观时，应劝说围观群众远离，并设置警戒线。对某些人的不当行为，要以劝阻为主，积极宣传法律，语言要文明。

（四）押解对象提出大小便情况的处置

在一般情况下，乘车押解不到预定地点，不允许押解对象大小便。如遇特殊情况需要上厕所时，司法警察应先检查厕所，不准押解对象在使用厕所时关闭厕所门。押解对象进厕所后，司法警察应一脚在门里、一脚在门外，用手和脚的抵力，形成半开门，以便监视和控制。从犯罪心理上分析，绝大多数罪犯都有脱逃心理。从选择脱逃的时机分析，押解途中是一个动态的过程，不确定因素多，罪犯往往会选择这个机会脱逃。从近年来发生的押解途中罪犯脱逃的案件来看，罪犯以大小便为借口，摆脱法警注意伺机脱逃所占的比例较大。

【引例2－17】

【“江洋大盗”两借“上厕所”脱逃】2004年6月3日，长期流窜于湘鄂两地盗窃的33岁的“江洋大盗”李继平在岳阳市君山法院接受审判时当庭脱逃。多年来，李继平流窜于湖北监利，湖南汨罗、岳阳、云溪等县（市）进行入室盗窃，犯案累累。2002年，李被公安机关抓获时，曾借口上厕所而脱逃。2004年初，网上通缉逃犯李继平被岳阳警方再次抓获。但在庭审时，李继平又借口上厕所而再次脱逃，君山法院虽在事发后组织人员追赶，但仍未能将其抓获。

【附注】

李继平两次脱逃这一事件在当地造成极其恶劣的影响。事发后，君山法院当日下午将情况汇报到岳阳市中级人民法院，岳阳市中级人民法院领导当即派人前往君山法院进行调查。5月17日，湖南省高级人民法院就该事件向全省各级法院发出通报，认为君山法院法警工作态度淡漠，法院警务工作出现严重违规，致使嫌犯当庭脱逃，是一起严重的渎职事件，对这起事件的有关责任人将依法依纪严肃查处。

（五）押解对象在途中患重病情形的处置

【引例2－18】

【法警及时处理涉毒被告人的突发癫痫】2007年1月9日上午，北京海淀区法院司法警察们在提押一批涉嫌贩毒的被告人时得知，其中有三名是艾滋病患者，一人还有癫痫病史。11时20分，宣判结束，这批毒犯被重新押回法院的看押室，等待回看守所的囚车。在从法庭押回看押室的途中，那名有癫痫病史的艾滋病犯人（此人因贩毒此次已是“三进宫”）情绪激动，用方言不停地自言自语，似乎对判决不满。在羁押室里突然倒地，口吐白沫，双手攥拳，不停地抽搐。法警队副队长董明磊没来得及戴口罩和手套，徒手抱起了毒贩的头，狠掐对方人中。毒贩转了下眼珠，有了知觉。董明磊又将毒贩的头扶正，让他坐在地上。毒贩将白沫吐了自己的号服一前襟，渐渐恢复了神智。等医生赶到时，毒贩已经可以站起来行走，没有大碍了。

医生说，法警队副队长董明磊对病人的处置是及时、正确和必要的，如果癫痫病人抽搐时间过长，病人就可能有生命危险。

押解对象在途中患重病，如生命垂危的，立即采取必要的抢救措施；若条件允许，应尽量与当地卫生部门联系，留人监守治疗；病情不重的，应服用一些非处方药物，防止病情加重，到达目的地后再联系治疗；对于押解对象的诈病一定要甄别。

【特别提醒】

司法警察应当掌握心肺复苏技术、创伤救护以及常见急症现场救护等急救知识，具备紧急救护的基本技能。但是，在紧急救护过程中，一定要注意个人防护。因为绝大多数涉嫌贩毒的嫌疑人是吸毒者，也很可能是艾滋病病毒携带者。押解这样的犯罪嫌疑人时，司法警察必须戴着一次性手套和口罩，押解对象必须戴口罩，但在开庭时，要摘掉口罩。提押携带艾滋病病毒的被押解人时，由身上无伤口、口腔无出血的司法警察完成。当押解对象携带艾滋病病毒且又有严重暴力倾向时，一定要严格搜查，严防其身上藏匿钢丝、针头等尖状硬物，防止其用带病菌的物品行凶。有心脏病史和癫痫病史的嫌疑人在法院里情绪激动，容易发病，要随时注意这些人的状态和情绪，必要时，要给他们用一些心脏病药物或镇静药物。

（六）途中遇到交通堵塞或车辆抛锚情况的处置

遇到交通堵塞时，应及时与交通警察联系或让开道的司法警察尽快疏导交通，确认道路不能通行时，应绕道前往，没有其他路线可绕行时，应及时设置警戒。车辆抛锚又无法修复时，可令押解对象分乘其他车辆行进。如无车辆，可改为徒步押解或请当地公安机关协助，将押解对象暂时羁押在附近监所。

（七）途中遇武装袭击劫持在押对象情况的处置

【引例 2－19】

【宜兴法院提押途中被告人被劫】 2006 年 9 月 12 日，朱某得知他的“好兄弟”薛某涉嫌寻衅滋事罪将在宜兴法院审判。14：15，宜兴法院法警队要将薛某从看守所提押出来，朱某决定在押解途中把薛某“接”走。朱某一方面安排余某找了十多个人手，并准备了两辆车；另一方面，让薛某的女友蒋某在看守所外打探消息。蒋某在看到薛某被司法警察提押出看守所时，远远地用宜兴方言向薛某喊“肚子痛，肚子痛”，薛某立刻心领神会。警车刚开出看守所，蒋某就立即电话通知朱某，告诉押解薛某的警车车号。朱某等人早已守候在警车必经之路，一看到押解警车，十几人随即分乘两辆车尾随上去。当车行驶到宜漕公路屺亭段时，薛某突然大叫：“我要大便，我实在憋不住了！”司法警察宋某随薛某一起下了车，不料戴着手铐的薛某撒腿就跑。宋某急忙上前追赶，却被十多名手持利刃的陌生男子拦住了道，寡不敌众的宋某被殴打后倒在地上，眼睁睁地看着薛某上了车扬长而去。

押解途中遇武装袭击劫持在押对象，应停止前进，令押解对象蹲卧在低凹处或快速向安全地带转移，并严加警戒。机动人员迅速抢占有利地形，进行还击，设法歼灭。当难以消灭时，应边前进，边以火力阻敌接近，尽快摆脱，继续前进。如条件允许，应尽快与附近公安机关、驻军、民兵取得联系，获得支援。

【特别提醒】

《中华人民共和国刑法》第 316 条第二款规定，劫夺被押解对象罪，是指劫夺押解途中的罪犯、被告人、犯罪嫌疑人的行为。犯本罪的，处三年以上七年以下有期徒刑；

情节严重的，处七年以上有期徒刑。

所谓劫夺，是指使用暴力、胁迫或者其他方法夺取或者释放被押解人，以使其脱离押解对象控制的行为。这种行为已经严重扰乱了司法机关押解罪犯的正常活动，危害司法秩序。在法律上被称为“行为犯”，无论劫夺是否成功，都已经构成犯罪。

【附注】

这起劫夺被押解对象案中的朱某等人大部分都没有正当职业，缺乏法律常识，就因为“哥们义气”，冲动之下铸成大错。他们的行为已经严重扰乱了司法机关押解罪犯的正常活动，扰乱了正常的司法秩序。在众多的涉案人员中，蒋某是唯一的一名女性，不到21岁的她怎么也没想到，帮男朋友“传几次话”竟然也会被送上法庭。如今，戴上手铐的蒋某追悔莫及。

（八）发生恶劣天气或自然灾害情况的处置

押解途中发生恶劣天气或自然灾害，押解工作不能正常进行或继续进行下去有危险的，应及时报告，并寻找安全可靠的地点暂时停留，对押解对象要严加看管；在路面受损，进退不能、援助一时不能到位的情况下，还要对携带的食品、饮用水、衣物、药品及警用物资进行资源整合，有计划地使用现有资源，防止因为物资短缺造成法警防范能力下降。

（九）押解对象脱逃情况的处置

押解对象脱逃，应立刻追踪、搜索、堵截、捕获逃犯，并将情况及时汇报上级领导。在近距离追捕时，要迅速出击。有以下三种方法：

一是跟踪追击。通常在看到逃犯行踪或确定逃犯逃跑方向或隐匿地点的情况下采用此法，应沿着逃犯的足迹或逃跑路线取捷径追击。

二是预伏堵截。通常在可以判断出逃犯去向和路线时采用此法。追捕人员迅速在逃犯必经路口、渡口、桥梁、车站、码头等地设伏，隐蔽或化装守候，等逃犯到达时，以出其不意的动作将其捕获。必要时将逃犯的情况通报当地的公安机关和有关部门，请求协助堵截抓捕。为争取时间，追捕人员应充分利用交通工具，抢在逃犯之前。

三是包围搜索。当判断逃犯去向或隐匿地点后采用此法。追捕人员在当地公安机关、驻军、民兵的配合下，先加强外围控制以防其再逃，然后对可能潜藏逃犯的洞穴、深沟、灌木丛、坟田、禾田以及周围的房舍等进行搜查。对山林地带的搜查，通常要疏开队形，先搜索山地、起伏地的正面，再逐段逐片地依次搜索。重点搜索洞穴、山谷以及山林稠密处。搜索山洞时，要利用地形控制洞穴，有条件的地方，应询问当地群众，弄清洞穴的地形结构，搜索时应利用岩壁、岩石、拐弯处等有利地形逐段搜索，严防逃犯突然袭击。如果已判明逃犯在洞穴中，不可贸然入内，在严密控制出口处的前提下，采用政治攻势和火力威胁相结合的方法迫其归案。

如果发现逃犯进入高地，应迅速采用包围搜索的方法，逐渐缩小包围圈，将其擒获；若逃犯持有武器，采用四面包围、虚留逃路、正面搜索、翼侧设伏的手段，将逃犯驱赶到预伏地点或高地之外；如果逃犯潜入居民区，应首先控制其出入口处和主要街道口，依靠当地公安机关、人民群众，逐片搜索。搜索人员应利用门窗、墙角、矮墙等地形。搜索重点是地窖、阁楼、畜圈、空房、工具房、夹角等易隐匿的地方，室内搜索的重点是橱、床下、水缸等角落。

如果时间是晚上，尽量封锁、包围逃犯可能逃窜的山隘、路口、桥梁等处，由于夜间搜索，联络、观察、追踪等都比较困难，通常围而不搜，等待天明。

追捕时，在迫不得已的情况下，将逃犯击毙，应保护好现场，报告当地政法机关，请求派人查勘现场，并如实说明开枪的原因、经过，以便记录在案备查。

三、减少押解中各种突发事件发生的思路

【应知应会】

（一）预防为主

【引例2-20】

【为防涉黑团伙被劫走，六次更换看押点】刘涌是黑社会性质犯罪案件主犯，从他被捕到最后执行死刑，竟然更换了6个看押地点，这在武警看押史上也是少见的。

2000年7月1日以来，刘涌团伙相继被公安武警一一捕获。该团伙随即被关押在沈阳一个叫黑牛屯的地方，是一个连手机都没有信号的秘密地点。然而，由于个别公安内部人员泄露风声，看押地点被暴露。

一名老兵在《看押日记》中写道："2000年8月初，我们白天上岗的时候，常常看到山顶有人向监区这边张望。开始我们还以为是当地农民在山上打猪草、挖野菜。但没过几天，我在无意中发现，这些"农民"虽然在打草、挖菜，但皮肤细白，动作生硬，精力不是集中在脚下的青草和野菜，而是不停地抬头向监区这边看，而且一天比一天更接近监区。我感觉这伙人绝不是当地的农民。有几次我们试着警告他们走开，但他们今天走了明天还是照样来……"

看押武警所反映的情况，立即引起了专案组的高度重视。刘涌等人被火速秘密转移到沈阳市警官学校。

刘涌被押至沈阳警官学校没几天，又有情况出现了：经常有高档豪华轿车神秘地停在学校门口及周围，而且逗留时间相当长，不能不引起看押部队和专案组的担心。此地依然不宜久留。

专案组最终选择了沈阳市皇姑区看守所。武警沈阳市支队和皇姑区中队为了确保任务完成，主动对刘涌恢复了武警部队弃用多年的执勤方式：改现行的外围武装警戒为监内看押。所谓监内看押，就是武警直接进入看守所监区内部执行看押任务。白天，案犯坐在凳子上，两名战士一前一后坐岗看押。案犯自由活动身体时，两名战士也是一步不离地跟着他在监室里走动。夜间，案犯躺着睡觉时，两名战士一左一右坐岗看押。看押部队的主要任务是防止案犯脱逃、自杀、自残、中毒、泄密。刘涌被捕时，曾闪电般吞下200片"安定"试图自杀。在皇姑区看守所，刘涌仍然想找机会"一了百了"。

2000年8月初至11月中旬，刘涌6次企图自杀、自残。8月2日，刘涌被提审后，情绪失控，用手狂砸铁椅；8月8日，刘涌企图吞食厕所窗台上一枚铁钉自残；9月26日，刘涌用头猛撞木床上露出的很长很尖的铁钉；9月29日，刘涌用衬衫缠住脖子吊在铁栏杆上企图上吊自杀；10月9日，刘涌企图用弹簧床上的铁丝扎眼自残；11月16日夜间，刘涌在睡觉时用自己的袜子捆住脖子企图自杀……刘涌一次又一次地寻找机会自残、自杀都被看押官兵及时发现并成功制止。

看押官兵重点关照刘涌，启动了饮食起居一级监护制度。在睡觉时，要求他脸要朝上，不准用被子把头盖上，双手保持在被子的外面；刘涌个人生活全部由士兵包办，

包括打饭、洗碗、打洗漱水、冲厕所、连刘涌洗漱或上厕所时都由两名战士一左一右贴身防护；刘涌的每顿饭菜必须由看押部队检查，绝不能有变质食物，绝不能有坚硬的食物如骨头等入刘涌的嘴，每逢做有排骨、鸡块或鱼等有刺骨肉类食物时，由看押官兵将骨头和鱼刺剔除。

实践证明，押解过程中发生突发事件往往是对潜在的隐患没有及时发现、排除所导致的。突发事件的隐患包括两个方面的内容，即押解对象存在的危险因素和押解工作中的缺陷和漏洞。这里所说的危险因素，是指押解对象被羁押后产生的抗拒、逃跑、行凶、自杀等心理危险；押解工作中的缺陷和漏洞，主要表现为司法警察思想麻痹大意、工作责任心不强、不严格执行押解工作的规章制度等。它们两者之间的关系是相辅相成的。没有押解对象的危险因素存在，即使看管工作有漏洞，也不会导致突发事件的发生；相反，仅有押解对象的危险因素存在，如果看押工作没有漏洞，也不会发生突发事件。只有同时存在着这两种因素，才构成隐患，一旦受到激发就极易转化为突发事件。因此，首先要从消除押解中突发事件的隐患做起，思想教育工作要抓实，做到明察秋毫，积极做好预防工作，变被动为主动，防患于未然。

（二）“严”字当头

【引例 2-21】

【看押张子强案的严格要求】 张子强团伙押解在广东省某看守所内时，为了保证看押工作的绝对安全，看押官兵被规定：一律不准请假外出、不准会客、不准写信、不准打电话、不准接受人犯礼物、不准为人犯办事、不准同人犯讲话、不准与人犯接触……为防意外，机动的一百多名官兵调整为成点驻扎，构成一个三角形，做到哪个点上有情况，都有部队以最快的速度接应。看押官兵和衣抱枪而眠，对讲机 24 小时打开，一有情况，瞬间出击。

控制好押解工作中的各个环节，各环节间要紧密衔接，不得有空隙疏漏，着重抓好提押、看守、押送等重点环节。在押解对象众多和有累犯、未成年押解对象时，要实行分押，防止他们进行违法破坏活动，不给他们串通密谋、寻衅滋事的条件和机会。加强安全检查，凡是能隐藏毒药、工具、玻璃、刀片、绳索、引火线、纸屑等可疑物品的地方，都应当仔细认真地检查，重点是发现危及羁押、看管安全的危险物品和违禁品。对押解对象的械具也要在每次使用前和使用过程中认真地进行安全检查，发现问题要立即处理。

（三）熟悉情况

【引例 2-22】

【司某以自残来抗拒审判的案件处理】 2006 年 2 月的一个下午，乌鲁木齐市中级人民法院开庭审判了一起 6 人团伙犯罪的案件，审判前法警队队长屈宝堂了解到，犯罪嫌疑人司某一直抗拒审判，且有自杀、自残的情节。宣判结束后，司某被判处了有期徒刑 6 年，就在准备让他在判决书上签字时，司某居然趁法警不备一头撞向了羁押室外的铁栏杆。幸好屈宝堂早有准备，一把拉住司某，司某的头并没有撞破，当时也没有任何的异常反应。但是，过了一会儿，司某突然软绵绵地倒在了地上，法警队队长屈宝堂上前用手试了下他的鼻孔，呼吸均匀、没有任何的异常。为以防万一，他还是跟 4 名法警赶紧把司某抬上了囚车，送司某到医院里做检查。医生对司某进行了全面的检查后对屈宝堂说：“没什么问题。”屈宝堂等这才把司某送回到看守所。

严密控制押解对象的思想动态，特别是要控制住那些重点押解对象的动态，掌握押解对象及同案犯的经历、家庭情况、主要罪行、个性特点、现实表现，思想上做到常备不懈、心中有数，行动上做到敌动我知。

【特别提醒】

保证押解对象的人身、生命安全是司法警察的责任，只有了解了押解对象的思想动态、主要罪行、个性特点、现实表现等情况，才能降低押解中危险发生的几率。

（四）果断处置

【引例2-22】

【张子强收集方便面调料】一天，看押张子强的零号哨兵小梁发现张子强吃方便面时将调料包悄悄收起，小梁又联想起张子强从前不吃辣椒，但是近期却频频要求吃有辣椒的方便面，但每次吃饭时，似乎又不见张放入辣椒调料，而是悄悄收起其中的辣子配料。小梁立即将这个情况告诉了管教民警，管教民警决定立即查监，结果在张子强的床垫下发现了一塑料袋辣椒粉。

当发现押解对象有行凶、自杀、脱逃等可能情况时，要及时疏导或采取有效措施，也要针对各种可能发生的突发性事件，制订出应付多种突发事件的预案。对押解中每一道工作程序都要考虑得周密稳妥，使犯罪分子的阴谋不能得逞。

【附注】

看押指挥部专家推断，张子强极可能是将辣椒粉作为逃跑时对付哨兵的“特殊武器”。

（五）增强能力

【引例2-23】

【拒绝嫌犯的诱惑】辽宁省黑社会性质犯罪案件主犯刘涌，在被羁押期间一次次欲死欲残都没有门路，竟企图收买看押士兵。一天，刘涌一边望着铁窗外飞翔的麻雀，一边有意无意地对看押士兵说：“如果我有一双翅膀从这里飞出去，该有多好啊！”看押士兵不搭理他。刘涌自言自语道：“我朋友那里给我准备着2 000万，如果谁能帮我逃出去，我就给他1 000万……”看押士兵仍旧不理他。过了一会儿，刘涌突然激动地说：“你去弄一身军装帮我穿上，帮我从这里逃走，出去后我给你1 000万。”看押士兵被逼得没办法回了刘涌一句：“把你的亿万资产全部捐出来，法院就能判你无罪吗？不要枉费心机了。”刘涌顿时无语。

加强教育训练工作，提高司法警察的政治、业务、文化素质，增强自身的抗腐蚀能力，向素质要警力。加大管理力度，建立押解管理检查评比制度，奖优罚劣，兑现到人。基层法警队领导要加强岗位责任制的落实，严肃工作纪律，发现问题要及时教育处置。在每年度的业务训练中，对突发事件的处置也要有针对性地进行训练和演习，提高实战和应变的能力。同时，加强各法警队之间的交流、学习，举行看押管理的研讨会、交流经验，取长补短，不断增强押解能力。

【附注】

刘涌被关押在沈阳的四百多个日子里，武警沈阳市支队的看押官兵没一个被案犯拉下水。

（六）通力协作

【引例 2－24】

【联合作战，成功完成张子强案的审理】1998 年 7 月 22 日，发布了内地破获张子强犯罪团伙案信息之后，该案一度成为香港及内地居民关注的焦点事件。

张子强，绰号“大富豪”，被列为威胁内地与香港治安的头号重犯，其犯罪团伙人数约四十余名，被指控涉嫌多宗持械抢劫、杀人罪案，以及两宗香港超级富豪的绑架勒索案，并曾密谋绑架香港政要，屡次企图劫狱，危害国家安全。据警方评论，“大富豪”张子强团伙犯罪案，是世界上排位第六、亚洲排位第一的大案。警方负责此案的首脑人物之一、广东省公安厅副厅长朱明健说，他从警 36 年以来，还从未经手过这么大的重案，张子强及其团伙罪行之严重，涉案人员之多，闻所未闻；而警方投入人力之众，办案时间之长，也是前所未有。香港署理警务处长、与朱明健一样从警 36 年的黄灿光也表示，此案也是他从警以来所见的最大的案件。香港警方就有人把张子强称为“世纪贼王”。

张子强被押进看守所的同时，公安部、广东省公安厅和武警广东总队成立了联合看押指挥部。受命的武警广东总队某支队副支队长刘建军带领作训股长张远生、教导员余建生等组成一线指挥组进驻武警看守中队。武警广东总队总队长洪少虎少将还亲率智囊团制订防止人犯逃跑、防止匪徒劫狱、防止人犯自杀等多套预案，并从四个武警中队抽调百余名精兵强将充实到一线，完善了防暴弹、催泪弹、防弹背心、狙击步枪等装备配备，确保审判活动如期、正常进行。

1998 年 10 月 20 日，张子强案庭审如期举行，负责押解工作的武警及公安人员处于高度戒备中。6 时 15 分，押解工作正式开始，两辆卡车载着逾 80 名武警开进广州市中级人民法院。7 时许，又有大批武警人员乘坐两辆装甲特警车抵达，全副武装的武警人员身着迷彩防弹衣，手持新型冲锋枪靠近法院布岗，手持长枪的武警和公安狙击手亦在车顶和楼房天台进行监视。距开庭时间尚有 25 分钟，8 辆囚车驶至，前有公安摩托开道，后有武警警车压阵。囚车的窗口全部被深色布帘遮住，单从车外无法看清车内情况。

加强与友邻部门协作，形成联防格局以防止押解对象脱逃是司法警察和审判法庭、公安机关的共同责任。认真贯彻执行武装看押和社会控制相结合的原则，与各部门密切配合，形成联防局面，就能有效防范押解对象逃跑，提高安全系数。特别是针对主观恶性大、涉案人数多、社会影响大的押解对象，应当及时向分管院领导和法警队领导反映和通报，制订押解预案，早作防范。对重、特大案件和影响大的案件的审理，必要时可向政法委报告或同公安部门、武警协商，求得支援。司法警察提审时应主动向看守、预审部门了解押解对象的表现，与主审法官、看守部门一起分析押解对象动态，研究制定相应的对策，做到知己知彼。

【特别提醒】

押解中突发事件的处置往往需要法警、公安、武警等多个部门通力合作，这就要求在制订突发事件预案时各个参与部门要共同参加、明确角色、做好演练，保证发生突发事件时各部门能迅速进入角色、相互配合默契，避免各自为政的现象。

要不断加强对押解对象的法制教育，使其认罪伏法、服从审判、认清形势，打消脱逃企图的侥幸心理，明白“三个逃不了”，即人逃不了、刑期逃不了、罪恶逃不了；

知道“四个增加”的后果，即增加刑期、增加罪恶、增加亲属的怨恨、增加自己的痛苦。同时用严格的制度约束押解对象的行为，用司法警察的规范语言、标准的押解动作、威严的警姿警容、井然有序的看押庭审秩序，对押解对象形成强大的威慑力。通过一切努力，使押解对象不能跑、不敢跑且不想跑。

项目五 技能训练

技能训练一 押解动作要领训练及注意事项

一、押解动作要领训练的目的和要求

（一）训练的目的

通过该项训练，掌握司法警察在警察勤务活动中佩带和使用警棍的技能与要求，提高警察勤务活动中佩带警棍的规范性和使用警棍的安全有效性。

（二）训练的要求

（1）训练时间为2学时。

（2）参加训练的学生，以6人为一个单位，分成若干小组。

（3）规范完成押解动作、进行总结并完成提押票的制作及报告。

（4）在理论学习的基础上，自己进行模拟练习。在练习的过程中，进行角色互换练习，学生之间可以针对训练中的问题进行讨论、总结，也可以向教师寻求帮助。

（5）训练结束后，请教师考核。

（6）教师根据每个小组训练中的表现和押解动作是否规范等方面进行考核，并按百分制给出成绩。

二、押解动作要领训练的内容要点

（1）一对一的押解（一名司法警察押一名押解对象）。

（2）二对一的押解（两名司法警察押一名押解对象）。

（3）三对一的押解（三名司法警察押一名押解对象）。

三、押解动作要领训练前的准备

（1）了解押解对象的情况，确定司法警察的人数和押解方案。

（2）告知押解对象押解过程中应遵守的纪律和行为规范。

（3）整理警容风纪。

（4）准备器材。

①警用器械：手铐、脚镣。

②场所的准备。

③通信器材的准备。

四、押解动作要领训练的方法与步骤

（一）训练方法

押解训练采取操作性训练的方法进行。

（二）训练步骤

1. 训练准备

（1）结合实训案例，提出实训的总体要求。

（2）安排参加训练的学生分组，每组学生自行分工，明确各自的职责和具体工作内容。

（3）模拟一定的场所区域。

2. 训练的展开

各组按照要求，在45分钟内，完成将押解对象从看守所中提押出来、押解至法院的临时羁押室、还押押解对象至看守所等训练，并进行角色互换练习。

3. 训练的总结评析

各小组押解训练结束后，请教师进行考核，根据操作情况给出操作成绩，并就训练情况进行总结评析实训。最后，参训学生根据实训的要求，提交实训的总结报告，指导教师批改后给出总的成绩。

（三）考核标准

1. 优秀：（1）准备充分（17~20分）。
（2）操作熟练（26~30分）。
（3）文书格式合法规范（17~20分）。
（4）记录内容清晰完整（17~20分）。
（5）法律手续完善（8~10分）。

2. 良好：（1）准备较充分（14~17分）。
（2）操作较熟练（21~26分）。
（3）文书格式合法规范（14~17分）。
（4）记录内容清晰（14~17分）。
（5）法律手续完善（7~8分）。

3. 合格：（1）准备基本充分（12~14分）。
（2）操作基本熟练（18~21分）。
（3）文书格式基本合法规范（12~14分）。
（4）记录内容基本清晰（12~14分）。
（5）法律手续完善（6~7分）。

4. 不合格：（1）准备基本不充分（12分以下）。
（2）操作不熟练（18分以下）。
（3）文书格式不规范（12分以下）。
（4）记录内容不清晰（12分以下）。
（5）法律手续不完善（6分以下）。

五、押解动作要领训练和注意事项

（一）要领训练

（1）配备适当警力。出发前应根据押解对象的数量配备警力，原则上执行押解任务的警力应大于被押解人的数量。

（2）押解必须使用械具、宣布纪律。视具体情况给被押解对象戴上手铐、脚镣、警绳等械具，并向他们宣读押解过程中应遵守的纪律。

（3）押解行程中，应选择控制被押解人的最佳位置。例如，一名司法警察押一人时，应位于其左后侧位，用右手抓住押解对象的上大臂；两名司法警察押一人时，应分别位于押解对象的两侧，抓住其上大臂，防止意外的发生。

（二）注意事项

（1）当押解对象的身体出现不适时，一定要注意，首先排除诈病的可能；其次对于有疾病史的，要查看有无携带的药品，服药之前一定要请示医务人员。

（2）对于有说话等行为的应予以制止，告知对方如有任何意见，可以在审判过程中向主审法官提出，不得违反押解过程中的纪律。

（3）对于有抗拒行为的，可以根据情况对其采取必要的措施。

（4）在押解过程中，一定要监视押解对象的动态，防止其脱逃、自杀、伤害他人等意外事件的发生。

六、押解动作要领训练实例

某区法院法警队将被告人刘某提押出看守所，押入警车后刘某情绪非常不稳定，多次用头部撞击警车窗的铁栏。到达法院后，一下警车，刘某大哭，并大喊“我冤啊，我冤……”在法院羁押室中，刘某仍情绪激动、大哭不止，庭审9时要准时开庭。

训练要求与提示：

（1）如果刘某继续有自杀行为表现，在押解过程中，一定要密切注视其动态，必要时可以加强押解的警力。

（2）向刘某再次重申押解中的纪律，告知她相应的权利，对案件的意见可以向主审法官提出，这种大哭大闹的行为实际上是一种违反纪律的行为，于案件的审判是于事无补的。

（3）在押解过程中，晓之以理，动之以情，尽可能使她的情绪稳定下来，保证庭审活动能顺利进行。

（4）如果上述措施仍不能制止刘某的抗拒行为，则可以使用必要的强制措施。

（5）押解过程中，应根据刘某的具体情况确定由两名司法警察押解，两名司法警察应分别位于刘某的两侧，抓住其上大臂，防止意外的发生。

七、押解动作要领思考练习

某区法院刑一庭开庭审理季某故意伤害案。提押前，该院法警队队长向刑事审判法官了解了季某的基本情况，得知季某犯罪情节恶劣、认罪态度差。在看守所，押解司法警察再次向管教人员了解了季某的情况，得知季某患有高血压，精神不稳定，且有自杀倾向。法警队进行了明确的人员分工，由司法警察崔某负责押解季某，并启动了处置突发事件预案。

庭审进行了4个小时，季某一直情绪较激动，但还配合法官的庭审。季某被带出法庭，准备押解回看守所。在下楼的过程中，季某突然用头向楼梯的扶手撞去，碰到楼梯的扶手，没有外伤，但是出现了个肿块。

请根据案情分析上述押解活动中有哪些纰漏，该如何有效防范才能保证押解的顺利进行？

技能训练二　单名押解对象押解训练

本实训旨在考核学生对押解的全面把握，故对本次训练内容中所列项目要切实予以体现并重点考查。此外，根据押解训练中的具体情况和需要，适时安排了一些有针对性的情节，以考查学生的应变能力。

一、单名押解对象押解训练的目的及要求

（一）训练的目的

通过押解训练，掌握押解（提押、还押）的技能与要求，提高押解操作能力、分析判断能力和押解过程中突发事件的处置能力。

（二）训练的要求

（1）训练时间为2学时。

（2）参加训练的学生，以6人为单位分成若干小组。

（3）规范完成押解动作、进行总结并完成文书制作及报告。

（4）在理论学习的基础上，自己进行模拟练习，在练习的过程中，进行角色互换练习，同学之间可以针对训练中的问题进行讨论、总结，也可以向教师寻求帮助。

（5）训练结束后，请教师考核。

（6）教师根据每个小组训练中的表现、文书制作质量和押解动作是否规范等方面进行考核，并按百分制给出成绩。

二、单名押解对象押解训练的内容及要点

（一）训练内容

（1）将押解对象从看守所中提押出来。

（2）将押解对象押解至法院的临时羁押室。

（3）还押押解对象至看守所。

（二）训练要点

（1）提押前对车辆、场所和器械进行安全检查、规范制作提押票证。

（2）押解过程中，规范押解动作。

（3）还押至看守所中，按照有关规定办理相应手续，将押解对象平安归还。

三、押解相关法律规定

1997年5月14日实施的《人民法院司法警察暂行条例》第7条5项规定，提解、押送、看管被告人或罪犯是人民法院司法警察的职责。

1996年8月14日实施的《人民检察院司法警察暂行条例》第7条5项规定，提解、押送、看管犯罪嫌疑人或被告人，是人民检察院司法警察的职责。

由此可见，押解是法律赋予司法警察的一项重要职权。

四、单名押解对象押解训练前的准备

（1）填写提押票。

××人民法院

提 押 票

No.　　××法刑　　字（200　）第　号

（法院公章）

<table>
<tr><td colspan="6">××看守所：
下列被告一名，请予以提押。
提审人：×××
×年×月×日
书记员：×××</td></tr>
<tr><td rowspan="2">姓名</td><td rowspan="2"></td><td rowspan="2">性别</td><td rowspan="2"></td><td>年龄</td><td>××岁（×年×月×日出生）</td></tr>
<tr><td>籍贯</td><td></td></tr>
<tr><td colspan="2">案由</td><td colspan="2"></td><td>住址</td><td></td></tr>
<tr><td colspan="2">提出事由</td><td colspan="2"></td><td colspan="2" rowspan="4">执行法警（签名）×××
×年×月×日×时×分
看守所值班员（签名）×××
×年×月×日×时×分</td></tr>
<tr><td colspan="2">提出时间</td><td colspan="2">×年×月×日×时×分</td></tr>
<tr><td colspan="2">还押时间</td><td colspan="2">×年×月×日×时×分</td></tr>
<tr><td colspan="4">备注：</td></tr>
</table>

本票还押被告后存档

（2）提押对象。

（3）器材准备。

①警用器械：手铐、脚镣。

②场所的准备。

③通信器材的准备。

五、单名押解对象押解训练方法与步骤

（一）训练方法

押解训练采取操作性训练方法进行。

（二）训练步骤

1. 训练准备

（1）给出实训的案例，并提出实训的总体要求。

（2）安排参加训练的学生分组，每组学生行分工，明确各自的职责和具体的工作内容。

(3) 模拟一定的场所区域。

2. 训练的展开

各组按照要求，在45分钟内完成将押解对象从看守所中提押出来、押解至法院的临时羁押室、还押押解对象至看守所等训练，并进行角色互换练习。

3. 训练的总结评析

各小组押解训练结束后，请教师进行考核，根据操作情况给出操作成绩，并就训练情况进行总结评析实训。参训学生根据实训的要求，提交实训的总结报告，指导教师批改后给出总的成绩。

(三) 考核标准

1. 优秀：(1) 准备充分 (17~20分)。
(2) 操作熟练 (26~30分)。
(3) 文书格式合法规范 (17~20分)。
(4) 记录内容清晰完整 (17~20分)。
(5) 法律手续完善 (8~10分)。

2. 良好：(1) 准备较充分 (14~17分)。
(2) 操作较熟练 (21~26分)。
(3) 文书格式合法规范 (14~17分)。
(4) 记录内容清晰 (14~17分)。
(5) 法律手续完善 (7~8分)。

3. 合格：(1) 准备基本充分 (12~14分)。
(2) 操作基本熟练 (18~21分)。
(3) 文书格式基本合法规范 (12~14分)。
(4) 记录内容基本清晰 (12~14分)。
(5) 法律手续完善 (6~7分)。

4. 不合格：(1) 准备基本不充分 (12分以下)。
(2) 操作不熟练 (18分以下)。
(3) 文书格式不规范 (12分以下)。
(4) 记录内容不清晰 (12分以下)。
(5) 法律手续不完善 (6分以下)。

六、单名押解对象押解注意事项

(1) 参与训练的学生要做好自己所承担的角色，并互换角色进行训练。

(2) 严格按照法律规定的押解程序及要求进行训练 (如出示提押证、做好签收和归还记录等)。

(3) 严格遵循押解的规则 (如保持警惕、约束牢固、紧贴跟随等)。

(4) 注意完备法律手续，做好相关法律文书制作及保管工作。

(5) 训练时如使用相关警械器材，要熟练操作并注意安全。

七、单名押解对象押解实例

2008年4月21日，某市西城区人民法院法警队接到本院刑事庭通知，4月22日上午9时开庭审理故意杀人案中女性被告人徐阳（徐阳在看守所羁押过程中，声称自己有艾滋病，并时常有自杀倾向）。开庭审理地点为西城区人民法院刑事审判二庭，主审法官要求法警队将被告人徐阳从本市西城区看守所押解到本院法庭，接受开庭审理。并要求在庭审结束后，将被告人还押回原看守所。

训练要求与提示：

（1）接受任务。法警队根据接受到的任务的具体情况进行分析，分配任务并确定工作对象。

（2）分配警力。因本案的押解对象为女性，在确定司法警察时，一定要有一名女司法警察参加押解。

（3）了解情况。主动向主审法官和看守所了解案情和押解对象的情况和特点，如有无急性疾病、恶性传染病，有无自杀、自残倾向等。若了解到有上述情况之一，应在押解途中密切关注押解对象的动态。

（4）做好保障工作。执行任务的司法警察在押解工作开始之前，检查械具是否安全牢靠、交通工具上是否有杂物、通信器材状态是否良好、个人防护工作是否充分，以确保押解的正常进行。

（5）制作文书。制作和保管相关法律文书，如制作提押票证（见下表）。

（6）核对身份、宣布纪律。将押解对象提押出看守所后，进行姓名、年龄、案由等信息的核对检查和身体检查（必要时还要进行随身携带的物品、药品检查），并向押解对象宣布押解过程中的纪律要求和权利。

西城区人民法院

提 押 票

No. 023　　　　西城　法刑　　　　字（2008）第23号

（西城区法院公章）

<table>
<tr><td colspan="6">西城看守所：
下列被告一名，请予以提押。
提审人：刘刚
2008 年 4 月 18 日
书记员：魏庆</td></tr>
<tr><td rowspan="2">姓名</td><td rowspan="2">徐阳</td><td rowspan="2">性别</td><td rowspan="2">女</td><td>年龄</td><td>27 岁（1981 年 5 月 25 日出生）</td></tr>
<tr><td>籍贯</td><td>湖南省长沙市</td></tr>
<tr><td colspan="2">案由</td><td colspan="2">故意杀人</td><td>住址</td><td>广州沙太路 227 号 56－304</td></tr>
<tr><td colspan="2">提出事由</td><td colspan="2">审判</td><td colspan="2" rowspan="4">执行法警（签名）：钟伟民
2008 年 4 月 21 日 11 时 35 分
看守所值班员（签名）：王同想
2008 年 4 月 21 日 11 时 35 分</td></tr>
<tr><td colspan="2">提出时间</td><td colspan="2">2008 年 4 月 21 日 8 时 45 分</td></tr>
<tr><td colspan="2">还押时间</td><td colspan="2">2008 年 4 月 21 日 11 时 30 分</td></tr>
<tr><td colspan="4">备注：该被告声称自己有艾滋病，并有自杀倾向。</td></tr>
</table>

本票还押被告后存档

八、单名押解对象押解思考练习

某区法院法警队接到本院刑事庭通知，某日上午9时开庭审理徐阳故意杀人案中女被告人文某，开庭审理地点为某区人民法院刑事审判二庭，主审法官要求法警队将被告人文某从本市某看守所押解到本院法庭，接受开庭审理。

庭审活动结束后必须将文某还押到看守所。

请根据以上案例分析押解活动如何实施。

单元三
值　庭

【知识目标】

明确司法警察值庭的法律依据、值庭的范围、值庭的基本任务、值庭警力配备

明确审判法庭的布置及功能，值庭司法警察的位置、值庭的姿势和相应的动作要领

掌握司法警察值庭的组织原则，值庭组织实施和要求

【能力目标】

通过学习和训练，具有依据审判活动的要求制订值庭预案、落实值庭基本任务的能力

通过学习和训练，掌握值庭原则，具备组织安排、实施法庭值庭活动的能力

通过学习和训练，具备处置值庭过程中发生的突发事件的能力

项目一　值庭概述

一、值庭的依据和任务

（一）值庭的依据

值庭是人民法院司法警察在法庭审判活动中，为维护法庭秩序，保证参与审判活动人员的安全，保障审判活动顺利进行所实施的职务行为。在法庭审判活动中，值庭的司法警察根据审判长、独任审判员的指令，依法履行职责。

【引例3－1】

【“哥嫂闹离婚、弟弟大闹法庭”案】2001年2月26日上午，南方某县法院第四法庭开庭审理一起离婚纠纷案。法庭上，男方从法官手中拿走了作为证据的结婚证。当法官要求其返还时，男方的弟弟向官东冲进法庭，不准法官收回结婚证。当庭长刘明要求向官东离开法庭时，向官东不听招呼，刘明指令法警阻止。法警几次阻止了向官东冲进法庭的行为。随后，向官东到一家杂货店买来一把菜刀，赶回法庭。见刘明在法庭宣读判决书，向官东不顾阻拦冲到审判席前，抽刀向他刺去。刘明躲闪及时，未受伤害，但法警张浩被捅了一刀。因其他法警增援及时制止，才制止了事态的恶性发展。

【附注】

哥嫂闹离婚，弟弟不仅阻挠法官收回证据，还出刀把法警刺成轻伤。该区法院认定向官东的行为已构成妨碍公务罪。对其判处有期徒刑两年六个月，赔偿受伤法警医疗费用等3 500余元。

【问题思考】

根据引例，分析司法警察在值庭过程中依法享有哪些职权，其依据是什么？

【应知应会】

司法警察履行值庭职务行为的法律依据主要包括：《中华人民共和国刑事诉讼法》、《中华人民共和国民事诉讼法》、《中华人民共和国行政诉讼法》、《人民法院司法警察暂行条例》、《中华人民共和国人民法院法庭规则》、《人民法院司法警察值庭规则》、《人民法院司法警察安全检查规则》等。

1.《中华人民共和国刑事诉讼法》

我国《中华人民共和国刑事诉讼法》有关司法警察履行职责的规定包括：

(1)《中华人民共和国刑事诉讼法》第161条规定，在审判过程中，如果诉讼参与人或者旁听者违反法庭秩序，审判长应当警告制止。对不听制止的，可以强行带出法庭；情节严重的，处1 000元以下的罚款或者15日以下的拘留。罚款、拘留必须经院长批准。被处罚人对罚款、拘留的决定不服的，可以向上级人民法院申请复议。复议期间不停止执行。对聚众哄闹、冲击法庭或者侮辱、诽谤、威胁、殴打司法工作人员或者诉讼参与人，严重扰乱法庭秩序，构成犯罪的，依法追究刑事责任。

(2)《最高人民法院关于〈中华人民共和国刑事诉讼法〉若干问题的解释》第138条规定，对指控的每一起案件事实，经审判长准许，公诉人可以提请审判长传唤证人、鉴定人和勘验、检查笔录制作人出庭作证，或者出示证据，宣读未到庭的被害人、证人、鉴定人和勘验、检查笔录制作人的书面陈述、证言、鉴定结论及勘验、检查笔录；被害人及其诉讼代理人和附带民事诉讼的原告人及其诉讼代理人经审判长准许，也可以分别提请传唤尚未出庭作证的证人、鉴定人和勘验、检查笔录制作人出庭作证，或者出示公诉人未出示的证据，宣读未宣读的书面证人证言、鉴定结论及勘验、检查笔录。

(3)《最高人民法院关于〈中华人民共和国刑事诉讼法〉若干问题的解释》第139条规定，控辩双方要求证人出庭作证，向法庭出示物证、书证、视听资料等证据，应当向审判长说明拟证明的事实，审判长同意的，即传唤证人或者准许出示证据；审判长认为与案件无关或者明显重复、不必要的证据，可以不予准许。

(4)《最高人民法院关于〈中华人民共和国刑事诉讼法〉若干问题的解释》第140条规定，被告人、辩护人、法定代理人经审判长准许，可以在起诉一方举证提供证据后，分别提请传唤证人、鉴定人出庭作证，或者出示证据、宣读未到庭的证人的书面证言、鉴定人的鉴定结论。

(5)《最高人民法院关于〈中华人民共和国刑事诉讼法〉若干问题的解释》第184条规定，在法庭审判过程中，如果诉讼参与人或者旁听人员违反法庭秩序，合议庭应当按照下列情形分别处理：

①对于违反法庭秩序情节轻微的，应当当庭警告制止并进行训诫。

②对于不听警告制止的，可以指令法警强行带出法庭。

③对于违反法庭秩序情节严重的，经报请院长批准后，对行为人处 1 000 元以下的罚款或者 15 日以下的拘留。

④对于严重扰乱法庭秩序，构成犯罪的，应当依法追究刑事责任。当事人对人民法院罚款、拘留的决定不服时，可以向上一级人民法院申请复议。复议申请可以直接向上一级人民法院提出，也可以向作出罚款、拘留决定的人民法院提出。通过作出罚款、拘留决定的人民法院向上一级人民法院申请复议，该人民法院应当自收到复议申请之日起 3 日内，将申请人的复议申请、罚款或者拘留决定书和有关事实、证据材料一并报上一级人民法院复议。上一级人民法院复议期间，不停止决定的执行。

（6）《最高人民法院关于〈中华人民共和国刑事诉讼法〉若干问题的解释》第 210 条规定，接到人民法院出庭通知的被告单位的诉讼代表人应当出庭。拒不出庭的，人民法院在必要的时候，可以拘传到庭。

2.《中华人民共和国民事诉讼法》

《中华人民共和国民事诉讼法》有关司法警察履行职责的规定包括：

（1）《中华人民共和国民事诉讼法》第 101 条规定，诉讼参与人和其他人应当遵守法庭规则。人民法院对违反法庭规则的人，可以予以训诫，责令退出法庭或者予以罚款、拘留。人民法院对哄闹、冲击法庭，侮辱、诽谤、威胁、殴打审判人员，严重扰乱法庭秩序的人，依法追究刑事责任；情节轻微的，予以罚款、拘留。

（2）《中华人民共和国民事诉讼法》第 102 条规定，诉讼参与人或者其他人有下列行为之一的，人民法院可以根据情节轻重予以罚款、拘留；构成犯罪的，依法追究刑事责任：

①伪造、毁灭重要证据，妨碍人民法院审理案件的。

②以暴力、威胁、贿买方式阻止证人作证或者指使、贿买、胁迫他人作伪证的。

③隐藏、转移、变卖、毁损已被查封、扣押的财产，或者被清点并责令保管的财产，转移已被冻结的财产的。

④对司法工作人员、诉讼参与人、证人、翻译人员、鉴定人、勘验人、协助执行的人，进行侮辱、诽谤、诬陷、殴打或者打击报复的。

⑤以暴力、威胁或者其他方法阻碍司法工作人员执行职务的。

⑥拒不履行人民法院已经发生法律效力的判决、裁定的。

人民法院对有前款规定的行为之一的单位，可以对其负责人或者直接责任人员予以罚款、拘留；构成犯罪的，依法追究刑事责任。

（3）《最高人民法院关于〈中华人民共和国民事诉讼法〉若干问题的解释》第 112 条规定，《民事诉讼法》第 100 条规定的必须到庭的被告，是指负有赡养、抚育、抚养义务和不到庭就无法查清案情的被告。给国家、集体或他人造成损害的未成年人的法定代理人，如期必须到庭，经两次传票传唤无正当理由拒不到庭的，也可以适用拘传。

（4）《最高人民法院关于〈中华人民共和国民事诉讼法〉若干问题的解释》第 113 条规定，拘传必须用拘传票，并直接送达被拘传人；在拘传前，应向被拘传人说明拒不到庭的后果，经批评教育仍拒不到庭的，可拘传其到庭。

（5）《最高人民法院关于〈中华人民共和国刑事诉讼法〉若干问题的解释》第 114 条规定，人民法院依照民事诉讼法第 101 条、第 102 条的规定，需要对诉讼参与人和其他人采取拘留措施的，应经院长批准，作出拘留决定书，由司法警察将被拘留人送交当地公安机关看管。

（6）《最高人民法院关于〈中华人民共和国刑事诉讼法〉若干问题的解释》第115条规定，被拘留人不在本辖区的，作出拘留决定的人民法院应派员到被拘留人所在地的人民法院，请该院协助执行，受委托的人民法院应及时派员协助执行。被拘留人申请复议或者在拘留期间承认并改正错误，需要提前解除拘留的，受委托人民法院应向委托人民法院转达或者提出建议，由委托人民法院审查决定。

（7）《最高人民法院关于〈中华人民共和国民事诉讼法〉若干问题的解释》第116条规定，因哄闹、冲击法庭，用暴力、威胁等方法抗拒执行公务等紧急情况，必须立即采取拘留措施的，可在拘留后，立即报告院长补办批准手续。院长认为拘留不当的，应当解除拘留。

3.《中华人民共和国行政诉讼法》

《中华人民共和国行政诉讼法》有关司法警察履行职责的规定包括：诉讼参与人或者其他人有下列行为之一的，人民法院可以根据情节轻重，予以训诫、责令具结悔过或者处1 000元以下的罚款、15日以下的拘留；构成犯罪的，依法追究刑事责任：

①有义务协助执行的人，对人民法院的协助执行通知书，无故推拖、拒绝或者妨碍执行的。

②伪造、隐藏、毁灭证据的。

③指使、贿买、胁迫他人作伪证或者威胁、阻止证人作证的。

④隐藏、转移、变卖、毁损已被查封、扣押、冻结的财产的。

⑤以暴力、威胁或者其他方法阻碍人民法院工作人员执行职务或者扰乱人民法院工作秩序的。

⑥对人民法院工作人员、诉讼参与人、协助执行人侮辱、诽谤、诬陷、殴打或者打击报复的。

罚款、拘留须经人民法院院长批准。当事人不服的，可以申请复议。

4.《人民法院司法警察暂行条例》

我国《人民法院司法警察暂行条例》对司法警察值庭职务行为也作了原则性规定，主要有：

（1）为保障审判场所的安全，人民法院司法警察对进入审判场所的非依法履行职务的人员，可以进行安全检查；对不宜进入审判场所或者有违法犯罪嫌疑的人员，应依法采取措施。

（2）为维护法院秩序，人民法院司法警察应当遵照审判长或独任审判员的指令，对违反法庭规则的人员采取强制措施。

5.《中华人民共和国人民法院法庭规则》

该规则规定：对违反法庭规则的人采取强制措施，并由司法警察执行。

6.《人民法院司法警察值庭规则》

《人民法院司法警察值庭规则》对司法警察值庭职务行为进一步作了明确的规定：

（1）司法警察值庭的职责。

①警卫法庭，维护法庭秩序。

②保障参与审判活动人员的安全。

③传唤证人、鉴定人。

④传递、展示证据。

⑤制止妨害审判活动的行为。

（2）对旁听人员，值庭的司法警察应当进行安全检查。发现未成年人、精神病人、醉酒的人和其他不宜旁听的人员，应当阻止或者劝其退出审判法庭。

（3）对旁听人员违反下列法庭纪律的，值庭的司法警察应当予以劝阻、制止：

①未经允许录音、摄影和录像。

②随意走动或擅自进入审判区。

③鼓掌、喧哗、哄闹。

④擅自发言、提问。

⑤吸烟或随地吐痰。

⑥使用通信工具。

⑦其他违反法庭纪律的行为。

（4）对下列行为，值庭的司法警察可以依法采取强制措施：

①未经许可进入审判区，经劝阻、制止无效或者有违法犯罪嫌疑的。

②严重违反法庭纪律，经劝阻、制止无效的。

③哄闹、冲击法庭，侮辱、威胁、殴打参与审判活动人员等严重扰乱法庭秩序的。

司法警察值庭时可以采取的强制措施包括：责令退出、强制带离、强行扣押、收缴、检查等。

7.《人民法院司法警察安全检查规则》

（1）司法警察执行安全检查时：

①对公诉人、律师等依法出庭履行职务的人员，应进行有效证件检查和登记。

②对参加庭审活动的诉讼参与人、第三人和参加旁听的人员，在进行证件查验和登记的同时，还应进行人身安全检查、随身携带物品的安全检查。

（2）禁止下列人员进入审判场所：

①无证件或伪造、冒用他人证件的。

②未成年的（经法院批准的除外）。

③精神病和醉酒的。

④被剥夺政治权利的、正在监外执行和监视居住、取保候审的。

⑤拒绝接受安全检查或不听从安全检查人员安排的。

⑥其他可能妨碍法庭审判秩序的。

（3）禁止携带下列物品进入审判场所：

①未经法院允许的各种录音、录像、摄影器材等限制物品。

②禁止私人携带的枪支、刀具和其他具有类似功能的器械或棍棒等管制物品。

③易燃易爆物品、强腐蚀性物品等危险物品。

④其他可能妨碍法庭审判秩序的物品。

此外，最高人民法院《关于审理刑事案件程序的具体规定》规定：对经过依法传唤无正当理由拒不到庭或者根据案件情况应当拘传的被告人，可以拘传。拘传由司法警察执行，执行人员不得少于2人。拘传被告人时，应当出示拘传票；对抗拒拘传的，可以使用械具。审判长根据《中华人民共和国刑事诉讼法》第119条规定，告知诉讼参与人必须遵守法庭秩序。对违反法庭秩序的，审判长应当予以制止，并可以按照下列情形分别处理：

①对违反法庭秩序情节较轻的，可以当庭进行教育，不中断法庭审理。

②对严重违反法庭秩序，尚不需要追究刑事责任的，审判长可以口头警告、训诫；警告无效的，审判长可以责令退出法庭；拒不退出的，可以指示法警将他带出法庭，但不中断法庭审理。

③宣判时，当事人严重违反法庭秩序，警告制止无效而被责令退出或者强制带出法庭的，可以缺席宣判，但在宣判后应当告知宣判内容并将判决书送达该当事人。

④对于严重扰乱法庭秩序构成犯罪的，由审理本案的法庭直接审判。

以上规定以及其他相关法律规定，构成了司法警察履行值庭职责的重要依据。

【特别强调】

司法警察依法履行职责，是法律赋予的职权，必须在法律的范围内行为。

（二）值庭的任务

【引例3－2】

【周某入室盗窃案】2007年11月30日凌晨3时许，被告人周某（1968年2月11日出生）偷偷潜入某市富豪花园别墅区六街3号，趁主人陈某熟睡之机，用特制的锥子将窗钩打开，从窗子进入主人的书房，将主人的手包和电脑包偷走。包内有人民币2万元、价值4 700元手机一部，价值1.3万元手提电脑一台。当周某溜出陈家时被夜班执岗保安发现，保安见其鬼鬼祟祟，将其堵住查问，周某打倒保安就跑。保安按响铃报警，数名保安将其抓住，将周某和赃物送小区派出所。经富豪花园别墅区六街3号业主陈某辨认，电脑、手机、钱物均是自己财物，被告人周某承认上述财物是自己2007年11月30日凌晨3时许在陈某家所盗，该市公安局对周某供述和作案现场指认制作笔录，并将盗窃的钱物送该市价格鉴定中心，价格鉴定中心出具鉴证结论书。公安机关对该物证进行拍照，制作财物清单后将财物发还被害人陈某。被告人现羁押在该市看守所。

2007年该市检察院向该市人民法院提起诉讼。

2007年12月20日该市法院开庭审理“周某入室盗窃案”。

【问题思考】

根据引例，分析司法警察在值庭过程中有哪些基本任务及应注意哪些事项。

【应知应会】

依据最高人民法院《人民法院司法警察暂行条例》和《中华人民共和国人民法院法庭规则》的规定，司法警察的职责是：警卫法庭，维护法庭秩序；保障参与审判活动人员的安全；传唤证人、鉴定人；传递、展示证据；制止妨害审判活动的行为。司法警察值庭的基本任务包括：

1. 维护法庭审判秩序，保障审判工作的顺利进行

维护法庭审判秩序，是值庭活动的首要任务。良好的法庭审判秩序不仅是人民法院实现审判职能的重要前提和基础，而且是法庭审判活动的严肃、庄严、权威的体现。人民法院的任务是审判刑事案件、民事案件和行政案件，并且通过审判活动，惩罚一切犯罪分子，解决民事、行政纠纷，以保卫人民民主专政政权，维护社会主义法制和社会秩序，保护社会主义的全民所有财产，保护公民的人身权利、民主权利和其他权利，保障社会主义建设事业的顺利进行，司法警察的值庭活动保障了审判活动的正常

进行，也确保了人民法院的职能的实现，从而实现了值庭工作的最终目的。

2. 保障审判场所及参与审判活动人员的安全

保障审判场所及参与审判活动人员的安全包含两个方面：一是保障审判场所的安全；二是保障参与审判活动人员的安全。

(1) 保障审判场所的安全是指保护或确保审判场所不受威胁，没有危险、危害或损害。这里的“审判场所”应作广义的理解，既指设于人民法院内的经常用于进行审判活动的法庭或者宣判的其他室内场所，也指为了法制宣传需要在室外进行的大型宣判活动的露天场所。而其中室外露天场所的安全尤其值得重视，其安全措施的实施难度远远大于室内场所。

(2) 保障参与审判活动人员的安全是指保护或确保审判人员和其他诉讼参与人的人身不受威胁，没有危险、不受到损害。审判人员和其他诉讼参与人是审判活动的主体，若在审判活动中，他们的人身等安全得不到保障，整个诉讼活动就无法得以正常进行，法院审判职能的实现更无从谈起。

3. 传唤当事人，传带证人、鉴定人

传唤当事人，传带证人、鉴定人，是值庭活动的重要任务，也是保证诉讼活动正常进行的基本条件。所谓重要任务，是指它是在保证诉讼活动正常进行中具有重要影响、有很大价值的任务。根据我国诉讼法的规定，传唤当事人，传带证人、鉴定人等诉讼活动具体表现在以下方面：

(1) 传唤当事人。传唤当事人是指人民法院或人民检察院机关通知依法应当到庭的当事人出庭参加诉讼活动的诉讼行为。这里仅指人民法院传唤当事人的情形：

①在刑事诉讼中，提解押送刑事被告人到庭。

②在民事诉讼中，对依法应当到庭经两次传唤而无正当理由拒不到庭的被告，采取拘传的强制方法强制其到庭。《最高人民法院关于适用〈中华人民共和国民事诉讼法〉若干问题的意见》第112条规定，《民事诉讼法》第100条规定的必须到庭的被告，是指负有赡养、抚育、抚养义务和不到庭就无法查清案情的被告。给国家、集体或他人造成损害的未成年人的法定代理人，必须如期到庭。经两次传票传唤无正当理由拒不到庭的，也可以适用拘传。

(2) 传带证人、鉴定人等其他诉讼参与人。根据我国诉讼法的有关规定，证人、鉴定人等其他诉讼参与人依法应到庭参加诉讼，以便人民法院查明案件的事实。对于这些诉讼参与人到庭参加诉讼，应按照法律规定的程序进行，因而就需要值庭法警根据审判长的指令传带证人、鉴定人等其他诉讼参与人，以保证诉讼活动的有序进行。

4. 传递、出示证物

根据我国诉讼法的有关规定，在人民法院审理案件的过程中，刑事案件中的公诉人、辩护人等应当向法庭出示证物，让当事人辨认；民事案件的当事人有举证的权利与责任等。因而，传递、出示证物是庭审过程中不可缺少的环节与组成部分，这也是由庭审活动本身具有的过程性所决定的。

5. 制止妨害审判活动的行为

司法警察对于违反法庭纪律、妨害审判活动的行为应当予以劝阻、制止，必要时可依法采取强制措施。

【特别强调】

司法警察在值庭工作中，不准主观臆断，不准徇私枉法，不准贪赃枉法，不准吃请收礼，不准索贿受贿，不准经商牟利，不准欺压群众，不准泄露机密。

二、值庭的范围与要求

（一）庭审的概念与特征

【引例3-3】

【张苗苗盗窃案】被告人张苗苗，女，1984年12月11日出生于某市，汉族，高中文化，三星级酒店服务员，住酒店公寓。因涉嫌盗窃于2008年1月8日被该市公安局刑事拘留，2008年2月10日逮捕。现羁押于某市看守所。

2007年4月10晚，被告人张苗苗在酒店值班。入住客人李力办理完退房手续后，由被告人张苗苗帮助李力提行李包裹，送至酒店门前等候出租车。走至楼梯拐角处，被告人张苗苗趁李力不注意，将已经准备好的与客人行李包外观一样的行李包调换。客人李力乘出租车到机场后，办理登机手续，当打开包裹拉链取机票时，发现行李包被调换，立即报警。公安机关在被告人张苗苗的酒店换衣柜中发现客人李力的行李包。行李包中有“联想”笔记本电脑一部，价值8 700元；移动硬盘一个，价值830元；电动剃须刀一部，价值1 540元；有价证券7 500元。公安机关对被告人张苗苗进行讯问，被告人张苗苗对自己盗窃的犯罪事实如实供述，并在讯问笔录上签字；对李力进行询问，并制作询问笔录；该市物价事务所对被告人张苗苗盗窃财物出具价格鉴定书，公安机关对盗窃物品照相并制作赃物清单后，将物品返还物主李力。

上述证据由公安机关提交，由公诉人当庭宣读并出示，并经法庭质证，被告人张苗苗以及辩护人均未提出异议，具有法律效力，本院予以确认。

本院认为，被告人张苗苗以非法占有为目的，秘密窃取他人财物，数额巨大，其行为构成盗窃罪，应依法追究刑事责任。公诉机关指控罪名成立，本院予以支持。辩护人提出辩护意见符合事实和相关法律，其请求对张苗苗酌情从轻处罚予以照准。依照《中华人民共和国刑法》第264条规定，判决如下：

被告人张苗苗犯盗窃罪，判处有期徒刑三年，并处罚金人民币6 000元（刑期从判决执行之日起计算。判决执行以前先行羁押的，羁押一日折抵刑期一日，即自二〇〇八年一月八日起至二〇一一年一月八日止。罚金限判决生效后即缴纳）。

如不服本判决，可在接到判决书第二日起的十日内，通过本法院或者直接向该市中级人民法院提出上诉。书面上诉的，应该提交上诉状正本一份，副本二份。

【问题指引】

根据引例，分析在人民法院审理刑事案件的程序中，哪些环节需要司法警察参与并履行相应的职责。

【应知应会】

1. 庭审的含义

庭审，是开庭审判或法庭审判的简称，它是指人民法院在指定的场所并在各方诉讼参与人的参与下，对人民检察院提起的公诉案件或者自诉人提起自诉的刑事案件、当事人提起的民事或行政案件进行审理和裁判的诉讼活动。人民法院通过开庭或者书面形式对案件事实情节和证据等问题进行全面审查、核实并听取公诉人的意见，自诉人、被告人及原告人等的陈述，以及人民法院对案件进行审理的基础上，根据法律对案件的实体和部分程序问题作出的裁判。

2. 庭审的特征

（1）庭审是人民法院行使审判权的重要方式。人民法院是行使国家审判权的机关。根据我国宪法、人民法院组织法以及诉讼法的规定，人民法院是国家审判机关，依法行使审判权，其他任何机关、团体和个人都无权进行审判活动。因此，庭审的组织者和主持者只能是人民法院，并通过合议庭或者独任庭的审判组织形式来实现，这也是人民法院作为国家审判机关行使审判权的具体表现。

（2）庭审必须在当事人以及其他诉讼参与人的参加下才能进行。庭审活动的目的是查明案件事实，依法对案件作出裁判。因此，合议庭或者独任庭的审判人员应当既听取刑事案件中控方的意见，又听取辩方的意见；或者在民事及其他案件中既听取原告的陈述，又必须听取被告的陈述，才能作出公正的裁判。所以，一般而言，控方与辩方、原告与被告是互相联系又互相对立的矛盾双方，庭审时既不能没有控方或原告，又不能没有辩方或被告（民事案件中缺席判决和民事诉讼中某些特别程序的情形除外）。

（3）庭审是诉讼活动的中心环节和决定性的阶段。同其他有关程序相比，庭审是一种最典型、最完善的诉讼形式，控、辩、审三方在审判中都发挥了各自的作用。同时，也只有通过庭审活动才能对刑事被告人定罪量刑或者对民事、行政案件作出裁决。因此，根据我国诉讼法律规定，证据必须在法庭上经过质证并经过查实以后，才能作为定案的根据。可见，无论是刑事诉讼，还是民事、行政诉讼，庭审活动是整个诉讼活动的中心环节和决定性阶段。

（二）庭审范围确定的原则

【引例3－4】

【某市中级人民法院对40名被告人进行公开宣判活动】为了认真贯彻中共中央关于“打击双抢”专项斗争的指示精神，2007年11月11日下午3时，南方某城市在该城市体育中心举行严打公判大会。届时，该城10所基层法院及市中级法院分别对40名被告人进行公开宣判。有关情况如下：

1. 公开宣判的被告人人数情况：A区人民法院宣判3名被告人；B区人民法院宣判4名被告人；C区人民法院宣判5名被告人；D区人民法院宣判5名被告人；E区人民法院宣判4名被告人；F区人民法院宣判3名被告人；G区人民法院宣判4名被告人；H区人民法院宣判4名被告人；I区人民法院宣判3名被告人；Z区人民法院宣判4名被告人；该市中级人民法院（位于A区）宣判5名被告人，其中女性被告人2名。

2. 被告人分别押于各区看守所。

3. 共调用两级人民法院司法警察70名，武警若干名。

【问题思考】

1. 根据引例，分析值庭范围的确定应遵循的原则。

2. 本案宣判前，该市中级人民法院法警队应做好哪些准备工作？

【应知应会】

值庭范围的确定至少应遵循以下三个原则：

1. 目的原则

值庭的范围以保障人民法院审判工作顺利进行的目的为限度。由于值庭活动具有维护法庭秩序和执行强制措施等权力，在刑事案件的审判活动中，涉及预防或制止被告人逃跑、行凶等事件的发生，为此，在确定值庭的范围与配备人员上，应当根据案件的不同性质而有所区别和侧重，以使值庭目的得以实现。

2. 协调原则

确定值庭范围既要注意相对稳定性和连续性，避免随意改变，又要注意法庭审判权、当事人及其他诉讼参与人诉讼权利的相互配合和相互联系，以保证庭审活动有效地贯彻执行。

3. 社会效果原则

值庭活动不仅要实现目的，而且还应达到良好的社会效果。主要体现在：第一，司法警察应力求达到良好的执法效果，以体现法庭审判的严肃性和法制教育性；第二，在社会矛盾不断变化、社会法制不断完善和人民法院审判方式不断改革的新形势下，对人民法院值庭的范围与要求产生很大的影响；第三，根据人民警察各警种的权限规定，司法警察的职责与权限明确，值庭活动不仅仅局限于法庭审判区域之内，而且延伸至法庭审判区域之外的对审判活动可能产生影响的区域。因此，社会效果成为值庭范围确定的不可缺少的原则。

【特别强调】

值庭是人民法院的司法警察通过行使职权，预防、制止和惩治妨碍审判工作的执法行为，是维护审判秩序、保障审判工作顺利进行而采取的勤务方式。值庭工作要求司法警察要具有高度的责任心、警惕性和组织纪律性；值庭工作接触面广，要做到纪律严明、姿态端庄、行为规范、礼貌待人、文明执法；值庭工作影响大，直接关系到国家法律的尊严和人民法院执法形象。

三、值庭的范围与警力配备

【引例 3－5】

【黄小妮、吴良堂集资诈骗案】 被告人黄小妮、吴良堂于 2003 年 12 月在高州市区成立佳味养殖场，然后通过以高额回报为诱饵，让群众到其养殖场投资养蝎或托养蝎子。至 2006 年 6 月 1 日止，他们共与上千名客户签订养殖合同 1 292 份，共骗取合同款人民币 37 718 400 元，除以抽取款的名义返还给客户的资金人民币 11 700 309 元外，实际骗取金额人民币 26 018 091 元。2006 年 6 月 20 日，公安机关将犯罪嫌疑人黄小妮、吴良堂先后抓捕归案，并追缴到赃款人民币 5 067 492. 93 元，扣押车辆四辆、蝎子、蝎子抽取液、电脑、办公用品、土地使用证等物品一批。

因本案案情重大，犯罪数额特别巨大，对被告人论罪应处无期徒刑，依法应由茂名中级人民法院一审审理。但该案涉及面广、社会影响大，加之新年将近，公安机关破案后，每天都有成百上千名被害人到高州市委、市政府门前集会和静坐，一方面请求严惩犯罪分子，另一方面强烈要求挽回他们的经济损失。广大被害人群情激昂，随时可能爆发大规模的游行活动。鉴于上述情况，高州市公检法机关均认为，该案由高州市人民法院审理，更有利于化解社会矛盾，更好地做到法律效果与社会效果的统一，遂向高州市委汇报，并通过高州市委请示茂名市委，争得茂名市委的支持，希望茂名中级法院指定高州市人民法院审理该案。经茂名市中级人民法院请示茂名市委政法委员会，同意由高州市人民法院审理该案。

高州市人民法院于2006年12月21至23日对本案公开审理后，作出刑事判决。

一审判决后，被告人黄小妮、吴良堂均不服，先后向茂名中级法院提出上诉。茂名市中级人民法院立案受理后，依法组成合议庭审理本案，于2007年3月12日作出刑事裁定：驳回上诉，维持原判。随后将案件退回高州市人民法院，同时指令高州市人民法院向高州市委汇报案件的审结情况。

【问题思考】

1. 依据引例，思考哪些庭审需要值庭。

2. 该案件的庭审应如何配备司法警察？应注意哪些事项？

【应知应会】

（一）值庭的范围

从法院审理案件性质而言，值庭的范围应当包括刑事案件审判活动的值庭、民事案件审判活动的值庭、行政案件审判活动的值庭等。根据值庭的任务和值庭范围的原则，值庭的范围主要有刑事案件、涉外案件、大型公审活动以及需要司法警察值庭的民事、经济、行政等案件等。

（二）值庭司法警察的配备原则

司法警察配备是指根据司法警察勤务工作的需要，分配及布置人员力量和警用装备。值庭的司法警察的配备是指根据人民法院审判案件的实际需要和司法警察力量的客观条件，确定和安排必须值庭的司法警察力量。值庭司法警察配备应坚持如下原则：

1. 根据案件性质配备值庭司法警察

值庭司法警察配备应当考虑所审判案件的性质。在刑事案件及刑事被告人的提解押送、看管以及庭审过程中，由于部分强制手段的实施，因而必须配备值庭的司法警察。而在民事或行政案件的审判活动中，则可根据当事人、诉讼参与人的情绪状态及是否可能出现过激情绪等实际需要，适度配备值庭司法警察。

2. 必须充分考虑审判活动区域内外的具体情况

审判区域的安全不仅关系到法官、检察官、诉讼参与人等的安全，也关系到旁听人员的安全，甚至周边场所的安全。必须考虑审判区域内的安全要素，考虑旁听人员数量和审判场所外围可能出现的意外情况，以防止审判区域内外扰乱法庭秩序情况的发生。因此，应结合审判区域内外的具体情况，配备足以及时有效地处置庭审过程中突发事件发生的值庭力量。

3. 必须考虑庭审活动的规模与庭审秩序的保障

对于参与诉讼的当事人以及诉讼参与人数量多的案件审判的值庭活动，应加强值庭力量，并对上述人员进行有组织、有秩序的安全检查和管理，以保证庭审活动的有序进行。

【特别强调】

合理有效地配备值庭司法警察是保证审判活动顺利进行的需要，是充分发挥有效警力达到最大效果的基础。根据我国庭审活动和案件的不同情况，对值庭及其人员配备的具体要求如下：

1. 刑事案件审判活动的值庭

刑事案件的庭审活动应当配备值庭司法警察。这不仅是由刑事案件的性质决定的，而且也是实现值庭任务的基本要求。刑事案件的庭审具有自身的特殊性：一方面，判决结果所涉及的处罚具有严厉性，即刑事被告人将会受到剥夺人身自由甚至生命的刑罚处罚，这就容易引起刑事被告人的对抗情绪或逃跑等情况；另一方面，刑事案件庭审过程具有严格程序性，这也是刑罚处罚涉及人身自由或生命的必然要求。因此，刑事案件的庭审活动应当配备值庭的司法警察。

2. 民事或行政案件审判活动的值庭

从人民法院审判活动的性质来说，民事、行政案件审判活动应当配备相应的值庭司法警察。目前，我国人民法院司法警察力量相对不足，从案件性质和警力情况而言，还没有对所有民事、行政案件的审判活动都配备值庭的司法警察的能力，只是有选择地配备值庭的司法警察，但这种现状是暂时的、过渡性的。目前，法院仅对以下民事、行政案件审理配备值庭司法警察：

（1）对影响大或涉及较多人利益的民事、行政案件审判活动，配备必要的、充分的值庭司法警察。

（2）对于当事人情绪不稳定，可能出现自杀、大闹法庭，旁听人员中有可能冲击审判区域，危及庭审人员、其他诉讼参与人人身安全等倾向的民事、行政案件的审理活动，应当配备必要的值庭司法警察。

3. 大型公开宣判活动的值庭

宣告判决，是人民法院经过对案件的审理，将判决的内容向当事人、其他诉讼参与人、社会公众公开宣布告知的诉讼活动。它是法庭审判诉讼活动的组成部分之一，需要司法警察的值庭工作。宣判的形式分为当庭宣判和定期宣判。大型公开宣判活动属于定期宣判形式，是指在事先确定的较大的公共场所，人民法院将判决内容向当事人以及社会公众公开宣布告知的诉讼活动。目前我国大型公开宣判活动的实施，主要针对刑事案件，而且一般都涉及判处死刑和其他各种具有较大影响的案件，或者在特定时期针对各种严重的社会治安问题进行严打后的集中宣判。这类案件的公开宣判，也是对社会公民进行一次良好的法治教育。因此，大型公开宣判活动值庭人员的配备要求更高，配备警力更要充分。

4. 其他庭审活动中的值庭

随着我国审判制度改革的进一步深化，将会出现新情况，要求庭审活动中配备必要的司法警察进行值庭。总之，司法警察的值庭是根据庭审活动的需要而进行活动。

四、值庭的规范要求

【引例 3－6】

【张某某交通肇事案的审判】被告人张某某，女，1983 年 4 月 23 日出生于某市，汉族，高中文化，个体经营户，住某市红岗路。因涉嫌交通肇事罪于 2006 年 12 月 8 日被检察机关批准逮捕，现关押在该市看守所。

该市检察机关于 2007 年 1 月 5 日向该市人民法院就张某某交通肇事一案提起公诉。

2006 年 11 月 1 日，被告人张某某驾驶一辆客货车，从红岗路个体超市驶往兰田果品批发市场，途经一交通路口时，与陈某某（无驾驶证）驾驶的无号的“幸福”牌二轮摩托车相碰撞，造成陈某某死亡、车辆损毁，属重大交通事故。经该市公安局交通警察大队对该起事故责任认定，被告人张某某负该起事故的主要责任；陈某某负该事故的次要责任。

本案证据有：证人王某证言，该市公安局交通警察大队交通事故现场图、勘测和勘察记录、现场照片及说明、常住人口详细信息查询材料、车辆管理所证明、事故机动车检验记录、交通事故认定书，该市公安局尸体检验报告，车型驾证及其供述和辩解等证据。

2007 年 1 月 21 日，该市人民法院开庭公开审理该案件。

【问题思考】

本引例的司法警察在值庭过程中，应当遵守哪些规范要求？

【应知应会】

（一）司法警察值庭行为准则

司法警察是法律的执行者和维护者。司法警察在值庭勤务过程中，依法履行值庭职责，其行为的规范性以及言行举止与外表形象的文明性，不仅体现了司法机关的形象，也体现出司法活动公正性与严肃性。《中华人民共和国人民警察法》明确规定：人民警察必须以宪法和法律为行动准则，忠于职守，清正廉洁，纪律严明，服从命令，严格执法。这也是司法警察行为的基本准则。

（二）司法警察值庭行为规范要求

（1）值庭司法警察在庭审活动中，应当听从合议庭审判长或独任审判的审判员指令。

（2）在庭审活动中，值庭司法警察应与审判人员、诉讼参与人密切配合、通力协作。

（3）值庭司法警察在值庭中，应当准确无误地按照审判长或独任审判员的指令，传唤当事人、证人、鉴定人和传递、出示物证等证据材料。

（4）在值庭期间，不得擅离岗位；不得询问案情；不得让无关的人员接触刑事被告人，也不得侮辱或变相体罚刑事被告人，以及其他有碍值庭活动的行为。

（5）在庭审过程中，对旁听人员影响审判活动的行为应当及时劝阻和制止；对哄闹、冲击法庭等严重扰乱法庭秩序的人员应根据审判长的指令以及《中华人民共和国人民法院法庭规则》的规定，迅速予以处理。同时，根据公务需要，依照国家有关《中华人民共和国人民警察使用警械和武器暂行条例》的规定配备、使用警械和武器。

（6）负责巡视的值庭司法警察，应当密切注意庭审场所内外旁听人员和其他人员的各种动态，防止其他妨碍法庭正常秩序行为的发生。

（7）值庭警力的调整或者特殊情况的处置应服从法警负责人的指挥。

（8）法律法规规定的其他要求。

【特别强调】

值庭司法警察外在形象的总要求与准则是礼貌待人、文明执勤。这一准则既是司法警察在职业形象方面的道德规范，又是司法警察职业道德人格化的体现。司法警察自身的言行举止及外表代表着人民法院和法警队伍的形象，其执法水平高低、执法态度的好坏都将直接影响到司法警察在当事人、其他诉讼参与人及旁听人员等社会公众心目中的地位，影响到人民法院和司法警察的声誉。值庭司法警察外在形象的具体规范如下：

（1）值庭的司法警察应当按照规定着警服，佩戴警衔标志和警号，着装整齐与整洁，并符合季节警服制式的要求。

（2）在庭审过程中，不得有相互闲谈、抽烟、掏耳朵、跷腿以及其他不良行为习惯。

（3）在庭审过程中，值庭司法警察的态度要严肃，语言要文明，站姿、坐姿要标准、端庄，精力要集中。

（4）在庭审过程中，涉及当事人有外国人或者少数民族的人员，因有各自不同的风俗习惯，值庭人员还应当注意尊重其风俗习惯和人文习惯。

（5）其他应当注意的言行举止以及外表形象的要求。

项目二　法庭布置与值庭的位置、动作要领

一、法庭的名称

【引例 3－7】

【董某某盗窃案】被告人董某某，男，1967 年 1 月 17 日出生于安徽省泗县，汉族，中学文化，农民，住安徽省泗县某村。因涉嫌盗窃罪于 2005 年 11 月 29 日被某市公安局刑事拘留，同年 12 月 9 日逮捕。现羁押于某市看守所。

2005 年 11 月 29 日凌晨 1 时许，被告人董某某潜入某市某村砖瓦厂，窃得价值 1 290元的“铁鹰”牌电动机、价值800 元的“大同”牌电动机各一台。案发后赃物已追回并发还被害人。本案证据有：砖瓦厂老板陈某某陈述及失窃报告，该市公安局提取笔录、扣押及发还物品清单、现场照片及说明、抓获经过；该市价格认证中心价格鉴证结论书；被告人董某某的户籍证明等相关证据。

该市检察机关于 2006 年 1 月 5 日向该市人民法院就董某某盗窃一案提起公诉。

为加强普法宣传教育，2006 年 1 月 21 日，该市人民法院决定在被告人所在乡镇法庭开庭公开审理该案件。

【问题思考】

1. 何为审判法庭？

2. 根据引例案情，进行法庭布置及功能识别，以及值庭人员的位置、姿势的规范训练。

【应知应会】

（一）法庭的名称

根据最高人民法院《关于法庭的名称、审判活动区布置和国徽悬挂问题的通知》（法发〔1993〕41 号）的规定，审判法庭是人民法院严格按照法律规定的诉讼程序依法开庭审理案件的法定场所。人民法院用于审判工作的整体建筑称为“审判法庭”。其中，专门用于开庭审理案件的房屋称“法庭”，并可冠以序数为第一法庭、第二法庭等，基于案件的性质又惯用民事法庭、刑事法庭、少年法庭等。基层人民法院设立的在人民法庭的房屋建筑中专门用于开庭审理案件的房间称为“法庭”。

（二）审判活动区布置

法庭由审判活动区和旁听区组成，以审判活动区为主，保证审判活动能够依法顺利进行。

（1）人民法院开庭审理刑事案件时，其审判人员、公诉人员、辩护人员及被告人的位置安排，暂仍按最高人民法院、最高人民检察院法（司）发〔1985〕11号文件的规定执行（见图3－1、3－2）。

（2）人民法院开庭审理民事、经济、海事、行政案件时，审判活动区按下列规定布置：

审判活动区正中前方设置法台，法台的面积应满足审判活动的需要，高度为20～60厘米。法台上设置法桌、法椅，为审判人员席位。审判长的座位在国徽下正中处，审判员或陪审员分坐两边。法桌、法椅的造型应庄重、大方，颜色应和法台及法庭内的总体色调相适应，力求严肃、庄重、和谐。

法台右前方为书记员座位，同法台成45°角，书记员座位应比审判人员座位低20～40厘米。审判台左前方为证人、鉴定人位置，同法台成45°角（见图3－3）。法台前方设原、被告及诉讼代理人席位，分两侧相对而坐，右边为原告席位，左边为被告座位，两者之间相隔不少于100厘米。若当事人及诉讼代理人较多，可前后设置两排座位（见图3－2）；也可使双方当事人平行而坐，面向审判台，右边为原告座位，左边为被告座位，两者之间相隔不少于50厘米（见图3－3）。

（3）有条件的地方，可以将书记员的座位设置在法台前面正中处，同法台成90°角，紧靠法台，面向法台左面，其座位高度比审判人员座位低20～40厘米（见图3－4）。

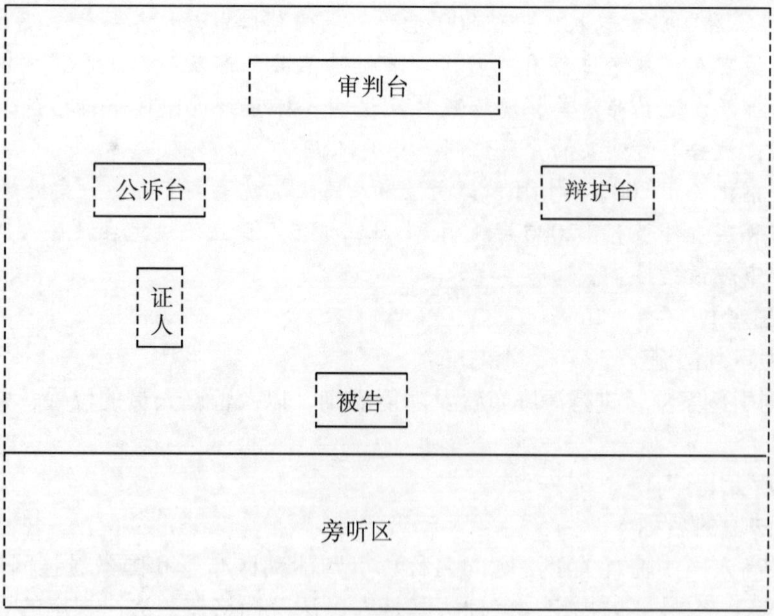

图3－1

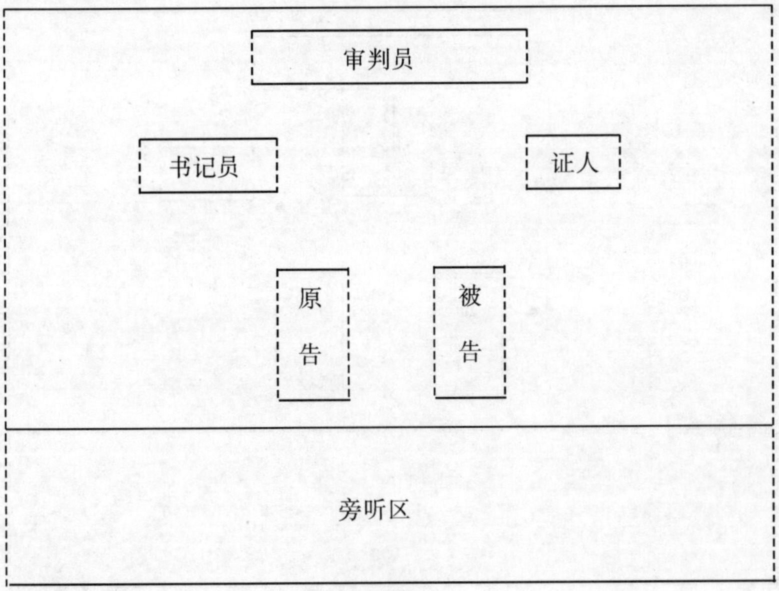

图3-2

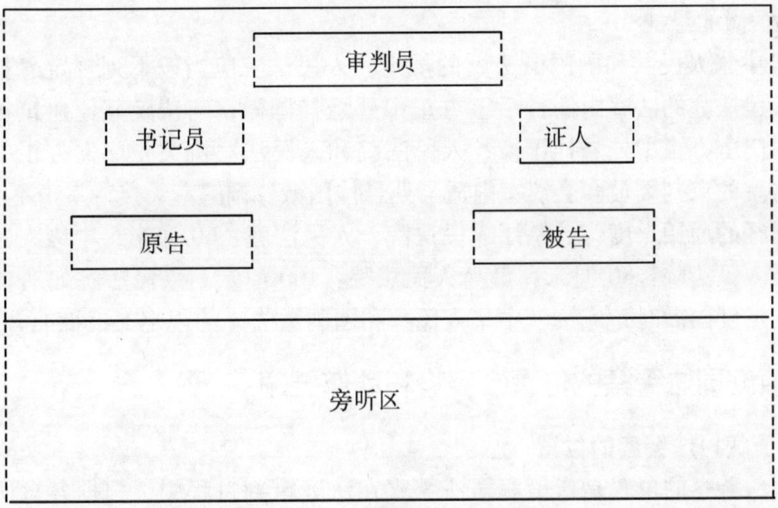

图3-3

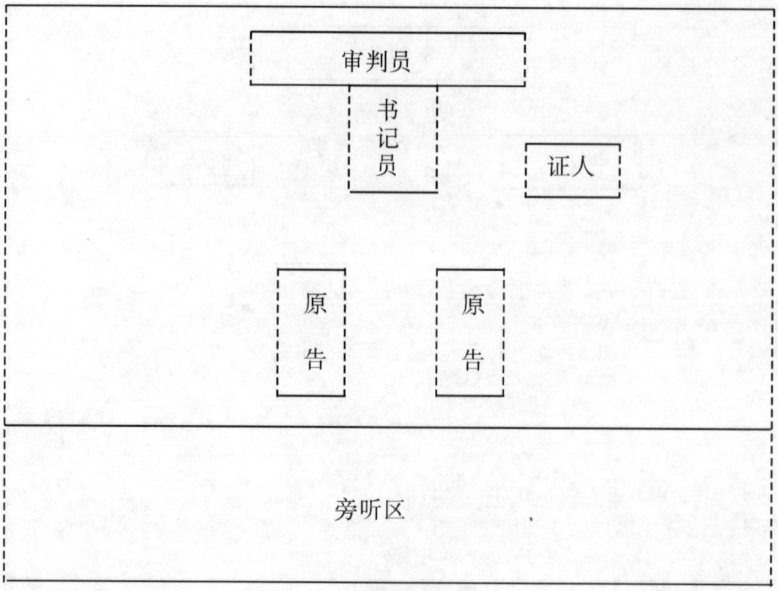

图3-4

（三）国徽的悬挂

根据《中华人民共和国国徽法》的规定，人民法院应当按下列规定悬挂国徽：人民法院、人民法庭的法庭内法台后上方正中处悬挂国徽；与法院其他建筑相对独立的审判法庭正门上方正中处悬挂国徽；人民法院和人民法庭机关正门上方正中处悬挂国徽；人民法院的审判委员会会议室内适当处悬挂国徽。调解室、接待室内不悬挂国徽。

国徽直径的通用尺度为：基层人民法院、人民法庭：60 厘米；中级人民法院：60 厘米；高级人民法院：80 厘米；最高人民法院：100 厘米。人民法院如遇特殊情况需悬挂非通用尺度国徽时，应按《中华人民共和国国徽法》的规定上报批准。

二、值庭司法警察的位置、姿势和动作要领

（一）值庭司法警察的位置

值庭司法警察的位置是指值庭司法警察在法庭审判过程中，根据各自所侧重的值庭任务，在法庭内应处的位置。

根据值庭任务的不同侧重，一般将值庭人员分为审判活动区的值庭人员和旁听区的值庭人员。

1. 审判活动区的值庭人员的位置

一人值庭时，一般应在审判台前靠近书记员的位置。两人值庭时，应在审判台前两侧，背向审判台，面向旁听席站立。

根据法庭设置的实际情况，值庭司法警察一般在审判台的前端，并以能清楚听取审判长的指令和不妨碍审判人员的视线为宜。

2. 旁听区的值庭人员的位置

旁听区值庭司法警察的位置分为固定和流动两种。1～2 名司法警察在固定位置值庭时，一般在旁听区与审判区隔离带的两端相向而立，或者在旁听席第一排座位的两端就座。多名司法警察固定位置值庭时，根据实际情况合理部署。旁听区流动值庭，

是指在法庭旁听区域的过道来回巡察。

（二）值庭的姿势

值庭的姿势是指值庭司法警察在执行值庭任务过程中所应取的姿势。在庭审过程中，值庭司法警察的姿势是否规范，既是法庭审判活动严肃性的表现之一，也体现了司法警察在公众中的形象。因此，值庭的姿势是值庭过程中一个不容忽视的方面。

值庭的姿势一般采取立正、跨立和坐姿，同时应目视前方，精神集中，姿势端正。

在审判活动区的值庭时间超过一小时可替换；司法警察进行值庭轮换时应采取岗哨换岗的动作。一人值庭的在一侧换岗；两人值庭的应从两侧进入并同时换岗。

【特别强调】

值庭的动作要领：

（1）值庭司法警察出入法庭时，应以“齐步”的动作行进，步伐要规范，精神要饱满。

（2）在法庭调查开始前，值庭司法警察应采取立姿（跨立或立正），且双目注视前方。宣判时采取立正姿势。

（3）当审判长宣布“法庭调查开始”后，值庭司法警察可采用坐姿。坐姿时，头要正，上身要挺直，目视正前方，两臂可放于椅子的扶手或大腿上，两腿分开与肩同宽。坐姿要端正，不得跷腿、盘腿。在重大案件的庭审过程中应采取立姿。

（4）庭审过程中需要传递、出示证据材料时，值庭的司法警察行至传递或出示证据材料对象侧前方适当位置，侧向对方双手传递、出示证据材料。

给被告人出示证据材料时，应与被告人保持一定距离，尤其对于易毁损的证据，更要注意安全，防止被告人借机毁损。距离的远近，应以被告人能清楚辨认证据材料为宜。如果证据材料连同案卷等其他材料需翻页时，由出示证据的司法警察翻页，而不得将所有材料交由被告人自行翻阅。待被告人表示已辨认完毕时，应立即将证据交回审判人员。

（5）有尖刀等凶器传递、出示时，应用右手握把柄，左手捏住凶器侧面，使锋利部位避开被告人，并与被告人保持一段距离；向审判人员、检察人员递还凶器时，以双手托住凶器侧面，将柄把递与审判人员或检察人员。

（6）传带证人、鉴定人时，司法警察在前，证人、鉴定人在后。引导证人、鉴定人到达证人或鉴定人席前方时，司法警察伸出手掌示意证人、鉴定人到指定位置站立。

（7）值庭替换时，接替的司法警察行至值庭的司法警察前方1米左右，成“立正”姿势行礼，值庭的司法警察应迅速恢复“立正”姿势还礼，然后向审判台侧移一步，成“立正”姿势后，再行至休息位置；同时，接替的司法警察行至站庭位置接替值庭。

项目三　值庭的组织与实施

一、值庭组织与原则

【引例】

见本章引例 3－7。

【问题思考】

1. 值庭组织的含义是什么？

2. 本案值庭时着重强调什么原则？

【应知应会】

（一）值庭组织的含义

值庭的组织是在值庭的整个过程中，根据审判活动的要求，为完成相应的值庭任务而进行一系列的安排活动。包括如下三个阶段：庭审前的值庭组织工作、庭审中的值庭组织工作和庭审后的值庭组织工作。

（二）值庭的组织原则

1. 全面部署、突出重点原则

全面部署是指完整、周密地处理或安排值庭工作各个方面事务，以及做好对各种可能发生的特殊情况采取的应变对策与措施。突出重点是指重视值庭过程中主要的或重要部分的工作内容与要求。

全面部署原则的要求在于：在接到值庭任务时，首先要明确了解本次值庭任务的内容，对所值庭的任务进行分析，提出值庭工作的目的与要求，确定值庭负责人、指挥人员及参加任务人员，明确工作原则与程序。对在值庭过程中可能发生的情况进行预测和制订应对方案。全面部署原则的目的在于，充分考虑值庭时可能出现的方方面面的情况，尽可能地防范和避免影响庭审正常进行的突发事件的发生。

突出重点原则的要求在于：值庭工作的目标是确保审判工作的顺利进行，根据审理案件的情况不同，参加值庭的司法警察应当有侧重地安排值庭警力和做好防范工作。值庭区域的重心在审判活动区的，重点在于确保审判人员、诉讼参与人的安全和审判人员的指令被有效地遵守与实现；值庭重心在旁听区域的，则重点维护好旁听人员的旁听秩序，确保庭审工作的正常进行。

2. 益于防范、确保安全的原则

益于防范是指值庭的组织工作应切实有利于防范和制止扰乱法庭秩序等事件的发生。确保安全是指切实保证法庭审判活动不受不法行为的妨害，把危害后果降低到最低限度。益于防范是值庭组织工作的要求，确保安全是值庭组织工作的目的。

益于防范的要求在于：在组织值庭工作时，应当注重防范当事人、旁听人员扰乱法庭秩序以及侵害行为发生时处置的措施与对策的可操作性。确保安全的要求在于：在组织值庭工作时，应当加强与注重对审判人员、公诉人员、证人等其他诉讼参与人的人身安全的保护措施，避免和防止上述人员人身安全受到侵害。

3. 明确分工、团结协作原则

明确分工是指在值庭组织时，应当根据不同岗位安排值庭人员，并要求职责分明。团结协作是指要求值庭人员以及值庭人员与押解、法庭警卫等人员之间相互配合，以完成值庭的共同目标和任务。

【特别强调】

值庭工作是一项具有高度组织协调的工作，要求人民法院的司法警察部门对直接参加值庭的人员精心地加以组织安排。在值庭活动中，往往是多人参与，并涉及多方面、多部门的工作。特别是在大型公开宣判活动中，组织协调的特点更为突出。因此，在值庭活动过程中，应当精心组织，明确分工，团结协作，才能防止任何空隙或者漏洞的出现。

二、值庭的组织

（一）值庭前组织与值庭方案的制订

【引例】

见本章引例3－7。

【问题指引】

1. 根据此引例，指出本案中值庭应当掌握的基本情况。
2. 拟订值庭前组织工作方案。
3. 分析本案值庭前应注意的基本事项。
4. 为保障庭审工作安全，值庭司法警察应当做好哪些安全检查工作？
5. 根据引例，进行相应的模拟训练。

【应知应会】

1. 值庭前组织与实施工作的目的

值庭前的组织工作是指人民法院司法警察部门接到值庭任务后，本着“全面部署、突出重点，益于防范、确保安全，明确分工、团结协作”的原则，认真做好值庭前的各项准备。值庭前组织工作目的是部署和安排值庭的各项准备工作，为确保圆满完成值庭任务做好准备。

2. 值庭前组织工作的内容

（1）切实掌握案件的基本情况。司法警察部门在接到值庭任务后，应当与案件承办人取得联系，及时了解案由。对于刑事案件，应与刑事案件被告人羁押场所沟通联系，了解被告人在羁押场所的表现。了解庭审的地点、规模，诉讼参与人的数量，证人的姓名、数量与所在位置，可能参加旁听的数量，以及可能发生的情况等，做到心中有数。

（2）查看有关场所。司法警察部门应对值庭任务的有关场地进行现场观察，尤其是一些大型审判活动的场地，往往在人民法院以外的公共场所，因此，对审判场所的周围环境、车辆进出路线、被告人进出通道、证人所在的位置等更要进行仔细的实地察看，以便制订相应的实施方案。

（3）制订周密的值庭方案。司法警察部门的指挥人员应当根据庭审的时间、案件的类型、被告人的数量、旁听人员的数量、场地条件等情况，制订相应的值庭方案和处置突发事件的应急方案与措施。值庭的勤务方案应当包括以下内容：

①明确值庭工作的主要任务和要求。

②明确值庭的组织领导和值庭人员以及各自的分工和相互的协作。

③制定值庭中的安全防范措施。

④提出值庭中突发情况的处置原则和处置方法。

（二）值庭方案的结构与制订

值庭司法警察必须了解和掌握执勤案件的基本情况，其目的在于使参加值庭法警高度重视，提高警惕，防止麻痹大意，保证值庭工作的顺利完成。

现以重大复杂刑事案件审判活动为例，根据值庭组织的原则，依据保障审判顺利进行所涉及的押解、看管与值庭等不可分割的法警职责范围，制订一个全面完整的值庭勤务方案，其基本结构应当包含以下组成部分。

1. 值庭案件基本情况

（1）庭审的时间与地点、规模、类型、诉讼参与人的数量、场地条件等。

（2）被告人的人数、羁押的场所。这是警力的配备与部署，押解的路线、押解途中的安全和押解时间安排的基础。

（3）被告人的思想、羁押中的表现、社会背景。这些情况会影响到押解、看管工作的安全性，庭审中被告人是否会发生行凶、脱逃等行为，以及是否存在劫囚的潜在因素等。

（4）旁听人员数量情况。旁听人员既是容易管理的对象，在特定的情况下又是难以控制的对象，也是容易发生妨害审判顺利进行的潜在因素。它对安排和部署警力、加强安全检查、防范旁听人员哄闹法庭甚至更严重的事件发生等方面都非常重要。

（5）新闻媒体参加程度。随着公开审判方式的改革与深入，在庭审过程中，新闻媒体参与的情况越来越普遍，特别是有重大影响或较为典型的案件更是如此。这就要求值庭的司法警察把握尺度，既要维护新闻媒体的合法采访权，又要确保审判活动的正常进行。

（6）有无被告同伙等闹事的迹象。涉及已经有闻被告同伙扬言要借庭审之机闹事的情况，应在方案中加以注明，以便提醒执勤法警加强防范。

2. 明确值庭的基本任务

值庭任务是指在人民法院审理与宣判案件的过程中，值庭活动对维护法庭秩序和保证法院审判职能的有效实现所应承担的责任。在值庭方案制订中应当简要地指明执勤活动有哪些主要任务。因为案件的类型不同，则执勤任务的内容也有所区别和差异，对值庭任务应作简要概述。主要包括：确保庭审顺利进行，预防被告人当庭脱逃、行凶、自杀等；维护法庭秩序，防止被告人同伙或社会闲杂人员借机闹事；确保参与审判活动人员的安全，包括审判人员、公诉人员、辩护人或诉讼代理人、当事人及其他诉讼参与人的安全；传带证人、鉴定人，传递、展示证据；制止妨害审判活动的行为发生等。

3. 值庭法警的职责

在方案中应当重点指明担任不同任务或岗位的执勤人员所应当尽到的职责，且主要针对负责押解、看管、值庭警卫的司法警察。对组织指挥人员的职责可以列入“执勤组织指挥”之中。同时，由于执勤人员的岗位不同，其职责也有所差别，这些在方案中应当分别加以注明。

值庭警卫法庭人员的职责是保证法庭庄严，保证审判参与人员的安全，维护法庭秩序、负责安全检查、制止妨害审判活动的行为。值庭的司法警察应准确无误地传带证人、鉴定人，传递、展示证据材料，并应注意安全，以防证据材料被毁损。

4. 值庭警力的部署

庭审是人民法院依法行使国家审判权的重要过程，庭审过程中涉及的面比较广，发生突发事件的可能性较高。因此，为确保审判活动的顺利进行，以维护法律的尊严，庭审时的警力部署可以说是整个警力部署的核心。故而在拟订方案过程中，应当根据案件的类型、规模和可能会发生的意外情况，较详细地进行部署，并应在方案中体现出来。主要做好以下六个方面的警力部署：安全检查，法庭外侧警力部署，旁听席警力部署，审判区警力部署，值庭与传递证物、传带证人、鉴定人的警力部署，机动警力的部署等。

5. 值庭的组织指挥

值庭的组织指挥可以从纵向与横向两个方面确定。纵向组织指挥人员即总指挥，一般由分管院长统一指挥。横向组织人员由法警部门负责人担任，其工作任务以服从、服务审判工作为核心，在法官的指挥下进行值庭活动。

6. 相关部门的协助

相关部门的协助主要是在涉及处置法庭警卫和应付突发事件时，其他警务部门的配合。一般包括法庭外围的警卫，可由派出所的干警协助巡逻；法庭外围的机动车道的疏通，可由交通警察负责道路疏通；法庭内突发情况，由值庭法警和机动警力共同处置。

7. 执勤联络的方式

执勤联络方式的统一与安排，可以确保联络的顺畅，指挥突发情况的及时处置。通信联络设备可视具体情况而定，一般采用对讲机等。

8. 情况的处置措施

在方案中应当明确可能发生的突发情况，并确定相应的处置原则，例如，确保审判活动的正常顺利进行原则；配合协同部门，迅速果断地控制事态，保障审判人员的安全原则等。同时，针对可能发生的情况，明确有关处置措施。通常包括以下方面：

（1）旁听人员起哄闹事处置。

（2）被告同伙或社会闲杂人员闹事处置。

（3）旁听人员集中冲击审判区的处置。

（4）旁听席有制造燃烧、自杀、自伤行为的处置。

（5）其他情况处置等。

9. 值庭勤务装备

值庭装备的保障是圆满完成值庭勤务任务的物质条件。为了有序地做好值庭勤务活动，应当在值庭方案中对相关的执勤装备进行安排。例如，车辆保障，对讲机的配备，音响与监控，枪支、电警棍、手铐和防爆装备等。

10. 值庭勤务特别规定

值庭勤务的特别规定主要包括着装、庭审中的值庭姿势、值庭纪律与要求以及其他特殊规定。

总之，以上部分是作为一个较为科学、合理、完整的，又符合司法警察值庭职责与要求，并以保证法院审判活动顺利进行为目标的值庭勤务方案所应遵循的原则和基本结构。但是，由于司法实践活动的复杂性和情况的多变性特征，值庭与警卫勤务方案结构的组成部分也应适时加以调整与完善，以便更好地促使法警工作规范化和为保障审判活动服务。

【特别强调】

1. 明确值庭司法警察任务、分工与责任

司法警察部门的指挥人员应当对参加值庭的人员进行任务分工，明确各自的职责，并对参加值庭的人员进行必要的有关政策和规定的教育，交代有关值庭纪律与要求，确定处理紧急情况的方法，使参加值庭的人员在思想上有充分的准备，增强责任感，提高应对能力。

2. 加强与相关部门之间的配合与协作

人民法院的审判工作牵涉到法院的多个部门的配合，因此在开庭前，为确保庭审工作顺利进行，司法警察部门的领导还应主动与有关部门和人员联系，听取有关部门和人员的意见与要求，使值庭前的准备工作尽可能地周密完备，以确保圆满完成值庭任务。

3. 做好必要的物质与装备的保障工作

司法警察值庭，应按规定佩带武器和警械，配备相应的通信工具。值庭任务实施前，一方面，应认真进行检查，以确保装备状态良好；另一方面，应认真检查审判区域的音响、监视器、隔离带等各种设施情况，以避免因所需要的装备、设备和设施的缺陷而影响审判与值庭工作的顺利进行。

对于一些案情重大、复杂的案件，司法警察部门还应组织参加值庭任务的司法警察进行预演。

（三）庭审中的值庭组织工作

【引例3－8】

【“脱逃大王”的末路人生】37岁的张瑞华系河南西华县人，自幼喜欢耍弄拳脚，身手敏捷。同时他又是一个特大犯罪团伙的首犯，公安部B级通缉逃犯。令人难以置信的是，在被抓捕归案后，张瑞华竟然成功脱逃两次：一次是在法院庭审现场跳窗逃走；一次是在看守所内爬房脱逃。2007年2月，备受各界关注的“脱逃大王”一案在周口市中级法院审理，张瑞华一审被判处死刑。

——庭审现场跳窗逃走

张瑞华是河南省西华县姚集乡芳寨村人，初中文化。在干农活的同时，身手敏捷的张瑞华喜欢耍弄拳脚，人送绰号“孙猴子”。乡亲们觉得他身子骨灵活，人也鬼精得很。但是，颇有能耐的张瑞华没走正道，逐渐成为一个特大犯罪团伙的首犯，直至有一天落网。

2002年7月23日，河南西华县人民法院门前停了很多辆警车，随着一声声尖厉的警笛声，以张瑞华为首的特大抢劫、盗窃团伙成员被全副武装的法警押赴审判庭。在此之前，因为担心团伙成员串供，张瑞华被关押在沈丘县看守所，其他同案犯分别被异地关押。经查，两年时间里，以张瑞华为首的17人团伙在安徽、河北、湖北、河南境内以空货车为作案目标，手持凶器疯狂作案，共抢劫27起，张瑞华直接参与作案17

起，抢劫钱物近百万元，其中致伤多人，致死一人，除一人批捕在逃，两人有立功表现不起诉外，其余14人全部归案。

7月23日，周口市中级人民法院决定在西华县人民法院审判厅公开审理此案。除负责安全的几十位法警外，近20名律师组成庞大的辩护队伍也引人注目。审判大厅内外警卫森严，这在西华县历史上是第一次。

当天的庭审开始后，法警按照规定给张瑞华等人去掉刑具，此次审判由周口市中院法警支队副支队长张玉林负责安全，每名被告人的背后都站有一名法警，毛建中负责看守张瑞华。因此案重大，在当地被传得沸沸扬扬，除被告人的家属外，很多群众也前来旁听。

第一天庭审主要是法庭调查，审理进行得很顺利，除一名被告人因违反庭审秩序被戴上脚镣外，张瑞华并没有异常表现。第二天下午4点多钟，法庭辩论和被告人陈述已经结束，审判长宣布休庭，审判台上的控辩双方也收拾有关材料，准备离席，审判长正要宣布让法警给被告人戴上械具时，惊人的一幕出现了——仿佛看电影一样，只见张瑞华一跃而起，突然蹿上离自己有8米远的审判台右侧，从辩护席的椅子上，顺着半敞开的窗户口扑下去，从3米多高的窗台跳下后，张瑞华夺路而逃。

一切在瞬间发生，有的人根本没看清张瑞华是如何完成这一系列快速动作的，只是惊得目瞪口呆。短暂几秒钟后，众人醒过神来，法警前去追赶时，却错过了抓捕时机，他们追到窗户边时，并没有从张瑞华脱逃的窗户跳下去，而是从审判台跑出审判厅，再右拐绕道跑到窗户下边，此时的张瑞华已不见踪影。紧接着，一部分法警立即给其他被告人戴上械具，加紧看管，其余法警、法官和公诉人也冲出法庭去追。

回过神来再“研究”一下审判厅的窗户，刚好位于审判台上方，窗户外没有任何防护措施，因为天气较热，窗户被打开了，辩护律师乘坐的长条红木椅，正位于这个窗户的下边。张瑞华当庭逃跑后，舆论哗然。人们被这一消息震惊了，不少人猜测议论。

脱逃事件发生后，周口市警方出动上千名警力展开搜捕，但没有抓到张瑞华。此后4年，张瑞华一直未归案。其间，西华县警方多次摸排线索，转战河南、山西、安徽等省，对张瑞华实施抓捕，也无一丝结果。

据了解，张瑞华逃出法庭后，他的弟弟在外边接应，故意为追赶的法警指错了路，这一种说法当地警方也给予了证实。河南周口检察机关迅速介入此事，2002年8月4日，以涉嫌失职致使在押人员脱逃罪对周口市中级人民法院法警支队副支队长张玉林、轮流押解张瑞华的法警毛建中和李建波批准逮捕，随后以玩忽职守罪提起公诉。作为本次庭审的审判长闫天峰也存在严重失职，庭审前，他没有仔细察看审判庭周围环境，还将没有护栏的窗户打开，使得犯罪嫌疑人张瑞华有了可乘之机，因此，对审判长闫天峰以玩忽职守罪进行认定，向法院起诉。

——看守所内爬房第二次脱逃

张瑞华逃走后，很快被列为公安部B级通缉犯。尽管周口警方一直对他实施抓捕，但几年当中，他仿佛隐身似的，一直没有踪影。民间更是将其传得神乎其神，甚至又送给他一个绰号“飞猴子”。

2006年4月10日晚，安徽寿县正阳关镇居民高怀祥驾车行驶在公路上，轮胎破后下车检查，突然被击伤遭劫，被抢走手机两部、现金万余元。4月16日晚，寿县警方将涉案的“刘高峰”等3名犯罪嫌疑人抓获，羁押在寿县看守所。

警方研究案情后认为，“刘高峰”一伙手段残忍，有前科劣迹的可能性很大，且三人均原籍河南，在当地应该有作案可能。但经与河南警方联络，查阅“刘高峰”人口信息资料后，警方并未发现其有何前科劣迹。“刘高峰”在关押审查期间欲袭击审讯人员，试图逃跑，被及时发现制服。寿县警方对“刘高峰”的铤而走险感到怀疑，再次与河南警方联系。经排查，才发现“刘高峰”本人现仍生活在当地，被抓获的“刘高峰”是假冒的。警方马上安排进行辨认，确认在押的“刘高峰”是真刘高峰的表兄，此人正是当年在法庭脱逃的特大犯罪团伙首犯张瑞华，是公安部B级通缉犯。

张瑞华被警方核实真实身份后，依然羁押在寿县看守所。2006年6月7日19时，寿县看守所当班民警陶某为防止羁押在5号监室的张瑞华自杀或伤害同监室其他在押人员，于是将张瑞华带至内值班室，准备把张瑞华戴的小脚镣换成大脚镣。谁料想，正要上大脚镣时，张瑞华突然起身冲出，急速沿内值班室通向巡逻道的楼梯跑上二楼巡视通道。陶某一边与协助上脚镣的看守所服刑犯人张某追赶，一边喊其他民警协助。民警李二兵听到喊声后，立即冲进内值班室按响警铃。张瑞华跑上巡视道后，发现无路可逃，随即跳上5号放风场顶棚并爬上监室房顶，然后跃上监区西侧大围墙，下到大墙外的在押人员食堂顶部脱逃。

安徽省公安厅于2003年制定的《看守所安全工作若干规定》明确要求，值班民警夜间一般不得打开监门，遇有特殊情况确需打开时，必须有2名以上民警参加。而该所当班民警晚上一人打开监门，给张瑞华以可乘之机。而且，由留所服刑人员协助民警给张瑞华戴脚镣，违反了给在押人员加戴械具必须由民警实施的规定。张瑞华从看守所里脱逃后，当班民警陶某于6月9日被安徽六安市人民检察院刑事拘留。张瑞华这样一个人物，竟然两次从警方眼皮下成功脱逃，经媒体报道后，在民间更是被披上一层神秘色彩，一些人形象地称张瑞华为“脱逃大王”，还有人说张瑞华肯定有特异功能。

——“脱逃大王”第三次被抓获

张瑞华从看守所脱逃后，寿县警方在向上级汇报的同时，立即成立专案组全力追捕。整个警力做好两方面工作：一是调动警力沿线搜索追捕，二是组织人员开展中心现场勘验和事故情况调查。寿县看守所三面环山，一面朝路。交警、武警等当晚沿合阜公路寿县段向两端延伸，多重设卡盘查所有过往车辆。专案组还组织治安、巡防、经侦、附近派出所民警在寿县东津渡大桥、南门外大圆盘、凤台大桥等交通要道口，形成大包围圈，从外向内围查堵截。当晚9时，六安、淮南、蚌埠、合肥等地的800余名武警官兵先后赶到，参加查缉车辆，对相关山域化整为零，合力实施围捕搜索。寿县各派出所全力投入增援，在确保外包围圈密而不漏的前提下，里包围圈再次对看守所周边山坳组织地毯式搜索，并对附近村民进行宣传发动，同时发布紧急协查，请求周边友邻县区局协助开展搜捕工作。然而，安徽省、市、县公安机关组织了大规模的搜捕行动，仍未能将其抓获。舆论一片哗然。此后，时任安徽省公安厅厅长的崔亚东批示寿县警方：全力以赴，尽快追捕归案。

2006年6月，张瑞华的妻子赵翠梅，儿子张朋飞、张建飞等纳入警方的视线。经查，赵翠梅已离开原住地西华县，带着两个孩子在河南镇平县城读书。张瑞华曾于2005年12月在镇平县以马女士的身份办理邮政储蓄卡一张，开户金额1 800元。交易情况证明，张瑞华多次出没在驻马店市区、南阳镇平县、山西临汾、安徽等地，每一次取款签名都是“王相芬”。专案组先行跟踪发现持卡人王相芬。6月19日上午，跟踪人员发现王相芬与一女子同行，经调取张妻赵翠梅照片比对，确认为赵翠梅。

一个星期后，专案组查明，赵翠梅带两个孩子在镇平县城中山路一巷道的出租房内生活，平时以卖小百货为生。赵翠梅在镇平的主要关系人是王相芬和房东夫妻俩。种种证据表明，张瑞华脱逃后已与妻子取得了联系。2006年7月17日上午，专案组发现张瑞华曾活动在驻马店境内，随即兵分两路，一路监视赵翠梅，一路赴驻马店调查。2006年8月21日，专案组发现赵翠梅联系出租车，有搬家的可能。

5天后，赵翠梅联系来一辆货车开始搬家。警方驾车尾随，百余公里的交替赶超后，车辆驶入驻马店市区。赵翠梅母子进入了南海社区一个大杂院内，追捕民警乔装打扮，混迹于大杂院门口张网以待。晚8时许，专案组发现张瑞华正与妻儿在大杂院门口逡巡，在驻马店警方的配合下，专案组成员悄悄从身后靠近。短兵相接的刹那，将毫无防备的张瑞华摔倒在地，其他人员四面夹击，迅速将张瑞华控制并带走，紧急驶离。

经突审，张瑞华曾三昼夜茶饭不进，蛰伏荒山，一度乞讨充饥，之后扒火车往河南商丘，在火车站不忘拎包弄来赃款，两月后迂回河南驻马店、镇平等地，设法与妻儿见面。2006年8月27日，豫、皖警方在河南西华县公安局顺利完成了移交手续。

2007年2月1日，周口市中级人民法院以被告人张瑞华犯抢劫罪判处其死刑，剥夺政治权利终身，并处没收个人全部财产；以张瑞华犯脱逃罪，判处其有期徒刑五年。最后决定执行死刑，剥夺政治权利终身，并处没收个人全部财产。

【问题思考】

1. 根据此引例，拟订庭审中的值庭方案。

2. 分析本案值庭中应当注意的基本事项。

3. 为保障本案庭审工作的有序进行，防止庭审中突发事件的发生，应做好哪些防范工作？

4. 根据引例，进行相应的模拟训练。

【应知应会】

1. 庭审中值庭组织工作的目的

庭审中值庭组织工作是指在法庭审判活动中，司法警察部门组织司法警察根据值庭的职责实施的各项职务行为，从而保证审判活动的顺利进行。

庭审是指人民法院在指定的场所并在各方诉讼参与人的参加下，对人民检察院提起公诉或者自诉人提起的刑事案件、当事人提起的民事或行政案件进行审理和裁判的诉讼活动。人民法院通过开庭方式对案件事实、情节和证据等问题进行全面审查、核实并听取公诉人的意见，自诉人、被告人及原告人等的陈述；人民法院在对案件进行审理的基础上，根据法律对案件的实体部分程序问题作出裁判。因而，庭审中的值庭组织工作与实施是值庭工作的核心。

庭审中值庭组织工作的目的在于：准确传唤当事人、鉴定人，传递、出示证据材料；警卫法庭，切实维护法庭审判秩序；确保审判场所及参与审判活动人员的安全；

最终实现保障审判工作的顺利进行。

2. 各类案件庭审中值庭组织工作重点

（1）刑事案件庭审中值庭组织工作重点。刑事案件庭审值庭的组织工作，首先，应着重防范刑事被告人行凶、自杀、自残、脱逃等事故的发生。有个别法庭在设计和防范设施上还不尽合理，会带来一些安全隐患。例如，有的审判法庭临街设置，而且审判活动区为了通风还开设窗户，并且窗户上没有加装铁栅栏，在庭审过程中已发生多起被告人跳窗脱逃的事故；有的审判法庭被告人席与审判台之间距离过近，也极易使被告人行凶得逞。为此，司法警察部门在组织值庭工作时应根据值庭地点的实际情况、被告人的人数、被告人的罪行与表现做好充分的防范措施。其次，要根据案件的实际情况，做好旁听区域的安全防范。例如，当被告人亲属与被害人亲属都来参加旁听，且人数较多时就要引起充分的重视。除了要加强安全检查的力度外，在安排旁听座位时，不要让双方靠得太近，并且第一排座位尽量不要安排旁听人员。在实践中，经常发生双方亲属哄闹法庭或互相斗殴，甚至被害人亲属殴打被告人或被告人亲属的情况。司法警察部门要根据实际，加强值庭警力做好防范。

（2）民事案件庭审中值庭的组织工作重点。在民事案件庭审过程中，随着案件审理的逐步深入，个别原、被告双方矛盾可能会进一步激化，这类案件值庭组织工作的重点首先就是要防范当事人行凶或自杀。个别当事人由于案件审判的结果对自己不利，就迁怒于审判人员，在法庭上对审判人员行凶、报复；有的当事人双方甚至还会因一时想不开而自杀。司法警察部门应及时与案件承办人联系，发现苗头应及时制止。

此外，在传递证据过程中要注意防止当事人毁损证据，尤其是个别书证对案件的审理影响重大，要注意证据材料的保护，做好防范工作。

（3）行政案件审理中值庭的组织工作重点。在行政案件庭审过程中，由于一方当事人为行政机关，因此在值庭的组织工作中，重点主要就是防范非行政机关一方当事人哄闹法庭，或者发生非行政机关当事人向行政机关代理人或代表人行凶等事件的发生。当前行政诉讼案件不断增多，尤其是集团行政诉讼案件的增多，给司法警察部门组织值庭任务提出了新的挑战。由于一方当事人人数众多，值庭过程中稍有不慎，就有可能引发新的矛盾，甚至影响到社会的稳定。因此，值庭工作中，要充分预见可能发生的各种情况，配备充足的值庭警力和机动警力，并要协调好各有关单位，做好防范工作，确保值庭任务的圆满完成。

【特别强调】

庭审中值庭组织工作的要求：

1. 执行值庭方案，遵守值庭纪律与值庭规范

（1）值庭司法警察应按照预定的值庭方案进行值庭活动，配备两名以上司法警察值庭时，应指定一名司法警察负责。

（2）值庭司法警察应提前到达岗位，检查安全防范措施是否到位，警械装备、通信工具性能是否良好。

（3）庭审结束时，值庭司法警察应待参与审判活动人员和旁听群众依次退出法庭后，再退出法庭。

2. 根据审判长或独任审判员的指令，依法履行职责

（1）在审判过程中，审判人员当庭发出提传被告人或其他诉讼参与人的指令后，

值庭人员应及时根据（传）票或通知书，提（传）被告人或其他诉讼参与人到达法庭指定位置。

（2）对于证人、鉴定人、翻译人员出庭的，应事先安置好证人、鉴定人及翻译人员，以便于传唤。传唤证人、鉴定人、翻译人员进入法庭，应给予指引。

（3）庭审时使用播音设备的，应随时注意调整诉讼参与人所用话筒和影视设施的角度和高度，使音响与影视效果保持最佳状态。

3. 维护法庭审判秩序

在整个法庭审判过程中，维护法庭秩序，制止违反法庭纪律的行为。

（四）值庭后的组织工作

【引例】

见本章引例3－7。

【问题指引】

根据引例，进行本次值庭工作总结的模拟训练。

【应知应会】

值庭后的组织工作，主要是司法警察部门负责人或该次值庭任务的负责人在值庭后召集值庭司法警察进行讲评，肯定成绩，找出问题，为以后的值庭工作积累经验。

三、值庭的实施

【引例3－9】

【谢×波盗窃案】被告人谢×波，男，1985年10月25日出生于某市，汉族，农民，初中文化，住该市朱家村。因犯盗窃罪于2002年10月23日被法院判处拘役四个月；因涉嫌犯盗窃罪于2004年9月12日被该市公安局刑事拘留，同年10月15日逮捕，现被羁押于该市看守所。

2004年4月30日晚，被告人谢×波窜至该市某中学，趁无人之机，爬窗进入学生宿舍F幢二楼四个寝室，共窃得阿迪达斯鞋3双、德尔惠外套1件、李宁长裤3条、美特斯·邦威长裤4件、佐丹奴衬衣2件、森马长裤10件、安踏鞋3双，拉杆箱1只，共计价值4 034元。

2004年9月11日晚，被告人谢×波再次窜入某中学学生宿舍F幢二楼，窃得耐克短袖T恤3件、锐步T恤2件、阿迪达斯T恤2件、耐克T恤2件、李宁包1个，耐克包1个，共计价值1 043元。赃物已经追回并返还失主。

上述事实，有被害人张×、郭×、任×、李×、何×、陈×等失窃报告、陈述，证人陈×明、宣×伟证言，该市公安局扣押、发返物品清单、赃物照片，该市价格认证中心价格鉴证结论书，被告人谢×波的供述及其身份证明等证据。

2004年11月11日某市检察院向该市某区法院提起诉讼，2004年12月12日上午9时，该区法院在刑事二庭公开审理“谢×波盗窃案”。

【问题指引】

根据引例分析和思考下列事项：

1. 值庭司法警察在何时进入法庭？应做好哪些相关事项的准备工作？

2. 简要说明司法警察应当做好哪些安全检查工作以及其目的与意义。

【应知应会】

（一）值庭任务的实施方法

1．值庭司法警察出入法庭的时间

负责旁听区域值庭任务的司法警察，应在旁听人员进入法庭前到达法庭，做好值庭前的各项准备工作，安排旁听人员依次进入法庭就座，并维护好旁听区域的秩序；负责审判活动区域值庭任务的司法警察，可在书记员宣布法庭纪律时进入法庭；所有值庭司法警察应在审判人员、诉讼参与人和旁听群众退出法庭后，再退出法庭。

2．组织进行安全检查工作

对旁听人员进行安全检查，发现未成年人、精神病人、醉酒的人和其他不宜旁听的人员，应当阻止或者劝其退出审判法庭。对旁听人员未经允许而录音、摄影和录像，随意走动或擅自进入审判区，鼓掌、喧哗、哄闹，擅自发言、提问；吸烟或随地吐痰；使用通信工具等严重扰乱法庭秩序的，值庭司法警察应当予以劝阻、制止。对于未经许可进入审判区等一些严重违反法庭纪律的行为，经劝阻、制止无效的，或者哄闹、冲击法庭，侮辱、威胁、殴打参与审判活动人员等严重扰乱法庭秩序的，值庭的司法警察可以依法采取强制措施。

司法警察值庭时可以采取的强制措施包括，责令退出法庭、强制带离、强行扣押、收缴、检查等。

3．及时传带证人、鉴定人到庭

传带证人、鉴定人到庭应指定专人负责，负责传带证人、鉴定人的司法警察应熟悉证人、鉴定人的姓名、所在的位置；传带证人、鉴定人到庭时，应由值庭的司法警察引导证人、鉴定人按指定的通道门到达指定位置。有多名证人、鉴定人出庭时，必要时还应派出司法警察在证人、鉴定人的休息室进行管理。

4．准确传递、出示证据

需要传递、出示证据材料时，审判长或独任审判员需要出示的证据，应事先确定值庭司法警察中的一名进行传递或出示；其他证据的传递、出示应由靠近证据提供方的值庭司法警察进行传递或出示。

值庭的司法警察接取、传递、出示证据时，应注意安全。不得把证物交到被告人手中，以防毁损；不得将犯罪凶器递给被告人，由被告人辨别、辨认证据时，要保证证据和被告人有足够的安全距离。

（二）对值庭人员的要求

根据有关规定，司法警察在值庭过程中应当遵循以下基本要求：

（1）值庭司法警察在庭审活动中应听从审判长或独任审判员的指令；警力的调整及特殊情况的处置应听从司法警察部门领导或值庭负责人的指挥。

（2）值庭司法警察在庭审期间，应与审判人员和其他担任押解、警卫勤务的司法警察密切配合、通力协作。

（3）值庭司法警察应按季节规定着装，佩戴警衔标志和警号；按庭审工作需要佩带武器、警械和通信工具。

（4）司法警察在值庭期间，应做到警容严整、姿态端正、动作规范、精力集中、态度严肃、语言文明。

（5）司法警察值庭时应提高警惕，防止当事人自伤、自杀、行凶、脱逃等行为的发生。遇有突发事件，应全力以赴，沉着应对，果断处置。

（6）司法警察在值庭期间不得擅离岗位；不得让无关人员接触被告人；不得侮辱和变相体罚被告人；不得相互闲谈、吸烟以及实施其他妨害审判活动的行为。

项目四　刑事开庭突发事件的特点及处置要领

司法警察是人民法院的一支重要的司法力量，担负着与审判工作密切相关的特定的司法保障任务。近年来，发生在法院的一些突发事件，特别是影响刑事开庭工作的被告人脱逃、自杀、行凶、袭击审判人员等恶性事件屡有发生，其性质极其恶劣，严重损害了社会主义法制尊严，动摇了人民法院的司法权威。如何应对新情况、新问题，提高司法警察处置突发事件的能力，全力维护审判人员和诉讼参与人的人身安全，是新形势下人民法院司法警察工作所面临的形势和任务的迫切需要。本节以刑事案件为例，讲述值庭中突发事件的特点、处置原则和要领。

在刑事开庭工作中，除被告人意外死亡、突发疾病、自杀、自伤、自残等情况随时有可能出现外，根据庭审不同阶段的特点，可能出现的突发事件的内容也不尽相同。值庭过程中常发生的突发事件有：被告人或旁听人员行凶或哄闹、冲击法庭，侮辱、威胁、殴打参与审判活动人员等严重扰乱法庭秩序的行为；安全检查无证件或伪造、冒用他人证件强行进入法庭，精神病人和醉酒的人强行进入法庭，拒绝接受安检或不听从安全检查人员的安排，携带未经法院允许的录音、录像、摄影等器材进入法庭，私自携带枪支、刀具和其他具有类似功能的器械等管制物品进入法庭，携带易燃易爆物品、强腐蚀性物品等危险物品进入法庭等事件。

一、刑事开庭突发事件的特点

（一）突然性

值庭中突发事件的突然性是指在值庭活动中发生事件的时间、地点、参与人数以及性质和发展趋势，司法警察部门事先很难得到确切信息，很难作出准确预测，因而在思想上、警力和装备上要做到有效预防，防止一旦发生意外事件，造成措手不及的后果。

（二）复杂性

“一人涉诉，万人瞩目。”刑事开庭参与旁听的群众往往较多，受害人和被告人双方亲属情绪容易激动，常常会出现不理智的举动。面对这种情况，我们稍不冷静、处置欠妥，就会授人以柄，引起矛盾、激化矛盾，使事态进一步扩大。

（三）危险性

多年来的司法警察工作实践证明，在执行押解、看管、值庭、安检等任务中，发生被告人行凶、自杀、自残、脱逃及犯罪团伙杀人灭口、内外勾结劫持被告人、旁听人员冲击法庭等事件并不鲜见。这说明刑事开庭工作环节带有一定的危险性，这种危险不仅对被告人构成威胁，而且对司法警察及审判人员也构成威胁。

（四）持久性

突发事件一旦发生，若不能迅速、有效地解决，往往可能导致对峙或“拉锯式”

状态，短则一两个小时，长则四五个小时。这就要求参与执行任务的法警不仅要有充沛的体力作保障，而且还要有极大的耐心和高度的纪律观念。

二、值庭中突发事件处置原则与处置要领

司法警察在执行处置刑事开庭突发事件任务中，应坚持的总原则是依法、迅速、有效、确保安全、积极负责，达到保护法院和人民群众生命财产安全，维护法律尊严，确保刑事开庭顺利进行的目的。具体组织实施中应掌握以下要领：

（一）旁听人员起哄闹事的处置要领

旁听人员起哄闹事造成庭审无法正常进行时，由审判长下令中断庭审。负责看管的法警立即将被告人转至羁押室看管。内外围法警在指挥官的命令下，迅速撤至审判区形成一排，面朝旁听人员以观事态发展。如果有机动特警警力的，由特警负责驱散旁听人员，在指挥官的命令下拘捕为首分子。审判台前端两名法警保护参加审判人员由法官通道进行疏散。由指挥者及时向院领导和相关部门汇报或调动其他警力增援。

（二）发现有人携带凶器或爆炸物品进入法庭审判区的处置要领

行为人携带凶器或爆炸物品进入审判法庭，说明该行为有明确的报复目的，报复的对象既可能是法院工作人员，也可能是刑事案件的被告人或民事案件的当事人。报复的手段，既可能当场行凶，也可能劫持人质，还可能当场引燃易爆易燃化学危险品。

如果行为人是携带枪支、刀具等凶器进入审判区的，则值庭法警应立即靠近，将其制服，收缴凶器，扣留人员。

如果行为人携带的是爆炸物品，则应视具体情况处置。如果能将其控制并进行劝导的，最好用冷处理的办法，令其交出爆炸物品，以免造成人员伤亡和财产的损坏，然后收缴爆炸物品，扣留人员；如果无法进行冷处理，则应迅速将其制服，收缴爆炸物品，扣留人员。所收缴的爆炸物品和扣留的人员均应移交公安机关处理；对于那些有可能引爆而严重危害公共安全的行为人，必要时可当场击毙，但是要尽量避免误伤群众和引爆易燃易爆物品。在处理的过程中，要及时向法院领导报告，以求得指示和支援。

（三）庭审中发生诉讼参与人或旁听人员冲击审判区的处置要领

庭审中发生诉讼参与人或旁听人员冲击审判区的情形时，担任审判区警卫和值庭的法警首先应当迅速组成人墙，堵住各路口，绝不能让诉讼参与人以及旁听人员冲入审判区。其次，值庭法警要有序地疏散旁听群众，并对旁听群众中当事人亲属进行解释、规劝，做好他们的思想工作。特别强调的是，在突发事件处置时要各司其职，明确自身的任务，既要维护法庭秩序，警卫法庭，又要保护法官、书记员和当事人的安全。

（四）旁听席有制造燃烧、自杀、自伤行为的处置要领

值庭法警遇有旁听者制造火情者，应立即控制火情制造者，其他警力立即组织灭火，同时疏散旁听人员，有秩序地撤离审判庭，火势有蔓延趋势要打“119”救援。对于自杀、自伤的当事人要先抢救后处理，在第一时间将自杀、自残者交“120”紧急救护医务部门救助。

（五）携带未经法院允许的录音、录像、摄影器材等限制性物品进入法庭的处置要领

无论是案件的当事人、诉讼参与人还是旁听群众，在没有得到审判长允许的情况下，不能在庭审中录音、录像，也不得携带录音、录像设备进入法庭。值庭中发现有携带此类物品进入审判厅的人员时，应告知其把此类限制性物品保存在法院入口的储存柜中，待庭审结束后取出并带走。若当事人不能如此行为，则告知离开法庭，禁止继续旁听；若继续旁听，则没收录音、录像器材。

【特别强调】

值庭中遇到个别记者强行采访的行为应坚决制止，要特别提高警惕，慎防境外新闻记者和被告人交谈，若其强行采访时，应在审判长的指挥下采取强制措施将其带离审判区。

司法为民、公正与效率是人民法院的宗旨和工作主题，宗旨的践行与工作主题的实现，离不开司法警察的积极参与和实践。司法警察的执法能力和形象，从某种意义上讲，就是代表了法院的司法水平和形象。随着人民法院改革步伐的不断加快，审判领域的不断拓宽，围绕审判的各项工作错综复杂，出现的各种情况难以预料，影响审判工作和法院正常工作秩序的突发性事件时有发生。司法警察队伍应该自觉加强思想政治、科学文化、法律法规的学习，积极参加体能、技能的训练，以学习和训练促进执法规范，以执法规范促进能力提升，努力把司法警察建设成一支政治坚定、作风过硬、技能精湛、执法严格的队伍，随时准备应对各种突发事件，维护国家法律的权威和审判机关的尊严。

项目五　技能训练

技能训练一　值庭动作要领训练与组织实施

一、训练的目的与要求

（一）训练的目的

（1）通过值庭训练，使参训学生掌握值庭人员的位置、姿势和动作要领。

（2）值庭的组织与实施。

（二）训练要求

（1）训练时间为1学时。

（2）参加训练的学生以6人为一个单位分成若干小组。

（3）要求学生能在正确的位置，以规范的姿势和动作要领完成相关的值庭任务。

（4）训练过程中可以在理论学习的基础上，自己进行模拟练习，在练习的过程中，进行角色互换练习，学生之间可以针对训练中的问题进行讨论、总结，也可以向教师寻求帮助。

（5）训练结束后，请教师考核。

（6）教师根据每个小组训练中的表现和值庭动作是否规范等方面进行考核，给出成绩。

二、训练的内容及要点

（1）模拟法庭的布置。

（2）值庭人员的位置，站姿和坐姿的动作要领。

（3）传递证据和传带证人的动作要领与注意事项。

（4）规范值庭过程中司法警察换岗动作要领。

（5）警容严谨、气势威武、动作规范和行为有度。

三、训练前的准备

（1）选择训练场地，模拟法庭的布置。

（2）准备相关器材，如警棍、警绳、手铐、手套、模拟的各种物证等。

四、训练方法与步骤

（1）由部分参训学生充当办案法官、书记员、检察官、证人，按照教师所提供的案例进行开庭。

（2）两名司法警察进入法庭按固定位置承担值庭任务。

（3）庭审过程中两名司法警察进入法庭换岗。

（4）证据的展示与传递、传带证人进入法庭。

五、注意事项

（一）参与训练的学生要做好自己所承担的角色，并互换角色进行训练

（二）由教师审查学生的操作过程

（三）值庭的姿势和动作要领要严格规范

1. 值庭的姿势

值庭的姿势是指值庭司法警察在执行值庭任务过程中所应取的姿势。在庭审过程中，值庭司法警察的姿势是否规范，既是法庭审判活动严肃性的表现之一，也体现了司法警察在公众中的形象。因此，值庭的姿势是值庭过程中一个不容忽视的方面。

值庭的姿势一般采取立正、跨立和坐姿，同时应目视前方，精神集中，姿势端正 。

在审判活动区的值庭时间超过一小时可替换；司法警察进行值庭轮换时应采取岗哨换岗的动作。一人值庭的在一侧换岗；两人值庭的应从两侧进入同时换岗。

2. 值庭的动作要领

（1）值庭司法警察出入法庭时，应以“齐步”的动作行进，步伐要规范，精神要饱满。

（2）在法庭调查开始前，值庭司法警察应采取立姿（跨立或立正），双目注视前方。宣判时采取立正姿势。

（3）当审判长宣布“法庭调查开始”后，值庭司法警察可采用坐姿。取坐姿时，头要正，上身要挺直，目视正前方，两臂可放于椅子的扶手或大腿上，两腿分开与肩同宽。坐姿要端正，不得跷腿、盘腿。在重大影响案件的庭审过程中应采取立姿。

（4）庭审过程中需要传递、出示证据材料时，值庭的司法警察行至传递或出示证据材料对象侧前方适当位置，侧向对方双手传递、出示证据材料。

给被告人出示证据材料时，应与被告人保持一定距离，尤其对于易毁损的证据，更要注意安全，防止被告人借机毁损。距离的远近，应以被告人能清楚辨认证据材料为宜。如果证据材料连同案卷等其他材料需翻页时，由出示证据的司法警察翻页，而不得将所有材料交由被告人自行翻阅。待被告人表示已辨认完毕时，应立即将证据交回审判人员。

（5）有尖刀等凶器传递、出示时，应用右手握把柄，左手捏住凶器侧面，使锋利部位避开被告人，并与被告人保持一段距离；向审判人员、检察人员递还凶器时，以双手托住凶器侧面，将柄把递与审判人员或检察人员。

（6）传带证人、鉴定人时，司法警察在前，证人、鉴定人在后，引导证人、鉴定人到达证人或鉴定人席前方时，伸出手掌示意证人、鉴定人到指定位置站立。

（7）值庭替换时，接替的司法警察行至值庭的司法警察前方1米左右，成“立正”姿势行礼。值庭的司法警察应迅速恢复“立正”姿势还礼，然后向审判台侧移一步，成“立正”姿势后，再行至休息位置；同时，接替的司法警察行至值庭位置接替值庭。

六、考核方式及标准

（一）考核方式

（1）由教师考核、审查学生的操作过程。

（2）学生之间互相审查操作过程，作出评议，最后由教师总结。

（二）考核标准

采用四级评分制：

1. 优秀：要求学生动作准确规范，操作得当，值庭的位置、姿势和动作要领符合基本要求，认真、正确地进行站位、换岗、传递与出示证据材料、凶器传递与出示、传带证人或鉴定人。

2. 良好：要求学生动作比较准确规范，操作得当，值庭的位置、姿势和动作要领比较符合基本要求，比较正确地进行站位、换岗、传递与出示证据材料、凶器传递与出示、传带证人或鉴定人。

3. 及格：要求学生动作基本规范，操作基本得当，值庭的位置、姿势和动作要领基本符合要求，基本能完成站位、换岗、传递与出示证据材料、凶器传递与出示、传带证人或鉴定人。

4. 不及格：学生动作不规范，操作不得当，值庭的位置、姿势和动作要领不符合要求，不能全面地完成站位、换岗、传递与出示证据材料、凶器传递与出示、传带证人或鉴定人。

七、示范案例

被告人许×银，男，1971年4月7日出生，身份证编号51222819710407××××，汉族，小学文化，农民，住重庆市巫溪县文峰镇思源村二组。因涉嫌盗窃罪，于2008年8月11日被巫溪县公安局刑事拘留，同年9月2日被依法逮捕，现被羁押于巫溪县看守所。

巫溪县人民检察院以溪检刑诉［2008］60号起诉书指控被告人许×银犯盗窃罪，于2008年9月11日向本院提起公诉。本院依法适用简易程序，实行独任审判，公开开庭审理了本案。被告人许×银到庭参加了诉讼。现已审理终结。

公诉机关指控：2008年5月29日，被告人许×银伙同赵某，将同村村民梁某家的70公斤腊肉盗走，经巫溪县价格认证中心鉴定，总价值为人民币1 980元。

上述事实，被告人许×银在开庭审理过程中亦无异议，并有受害人梁某的陈述，证人王×友、杨×州、胡×凰、胡×旺、许×才的证言，现场勘验笔录、现场方位图、照片、提取笔录、户口证明，溪价认［2008］43号涉案财物价格鉴定结论书及领条等证据证实。

训练要求与提示：

根据值庭规则进行法庭布置及功能识别，以及值庭人员位置、姿势的规范训练。

本案中传递、出示证据材料时，值庭的司法警察行至传递或出示证据材料对象侧前方适当位置，侧向对方双手传递、出示证据材料。给被告人出示证据材料时，应与被告人保持一定距离，尤其对于易毁损的证据，更要注意安全，防止被告人借机毁损。距离的远近，应以被告人能清楚辨认证据材料为宜。如果证据材料连同案卷等其他材料需翻页时，由出示证据的司法警察翻页，而不得将所有材料交由被告人自行翻阅。待被告人表示已辨认完毕时，应立即将证据退回审判人员。

八、训练案例

被告人李×奎，男，1954年10月2日出生于重庆市开县，身份证号51222219541002××××，汉族，小学文化，农民，住重庆市开县镇东镇安居村一组8号。2008年4月22日因涉嫌故意杀人罪被刑事拘留，同年5月28日被依法逮捕。现被押于重庆市城口县看守所。

被告人邓×权，男，1947年11月10日出生于重庆市开县，身份证号码51222219471110××××，汉族，文盲，农民，住重庆市开县白泉乡上华村五组16号。2008年4月28日因涉嫌帮助毁灭证据罪被刑事拘留，同年5月28日被依法逮捕。后被押于重庆市城口县看守所。

重庆市人民检察院第二分院以渝检二分院刑诉［2008］109号起诉书指控被告人李×奎犯故意杀人罪、拐卖儿童罪，指控被告人邓×权犯包庇罪、拐卖儿童罪，于2008年11月25日向本院提起公诉。本院依法组成合议庭，公开开庭审理了本案，重庆市人民检察院第二分院指派检察员张某出庭支持公诉，被告人李×奎、邓×权及被告人李×奎的辩护人徐某到庭参加诉讼。

重庆市人民检察院第二分院指控：2007年下半年，被告人李×奎与田×香相识同居，期间，田×香向李×奎借款6 000元，并许愿将与李×奎结婚。但事后田×香一直未与其结婚，李×奎认为田×香欺骗了自己，产生报复念头。2007年底，李×奎从丁×海处听说丁的侄女想买一名小孩抚养，便产生杀死田×香、将田的婴儿卖给丁×海的念头，并购买了一把尖刀准备作案。2008年4月9日上午，李×奎向丁×海借款200元及一把电筒，于当晚将田×香母子带到城口县咸宜乡明月村雪保山梁。李×奎用尖刀将田×香杀害，背着田×香的男婴到被告人邓×权家，告诉邓×权自己杀了人。邓×权帮助李×奎将带血的裤子、田×香的头颅等物掩埋在邓家屋前地里。4月10日上午，李×奎与邓×权将田×香的男婴带到开县县城卖给丁×海，获款3 500元，邓×权分得500元。4月12日，李×奎再次到丁×海家，索款10 000元。

公诉机关当庭出示了证人贺某、资某、李某等证言，立案决定书、拘留证等书证，尖刀等物证，以及勘验检查笔录，鉴定结论，被告人李×奎、邓×权的供述等证据以证实指控事实。公诉机关认为，被告人李×奎的行为已构成故意杀人罪、拐卖儿童罪；被告人邓×权的行为已构成包庇罪、拐卖儿童罪，在拐卖儿童犯罪中起辅助作用，系从犯。

训练要求与提示：

根据值庭规则进行法庭布置及功能识别，以及值庭人员位置、姿势的规范训练。

技能训练二　值庭方案的制订

一、训练的目的与要求

（一）训练的目的

根据不同案件及性质，制订规范的值庭方案。

（二）训练要求

（1）训练时间为1学时，课堂内完成。

（2）要求参训学生能根据不同案件制作出具有指导性、操作性的值庭方案。

二、训练内容及要点

值庭方案的制订。

三、训练前的准备

（1）大型的刑事案件开庭审判的案例。

（2）民事案件开庭审判的案例。

四、训练方法与步骤

示范案例

关于罗某等二十名被告人黑社会性质
组织犯罪案件的值庭警务方案

（一）案件的基本情况

据××市人民检察院《起诉书》称：以罗某为首的20名被告人，自一九九五年四月至二〇〇二年五月，组织、领导和积极参加黑社会性质组织罪、放火罪、爆炸罪、强迫交易罪、寻衅滋事罪、故意伤害罪、聚众斗殴罪、非法持有枪支罪、赌博罪等。

××市中级人民法院刑事审判第一庭决定，于二〇〇三年一月二十一日上午九时开庭审理本案，庭审时间为七天。

（二）警力部署

为了确保值庭工作的顺利开展，确保警务工作的绝对安全，除中级法院专、兼职司法警察外，抽调基层法院30名司法警察协助值庭。其中A区法院4名，B区法院6名，C区法院4名，D区法院6名，E区法院4名，F区法院4名。

警力按2∶1比例配置，原则上两名司法警察押解一名被告人，押解组共40名警察。具体分工如下：

中院10名司法警察负责押解第1、2、3、4、5名被告人；

A区法院4名司法警察负责押解第6、7名被告人；

B区法院6名司法警察负责押解第8、9、10名被告人；

C区法院4名司法警察负责押解第11、12名被告人；

D区法院6名司法警察负责押解第13、14、15名被告人；

E区法院4名司法警察负责押解第16、17名被告人；

F区法院6名司法警察负责押解第18、19、20名被告人。

（三）组织指挥

司法警察支队与刑庭、司法行政装备管理处组成指挥组，负责组织指挥，指挥位置在羁押室监控室。

（1）警务总指挥：×××。

（2）押解组指挥：×××。

（3）机动组指挥：×××。

（4）保障组指挥：×××。

（5）外围警戒组：××市公安局干警若干名。

（四）情况处置

（1）发生被告人自杀、自残、行凶、逃跑等突发事件由押解组负责处置。

（2）发生被告人的家属喊叫、哭闹、谩骂、起哄等情况由机动组负责处置。

（五）各类保障

（1）车辆保障。

①中级人民法院10名法警押解第1~5名被告人，乘坐“金杯”车；

②A、B区法院10名法警押解第6~10名被告人，乘坐“依维柯”车；

③C、D、E、F区法院20名法警押解第11~20名被告人，乘坐“全顺”车。

（2）生活保障。

来自基层法院的司法警察在中院餐厅就餐。

（六）几点要求

（1）积极贯彻“安全来自于警惕，事故来自于麻痹”的警示思想，认真履行职责，严密注意被告人的一举一动，尤其是解、戴手铐的瞬间要提防被告人逃跑，发现可疑情况要及时报告。

（2）押解组人员不得随意走动、擅离岗位，有事要报告。

（3）机动组要与公安人员保持联络，确保法庭外围的正常秩序，及时正确地处置各种可能出现的情况。

（4）参加值庭的司法警察全部着冬装、戴大檐帽、系腰带，每人携带手铐一副。

（5）所有参加值庭、押解等工作的司法警察务必于一月二十一日上午8时前到中院司法警察支队报到。

××市中级人民法院司法警察支队
二〇〇三年一月十五日

"罗某等"案件值庭警务一览表

被告人有关情况				警务	保障
序号	姓名	年龄	籍贯（略）	车辆分配（略）	警力配置（略）
1	罗某	46	–	–	××法警
2	顾某	39	–	–	××法警
3	崔某	42	–	–	××法警
4	杨某	37	–	–	××法警
5	王某	50	–	–	××法警
6	罗某	37	–	–	××法警
7	姚某	33	–	–	××法警
8	许某	32	–	–	××法警
9	王某	34	–	–	××法警
10	陆某	50	–	–	××法警
11	任某	34	–	–	××法警
12	金某	34	–	–	××法警
13	孔某	25	–	–	××法警
14	周某	34	–	–	××法警
15	施某	31	–	–	××法警
16	黄某	40	–	–	××法警
17	周某	28	–	–	××法警
18	陆某	36	–	–	××法警
19	沈某	46	–	–	××法警
20	邹某	38	–	–	××法警

五、考核方式及标准

（一）考核方式

1. 学生之间互相审查并作出评议。

2. 由教师考核、审查学生的方案。

（二）考核标准

采用四级评分制：

优秀：案件的基本情况非常清晰，警力部署非常周密，组织指挥责权到位，情况处置原则明确，各类保障有序，几点要求具体。

良好：案件的基本情况较清晰，警力部署较周密，组织指挥责权较到位，情况处置原则基本明确，各类保障基本有序，几点要求具体。

及格：案件的基本情况基本清晰，警力部署基本周密，组织指挥责权基本到位，情况处置原则基本明确，各类保障基本有序，几点要求具体。

不及格：案件的基本情况不清晰，警力部署不周密，组织指挥责权不到位，情况处置原则不明确，各类保障无序。

六、训练案例

被告人何×华，男，1978年6月11日出生于某市，汉族，初中文化，农民，住某市河汉村。因涉嫌犯寻衅滋事罪于2005年9月8日被刑事拘留，同年10月13日被逮捕。后被拘押于某市看守所。

被告人宣×泉，男，1981年3月4日出生，汉族，高中文化，农民，住某市河汉村。因涉嫌犯寻衅滋事罪于2005年9月8日被刑事拘留，同年10月13日被逮捕。后被拘押于某市看守所。

被告人何×祥，男，1979年5月11日出生于某市，汉族，初中文化，农民，住某市河汉村。因涉嫌犯寻衅滋事罪于2005年9月8日被刑事拘留，同年10月13日被逮捕。后被拘押于某市看守所。

被告人何×江，男，1980年6月11日出生于某市，汉族，初中文化，农民，住某市河汉村。因涉嫌犯寻衅滋事罪于2005年9月8日被刑事拘留，同年10月13日被逮捕。后被拘押于某市看守所。

被告人陈×，男，1978年3月21日出生于某市，汉族，初中文化，农民，住某市河汉村。因涉嫌犯寻衅滋事罪于2005年9月8日被刑事拘留，同年10月13日被逮捕。后被拘押于某市看守所。

被告人杨×，男，1978年6月11日出生于某市，汉族，高中文化，农民，住某市河汉村。因涉嫌犯寻衅滋事罪于2005年9月8日被刑事拘留，同年10月13日逮捕。后被拘押于某市看守所。

2001年12月至2002年6月期间及2005年5月间，被告人何×华伙同宣×泉、何×祥、何×江、陈×等人先后参与寻衅滋事6次。2001年12月10日，被告人何×华得知宣×泉将与杨某在京都大酒店解决矛盾，即赶到酒店包厢，与何×、陈×等人一起为宣“站船头”，杨也纠集了张×等人，双方分别准备了西瓜刀、自来水管等工具。当晚，宣×泉带杨某到京都大酒店二楼咖啡厅内与杨×谈判，双方发生争吵，被旁人劝息。之后宣×泉即带西瓜刀将杨砍伤。后因有人报警，双方其他同伙未发生群体性互殴。经某市公安局法医鉴定，杨×系左手第3、5节指骨开放性骨折伴伸肌腱断裂，所受的人体损伤为轻伤。上述事实，有被害人杨×陈述，酒店工作人员李×证言陈述，宣×泉、何×、陈×供述，某市公安局法医鉴定书，被告人何×等的供述等证据。

2006年2月1日，该市检察院向该市中级法院提起公诉。2005年3月2日，该院对此案件进行公开审判。

训练要求：完成上述训练案例的值庭方案。

单元四
警　卫

【知识目标】

理解警卫勤务的含义、特点

掌握警卫勤务中的原则、方针、类型

掌握警卫勤务的组织实施和紧急情况处置办法

【能力目标】

具备在警卫勤务中准确理解与把握警卫勤务的原则和方针的能力

具备按警卫勤务的类型制作警卫预案、组织实施警卫工作的能力

具备灵活机动地处置警卫勤务中突发事件的能力

项目一　警卫勤务概述

一、警卫勤务的概念

警卫，即警戒、防卫的意思。所谓警卫，是指有关部门依照中央批准的警卫界限和警卫规格，使用武装力量对特定的警卫对象和警卫目标进行警戒、防卫的一种勤务活动。警卫是一种具有武装性质的活动，其目的是保证特定的警卫对象和警卫目标的安全。

司法警察警卫是指司法警察依据《人民法院司法警察暂行条例》、《人民检察院司法警察暂行条例》的规定，为满足人民法院审判工作、人民检察院检察工作及保卫工作的需要，依法执行各类安全保卫措施，以保证审判机关、审判法庭、重要会议、重大审判活动、检察机关监督工作以及参与上述活动的人员人身安全而部署的一种勤务活动。

根据国家的有关法律规定，以及审判机关、检察机关的安全保卫工作要求，司法警察担负警卫勤务的任务范围主要是法庭警卫、现场警卫、机关警卫和其他警卫等。

【引例 4－1】

【××法院公开审理确认农村集体经济组织成员资格案】长期以来，由于农村集体经济组织成员资格确认问题没有明确的法律规定和统一规范标准，导致基层村委会在解决确认农村集体经济组织成员资格问题产生的纠纷时，标准不同、尺度不一，引发了很多矛盾，特别是个别村官利用职权为自己的亲友划定超面积的宅基地、自留地等

现象时有发生。2007年×月×日××高级人民法院下发了《关于农村集体经济组织成员资格确认问题的意见》，为法院审理此类案件提供了判断标准和依据。××法院采用流动法庭的形式在地处偏远的乡镇上审理该类案件，希望为此类案件的解决提供标准，并宣传法制。由于之前村民已经和村委会发生了一些矛盾冲突，个别村民动用武力，已经造成流血事件。××法院法警大队在接到警卫任务后高度重视，联合乡派出所警力，划定了大范围的警戒线，防止部分村民进入乡政府闹事。有进入乡政府办事的村民见在乡政府门口执行警卫勤务工作的司法警察如此戒备森严，极为不满，甚至与执行警卫任务的司法警察发生争吵，有的强行冲入警戒线，向审判法官抛扔石块，造成了个别法警流血负伤。警卫的司法警察采取了强制措施，制止了事态的恶化。

【问题思考】

1. 警卫的目的是什么？

2. 此起案例中，引起不良后果的原因是什么？

3. 司法警察在部署警卫任务时要注意哪些方面的问题？

【特别强调】

司法警察的警卫不同于公安武警的警卫。公安武警的警卫是公安机关为执行保卫国家安全、维护社会治安秩序的任务而进行的专业工作之一，其主体是公安机关领导的现役编制的武警或公安干警。警卫工作的任务是确保党和国家领导人的安全，来访的重要外宾的安全，中央和省、自治区、直辖市党政领导机关以及重大活动的安全；其工作内容包括住地警卫、随身警卫、路线警卫、现场警卫等。而司法警察的警卫仅仅是指法院、检察院的司法警察为保证司法工作的安全而进行的警卫勤务。两者在警卫的主体、对象、任务、依据等方面都存在不同之处。

二、司法警察警卫工作的特点

【应知应会】

（一）从属性

警卫工作是围绕特定对象开展的工作，是保卫警卫对象和目标安全的勤务活动。司法警察警卫勤务工作的最终目的是保证警卫对象能顺利开展各项司法活动。因此，警卫工作是从属警卫对象活动的，是直接为警卫对象服务的。基于此，警卫工作必须适应警卫对象的需求，不能消极地限制或妨碍警卫对象的活动，反而要积极主动地为警卫对象活动创造安全的环境和条件，使警卫对象得以按预定计划顺利地进行各项活动，不能因为警卫工作没有布控好或其他原因而影响警卫对象的正常活动。

（二）预防性

警卫工作是一项事前的防范性工作。为防患于未然，预防警卫目标不安全的事件发生，必须事先进行严密的警卫部署，落实各项安全防范措施，消除一切不安全因素，堵塞可能被违法人员利用的空隙和漏洞，确保警卫对象的安全，这样才能达到警卫的目的。预防工作必须要有预见性，要预见警卫活动过程中可能发生哪些突发事件影响警卫对象司法活动的开展；预防工作要超前，对将开展的警卫工作的区域、场所进行勘察，做到心中有数，及早排除可能的隐患，才能防患于未然；预防工作必须要有针对性，对重点单位、重点地区的情况要了如指掌；解决问题必须具有及时性，发现隐患、险情要及时处理，不能拖延。

（三）对抗性

警卫工作可能要与有武器的、隐蔽的破坏分子作斗争，应随时随地准备对抗破坏分子对警卫对象和警卫目标的暗害和袭击。因此，警卫工作必须具有武装性，才能保证在意外发生时，以武力制止暴力，有足够能力击败破坏分子。当前，我国的治安状况总体上是好的，但个别地方也曾发生过爆炸、杀人、绑架等恶性案件，特别是恐怖活动性质、黑社会性质的团伙犯罪案件近几年有所增加，给侦查讯问工作和审判工作带来困难，也给司法警卫工作提出了新的挑战。

（四）协调性

警卫工作情况有时相对复杂，单单依靠司法警察的警卫是很难保证警卫对象的绝对安全的。警卫工作需要各部门积极配合，协调安排，才能保证工作的严密性。不仅要明确每个司法警察的职责，还要与公安、侦查、部门保卫、安全情报、治安信息、安全、交通、新闻、卫生部门密切配合和协作。如果这些关系部门协调不好，不仅会给警卫工作带来被动或麻烦，而且还有可能引发事故、产生冲突，使警卫工作任务难以实现。

三、警卫勤务的方针和原则

（一）司法警察警卫勤务的方针

司法警察勤务工作方针是：严密警卫措施，确保警卫目标和对象安全。

人民法院、人民检察院作为保证公平正义的司法机关，审判人员、监督检察人员代表国家行使审判权、监督检察权，其中很重要的一项职责就是惩罚具有不同程度人身危险性的犯罪分子。在对于一些诸如黑社会、贩毒、集团犯罪等具有人身危险性极强的控诉、审判活动中，特别易遭到阻碍、攻击和报复，因此，确保警卫目标和对象的安全，就成为司法警察警卫勤务的主要任务。为了保证警卫目标的安全，执行警卫勤务就要有严密的警卫措施，提高警惕，随时随地预防各种意外的发生。保证安全是警卫勤务的根本目的。

【特别强调】

司法警察的警卫勤务活动中，在保证警卫目标安全的情况下也要注重工作方法，方便联系群众。司法机关审判犯罪分子的同时，人民群众也要到这里寻求合法权益的法律保护。因此，保证人民群众与司法机关的联系，也是警卫工作的基本要求。如果警卫工作搞得戒备森严，使人民群众感到“门难进，脸难看，话难说，事难办”，就会阻碍人民法院、人民检察院与人民群众的联系，也损害了司法机关的形象。

因此，警卫工作在坚持严密警卫措施，保证警卫目标和对象安全的同时，也必须注意工作方法，方便人民群众。保证安全是警卫勤务的根本目的，而方便联系群众则是司法为民的体现，两者是统一、不可偏废的。

（二）司法警察警卫勤务的原则

司法警察在执行警卫勤务时应当坚持“全面部署、重点加强、内紧外松”的原则。

“全面部署”是指要依据司法警卫任务和目标的要求，统一部署、统筹安排做好各项工作，做到常规工作规范有序，特别措施落实到位。要做到全面部署，必须要高度重视警卫勤务工作，提前部署，要加强警卫工作的领导。接到警卫任务后，马上成立工作小组，确立领导小组组长、副组长、小组成员等，并明确职责。还要认真组织，周密、科学地部署警力，加强对实际情况的分析和研判，提高工作部署的针对性及勤务安排的实效性。

“重点加强”是指在全面部署的前提下，要突出重点，严密落实防控措施。警卫工作的类型不同，警卫任务的重点也有所不同，例如，现场警卫要注意比较复杂的周围地形，法庭警卫则要多注意当事人的人身危险性等。因此要全面启动、科学配置、合理部署防控力量，建立网格化防控体系，在全面落实警卫每一个区域、每一个时段的防控任务的同时，根据警卫任务、特点的不同，在重点警卫事项方面下足工夫，及时排查各类警卫安全隐患，确保警卫对象的绝对安全。

“内紧外松”的“内紧”就是要时刻保持警惕，准确掌握情况，严密进行部署，采取切实有效的措施，从内部做好防范落实工作，不给不法分子可乘之机。“外松”就是要外观自然，形式缓和，态度和蔼，方法灵活，努力适应具体的环境，不要岗位林立、戒备森严、虚有声势。“内紧”和“外松”是相辅相成的，是内容和形式的有机统一，以此达到保卫安全的根本目的。

【特别强调】

为了保证警卫工作的顺利实施，在司法警察警卫勤务中必须正确地贯彻执行“严密警卫措施，确保警卫目标和对象安全”的方针，又要方便联系群众。在警卫原则上，坚持“内紧外松”警卫工作原则的辩证统一，不可为了一个方面而忽略另一个方面。

项目二　警卫的类型

一、法庭警卫

【引例4－2】

【原告王××诉被告刘××、李××重婚和故意伤害案】自诉人王××，女，1980年2月5日出生，汉族，陕西省××县人，初中文化程度，陕西省××县××镇居民。被告人刘××，男，1975年6月10日出生，汉族，陕西省××县人，高中文化程度，陕西省××县××镇居民。被告人李××，女，约25岁，汉族，××县人，高中文化程度，××县××镇居民，××厂工人，住××县红光小区3号楼133室。2007年5月，自诉人王××向陕西省××县人民法院提起刑事自诉，诉被告人刘××、李××犯重婚罪、故意伤害罪，请求人民法院依法追究其刑事责任。

原告诉称，原告与被告人刘××经人介绍认识，于2000年5月1日自愿登记结婚，婚后夫妻关系尚好，育有两女。但在2003年办工厂以来，被告人刘××与工厂办公室秘书被告人李××私下有不正当男女关系。被告人刘××封建思想观念严重，为了让被告人李××给自己生儿子传宗接代，用“消字灵”涂改户口本上姓名为“刘×”，并以该名于2004年9月19日与被告人李××同居，自诉人曾经多次分别私下找两被告人交谈，劝他们结束这种不正当关系，但他们不听劝阻。更为严重的是，2005年春节，被告人刘××不回家，当时小女儿患肺炎发高烧，自诉人抱着小孩找到红光小区要求被告人刘××拿钱给孩子看病，被告人李××对自诉人辱骂并打自诉人左脸、抓破自诉人脖颈、折伤自诉人右手中指、扭伤自诉人左臂致左肩关节脱臼；被告人刘××不仅不给钱，而且用脚踢自诉人后腰，将自诉人踢倒在地、孩子摔伤。经县医院X光拍片诊断：自诉人右手中指骨折，左臂肩关节扭伤脱臼，腰间盘脱出。医生还诊断：自诉人脖颈有四处抓伤，背部、肩部、腰部、腿部关有七处红紫色肿斑，左脸颊肿胀，手指痕明显。

在庭审过程中，自诉人王××和两被告因之前的种种冲突，对抗情绪已经十分严重。当自诉人王××出示证据时，两被告就多次打断自诉人讲话，被审判人员制止。后来在王××陈述辩论时，被告人李××就用言语不停地侮辱王××，并突然起身拿起手上物品狠狠殴打王××的头部，致使王××头部受伤，庭审无法继续进行下去。

【问题指引】

1. 案例中导致庭审无法继续进行的原因是什么？

2. 分析在上述情况中法庭警卫的重要性和特征。

（一）法庭警卫的概念

【应知应会】

法庭警卫是指司法警察在人民法院开庭审理案件时，为保证审判人员与诉讼参与人等的人身安全，切实保障审判活动顺利进行的一项勤务活动。

法庭警卫是司法警察的一项重要职责，是在法庭开庭审理过程中，预防、制止诉讼参与人、旁听人员等的违法犯罪活动，保证审判人员与诉讼参与人等的人身安全和审判秩序，保障审判活动顺利进行的司法行为。

法庭警卫的法律依据是《人民法院司法警察暂行条例》及《中华人民共和国人民法院法庭规则》。

(1)《人民法院司法警察暂行条例》第7条明确规定，人民法院司法警察的职责：(一) 警卫法庭，维护审判秩序。

(2)《中华人民共和国人民法院法庭规则》第2条明确规定，人民法院开庭审理案件时，合议庭的审判长或独任审判的审判员主持法庭的审判工作，指挥司法警察维护法庭秩序。

（二）法庭警卫的特点

法庭警卫除了具有警卫工作一般的特点，即从属性、预防性、对抗性和协调性等方面以外，还具有以下自身的特点：

1. 警卫人员的特定性

法庭警卫的警卫人员是人民法院的司法警察。依照有关法律法规的规定，法庭警卫由司法警察担任，这是司法警察的重要职责与职权之一，也是各警种之间职权、分工不同的具体表现。

2. 警卫范围的特定性

法庭警卫的范围是人民法院严格按照法律规定的诉讼程序依法开庭审理各类案件的法定场所，即人民法院在用于审判工作的整体建筑（称为“审判法庭”），以及其中专门用于开庭审理案件的房屋（称之为“法庭”）内进行开庭审理各种案件过程中而进行的警卫活动。

3. 警卫职责的特定性

法庭警卫的职责在于维护人民法院的审判秩序，是为保障审判人员、公诉人员以及其他诉讼参与人的安全和审判活动顺利进行的行为。

（三）法庭警卫的位置和姿势

法庭警卫的位置是指在法庭审判活动中，法庭警卫人员在法庭上所在或所站的地方。从广义上说，法庭警卫的范围包括法庭内和法庭外围的警卫工作。其中，法庭内的警卫又包括审判区的警卫和旁听区的警卫，这是目前司法实践通行的理解，即狭义上的法庭警卫。在法庭内警卫的位置一般采取固定位置和流动位置两种方式。在法庭外围警卫的位置一般也采取固定位置（哨）和流动位置（哨）两种方式。

【特别强调】

1. *法庭警卫位置设定与功能*

（1）固定位置及功能。法庭内警卫的固定位置是根据审判庭的大小和警卫工作的实际需要来确定的，一般设在靠近旁听席的审判区域，设置1~2个固定位置。其主要功能是：保障审判人员、公诉人员和其他诉讼参与人的人身安全；防止当事人特别是刑事被告人行凶或自杀等；制止旁听人员违反法庭纪律而进入审判区；预防和制止扰乱法庭秩序或其他危及警卫对象安全的情况发生；便于法庭警卫人员能够迅速、及时、有效地处置法庭审判过程中出现的紧急情况。

（2）流动位置及功能。在法庭内的警卫流动位置是根据法庭审判过程中，旁听人员的情况和维护旁听秩序的实际需要来确定的，一般设在旁听席后面或两侧，并以看到审判区和旁听席全貌为佳。流动位置的警卫人员一般采取巡视和流动观察审判区和旁听席的情况进行警卫工作。其主要功能是：密切注意旁听人员的动向和情况；制止旁听人员违反法庭纪律的行为；与其他法庭警卫人员互相协作和配合，共同维护法庭秩序，以及预防或制止旁听等人员实施违法犯罪活动，以保障审判活动的顺利进行。

（3）法庭外围警卫及功能。因审判工作特殊需要，要在法庭外围设置相应的警卫力量。法庭外围是否设立警卫主要是根据案件影响的大小，以及是否会出现诸如游行等情况而确定的。其主要作用是：防止因法庭容量小而旁听人员众多以至影响审判活动的正常进行；避免和防止法庭外围的人员可能发生闹事、冲击法庭的情况；疏导和说服教育可能出现的游行示威的人员；防止可疑人员或不符合规定的人员进入法庭或法院场所；预防和制止其他危及或影响法庭审判的情况或行为。法庭外围警卫的固定位置（哨）一般分为法庭出入口哨、围墙哨等；流动位置（哨）一般设在法院场所内的通道和通往法院机关办公场所的通道口等。

2. *法庭警卫的姿势*

法庭警卫的姿势是指在法庭审判过程中，法庭警卫人员所采取的身姿架势或状态，这是法庭审判活动威严性和司法警察形象的具体表现。

法庭警卫的姿势一般采取立姿和坐姿两种（动作要领与要求参见“值庭立姿、坐姿”）。在重大案件的庭审活动过程中，应采取立姿（跨立或立正）。其他庭审活动中，法庭调查开始后，警卫法庭人员可采取坐姿。法庭进行宣判时应当采取立姿。

二、现场警卫

（一）现场警卫的概念

所谓“现场”，是指人民法院依照法律的有关规定及审判工作的需要，在审判机关以外进行公开审判、会议和重大活动的处所。现场警卫是指警卫部门根据警卫对象外出活动的性质、规模和要求等，对有关地区、场所、临时布置的安全警卫工作。

【应知应会】

现场警卫的主要职责是：严密防范不法分子的违法犯罪活动，协同有关部门对活动现场进行安全检查，以维护现场秩序，确保警卫对象进行现场活动的安全。司法警察的现场警卫是人民法院依照法律的有关规定及审判工作的需要，在审判机关以外进行审判活动、大型会议和重大活动现场部署的警卫勤务。

（二）现场警卫的特点

现场警卫，在某种意义上讲是一项综合性的警卫勤务。从广义上讲，它可分为随卫警卫和审判活动现场（会场、刑场）警卫勤务两种，其主要特点表现在：

1. 审判活动规模大小不同，所处地形环境不一

随着社会主义民主和法制建设的不断加强，人民法院进行的公开审判活动日益增多，特别是一些单位性、区域性的大型审判活动，地点一般选在体育场（馆）、礼堂、学校等公共场所。公共场所的地形、环境比较复杂，这些场所面积大、地形不一、情况各异。而且既有机关企业，也有公共场所；既有人口密集的城镇，也可能是边远偏僻的乡村地区。在警卫工作上，既有司法警察警卫部门组织的整体作战，又有公安部门以及其他相关单位等方面的协作配合。同时，参加旁听的人员层次各有不同。由于涉及的单位多、方面广、人员杂，活动场所目标明显，设备、治安、安全措施各不相同，且警卫工作的政策性强、任务艰巨，对警卫人员的要求高，从而给审判活动的安全保卫工作增加了难度，无论哪个方面或环节的工作有了漏洞，都会影响现场的安全。因此，为切实保证审判活动的顺利进行，各级人民法院的警卫部门就需要对临时现场加强警卫工作，并与有关部门密切配合，做到绝对安全，万无一失。

2. 现场警卫的经常性和时间性

随着司法体制改革的不断深入，司法工作实效性的提高，法制宣传教育面的扩大，新时期社会矛盾的凸显，现场警卫工作已经是一项经常性的工作与任务。警卫工作的基础性和预防性告诉我们，现场警卫工作是经常的工作，司法警察部门执行现场警卫任务的时间有长有短；但是，作为一项具体的现场警卫任务而言，它具有一定的时间性，短则几十分钟，长则几个小时，甚至几天或几十天。这是现场警卫经常性和时间性特点的具体表现。

3. 现场警卫的临时性和突然性

现场警卫是由警卫对象所活动的地区和场所决定的。警卫工作必须以警卫对象的活动为转移。在警卫工作中，有的活动事先难以预料，有的甚至在活动过程中临时又有变更。这样，现场警卫容易受到时间和客观条件的限制。因此，现场警卫工作中存在着一定的临时性和突然性。

三、机关警卫

（一）机关警卫的概念

机关警卫是指警卫部门为保证人民机关办公地点的安全而部署的安全警卫工作。人民法院、人民检察院机关警卫是在人民法院、人民检察院出入口处，以武装形式设置的固定警卫力量以及机关内部安全防范勤务的总称。

【应知应会】

机关警卫的主要职责是：严密控制要害部门，防止不法分子和无关人员混入办公

场所；掌握处所周围情况，有重点地做好安全防范工作；接受任务，组织安排好警卫对象活动的各项安全警卫工作；做好处所内部建筑与设施等方面的安全检查工作，预防各种事故发生；协助有关人员做好处所的接待、收发、传达等工作，维护处所的工作秩序。

（二）机关警卫的特点

1. 机关警卫目标的显著性和处所的固定性

人民法院机关既是警卫对象的主要工作处所，又是人民法院进行审判活动的重要场所。作为人民法院机关的处所是固定的建筑，从而使警卫的目标处于显著的地位，就有可能成为不法分子破坏的目标。同时，警卫对象出入活动有一定的时间性，也时常发生上访人员拦车告状或静坐、游行等影响秩序与安全的情况。

2. 机关警卫的复杂性

人民法院的处所是警卫对象经常工作和从事各种活动的地方，驻留的时间长，涉及的机密和内部的部门多，警卫的任务工作量大，而且机关处所进出的人员和车辆流量较大，不易控制和管理。因此，机关警卫不仅是警卫部门警卫工作中一项重要的业务和环节，也是机关警卫工作复杂性的表现。

3. 机关警卫的影响面大

机关处所既是警卫对象经常工作和从事各种活动的地方，也是国家机关对外的一种形象和标志。因此，如果机关警卫工作中出现纰漏和对有关问题处置不当；或者机关安全保卫工作中防范不周、措施不当，在社会上和人民群众中都会产生很大的负面影响。特别是作为辨别是非、解决纠纷的审判机关处所的安全是否得到保障，不仅影响审判机关在人民群众中的信誉与威信，而且也影响人民法院机关的威严。

项目三　警卫勤务的组织实施

一、法庭警卫的组织实施

【引例 4－3】

【刘××等 90 多名被告人涉黑案审判】 从 2006 年 4 月 10 日开始，××市中级人民法院在该市新星影剧院开庭，公开审理刘××等 90 多名被告人涉黑案。97 名被告人出庭受审（一被告人因病未出庭）。97 名被告人共 23 项罪名、170 宗案、138 页起诉书，预计开庭审判活动 20 天左右。

该中级人民法院法警支队接到工作任务后，立即召开会议，成立警卫工作组，与公安机关和武装警察取得联系，请求警力增援，并共同制订警卫方案，明确警卫责任，部署警卫措施。

2006 年 4 月 10 日早上，临时用作审判厅的××市新星影剧院周围人山人海，而此时四周早已戒备森严。法院与该市公安机关共动用了 400 余警力执行押解被告人及警戒。8 时 10 分，4 辆押解的专用车开进影剧院，人群中一阵骚动，不少群众对着被告人指指戳戳，其中一名老者则指着一名被告大声斥责："你也有今日！" 8 时 25 分，又有 4 辆押解被告的警车驶进影剧院。用做临时审判厅的影剧院爆满。楼下的观众席被栅栏隔成了两大块，栅栏外和楼上坐满了前来旁听的受害人家属及其他市民，栅栏内四周则有众多警察武装警戒。上午9时许，审判长宣布开庭：“传刘××等97名被告人到庭！”顿时，97名被告人被押解进入法庭。

法官首先逐一调查被告人身份，并告知诉讼权利。上午10时许，公诉人开始宣读起诉书。由于被告人众多，起诉书竟多达138页，全案涉及罪名23项，犯罪事实170宗。将近下午4时许，公诉人方才宣读完毕。

据检察机关指控，从20世纪90年代开始，18岁的刘××开始混迹社会，最初是拐带女孩到广东深圳、东莞等地卖淫。从那时开始，他和同样在深圳、东莞拐带少女卖淫的廖××（37岁，新化县西河镇正中村人）、陈××（31岁，新化县孟公镇孟公村人）等混在一起。1997年后，刘××、廖××、刘×（23岁，新化县孟公镇大树庙村人）、陈××等人开始将孟公、西河的社会闲散青年60余人纠合在一起，他们行凶杀人、聚敛黑钱、坑蒙拐骗、威胁利诱、敲诈勒索、吸毒贩毒等无所不为。

根据安排，由于被告人数众多，整个庭审大约需要20天。6月10日××市中级人民法院，以组织、领导、参加黑社会性质组织、故意杀人、故意伤害、贩卖毒品等23项罪名，判处刘××等7人死刑，判处廖××等4人死刑，缓期二年执行，判处杨××等7人无期徒刑。其余被告人均判处刑期不等的有期徒刑。

由于警卫工作方案具体，警卫措施部署周密，警卫力量责任心强，此次大型审判活动没有发生任何意外情况。

【问题思考】

1. 上述案件有什么特点？针对此类案件，司法警察接到警卫任务后，应当做好哪些准备工作并应注意哪些事项？

2. 根据案例，制订一份警卫工作预案。

【应知应会】

警卫工作是一项事前的预防性工作，又是一项复杂的、需要协调的工作。因此，做好警卫工作的组织与实施，是警卫勤务成功与否的关键环节。要组织实施好警卫勤务，就要根据警卫类型的特点，做好事前调查，并结合具体情况，周密部署，切实落实各项安全措施，这是警卫工作得以顺利完成的保障。

（一）法庭警卫前的准备工作

法庭警卫前的准备工作是指司法警察部门接到法庭警卫任务后，对警卫工作所进行的事先计划、安排与筹备等方面的工作。

司法警察法庭警卫前组织工作主要有以下六个方面：

1. 接受警卫任务，制订警卫方案

司法警察部门接到法庭警卫任务后，应及时向审判案件的承办人员了解有关情况，包括被告人数量、开庭时间、地点、旁听人数等，并按照案件的情况制订警卫方案，确定警卫力量。必要时，根据案情审判的实际需要，需加强警卫力量的，可通过向上级警卫部门报告，请求调用其他部门的警察予以协助和配合。

2. 明确警卫人员的任务与职责

根据法庭警卫任务的要求，对负责法庭警卫的司法警察要分派任务，明确职责。各位置的警察要认真履行职责，一切行动听指挥，要从保障警卫目标和对象安全、方便群众与审判机关的服务工作等方面出发，顾全大局，确保各项任务的完成。

3. 配备相应的执勤装备

按照《中华人民共和国人民警察使用警械和武器暂行条例》、《人民警察佩带枪支、警棍、手铐、警笛的暂行办法》的规定携带执勤装备。对使用的警备器材必须进行使用前的检查，确保使用正常。

4. 检查法庭设施与设备情况

主要检查法庭的容量大小、照明设施是否完好，门、窗、桌、椅是否安全牢靠，安全通道是否畅通，消防器材是否有效，音响设备是否齐全及效果情况等。一旦发现旁听席的容量不够或有关设施设备有问题，应及时予以调整、更换或维修，以保证审判活动得以正常进行。

5. 预留必要的机动警力

对重大案件进行法庭警卫时，应配备一定数量的机动警力，预留警力要严阵以待，时刻准备调遣，以应对突发情况。

6. 依法进行盘查，确保安全

为保障审判场所的安全，警卫人员对进入审判场所的非依法履行职务人员，可以依法进行安全检查和盘问。但对女性进行安全检查应当由女性警察进行。

（二）庭审过程中的警卫人员工作职责

所谓职责，是指职务上应尽的责任。所谓职权，是指执行职务中所享有的权限。根据最高人民法院《人民法院司法警察暂行条例》和《中华人民共和国人民法院法庭规则》及有关法律法规的规定，担任法庭警卫的司法警察的职责主要表现在以下七个方面：

1. 维护审判秩序，保障审判工作的顺利进行

《人民法院司法警察暂行条例》第3条规定，人民法院司法警察的任务是通过行使职权，预防、制止和惩治妨碍审判活动的违法犯罪行为，维护审判秩序，保障审判工作的顺利进行。《中华人民共和国人民法院法庭规则》第7条规定，人民法院司法警察的职责：警卫法庭，维护审判秩序。这是司法警察共同的基本职责和首要任务，也是担任法庭警卫司法警察的最基本的职责和任务。

2. 依照规定不准有关人员旁听

《中华人民共和国人民法院法庭规则》第8条规定，对下列人员有权不准许其旁听：未成年人（经法院批准的除外）；精神病人和醉酒的人；其他不宜旁听的人。《人民法院安全检查规则》第7条规定，下列人员不得进入审判场所：无证件、伪造、冒用他人证件；未成年的（经法院批准的除外）；精神病和醉酒的；被剥夺政治权利、正在监外服刑和被监视居住、取保候审的；拒绝接受安全检查或不听从安全检查人员安排的；其他可能妨害法庭审判秩序的人。

3. 禁止有关物品进入审判场所

《人民法院司法警察安全检查规则》第8条规定，下列物品不得携带进入审判场所：未经法院允许的各种录音、录像、摄影器材等限制物品；禁止私人携带的枪支、刀具和其他具有类似功能的器械或棍棒等管制物品；易燃易爆物品、强腐蚀性物品等危险物品；其他可能妨害法庭审判秩序的物品。

4. 对有关人员的劝告或执行权

根据《人民法院安全检查规则》第8条规定，旁听人员必须遵守下列纪律，不得

录音、录像和摄影；不得随意走动和进入审判区；不得发言、提问；不得鼓掌、喧哗、哄闹和实施其他妨碍审判活动的行为。

《人民法院安全检查规则》第10条规定，新闻记者旁听应遵守本规则。未经审判长或独任审判员的许可，不得在审判过程中录音、录像和摄影。

可见，在开庭审理时，负责法庭警卫的司法警察对如下违反纪律的旁听人员有权劝告制止，或责令其退出法庭：①未经允许录音、录像和摄影，不听劝告制止的，经审判长决定，可以没收录音、录像、摄影器材，责令退出法庭或经院长批准予以罚款、拘留；②随意走动和擅自进入审判区的；③鼓掌、喧哗、哄闹和实施其他妨碍审判活动的；④擅自发言、提问的；⑤吸烟和随地吐痰的；⑥其他有损法庭秩序和形象的行为。

5. 采取强制措施权

依据《人民法院司法警察暂行条例》和《中华人民共和国人民法院法庭规则》的有关规定，司法警察在法庭警卫的过程中，对以下几种行为人，可以依法采取强制措施：①对不宜进入审判场所或者有违法犯罪嫌疑的人员；②为维护法庭秩序，司法警察应当遵照审判长或独任审判员的指令，对违反法庭规则的人员采取强制措施；③对哄闹、冲击法庭，侮辱、诽谤、威胁、殴打审判人员等严重扰乱法庭秩序的，情节较轻的，依法予以拘留。

在法庭警卫过程中，担任警卫的司法警察实施强制措施的方法主要有：强制带离或退出法庭；依法执行拘留；依法强行驱散；依法强行扣押收缴或检查等。

6. 依照规定使用警械或武器

根据《人民法院司法警察暂行条例》和《中华人民共和国人民警察法》的有关规定，人民法院司法警察在履行职责时，根据需要可以依照国家有关规定使用警械；使用警械不能制止或不使用武器制止可能发生严重危害后果的，可以依照国家有关规定使用武器。

7. 进行安全检查的职权

安全检查是对可能会威胁到法庭审判活动安全的人员或物品进行查看或检查的活动。《人民法院司法警察暂行条例》第10条规定，为保障审判场所的安全，人民法院司法警察对进入审判场所的非依法履行职务的人员，可以进行安全检查。

《中华人民共和国人民警察法》第9条规定，为维护社会治安秩序，公安机关的人民警察对有违法犯罪嫌疑的人员，经出示相应证件，可以当场盘问、检查。

安全检查应坚持依法进行的原则。安全检查的政策性法律性很强，安全检查直接涉及公民的人身权利和自由。因此，必须严格地遵守法律规定。

二、现场警卫的组织与实施

（一）现场警卫前的准备工作

现场警卫前的准备工作是指人民法院司法警察部门接到临时现场警卫勤务后，对警卫工作所进行的事先计划、安排与筹备等方面的工作。现场警卫前的准备，应认真做好以下四个方面的工作：

【应知应会】

1. 掌握情况、查看现场

了解和掌握情况是布置现场警卫工作的前提，也是在工作上争取主动权的重要途径。一般而言，警卫部门在接受现场警卫任务以后，应当积极主动地通过有关部门，了解和掌握警卫对象活动的区域、场所、时间、内容和对警卫工作的要求；参加活动现场的单位、人员及人数；活动地区或区域的地理环境、人员流量和社会治安情况；活动场所的容量、设备情况；备用出入口和通道以及有关水电、消防等设施的完好情况。尤其是在执行大型宣判活动和死刑执行场所的警卫任务时，更应当注重及时了解和掌握与任务有关的情况。司法警察部门接受现场警卫任务后，主要应当了解和掌握以下三类情况：

（1）审判活动的时间、地点、规模、往返路线以及活动程序等。

（2）参加审判活动的各级领导、到会单位、人数以及有关要求等。

（3）票证的种类、适用范围、规定及注意事项。

此外，还应当查看现场，包括查看宣判场所、临时羁押场所、刑场；以及在刑事案件的大型审判和宣判活动中，应了解和掌握被告人或罪犯的情况，以便于配备足够的警力，防止意外事件的发生。

2. 组织警力和现场安全检查

现场安全检查是现场安全警卫工作中必不可少的重要环节，特别是在室外大型宣判活动和死刑执行的情况下尤为重要；同时，随着科学技术的发展和各种现代化设备的不断增多和更新，现场的安全检查工作也更为重要。这项工作，对防范不法分子利用现代化设备、武器制造事件，或进行扰乱审判活动等违法犯罪行为至关重要。

现场安全检查方面主要包括建筑结构、公共设施、危险物品、周围环境等。对重点部位，根据需要可以进行防爆、防毒、防辐射的技术检查。由于各个现场的情况不同，现场安全检查工作要从实际出发，根据现场的不同情况有所侧重。在检查各项物资设备的同时，还要检查设备的操作规程和各项安全制度是否完备以及执行情况，并对现场作业人员进行安全教育。

3. 证件制发和验证

这一项工作主要涉及现场实际需要人员和对人员数量的限制要求，以便于维护现场秩序、防止无关人员进入场所，保证现场活动的顺利进行。

证件一般分为固定证件和临时证件两种。固定证件通常用于警卫执勤人员。临时证件一般是一次性的，在一个活动区域范围内有效，主要用于直接参加现场工作的有关人员和有关旁听人员。证件的种类一般有工作证、旁听证、记者证、车辆通行证等。证件的制作要标志明显，便于识别；并从工作实际出发，既要方便工作，又要有一定的权利和范围限制。

在验证时，要坚持既认证又认人的原则，做到既能方便人员的进出，又能防止无关人员混入现场。

4. 制订警卫方案或预案

警卫方案或预案是警卫行动的具体设想，是部署警卫工作、采取安全措施的依据，也是警卫工作的一项基本业务建设。

需要注意的是，目前在实践中，往往存在着忽视制订警卫方案或预案的情况，特别是较为全面的书面的警卫方案或预案。对此种情形和警卫工作方法，司法部门有必要克服与改变，以尽可能防止或杜绝警卫工作中发生各种当事人行凶、刑事被告人脱逃、围观人群中不法分子煽动闹事等事件。

此外，还应当做好武器、警械具和必要的通信器材的配备工作，并对这些设备性能与状态进行必要的检查，确保性能正常。

（二）现场警卫的组织实施

现场警卫执勤的组织和部署是在预定的警卫方案基础上，根据警卫任务的具体要求，按照全面部署、重点加强的原则，科学合理地组织、多方设想、周密安排警卫力量的活动。从总体上来说，在警卫形式上，要适应警卫场所的环境和警卫对象的特点与要求；在警卫力量的具体组织上，可采取公开管理和秘密警戒相结合、武装哨与便衣哨相结合、固定哨和流动哨相结合等方式。现场警卫工作的执勤组织与部署中，应当着重抓以下两个环节：

1. 根据警卫工作要求，搞好全面部署

所谓全面部署，是指在执行一个现场警卫任务时，对现场内外的各个部位和方面，根据保证安全的需要，进行大量的组织和必要的安全措施落实。例如，对大型刑事案件的宣判活动现场警卫部署，要从点到面、从场内到场外进行全面布置；按照部位或区域划分责任区，组织警卫指挥系统，明确各部门的职责范围和任务分工；对可能发生问题的部位，要有应急方案；对现场周围的社会面也要采取安全措施，做到万无一失，确保安全。

2. 根据警卫任务的情况，有重点地部署哨位

哨位，是哨兵警戒所在的岗位。这是现场警卫工作中的一项重要措施，是增强现场安全系数的基本保障。在现场警卫工作中，哨位的确定一般视实际需要并有重点地部署。通常情况下，应重点部署的哨位包括主席台（区）哨、领导休息室哨、出入口哨、停车场哨和制高点哨等。

在哨位的部署中，要切实做好哨位的责任制并应注意：

（1）切实抓好、落到实处，实行按级负责、责任到人，明确各个哨位的职责和注意事项。

（2）加强对哨位的领导和指挥，搞好哨位之间的衔接工作。

（3）同有关单位密切联系与配合。

现场警卫工作涉及多方面的因素，会与现场相关的多个部门工作交叉，需加强同有关单位的密切联系与配合，才有利于现场警卫活动的顺利进行和警卫工作任务的完成，主要包括交通管理、车辆指挥和现场周围社会面的控制工作。

交通管理与车辆指挥是现场警卫中的一个重要方面，对保证现场安全和现场活动的顺利进行有着非常重要的意义，特别是重要会议、大型宣判活动等，更需要强调和搞好交通管理与车辆指挥的工作。为此，司法警察部门在现场警卫过程中，应当主动积极地与公安交警部门取得联系与配合，会同交警部门做好现场的停车场地及容量、现场附近行车路线、排除障碍物、划定车辆出入口等各项工作，按照车辆能够迅速集结和疏散的要求，划定停车区和车辆行驶顺序。对警卫对象的车辆和警务活动用车，应停放在既安全又方便出入的地方，以保证随时调用，从而切实做好现场的交通安全工作。

现场周围社会面的控制工作主要是根据现场警卫任务的需要，在有关部门的积极配合下，防止和杜绝不法分子的破坏活动，以确保现场活动的安全和顺利进行。为此，应着重注意与控制以下三个方面的人员和因素：

（1）由于各种原因而对现实极为不满，有可能行凶闹事或可能铤而走险的人员；上访人员中准备拦车告状或有可能在领导或审判人员面前滋事的人员；精神病患者和智障人员等。

（2）对现场安全构成威胁的易燃、易爆等危险物品，应督促有关单位和人员加强管理，严防发生意外事故。

（3）对现场周围的繁华街道和复杂场所，应要求有关部门予以配合，组织人员进行巡逻，加强治安管理和维护治安秩序。

【特别强调】

1. 根据现场活动情况，加强重点保卫

所谓重点，是指一旦发生问题将会危及警卫对象安全或影响整个现场活动正常进行的地方和部位。对这些地方和部位必须加强警卫力量的部署。值得注意的是，重点有时是随着警卫对象的活动和工作进展不断变化和转移的。因此，在警卫力量的部署上，必须根据现场的具体情况而确定，对重点地区和重点部位，必须配备足够的警卫力量进行检查和控制，不留空隙。

2. 预留机动力量，增强防范能力

警卫力量的优势与工作的主动性具有非常密切的关系。警卫对象的活动是经常变化的，现场警卫工作不仅要随警卫对象的活动而转移，而且要时刻注意现场可能发生的意外事件。因此，警卫部门要针对现场情况和任务要求，充分估计可能出现的情况和发生的问题，预留适量的机动警卫力量，一旦警卫对象改变活动或发生意外，能够及时弥补现场警卫力量的不足，处置各种情况。这样才能做到有备无患，赢得工作上的主动权，提高警卫的防卫能力。

三、机关警卫执勤的组织和部署

（一）掌握情况，制订警卫方案

做好机关的安全警卫工作，首先必须熟悉机关处所的内部和周围环境情况，做到心中有数，并在此基础上，制订出机关处所安全警卫工作的实施措施，作为执行机关处所安全警卫工作的依据。

1. 掌握机关处所的基本情况

为了更好地加强和落实机关警卫的各项措施与保证机关处所的安全，就需要了解和掌握机关处所的基本情况。其主要包括：机关处所的人员情况；处所的地形地物、建筑设施，重点部位的分布位置；机关周围的道路交通、单位、居民区的分布情况；周围社会治安情况以及机关内部枪支弹药等危险物品的保管、使用等情况。此外，还应了解和掌握接待工作的方针、出入通行的办法和有关注意事项等。

2. 制订机关警卫总体方案和具体方案

在了解和掌握机关处所基本情况的基础上，结合实际中曾发生或可能发生的情况，制订相应的警卫方案。其主要的内容包括：机关处所内部和周围的基本情况；警卫工作的任务和要求；警力部署和哨位的职责范围；组织指挥和通信联络的方法；内部工作人员协作配合的方法；处所周围社会面的控制和治安管理工作的措施；各项制度规定，以及各种紧急情况的处置原则和方法等。机关警卫方案最好采取文字与图形结合的形式制作，以便于操作。

（二）严密警卫部署，控制要害部位

严密警卫部署，控制要害部位是保证机关处所安全的一项重要措施。警卫部署应根据机关处所的实际情况和地理环境的特点，尽可能做到全面部署、加强重点、保证安全、注意影响。

1. 合理设置哨位和使用警卫力量

机关处所哨位的设置既要严密、确保安全，又要避免岗哨林立、戒备森严。通常情况下，哨位安排在机关的大门口或处所的各个出入口。按哨位的一般设置而言，机关警卫中的哨位作如下分类：从机关处所的部位和地段情况来分，可分为门卫哨、围墙哨、卡口哨、楼房哨等；按各个哨位的作用而言，哨位可分为固定哨、流动哨、昼哨、夜哨、昼夜哨、临时哨、定时哨等不同形式，从而构成严密的警卫防线，以确保安全。就人民法院、人民检察院机关警卫方面，哨位的合理设置一般是设门卫哨、固定哨、昼夜哨、临时哨、定时哨等形式。门卫哨、固定哨和昼夜哨一般布置在机关处所的大门口；临时哨和定时哨一般设在大门之外的出入口。

2. 严格门卫传达制度与管理

机关处所的大门是机关处所警卫工作的重点。做好门卫和传达的工作，对于保证机关处所安全和维护机关的政治、社会影响等都具有重要的意义，因此，应当切实保证机关处所大门昼夜有人把守和警卫。机关大门的门卫一般设置值班人员和哨兵，值班人员和哨兵以及收发传达人员之间相互配合与协作，严格贯彻和执行机关处所的出入、会客通行等制度，严格机关处所的人员和车辆的通行查验与登记制度，以防止不法分子混入机关处所或者其他无关人员拦截机关车辆、冲击机关等事件的发生。

3. 做好机关处所的警卫值班工作

警卫人员要认真负起警卫值班责任，警卫值班人员要做好值班轮换、值班登记工作，部门负责人要定期检查机关警卫工作，检查各项警卫工作的执行情况，了解和掌握近期机关警卫工作的情况，并结合治安新形势适时调整警卫值班任务、警卫方案，对警卫工作过程中发生违反警卫纪律和出现违法问题等情况，按照有关规定加以处理或向有关主管部门提出处理建议。

（三）加强机关内部防范，落实各项防范措施

加强机关内部的安全防范工作，落实各项安全防范措施是保障机关处所安全的一项经常性工作。机关内部的安全防范工作是机关内部所有部门和人员的共同职责，而非仅仅是警卫部门和警卫人员的责任。

1. 应当建立和健全机关处所内部的各项安全制度

建立和健全各项安全制度，明确机关内部各部门及其工作人员的职责和要求，并认真加以遵守和执行，杜绝漏洞，谨防事故的发生。

2. 加强机关处所的安全检查工作

加强机关内部安全检查，及时发现不安全的因素并尽快予以解决，以消除隐患、堵塞漏洞，确保机关处所的安全。

3. 应密切注意机关处所周围社会的治安情况

负责机关警卫的法警部门及警卫力量，要主动与有关部门取得联系，了解和掌握机关附近的治安情况，结合有关警卫工作中的实际，研究相应的对策和防范措施。

四、警卫方案的制订

（一）警卫方案制订的意义

警卫方案是警卫行动的具体设想，是警卫工作具体部署，采取安全措施的依据，也是警卫工作的一项基本业务建设。制订警卫方案具有如下作用：

1. 制订警卫方案有利于主动开展警卫工作

警卫工作方案明确了警卫人员的工作任务和工作责任，便于比较准确、具体地部署警卫场所的全面工作，密切与有关方面的关系，做到心中有数，便于主动开展工作。

2. 制订警卫方案有利于较好地贯彻执行警卫工作方针与原则

警卫方案中全面地贯彻执行警卫工作的方针与原则，有了警卫方案，遇有临时警卫任务或突发情况时，思想上有较好的准备，工作上有了依据。按照预先制订的警卫方案的规定和要求，组织警卫力量，有条不紊地部署工作，并做到措施严密、形式得当、安全有保证。

3. 制订警卫方案有利于统一部署、统一指挥

有了具体的警卫工作方案，能够按照警卫方案的有关规定，较好地组织协调各部门的工作，明确各自职责的范围，做到统一部署、统一指挥、各尽其责。

4. 制订警卫方案有利于提高社会协调能力

警卫方案明确了各参与部门及各警卫人员的责任，警卫工作个体之间既要做好分工合作又要密切配合，同时还要做好基层和群众工作。一个好的警卫方案的实施，能培养、锻炼警卫人员，提高政策意识，提高业务水平，学会做群众工作和调查研究工作。

（二）警卫方案的种类

警卫方案通常分为固定性警卫方案和临时性警卫方案。

1. 固定性警卫方案

这种方案一般是为完成固定性警卫任务而制订的。它的适用范围是固定的警卫目标。这些警卫目标的情况变化不大，是经常或者定期有重要活动的警卫场所和行车路线，如警卫对象的驻地、经常有警卫任务的场所和警卫对象经常通行的行车路线等，都适用于固定性警卫方案。

2. 临时性警卫方案

这种方案是为了完成临时性警卫任务而制订的。临时警卫任务通常比较突然，时间性强，任务紧，要求高，活动范围广，涉及的方面比较多，而且形式多种多样。因此，在制订临时性警卫方案时，应根据任务的类型、规模、特点和要求，分别制订与任务相适应的警卫方案。

（三）警卫方案的基本内容

由于警卫场所和任务的范围、规模的大小、时间的长短不同，因此，警卫方案的内容也应有所区别和侧重，但它的基本内容一般应包括以下八个方面：

1. 对现实情况的分析

包括警卫场所经常承担的任务、地理环境、内部建筑、各项设备以及周围的社会治安情况等。

2. 任务范围和工作要求

主要应明确警卫勤务的具体任务和要求。

3. 组织指挥和各部门的分工

主要明确指挥员和相关人员的分工、组织指挥方法等。

4. 警力部署，哨位布置

主要是明确哨位位置、种类，执勤编组、武器装备的配备，机动警力的数量、配置和使用时间等。

5. 紧急情况的处置原则

主要是写明可能发生的情况及相应的处置方法，各哨位之间的协同方法等。

6. 执勤人员的守则、纪律的规定

主要写明特别措施、对执勤人员的特别要求等。

7. 通信联络

应明确警卫勤务人员之间的联络方法，以及与联防单位的通信联络方式等。

8. 附件

现场警卫图，即警力部署和重大情况处置方案图等。

（四）警卫勤务方案的格式

警卫勤务方案应当按照一定的格式正式行文，以便于警务活动的执行内容清晰，又利于任务的落实，全面准确地完成警卫勤务工作。

根据需要，警卫勤务方案可采取文字记述式、地图记述式、表格式等式样，一般采用文字记述式拟制。

警卫勤务方案的格式一般由封面标题、正文、落款和附件等部分组成。

1. 封面

警卫勤务方案的封面，上方居中写勤务方案的名称，在名称下方写“警卫勤务方案”，右上角写明秘密等级，下方居中写拟制单位，单位下方写拟制时间。

2. 标题

警卫勤务包括固定勤务和临时勤务，因此，标题有所差异。

（1）固定警卫勤务方案标题。一般使用“目标名称” + “勤务名称” + “勤务方案”的格式书写，如“××人民法院警卫勤务方案”。

（2）临时警卫勤务方案标题。一般使用“勤务名称”（或代号） + “勤务性质” + “方案”的格式书写，如“××案件警卫勤务方案”。

3. 正文

正文内容，按照勤务方案规定的内容逐项拟写。文字要精练，用语要规范。

4. 落款

勤务方案由拟制单位署名，在正文之后右下方签署单位名称。拟制时间位于署名下方。

5. 附件

附件的序号、名称应与正文末尾注释相一致，附图应当与正文订在一起。

以下为警卫勤务方案格式：

警卫勤务方案格式

1. 封面

××人民法院

警卫勤务方案

××人民法院司法警察总队

××××年×月×日

2. 内容格式

××人民法院警卫勤务方案

一、基本情况（略）

二、任务（略）

三、组织指挥（略）

四、警力部署（略）

五、情况处置（略）

六、特别规定（略）

七、通信联络（略）

附件：

1. ××人民法院警卫警力部署图（略）

2. ××人民法院重大情况处置方案图（略）

3. 有关单位负责人、联系电话表（略）

【特别提醒】

在警卫预案的制订过程中，部署警力需要大量详尽的空间信息和查询统计，工作量大，传统的工作方式很难实现警卫部署的快速反应。21世纪是电子化时代，为改变这种现状，许多地方开发了警卫工作信息管理系统，突破了以往办公自动化系统仅仅停留在无纸化办公上的局限，紧密结合警卫工作的特点，将信息共享、信息沟通、信息的上传下达、推送式办公和一窗式办公等先进的理念融合在一起，使得系统不仅具有传统办公自动化的公文管理、档案管理、电子邮件等的通用功能，而且还具有警卫工作特有的枪支管理、车队管理、警卫干部管理、警卫兵员管理、警卫资料管理等模块，实现了警卫任务的登录、布置、指派、小结、审核、统计、报表等自动化的功能。同时，还将警卫任务和枪支、人员、车辆、设备等重要资源紧密关联，使警卫工作领导对当前全局的警卫工作情况有全面、精确的了解，为规范化管理和决策提供了科学的依据。

项目四　警卫勤务中突发情况的处置

近年来，司法警察警卫工作中突发事件大量增加，且具有形式多样、事发突然、危害严重的特点，做好警卫工作是司法警察的重要职责。掌握警卫工作中突发事件的应急处置办法，才能在突发事件面前应对自如。因此，在思想上必须从最坏处设想，做最充分的准备；必须抓好突发事件前期处置，有效控制事态扩大、蔓延；在行动上应做到闻警即动，快速反应；统一指挥，协同作战；因情施策，迅速控制；保护群众安全，避免激化矛盾。警卫类型不同，突发事件的类型和处置办法也有所不同，故而要会机动灵活地采取处置措施。

一、法庭警卫中当事人自伤、行凶等行为情况的处置

【引例4-4】

【两兄弟冲击法庭殴打“杀父仇人”被判刑案】2006年2月26日，××市中级人民法院公开审理了一起故意杀人并附带民事诉讼案。在法庭开庭过程中，被害人的家属也即附带民事诉讼的原告冲进审判区，打倒两名被告人且不听法警劝阻，造成××市近年来罕见的冲击法庭恶性事件，事发当日一人被捕，其他四人受到相应处罚。2006年7月5日，××市××区法院开庭审理了孙×强、孙×权兄弟俩扰乱法庭秩序案，当庭以扰乱法庭秩序罪一审判处孙×权有期徒刑1年，孙×强有期徒刑6个月，缓刑1年。

2006年7月5日上午9时许，××市××区检察院公诉人起诉称，2006年2月26日上午10时许，孙×权、孙×强与其亲属在××中院审理其父孙××被赵×丹、赵×强杀害一案过程中，强行冲入审判区对两被告人进行殴打，置法警的劝阻于不顾，严重扰乱了法庭秩序，使法庭审判活动被迫中止。法庭内中文速录机、电脑、桌椅等也被损坏，经估价造成经济损失2 820元。当日，××中院逮捕了孙×权。5月7日，××市公安局××分局对孙×强采取取保候审。

庭审调查中，两被告人孙×权、孙×强都承认自己冲进审判区，殴打了赵×丹、赵×强二人，且没有听取法警警告和劝阻。但两人又说，当时他们和母亲在一起，母亲见到被告人出现后，情绪非常激动，哭闹起来，被人带出法庭，他们受到母亲感染，对杀父仇人分外愤恨，所以孙×权先上去踹了被告人赵×强一脚，孙×强继而冲上去打了赵×丹。

法院指定的两名辩护律师分别为孙氏兄弟作了无罪辩护。两名律师都认为两名被告人扰乱法庭秩序并无预谋，而是因为见到杀父仇人情绪失控而引发不理智行为，且事发后对××中院的损失已作出赔偿。虽然两人违法，但还够不上扰乱法庭秩序罪，所以希望法庭对两被告作出无罪判决，只处罚金或司法拘留等。孙×权和孙×强也强调自己不是故意的，希望法庭从轻处罚。

公诉方认为辩护人意见不可取。检察员说，尽管被告人没有事先预谋，但在违法过程中，冲进审判区对其他旁听亲属起了示范和号召作用，已成年的两被告应该能预见自己的行为会扰乱法庭秩序，但却不听法警劝阻执意作出违法行为，严重干扰审判活动，造成恶劣的社会影响。

《刑法》第309条规定，聚众哄闹、冲击法庭，或者殴打司法工作人员，严重扰乱法庭秩序的，处三年以下有期徒刑、拘役、管制或者罚金；同时考虑到两名被告人认罪态度较好，又积极赔偿××中院损失，当庭对孙×权、孙×强扰乱法庭秩序罪进行了从轻判处的口头宣判，两人当场未表示上诉。当记者欲采访两名被告人时，孙×强拒绝采访并不让弟弟接受采访。法官询问孙×权是否满意判决，孙×权说满意，并补充说，当时看到杀父凶手，心中念头就是要揍凶手，有报复的心理。

【问题思考】

1. 根据案例思考司法警察警卫工作中的突发事件类型与特点。

2. 针对突发事件，警卫人员应当如何处置？

【应知应会】

在庭审过程中，有可能出现当事人、被告人自伤、自杀、行凶、伤害他人的情况，负责警卫的司法警察和负责值庭的司法警察以及刑事案件中负责看管的司法警察都应密切注意当事人、被告人的动向，一旦发现有异常情况，应立即作出反应，迅速处置。

在值庭和警卫的过程中，若当事人以头撞墙或其他坚硬物，司法警察可用身体阻挡或将坚硬物遮住，并将其制服。如果当事人利用硬物或凶器进行自伤、自杀、行凶、伤害的，应及时制止，在保护审判人员和有关人员安全以及避免自己受到伤害的情况下，司法警察应尽量夺取当事人、被告人手中的凶器并将其制服。如果不能或难以迅速制服当事人、被告人并收缴其所持凶器，在采取相关措施的同时，要积极对其进行有关法律、法规和思想教育，指明其行为的严重性质和法律后果，说服其放弃或停止危害他人或伤害自己的行为。经教育后，当事人悔过的，应及时收缴其手中的危险品；若其仍无悔过之意的，则一方面通过对话方式分散其注意力，另一方面伺机接近当事人，趁其不备将其制服并排除危险物品。

二、随卫警卫中突发情况的处置

【引例 4-5】

【高院院长深入基层视察案】近年来，贩毒活动日益猖獗，××省为我国贩毒最为猖狂之地。××省各级人民法院充分发挥审判职能作用，均成立了禁毒工作领导小组，依法审理毒品案件，有力地打击了毒品犯罪分子的嚣张气焰。为进一步推动全省禁毒工作的深入开展，××省高院院长决定深入基层考察工作。接到警卫任务后，××省高院法警总队立即安排了几名经验丰富的法警作随卫警卫。当车子到达某偏远山区法院门前的时候，按照警卫工作方案和官方工作要求，现场没有采取清场措施，而是采用开放式贴身警卫。高院院长在随从人员和接待人员的簇拥下进入法院，周围还有近百名带着“长枪短炮”的记者和大量群众。面对这种场景，警卫人员神经高度紧张，精神格外集中在警卫目标周围任何蛛丝马迹。在此过程中，一位穿戴整齐、眼神有些呆滞的中年男子很费劲地挤到高院院长身边与院长握手，并且在握手之后，一直跟随其后不停地再伸手，要求握手。在人群拥挤时候，他弯腰并伸手从怀里掏出一把刀。随身警卫人员眼明手快，迅速一脚踢掉中年男子手中的刀，并将其制服在地，另一法警立即掩护院长离开。经查，该中年男子系精神病患者，要凑“热闹”，“刀”是其随身携带的“玩具”，引出了上述一场虚惊。

【问题思考】

1. 根据案例思考司法警察警卫工作中上述突发事件属何种类型。

2. 针对突发事件，警卫人员应当如何处置？

【应知应会】

在突发事件的处置中，一般分为前期处置和后期处置两个阶段。前期处置主要是指突发事件即将发生或刚发生时的处置；后期处置是指突发事件已经发生后的调查处理等。事件的爆发有一个从量变到质变的过程，其引发原因，既可能来自于人的行为，也可能来自自然的力量。紧急情况多表现为随机性大。对于爆炸事件来讲，这一过程是短暂的，苗头不容易被察觉，具有无法预料或不能准确预料、出现突然的特点。纵观以往各类突发事件的成功处置，其关键都是在前期阶段做到迅速有效的处置。所以，我们要把重点放在突发事件的前期处置阶段。

在为保护领导在现场活动的安全而进行保护的随卫警卫中，经常发生拥挤伤亡、爆炸、火灾、抛撒煽动性传单、上访等突发事件。当发生爆炸、枪击或造成警卫对象受伤时，随卫人员要全力保护警卫对象脱离危险区。如果警卫对象受伤，随卫人员要迅速将其送往就近医院。其他执勤人员立即报告领导，采取一切必要手段，配合近身警卫人员迅速制服犯罪分子；同时要控制住要害部位，维护现场秩序。外围执勤人员要加强警戒，严格控制出入人员，防止犯罪分子逃窜。当警卫对象发生疾病和意外事件时，要立即报告现场警卫组并迅速通知有关部门进行抢救。各岗位人员要坚守工作岗位，严密注视其他各种情况。当发现有人“告状”、递信的迹象时，警卫人员要提高警惕，严加控制，防止其直接接触警卫对象，对“告状”、递信的人应进行解释说明，请其按照法律程序到有关部门寻求解决。

三、冲击法院、检察院的情况处置

【引例4－6】

【××县“毒鼠强”案宣判，聚众冲击法院者获刑】 ××县“毒鼠强”案曾受到社会极大关注，然而就在对犯罪分子进行宣判时，竟有人聚众冲击法院。近日，××县法院以被告人冉某犯聚众冲击国家机关罪，判处其有期徒刑2年，缓刑2年。

被告人冉某系××县××村村民。20××年3月，冉某受20余家非法制造、买卖“毒鼠强”犯罪案的被告人亲友委托，并签订委托书，每家兑款100元，由冉某带领被告人亲友先后到有关部门上访，反映在押被告人买卖“毒鼠强”问题。

3月11日，冉某得知××县法院将于3月12日下午对“毒鼠强”涉案被告人进行公开宣判，遂通知部分涉案被告人亲友200余人包乘4辆大客车到法院旁听。法院为防止意外情况发生，临时决定由对20名“毒鼠强”被告人同时公开宣判，改为对8名“毒鼠强”被告人进行公开宣判。

但宣判刚结束，部分被告人亲友认为判刑过重，一哄而起，冲上审判台喧嚣、哭闹、谩骂。法院干警迅速将8名被告人带离审判庭，关押在临时羁押室。被告人冉某则冲上审判台质问审判人员：“判决可有法律依据？”并大喊“判得过重，得上诉”等语言。经其煽动，部分被告人亲友撞毁审判庭木门，冲到临时羁押室，撞击临时羁押室的门。部分被告人亲友则躺在囚车前，阻拦法警将被告人押回看守所，并在法院审判和办公区域肆意哄闹，拒不离开。后经耐心向被告人亲友及旁听群众宣传法律，事件才得以平息。整个过程长达一个半小时，严重扰乱了法院正常的庭审和工作秩序，造成了恶劣的社会影响。

法院审理认为，被告人冉某行为已构成聚众冲击国家机关罪，应予惩处。但被告人冉某认罪态度较好，具备酌定从轻处罚条件，遂依法作出上述判决。

【问题思考】

1. 在什么情况下可能发生冲击法院、检察院的突发事件?

2. 针对此种突发事件，警卫人员应当如何处置?

【应知应会】

近年来，由于一些当事人对法院的司法行为和裁判结果不满，要对特定对象实施报复伤害，或者为引起社会关注，获取群众同情，少数不法分子便煽动群众冲击、打砸法院、检察院，暴力抗法事件不断出现。司法警察作为法院、检察院唯一的一支武装力量，必须加强自身素质，灵活处置各种冲击法院、检察院的突发事件。一般处置对策如下:

(一) 夯实基础，坚持人防、技防相结合

1. 加强人防、技防，做好保障工作

法院要严格按照《人民法院司法警察警用装备配备标准》，为司法警察配备必备装备，警械配置达到实用性强、科技含量高、技术性能好的标准，为警队应对处置突发事件提供良好的物质基础。

2. 充分履行安全检查职能，认真做好安全检查工作

执行安全检查任务的司法警察要依据“严格、细致、文明”的检查原则，按照《人民法院司法警察安全检查规则》的要求，利用监测设备检查和人工检查方法，对进入审判区的人员进行人身和随身携带物品的安全检查并详细登记，阻止不符合条件的人员进入审判区，对查出的限制物品、管制物品和危险物品依法有效地处置，防止意外事件发生。

3. 重视机关安全工作

司法警察部门应当高度重视机关安全防卫工作，坚持以预防为主的方针，认真落实各项安全工作制度。司法警察在工作中应高度警惕，对进入工作区、审判区的人员和车辆做好登记，注意发现可疑人员和物品，防止意外发生。

(二) 科学制订处突预案，确保处突快速有序

1. 制订预案、练熟预案

制订预案后，按照预案，结合日常训练进行处突预案的模拟演练，使法警队人人熟悉处突原则和处突程序，熟悉警力协作布控和防暴队形使用，充分发挥整体作战效能。

2. 传达及时、注重协调

法警队接到处置任务后，要迅速召集法警进行动员、分工，根据事态情况布置各自任务。同时，要积极和相关部门联系，加强沟通协调，明确工作任务，形成协同作战的工作合力，充分发挥整体效能。

3. 掌握案情、有的放矢

法警队在接到命令出警之前一定要充分了解案情，这对有效配置警力和制订处突方案非常重要，特别要对突发事件现场状况和案件性质、涉案人数等基本情况进行充分了解和掌握。必要时应当让所有参战队员对案情都有所了解，这有利于在处置工作时充分发挥主动性和有的放矢。

4. 布控警力、科学编组

到达事发地点后，要根据突发事件的性质、规模、地貌以及警力等实际情况，对

警力实行科学编组、合理布控，并能够随时根据形势变化及时调整警力配置，尽可能地对人群造成应有的威慑效应，迫使人群不敢藐视法律尊严，以促进处突工作顺利开展。

（三）准确把握处置时机，确保处置最佳效果

司法警察在处突过程中应当有步骤地采取不同的方法：第一，要在大规模对抗尚未形成时展示警威，对围观群众要控制好流向，可以采取阻挡、疏导等方法。采用责令围观人员立即离开现场，责令聚集的人员在限定的时间内离开现场等方法，使集中点汇集的人群散去。第二，在对抗已经形成时，要想方设法集中警力，有效防止事态扩大。对严重危及司法秩序、公共秩序且不听劝告的聚集人员，要根据情况，配合公安机关实施强行驱散。例如，对超过限定时间仍滞留现场的人员，可以使用警棍、催泪弹、高压水枪等各类非杀伤性警械强行驱散；对经强行驱散仍拒不离开现场的人，可以强行带离现场或者立即予以拘留；对非法携带的武器、管制刀具、易燃易爆等危险物品和用于非法宣传、煽动的标语、传单及录音、录像、照相等工具或物品，全部予以收缴；对打、砸、抢分子坚决予以压制。

四、对上访、静坐等情况的处理

【引例4－7】

【何××上访案】 2005年，××中级人民法院审理了××检察院提起公诉的××市人民医院医疗事故案件，被害人何××的家属因不满一审结果，在一审诉讼审理终结后和二审审理期间多次到政府各部门上访，并扬言要采取杀人、爆炸等过激行为，甚至三次到北京上访，妄图在天安门跳楼，被当地公安机关行政拘留。××市政府部门数次接其返回，仅交通费就达十几万元。院庭领导多次开会研究解决方案，经办人专门到当地政法委、卫生局、镇政府等进行沟通协调，并先后五次开庭进行调查和调解。

【问题思考】

1. 根据案例，分析司法警察警卫工作中突发事件的特点。

2. 针对上述突发事件，警卫人员应当如何处置？

【应知应会】

近几年来，由于社会矛盾凸显，上访、静坐等各种群体性事件时有发生。对群众上访，法院、检察院的法警要配合领导，做好群众疏导和劝解工作，宣传解释政策，并同时做好安全防范工作，必要时启动《突发事件工作预案》，共同做好社会稳定工作。具体来说，可以按照“劝阻、警告、强制”的工作程序进行处置。

（1）当发现大批群众来法院、检察院上访、静坐时，在第一时间报告主管领导，同时报告公安机关请求警力支援。现场法警要履行职责，加强现场秩序的维护。

（2）司法警察以警卫工作为第一要务，同时协助公安机关对无理取闹或不听劝说者实施武力控制。为避免群众围观造成秩序混乱，影响安全，应立即将其带离现场，交由公安机关依法处置。现场视情况增派警力加强警戒，防止不明真相的群众冲击或犯罪分子乘机破坏。

（3）当上访群众聚集在机关外围时，执勤人员要及时将情况报告给警卫领导小组和公安机关，并配合有关部门进行说服、劝阻，将聚集人员驱散在控制区以外。

(4) 当上访群众拥堵在机关门前时，有关岗位上的执勤人员要采取临时措施，密切观察和控制可能会滋事的人员，机动力量要做好阻拦及驱散准备。若有人闹事或煽动群众冲击警戒目标，现场执勤人员要果断采取措施，控制、制服为首的滋事人员，防止哄抢、伤害等各类刑事案件的发生。对造成严重危害的个别组织者和骨干人员，依法予以查处。若群众疏散的道路不畅通，就要注意不要发生因人流疏散不当而引发更加严重的拥挤和混乱的局面，针对特别混乱的人群，要将其作为重点对象隔离起来，控制在一个特定的范围内。

(5) 遇有上访人员突发急病的，报“120”或由处置工作组及时送医院救治。

【特别提醒】

司法警察在处置群体性暴力事件的战术行动中，要科学编制警力，灵活运用各种战术队形和战术行动方法，及时，妥善地平息群体性暴力事件。处置群体性暴力事件的战术行动方法主要有警戒封控、拦阻堵截、教育疏导、抓捕带离、强行驱散等。

项目五　技能训练

技能训练一　警棍的使用训练

一、警棍使用动作要领训练的目的和要求

（一）训练的目的

通过警棍使用、佩带、持棍、打击、防止歹徒抢夺警棍基本动作要领的训练，使学生掌握在司法警察勤务活动中的警棍使用技能与要求，增强攻击的灵活性，提高攻防能力和对抗暴力的操作能力。

（二）训练的要求

(1) 训练时间为 2 学时。

(2) 参加训练的学生以 6 人为一个单位，分成若干小组。

(3) 规范完成警棍使用的基本方法、警棍佩带的方法、警棍的持棍方法、警棍打击的基本动作，并进行总结。

(4) 训练过程中，由教师先进行操作性示范，然后逐一让学生进行操作性训练，逐一考核。

(5) 训练结束后，请教师考核。

(6) 教师根据每个小组训练中的表现和动作是否规范等方面进行考核，并按百分制给出成绩。

二、警棍使用动作要领训练的内容及要点

（一）训练内容

(1) 警棍的使用方法。

(2) 警棍的佩带方法。

（3）警棍的持棍方法。

（4）警棍打击基本动作。

（5）防止不法歹徒抢夺警棍的动作。

（二）训练要求：警容严整、动作规范、精神饱满

三、警棍使用动作要领训练前的准备

各种型号电警棍、普通警棍，充电器，各种规格电池等。

四、警棍使用动作要领训练方法与步骤

（一）警棍的使用方法

（1）使用前，要先装好电池进行充电。C747 型的充电器插孔在其防水皮圈内，C748 型的充电器插孔在其尾盖中，然后在金属物体上试击，若有火花，则为正常。

（2）使用时，抓握部位要适当，以方便、安全为宜。

（3）使用后，要注意放电，长期不用时要取出电池，置于阴凉干燥处，尽量不要在坚硬的物体上敲击，以防损坏。要经常用酒精擦洗，以保持清洁与良好的绝缘性能，切勿在电源接通时连续放电，以防损坏电路。防水开关外套不要随意移动，以免开关失灵。

（二）警棍佩带方法

（1）将警棍的卡钩挂在腰带上，置于身体的左侧，棍身下垂贴于裤缝。

（2）若使用 C748 等小型电警棍，则将警棍装入棍套内，挂在腰带上，置于左腹前。

（三）警棍持棍方法

（1）当听到“持棍”的口令后，右手虎口向上握棍的金属环处，用拇指和食指提卡钩，余指握棍合力上提将棍从腰带上摘下。

（2）左手提棍到左胸前，棍身垂直离身体约 15 厘米，棍头向下，棍尾与第二衣扣同高，左大臂轻贴在肋，随即将保险套在左手腕上。

（3）左手放下的同时，右手握棍柄使其垂直于身体右侧并贴于裤缝，棍头向下，持棍成“立正”姿势，挂棍时，按摘棍动作要领的相反顺序实施。

（四）警棍的打击基本动作

打击基本动作是警棍运用训练的基础。通过训练，学会戳（点）、擦、扫、挂、格、打等动作，以增强攻击的灵活性，提高攻防能力。

基本格斗要求：准备格斗姿势，以便于进攻和防守。其动作要领是：听到“准备格斗”的口令后，身体向右转的同时，右脚后撤一步，两脚略成“八”字形，屈膝，体重大部分落于右脚，左手握拳前伸，手心斜右下方，拳面与肩同高，左臂曲略大于 90 度，拳眼内上，右手持棍于右腹前，棍头向前上，自然挺胸收腹，目视前方。

1. 挂击

动作要领：由格斗式开始，身体重心前移成左弓步，右手持棍上挡外拨，棍顶与头同高，棍头向后上，左拳收于腰际，挂击要猛，着力点在棍身。挂击敌方凶器、手腕。

2. 格击

动作要领：由格斗式开始，身体重心前移成左弓步，右手持棍向左上挡格击，棍顶与头同高，棍身垂直，棍头向上，格击要猛。用于攻击敌方凶器、手腕。

3. 劈击

动作要领：由格斗式开始，右脚上前一步成弓形，同时右手扭握棍，由腹前方上提至头顶，并迅速劈击，左拳变掌，自然向后上伸出，目视前方。用于攻击敌头、颈、肩、臂等部位。

4. 刺击

动作要领：由格斗式开始，右脚上步或垫步，身体左转，右手持棍由曲到伸，单手直线向前捅击，手心向左，虎口压住棍柄，以端捅击，同时右手拇指按下电流开关，配合电击，目视前方，用于直线向前攻击敌头、喉、胸、腹、背等部位。

双手前捅动作要领：由格斗式开始，左脚向前滑步，同时右手持棍，拇指按下电流开关，左手内旋、虎口向下，手心向前，低于棍根，双臂由曲到伸，向前直线捅击歹徒胸、腹部，滑步、伸臂、前捅，协调一致，短促有力。

5. 砍击

动作要领：由格斗式开始，右脚向前上步，右膝变屈，上体微向前倾，同时右手持棍，由右下方向左下方砍击，手心向上，虎口压棍柄，以棍身砍击，上步快，砍击有力，由斜上方向斜下方运动警棍。用于攻击对方颈、腿等部位。

五、防止歹徒抢夺警棍的动作

1. 当歹徒单手抓棍时，可采用下列方法应对

（1）压肘。当歹徒用左手下压握住警棍前端时，应左手扣抓其左手小指和无名指，然后右手持棍向前下手压其肘关节，直至解脱或将其反拿住为止。

（2）别臂。当歹徒用双手抓住棍身时，警察应用左手托抓住其右手拇指或食指，同时右手持棍，左手沿顺时针方向旋拧警棍和右腕，用右臂击对方肘窝，并别住其右臂。

2. 当歹徒双手抓棍时，可以采取下列方法应对

（1）绞压回击。当歹徒用双手抓住棍身时，应握住警棍两端用力沿顺时针方向扭拧，随之，绞压解脱后，用棍端回击其头部，并用左脚钩踢其右脚。

（2）绞压戳把。也可采用逆时针旋扭绞压的方法解脱后，用棍戳击歹徒的面部。

（3）压棍击头。当歹徒左手下压抓住你右手腕时，应将右腕外旋，将警棍横压于歹徒左腕上。随之，用左手从自己右臂下抓住棍前端，用力向下折压歹徒左腕，解脱后，左手持棍前段反击其头。

六、考核标准

1. 优秀：（1）准备充分（17～20分）。

（2）精神饱满（17～20分）。

（3）动作规范（17～20分）。

（4）要领准确（17～20分）。

（5）操作熟练（17～20分）。

2. 良好：（1）准备较充分（14～17分）。

（2）精神较饱满（14～17 分）。
（3）动作规范（14～17 分）。
（4）要领准确（14～17 分）。
（5）操作熟练（14～17 分）。

3. 合格：（1）准备基本充分（12～14 分）。
（2）精神较饱满（12～14 分）。
（3）动作较规范（12～14 分）。
（4）要领较准确（12～14 分）。
（5）操作基本熟练（12～14 分）。

4. 不合格：（1）准备基本不充分（12 分以下）。
（2）操作不熟练（12 分以下）。
（3）动作不规范（12 分以下）。
（4）要领不准确（12 分以下）。
（5）操作不熟练（12 分以下）。

技能训练二　火灾现场救护与逃生训练

一、训练目的要求

根据司法警察在履行职责中的警务现场急救工作实际，以及火灾现场逃生与急救的操作规范要求，通过典型火灾实例分析及模拟案例训练，使参训学生能够正确掌握各种火灾现场的紧急避险逃生和自救互救方法。

二、训练内容

（1）火灾现场避险逃生术。
（2）火灾现场自救互救常识。

三、训练前的准备

（1）场地：院系实验室。
（2）器材：自备毛巾、布条等。
（3）分组：学生每 10 人为一组，分组进行。

四、训练方法步骤

（一）学生每 10 人为一组，由教师设定着火情景及人员受伤情况，学生独自完成逃生自救任务及协作完成互救任务

（二）具体方法

1. 发现火灾，及时报警

牢记火警电话“119”，要求正确使用“119”求救电话，报火警时主要步骤：①报警时要讲清着火单位所在县区、街道、胡同、门牌号或乡村地址；②要说清是什么东西着火和火势大小，以便消防部门调出相应的消防车辆；③说清楚报警人的姓名和使用的电话号码；④要注意听清消防队询问，正确、简洁地予以回答，待对方明确说明可以挂断电话时，方可挂断电话；⑤报警后要到路口等候消防车，指示消防车去火场的道路。

2. 保持镇静，明辨方向，迅速撤离

突遇火灾，面对浓烟和烈火，首先要强令自己保持镇静，迅速判断危险地点和安全地点，决定逃生的办法，尽快撤离险地。千万不要盲目地跟从人流和相互拥挤、乱冲乱窜。撤离时要注意，如果着火层在上方，要尽量往楼层下面跑；如果着火层在下方，在高温、浓烟、毒气甚至火焰从楼梯间向上蔓延，通道已被烟火封阻，无法向下逃生时，应关闭着火层与楼梯间的门，可以有效阻隔火焰和有毒气体的侵入，同时向上撤到楼顶、平台等有新鲜空气的地方等待救援。

3. 简易防护，蒙鼻匍匐

逃生时经过充满烟雾的路线时，要防止烟雾中毒、预防窒息。为了防止火场浓烟呛入，可用湿毛巾、湿口罩、湿衣物等蒙鼻，然后匍匐撤离。烟气较空气轻而飘于上部，贴近地面撤离是避免烟气吸入、滤去毒气的最佳方法。如果火势过大，可向头部、身上浇冷水或用湿毛巾、湿棉被、湿毯子等将头、身裹好，再放低姿势冲出去，防止烧伤。

4. 善用通道，莫入电梯

按规范标准设计建造的建筑物，一般都会有两条以上逃生楼梯、通道或安全出口。发生火灾时，要根据情况选择进入相对较为安全的楼梯通道。除可以利用楼梯外，还可以利用建筑物的阳台、窗台、天台屋顶等攀到周围的安全地点。在高层建筑中，电梯的供电系统在火灾时随时会断电，或因热的作用导致电梯变形而使人被困在电梯内。同时，由于电梯的“烟囱”效应，可能灌入大量毒性烟雾，直接威胁被困人员的生命，因此，千万不要乘普通的电梯逃生。

5. 就地取材，滑绳自救

在逃生之路被堵死、救援人员不能及时赶到的情况下，可以利用身边物品，如绳索、床单、被罩、窗帘、衣物等物连成绳，打成结，并用水打湿从窗台或阳台沿绳向下滑行到地面，安全逃生。

6. 脱离险境，救命治伤

脱离火灾现场到达安全环境之后，再展开伤员的自救、互救工作。

五、注意事项

（1）当火灾发生时应理智地分析与判断，切不可盲目跳楼逃生。人们在开始发生火灾时，会立即作出第一反应。这时的反应大多还是比较理智的分析与判断。但是，当选择的路线逃生失败，发现判断失误而逃生之路又被大火封死、火势愈来愈大、烟雾愈来愈浓时，就很容易失去理智而采取冒险行为，选择盲目跳楼逃生。但跳楼不一定能求生，有时反而造成更大的伤害。

（2）当火已及身时，切勿惊跑。当衣服着火时，应采用各种方法尽快地灭火，如水浸、水淋、就地卧倒翻滚等，千万不可直立奔跑或站立呼喊，以免助长燃烧，引起或加重呼吸道烧伤。灭火后伤员应立即将衣服脱去，如衣服和皮肤黏在一起，可在救护人员的帮助下把未黏的部分剪去，并对创面进行包扎；当发生烧伤时，切忌强硬脱下衣物，以防表皮被撕脱伤。

六、考核方式及标准

（一）考核方式

（1）学生以组为单位进行火灾现场逃生及自救互救演练。

（2）由教师审查学生的演练过程，根据操作的规范和熟练程度作出评议，最后由教师总结。

（二）考核标准

四级评分制：

优秀：能正确快速地判断危险环境，能根据不同危险环境及时采取迅速有效的逃生方法，并对现场受伤人员采取正确的急救措施，操作熟练，动作流畅、标准、规范，实训报告书写认真。

良好：能够比较正确地判断危险环境，能采取正确的逃生方法，现场急救步骤比较明确，操作较为熟练，动作正确、规范，实训报告书写较认真。

及格：基本能够正确判断危险环境，逃生方法选择基本合理，现场急救步骤完整，操作正确，动作符合要求，能按要求完成实训报告。

不及格：未达到及格要求。

七、思考题

1. 火灾现场逃生术包括哪几种，如何操作？
2. 俗话说“火患猛如虎”，结合所学知识，谈谈生活中如何有效预防火灾的发生。

八、思考案例

2005 年 6 月 10 日上午 11 时 40 分左右，汕头市潮南区的一家宾馆发生大火，中午 12 时 20 分，潮南区“110”接到群众报警。接报后，潮南区公安分局立即组织人员前往现场灭火。汕头市公安消防局及汕头“120”救护中心也派出力量支援灭火和救护工作，共投入消防车 21 部，消防队员 100 多名，邻近村干部、民兵等 500 多人投入救人和灭火工作。该酒店楼高 4 层，总建筑面积 8 000 多平方米，第一层为餐厅、棋牌室、理疗中心，二楼为餐厅包厢和卡拉 OK 用房，三楼、四楼为客房，共 64 间，大楼 2 到 4 楼全部着火。由于建筑内浓烟弥漫，消防指挥员立即派出 20 余名突击队员佩戴空气呼吸器，沿 3 个楼梯和利用挂钩梯通过窗户进入火场内部，冒着生命危险救出 67 名被困人员，其中 5 人经抢救无效死亡。有 20 多名消防官兵、公安干警先后被浓烟呛昏，有 4 名消防队员被送往医院治疗。至下午 3 时 30 分，大火被完全扑灭。在清理现场时，发现 25 人分散在卫生间、房间，已死亡；一人在被窝中被浓烟熏死。

据统计，此次火灾共造成 31 人死亡，15 人受重伤。这也是自 1994 年以来，广东省发生的死亡人数最多的火灾。

一场出现在白天的火情，着火宾馆仅 4 层建筑，消防中队距离火灾现场不到两千米路程，从接警到抵达火场只需要 3 ~ 4 分钟时间，却为何造成如此惨痛的伤亡事件？

根据以上案例，思考以下问题：

1. 类似火灾发生后应如何有效逃生？
2. 火灾事件中常见的损伤有哪些？应如何采取措施尽量避免此类损伤？
3. 在火灾现场，应如何实施自救互救？

单元五
安全检查

【知识目标】

了解安全检查在警卫中的作用

掌握安全检查的原则

理解并掌握证件检查、人身检查、物品检查及场所检查的基本方法

【能力目标】

能够识别和使用安全检查设备

能够独立完成证件检查、人身检查、物品检查及场所检查工作

能够处置安全检查中发生的一般问题

项目一　安全检查概述

一、安全检查的概念和特征

【引例 5－1】

【某法院法警队安全检查活动】为消除庭审安全隐患，确保警务安全保障，保证审判活动安全顺利进行，某县法院司法警察大队贯彻《人民法院司法警察安全检查规则》，认真按照市中院的文件要求，实行安全检查。对旁听人员进行严格的安全检查登记，排除可疑人员、可疑物品对庭审安全的危险性。严查安全死角，不留任何漏洞，对任何易存在安全隐患的地方，包括水电线路、防护窗、押解安全通道等进行缜密的安全检查。从软件、硬件上确保了该院庭审活动的安全性。

【问题思考】

1. 什么是安全检查？
2. 安全检查工作应把握什么原则？

【应知应会】

（一）安全检查的概念

人民法院是国家的审判机关，法庭是人民法院行使国家审判权审判各类案件的场所，是庄严神圣的地方，法庭内诉讼人员和旁听人员的生命以及健康都应当得到保障。实施安全检查的目的就是发现和消除隐患，从而确保相关人员的安全。

人民法院司法警察执行的安全检查是指人民法院司法警察根据审判工作需要，依

法防止限制物品、管制物品、易燃易爆物品、强腐蚀性物品等危险物品进入审判场所，保证参加庭审活动人员的人身安全和审判工作顺利进行的职务行为。

这里所提到的危险物品主要是指由公安机关管理的，具有杀伤、爆炸、毒害、腐蚀、放射性等性质，在生产、存储、运输、使用等过程中，容易造成人身伤害和财产损毁或可能危害公共安全而需要特别管制或防护的物品。易燃易爆物品和强腐蚀性物品属于危险物品的范畴。易燃易爆物品是指具有很大火灾爆炸危险性，在受热、摩擦、震动、遇潮、化学反应等情况下发生燃烧、爆炸等恶性事故的物品；强腐蚀性物品是能灼伤人体组织，并对金属等物品造成损坏的物品，如硝酸、硫酸、氢氧化钠等。管制物品是公安机关为了有效维护社会治安秩序，保障公民人身安全，由法律法规实行严格控制管理的物品，管制物品通常属于危险物品的类别，比如管制刀具、枪支、弹药、爆炸物品等。限制物品主要根据特殊场合规定，在未获得批准的情况下限制携带进入该场所的物品，限制物品不一定是危险物品，如密拍、密录装置限制带入法院庭审场所，但其本身并不是危险物品，没有危险性。

【特别强调】

"安全检查"在工作实践中可以说随处可见，已经成为一个约定俗成的专用词汇，它本身包含着目的和手段——安全是目的，检查是手段。为更好地运用手段，实现目的，最高人民法院于2004年5月24日公布并实施了《人民法院司法警察安全检查规则》，使人民法院司法警察执行安全检查勤务更加规范化、系统化。

（二）安全检查的特点

人民法院司法警察的安全检查具有以下特点：

1. 检查目的性明确

人民法院司法警察依法对进入审判场所的人员进行证件查验、人身及随行物品的安全检查活动，实质上就是针对有可能携带限制物品、管制物品以及危险物品进入审判场所的嫌疑人进行检查。该活动的直接目的就在于保障审判活动的顺利进行，保障参与庭审人员及旁听人员的人身财产安全。

2. 被检人员身份和携带物品的不确定性

进入审判场所的人员较复杂，包括审判员、书记员、公诉人、证人、鉴定人、翻译人员、当事人、律师、第三人以及参加旁听的人员。司法警察在安全检查中不仅和诉讼参与人直接接触，并且直接和参加旁听的人员接触；除了人身检查，还要对进入审判场所的物品进行检查，涉及面广。面对如此情况，司法警察大多只能通过被检查对象的表现、身上的蛛丝马迹发现疑点，进一步确定检查对象。少数情况是通过群众举报或其他渠道了解，才能对某些嫌疑人的检查具有比较明确的指向性。

3. 检查人员的潜在危险性

执勤警察实施安全检查，是对处于暗处的、隐蔽的、以各种身份进入审判场所实施违法犯罪嫌疑人进行斗争，这些人大多是亡命之徒，手段狠毒。在企图冲击法庭闹事的阴谋暴露时，就有可能铤而走险，采取反抗行为，如拳打脚踢、掏凶器行凶、抢夺司法警察的武器、捡拾地上物体攻击等，对安全检查人员的人身安全构成威胁。

4. 检查技术性强

司法警察安全检查是一项专业性、技术性很高的工作，包括对各种安全检查设备的操作，对限制物品、管制物品、易燃易爆物品和强腐蚀性物品等危险物品性质的掌握，以及发生危险的处置要领等。各种检查方法、识别和危险排除，都需要掌握一定的业务知识、安全操作技能才能完成检查工作。

二、安全检查的原则

安全检查的原则是人民法院司法警察在实施安全检查过程中必须遵循的行为准则。《人民法院司法警察安全检查规则》明确规定了司法警察执行安全检查工作的基本原则。人民法院审判法庭的安全检查工作应坚持严格、细致、文明的原则。

【应知应会】

（一）严格检查原则

坚持严格检查原则，是做好审判场所安全检查工作的前提，也是确保安全的重要途径。遵循严格检查原则是指在安全检查的全过程中，检查人员应当认真履行职责，严格遵守各个环节的工作要求和标准，严密控制限制物品、管制物品、易燃易爆物品、强腐蚀性物品等危险物品进入审判场所。它是“执法必严”法制原则的体现。

【特别强调】

严格检查原则的具体要求有：

（1）执行安全检查勤务的司法警察在安检过程中，必须做到依法检查和按照规定的程序进行。检查不能搞形式、走过场，也不能降低标准和要求。

（2）执行安全检查勤务的司法警察，要自觉遵守党和国家的各项法律法规和政策规定，严格遵守安检纪律，自觉控制权力关、金钱关、人情关，做遵纪守法的模范。在组织安全检查中，对发现的问题，应当及时处理，不能不了了之。

（3）在实施安全检查工作中，在执行每次任务中，每一个环节，安检值勤警察都要做到一丝不苟、全神贯注，把验证、人身检查、物品检查各环节做到万无一失。

（二）细致检查原则

坚持细致检查原则是做好审判场所安全检查工作的关键。遵循细致检查是要求司法警察在进行安全检查时，对进入审判场所的人员、物品进行全面、细致的检查，不放过与违法犯罪有关的蛛丝马迹。对于结构复杂的随行包裹、箱包应当进行细心、耐心的检查，对于不理解安全检查工作或性情急躁的人员要细心、耐心地进行解释说明。

（三）文明检查原则

坚持文明检查原则是人民警察全心全意为人民服务的宗旨体现。文明检查原则体现出来的不仅仅是一个工作方法问题，更是一个思想态度问题。文明检查原则要求司法警察在安全检查过程中严格遵守各项司法礼仪，保持良好的警容仪表和文明的言行举止，尊重被检查者的人格尊严。对无理取闹者，坚决予以制止；对正当权益维护者，讲道理、讲政策、讲法律，不用粗暴方法解决遇到的各种问题，以实际行动赢得人民群众的配合和支持。

【特别强调】

在实践中，要真正做到文明检查原则，必须从三方面着手：一是文明执勤，司法警察在执行安全检查勤务时，要以满腔热情对待工作，以主动、热情、诚恳的服务态度对待进出审判场所的人员；二是要规范服务，司法警察在执勤时要仪容整洁、举止端庄、说话和气，要使用文明执勤用语，不说服务忌语；三是正确把握严格检查与文明服务的辩证关系，两者是相互统一、紧密联系的整体。

三、安全检查实施

【引例5－2】

为落实好安全检查工作，某区法院根据最高人民法院《人民法院司法警察安全检查规则》，结合实际，在上级法院的大力支持下，及时在进入法院审判法庭大门设立安全检查专门通道，安装安全检查门，配备手持金属探测器。安排司法警察值班，依法防止限制物品、管制物品、易燃易爆物品、强腐蚀性物品等危险物品进入审判场所。同时，将《××区人民法院安全检查规则》制作成专栏，悬挂于通道墙上，广泛深入宣传，让群众了解安全检查的规定，自觉配合并接受安全检查，保证了参加庭审活动人员的人身安全和审判工作的顺利进行。

【问题思考】

1. 安全检查的对象是什么？

2. 安全检查有哪些内容和方法？

3. 安全检查有哪些常用仪器？如何正确地操作？

【应知应会】

安全检查是保障审判场所安全、保证审判活动顺利进行的重要预防措施。

（一）安全检查的对象

安全检查事关审判场所的安全，安全检查一旦确定实施，凡进入法院审判区的所有诉讼参与人及旁听人员无一例外均要接受安全检查。安全检查没有国籍和等级的限制，不存在特殊的免检对象。安全检查是为保证参加庭审活动人员的人身安全和审判工作顺利进行而开展的一种警卫勤务内容，其对象有：公诉人、律师等依法出庭履行职务的人员；参加庭审活动的诉讼参与人、第三人；参加旁听的人员以及来法院上访群众，等等。

（二）安全检查的内容

安全检查的内容主要有两个方面：一是对进入审判场所人员身份的确定。这就要求查验相关人员的有效证件；二是对进入审判场所人员的人身及其行李物品的查验。检查其中是否携带枪支、弹药、管制刀具、易燃易爆、腐蚀、有毒、放射性等危险物品；是否未经法院允许携带各种录音、录像、摄影器材等限制物品，以及其他可能妨害法庭审判秩序的物品。安全检查必须在进入法庭前进行，拒绝检查者不得进入。

（三）安全检查的方法

根据检查内容的不同，安全检查方法的实施措施有：对公诉人、律师等依法出庭履行职务人员进行有效证件的查验登记；对参加庭审活动的诉讼参与人、第三人和参加旁听人员，在进行有效证件的查验、登记同时，对其进行人身安全检查、随身携带物品的安全检查。

人民法院安全检查的方法一般有三种：第一种是探测门检查，用于人员的身体检查，主要检查是否携带禁带物品。第二种是手持式探测器，主要用于近身检查。第三种是人工检查，由安检执勤警察对被检人员搜身检查和携带行李手工翻查。需要注意的是，被检对象是女性的应由女司法警察对其实施人身检查。

（四）安全检查的程序

人民法院安全检查设有引导员和检测员两个基本工作岗位，引导员的主要工作是查验或登记被检人员的证件，引导其进入安全检查门；检测员的主要工作是进行安全检查门的人身安全检查和对随身携带物品的安全检查。引导员进行证件的查验后，引导被检人员通过探测门进行身体检查。若发出报警声，还需用手持探测器再查，或重新返回，将可能发出报警声的钥匙、打火机等金属物品掏出，直到通过时不再发出报警声为止。手提行李物品的检查，由检测员开包检查，或在审判场所外存包。

四、安全检查常用仪器与设备

各级法院审判法庭应配备安全检查门、手持金属探测器、物品柜等必要的安全检查设备，有条件的法院可配备X射线探测检查设备。安全检查门一般放置于进入法院审判法庭必经大门内一侧，设立安全检查专门通道。通道前摆放安全检查告知事项牌。手持探测器作为补充检测手段，用于被检人员通过安全检查门报警时进行人工检测。物品柜放置于安全检查门的外侧，以备暂时寄存物品。安全检查设备由司法警察部门派专人保管，使用之前要开机检测，确保其处于良好的工作状态；手持探测器应确保电池电量充足，状态良好。目前，司法警察执行安全检查的主要设备包括安全检查门、手持金属探测器和X射线探测检查设备等。

（一）安全检查门

安全检查门，也称作金属探测门，由门体、探测线圈、报警器组成，主要用于探测人身上隐藏的金属及合金物品。两个“门柱”设有若干个探头，当人员从此门经过，探头组对其多个部位探测，如探出金属就报警。它安全性能高、适用性强、灵敏度高、探测范围广、抗外界干扰能力强，能够24小时智能工作，还能够声光同时报警。金属探测门的探测灵敏度可调节，最高可探测到曲别针大小的金属物，并可区分金属所藏区位；还可根据探测金属的大小、体积、重量等进行设置，排除硬币、钥匙、首饰、皮带扣等误报警。安全检查门是目前审判场所进行安全检查的主要设备之一。

1. XYT2101B（LCD）掌门神数码金属探测门

图5-1　XYT2101B（LCD）掌门神数码金属探测门

（1）技术参数。电源：220V；外形尺寸：2 220mm（高）×824mm（宽）×500mm（深）；通道尺寸：2 055mm（高）×700mm（宽）×500mm（深）；整机重量：约 80kg；工作环境：－20℃～45℃。

（2）性能与特点。显示面板：选用 LED/LCD 超大显示面板，更便于操作人员工作。中英文操作：LCD 采用中/英文菜单式操作，操作简单、方便。六个探测：六个相互重叠的探测区域划分，多区位同时报警，准确判断金属物品的位置。报警区域指示：门板左右侧面内置 LED 显示器，准确显示人体相应高度部位藏匿的违禁物品，在门柱左右均可通过立柱灯直接显示报警区位。声光报警：音量和音调可调，报警声有“高”、“低”、“无”三种选择方案，适应于不同时间与不同场合的使用。区域灵敏度可调：最高灵敏度可以探测到回形针大小的金属。可在 0～99 之间自行调节灵敏度、预先设定金属物品重量、体积、大小、部位，去除硬币、钥匙、首饰、皮带扣等误报警。抗干扰力强：采用数字、模拟和左右平衡技术，防止误报警、漏报，大大提高抗干扰能力。密码保护：密码保护，只允许授权人员操作，安全性更高。双向操作：可通过遥控器或直接在操作面板上对金属探测门操作。计数统计功能：智能化的客流量和报警计数器能够统计人员通过量和报警次数，可多台门联网并电脑控制。对人体无害：对人体内的心脏起搏器、孕妇、磁性软盘、磁带等无害。电源安全性：整机电源置于主机顶端，可通过遥控器或操作面板工作对整机电源控制，防水性高。防水性：采用 PVC 合成材料特种工艺制造，防水、防火、抗震性高。

2. JH－4 型安护神远程遥控数码金属探测门

图 5－2　JH－4 型安护神远程摇控数码金属探测门

（1）技术参数。电源：90V～250V；外形尺寸：2 220mm（高）×820mm（宽）×502mm（深）；通道尺寸：2 000mm（高）×700mm（宽）×502mm（深）；整机重量：

约 90kg；工作环境：-20℃ ~45℃。

（2）性能与特点。六个探测区域：六个相互重叠的探测区域划分，割据金属物品分布，多区位同时报警，准确判断金属物品的位置。具备 100 级灵敏程序，可根据实际使用状况预先设定金属物品的可能部位及体积、重量、大小进行适当的灵敏度调节，最高灵敏度可探测到一枚一元硬币大小的金属，排除皮带扣、钥匙、首饰、硬币等物品的误报，可探测到管制刀具和枪支。报警区域指示：门板左右侧面内置 LED 显示器，准确显示人体相应高度部位藏匿的违禁物品，在门柱左右均可通过立柱灯直接显示报警区位。计数统计功能：高亮度数码指示板和报警板，分别显示通过人数、报警次数、报警区域及警示强弱。抗干扰力强：采用数字、模拟和左右平衡技术，防止误报警、漏报，大大提高抗干扰能力；自行设定工作信号频率，并网安装多台探测门共同工作且相互不干扰。声光报警：拥有多种选择的声光报警方式，便于识别。密码保护：使用人可修改参数，增设密码保护，也可用遥控器对门体控制。对人体无害：对心脏起搏器佩戴者、孕妇、软盘、录像带等无害。

（二）手持金属探测器

手持金属探测器由探头和报警器组成，主要用于探测人身上隐藏的金属物品或小面积场地检查，使用时将探头接近（不需接触）被测物表面平行移动，如遇金属就会报警。手持金属探测器重量轻、体积小，便于携带，使用方便，无任何调解控制器，探测金属物体响应快，声音和发光同时报警。探测到较小金属时发出清晰的频率较低的音调声，探测到大金属物体时发出高音频的音调。

1. MD-200 手持式金属探测器

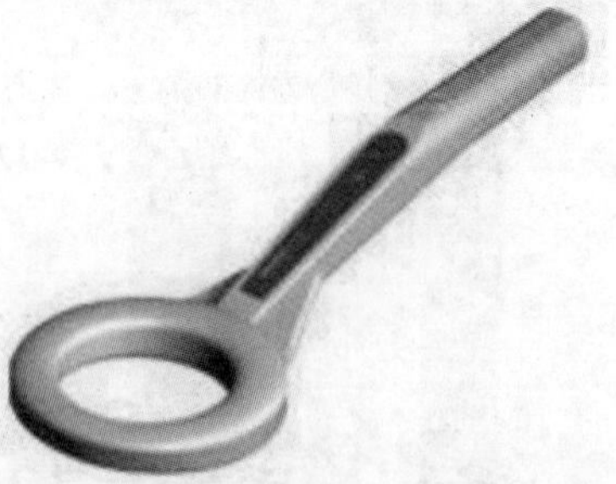

图 5-3　MD-200 手持式金属探测器

（1）性能。电源：1 节 9V 电池（可供正常工作 40 小时）；电源控制：三路开关（ON/OFF/短暂工作）；工作频率：20kHz；工作温度：-20℃ ~45℃。外形尺寸：420mm（长）×138mm（宽）×138mm（高）；手柄尺寸：30mm×30mm；重量：272g（含电池）。调节方式：手动。报警指示灯说明：LED 红色报警指示、LED 绿色电源指示灯、LED 电池电压不足指示灯。

（2）特点。①采用循环开关分别切换声响报警和隐蔽振动报警功能；②灵敏度高，能探测黑色金属和有色金属，使用简单、方便，调整容易；③当探测到金属时具有声（或振动）和光同时报警功能；④电池 9V 放至 7V 左右，探测距离不变。电池电压不足时，将会自动连续报警。

探测距离：黑色金属探测距离：①1/2 大头针：10mm；②六四式手枪：150mm；

③六寸匕首：150mm；④直径 8mm 钢珠：40mm。有色金属距离：①10mm × 5mm × 0.08mm 铝片、铜片：10mm；②DIP14 IC 集成电路：5mm；③1g 银戒指：40mm；④1g 铅块：30mm。

2. GC－1001 手持式金属探测器

图 5－4　GC－1001 手持式金属探测器

（1）性能。电源：1 节 9V 电池；电源控制：三路开关（ON/OFF/短暂工作）；工作频率：95kHz；工作温度：－20℃～45℃。外形尺寸：420mm（长）、700～900mm（宽）、260mm（高）；手柄尺寸：30mm × 50mm；重量：约 500g。报警指示：扬声器、LED 红绿灯。

（2）特点。①电源控制方便、灵活、快捷。②音调鉴别：利用 ATD 特性，探测小物体金属目标时，仅产生音频音量的变化；而探测到大物体金属目标时，将产生音频音量的变化和音调的变化。③声光报警，可选配耳机，在要求静音或嘈杂的环境中均可使用。④Reset 功能：轻按 Reset 按钮能使探测器复位回到常规的等待探测状态，在出现虚假报警或探测环境的温度有快速变化时尤为有用。⑤当电压低时，听到持续的报警声，绿色 READY 灯停止闪烁，红色的 ALERT 灯发出红光。

（三）X 射线探测检查设备

X 射线安全检查设备是使用最为普遍的射线探测器材，主要用来观察封闭物体的内部结构。

X 射线是一种比可见光波长短得多、穿透力极强的电磁波。当它照射被检物品时，部分射线会透射穿过被检物品，另一部分将发生反射。不同密度的物质对 X 射线的透射和反射比例不同，对这些被透射和反射的 X 射线用技术方法处理后，显示系统就可以将不同密度的物质区分显示出来。现代 X 射线探测检查设备加入了数字化处理系统，采用计算机对图像进行多次处理，使得分辨率更高，图像更为清晰、鲜明，更便于对被检物品的识别。

根据 X 射线探测检查设备的使用方式、大小不同，还可分为移动式、集装箱式、便携式等多种类别，目前适合在法院使用的是通道式 X 射线探测检查设备。该设备主要由射线发射系统、成像显示系统和皮带传输系统组成，占地面积小，便于安置；设备通道尺寸较大可对大中型行李物品进行安全检查。

1. CMEX－T8065 型多能量 X 射线安全检查设备

图 5－5　CMEX－T8065 型多能量 X 射线安全检查设备

该设备根据被检物品的原子序数，能可靠地分辨出其中的有机物质和无机物质，并用不同的颜色在颜色显示器上显示出来。通过增加不同的选件，能够识别炸药、毒品，识别危险品图像的自动插入等功能。有机物呈橘黄色；无机物呈蓝色；混合材料呈绿色；穿不透物品呈红色。技术参数：外形尺寸：4 000mm（长）×1 070mm（宽）×1 580mm（高）；通道尺寸：810mm（宽）×650mm（高）；重量：约 800kg。

2. SLS－V5030B 小型台式 X 射线安全检查设备

图 5－6　SLS－V5030B 小型台式 X 射线安全检查设备

SLS－V5030B 小型台式 X 射线安全检查设备是新型立式 X 射线安全检查设备。该设备采用了逐行扫描方式和智能算法，使得图像稳定清晰、分辨率高，便于对金属武器等小件物品进行检查。设备体积小、重量轻、耗电低，自诊断功能完善，便于操作和维修。技术参数：外形尺寸：1 180mm（长）×650mm（宽）×660mm（高）；通道尺寸：500mm（宽）×300mm（高）；重量：约 85kg。

项目二　证件检查

一、证件检查的含义和目的

【引例 5－3】

某市中级法院开庭审理一外籍男子××在中国境内贩毒案。开庭前 20 分钟，司法警察对等候在法院门前的若干名参加旁听人员、律师、翻译人员等进行安全检查。负责引导的司法警察向等候的人群明确说明：“请各位出示有效的身份证件，以便进行检查登记。”

【问题思考】

1. 何谓有效身份证件？

2. 怎样识别各种身份证件？

【应知应会】

（一）证件检查的含义及目的

证件检查是查明被检查对象的真实身份，是安全检查的主要内容和关键性环节。司法警察检查证件的目的是要通过对证件真伪的判定和对证件记录内容与持证人的核对，查明被检人员的真实身份，从身份方面确认被检人员是否符合进入法庭规定的要求。通过证件检查，可以严格控制无关人员进入审判场所，以保证正常的审判秩序不受外来的干扰和影响，是防范和制止可能实施违法犯罪的人员采取伪造、骗取、冒名顶替或涂改证件等方法混入法庭，维护法庭安全的重要手段。

真实、合法、有效的证件能够证明持证人的真实身份。根据我国有关法律的规定，公民外出应当随身携带合法证件。由此看来，证件检查是人民法院司法警察身份检查常用的一种合法、有效、便捷的查明公民身份以及是否符合法庭规则的方式。

（二）检查证件的类别

司法警察在检查中能够证明被检人员身份的证件主要有：

1. 居民身份证

居民身份证是根据国家法律规定，具有证明公民身份效力的法定证件。此外，根据有关法律规定，正在服役的人民解放军军人、人民武装警察，不领取居民身份证，分别用军官证、警官证、士兵证替代身份证明；被判处拘役、有期徒刑以上刑罚者和被劳动教养者以及被羁押者，在服刑、劳动教养和被羁押期间不发居民身份证，这些人因故在社会上活动时，分别由执行机关签发有关证明信函证明身份；换领、补领居民身份证或居民身份证尚未领到、常驻户口待定的公民，由临时身份证替代。

2. 护照和签证

护照（passport）是一个主权国家发给本国公民出入境和在国外旅行、居留时使用的合法身份证明和国籍证明。目前，在国际交往中普遍使用的有外交护照、公务护照和普通护照，以及供出入境使用的通行证、旅行证等。在我国，普通护照又分为两种，一种是因公普通护照（紫色的），一般发给国家派出的研究生、留学生、访问学者和工程技术人员等，这种护照由外交部或地方外办颁发；另一种是因私普通护照（枣红色的），是由国家公安部或公安部授权的各地公安机关颁发给因私事前往外国或旅游居住在国外的本国侨民使用的护照。

一个有效的护照一般包括下列内容：颁发护照国家的国名全称、国徽或代表国家标志的图案；持证人的姓名、性别、出生日期、出生地点、职业（或身份），有些国家的护照还有持证人的身高、肤色、眼睛和头发的颜色及面部特征等；持证人的照片、本人签字，照片上盖有发照机构的骑缝钢印；发照机构的印章、发照日期、护照有效期限以及延期、签证页和护照使用说明等。护照使用的文字以本国文字为主，大多数国家的护照还同时印有国际通用的文字，一般为英文。

签证是指一个主权国家发给本国公民或外国人出入经过本国国境的许可证明。签证和护照可同时使用。

我国目前签发的普通入境签证是用汉语拼音字母加以标示的，有以下八种：D字（定居）签证，Z字（职业）签证，X字（学习）签证，F字（访问）签证，L字（旅游）签证，C字（乘务）签证，G字（过境）签证，J-1、J-2字（记者）签证。我国签发的普通入境签证具体用途是：D字签证，发给来中国定居的外国人；Z字签证，发给来中国任职或就业的外国人及其随行家属；X字签证，发给来中国留学、实习、进修六个月以上的外国人；F字签证，发给应邀来中国访问、考察、讲学、经商，进行科技文化交流，以及短期进修、实习等活动不超过六个月的外国人；L字签证，发给来中国旅游、探亲或因其他私人事务入境的外国人；C字签证，发给执行乘务、航空、航运任务的国际列车乘务员、国际航空器机组人员和国际船舶的海员及其随行家属；G字签证，发给经中国过境的人；J-1、J-2字签证：J-1字签证发给来中国常驻记者，J-2字签证发给临时来中国采访的外国记者。

3. 其他身份证明

由于各种原因，或在特殊的时间，有些人还可以使用或是需要出示其他证件以证明身份。这些证件主要有机动车驾驶证、工作证、学生证、律师证、证明信、介绍信以及特殊通行证等。

二、证件检查的实施

【引例5-4】

被告人陈某，男，1965年10月6日出生于××省××市，汉族，小学文化，农民，住×市龙田村。因涉嫌故意伤害罪于某年11月4日被××市公安局取保候审。

某年5月10日凌晨3时许，被告人陈某和王某在××市明月酒楼前坐上出租车，要到离市区较远的五金市场，司机邓某拒绝，双方为此发生口角。被告人陈某下车将司机邓某拉下车，用拳猛击司机邓某面部、胸部。经该市公安局法医鉴定，邓某的人体损伤程度属重伤。本案涉及出租车司机受害问题，出租车司机作为一个利益群体，人数很多；社会媒体也极关注本案；加上受害人家属非常多，并且情绪不稳定，预计开庭旁听人员较多。为此法院要求司法警察做好旁听人员的证件检查工作。

【问题思考】

1. 简述证件检查的内容与方法。
2. 证件检查实施中应注意哪些问题？

【应知应会】

（一）证件检查的内容

证件检查的内容主要包括：证件是否超过有效期；照片、姓名、年龄、性别等相关要素是否与持证人相符；准予旁听的证件是否与旁听的案件和法庭相符。

（二）证件检查的方法

1. 判定证件真伪

一般情况下，检查现场如果没有检查仪器，判定证件的真伪主要靠现场直观识别，这就需要检查人员眼手并用。认真查验证件的外观、式样、规格、塑封、暗记、照片、印章、颜色、字体、印刷以及编号、有效期限等主要识别特征是否与规定相符，有无变造、伪造疑点，有关项目是否齐全，有无涂改痕迹；注意查验证件是否过期失效。真实、合法、有效的证件才能够证明一个人的真实身份，所以检查证件首先要判定证件的真伪。

2. 弄清居民身份，确认人、证相符

验明持证人与所持证件内容是否相符，弄清持证人的身份，把好人、证相符关。首先，查验证件上的照片与持证人是否一致，有无转借、冒名顶替、揭换照片的疑点，准予旁听的证件是否与旁听的案件和法庭相符。其次，核对证件内容，证件载有持证人身份的主要信息，观察辨别持证人与证件内容是否吻合，如核对性别、年龄、相貌等特征。对有疑点的证件进行细心询问，问其姓名、年龄、出生日期、生肖、单位、住址等，进一步加以核实。

3. 证件登记

设立专用的登记簿，对被检人员的证件进行登记。审判场所一旦出现安全问题，登记情况是进行有关查询或调查的依据，有利于配合公安机关及时侦破审判场所发生的各类刑事、治安案件。

4. 收缴非法证件

检查中发现、判定伪造、变造、非法持有证件的，或持有多个证件等违反有关法律规定的，应及时收缴非法证件，并按法律规定依法追究当事人的法律责任。

【特别强调】

1. 证件检查时应始终注意持证人的反应，边查边问，注意安全防范

通过发现持证人的情绪变化，推断其是否有嫌疑或其精神是否正常等。密切注视持证人双手掏证的动作，一旦发现异常，应立即阻止其动作继续，防止被检人员行凶。如果两人以上执行检查任务的，其中一人负责控制检查对象。

2. 证件检查还需做到以下三点

第一，以理相待。不论被检人员是公开对抗还是沉默不语，检查人员都要保持冷静态度。语言要文明谦让，气势要占据主动，检查要有理有据、有度，既让被检人员感受到无形压力，又不让被检人员有机可乘或引起对抗，以免检查陷入被动。第二，以法服人。即使安全检查中执勤警察有理有据，也不应盛气凌人，动辄训人或不文明用语，更不能采用威胁的方法，否则容易使检查陷入僵局，处于被动状态。第三，迅速决策。检查场所是法庭的出入口或法院的大门等公共场合，来往人员较多，检查工作很容易引起群众的围观，不宜长时间留置被检人员，问话应重点突出、语言简短。对于危险性较大的检查对象，要注意把握与控制，避免检查对象行凶伤人，造成不必要的伤亡。

项目三 人身及随行物品的安全检查

一、人身及随行物品安全检查的含义和目的

【引例 5－5】

某日，某法院安检处，执行安全检查的司法警察在进行安全检查时，发现一名来法院参加案件庭审活动的诉讼代理人包里竟藏着一枚手雷。当时，这名诉讼代理人的手提包通过X光检查机，屏幕上显示出包内有一个手雷形状的金属物体。经检测，认定此为“一枚拆除了引爆装置的军用手雷”。

【问题思考】

1. 人身及物品安全检查的目的、范围分别是什么？

2. 人身检查时主要注意哪些部位的检查？

【应知应会】

（一）人身及随行物品安全检查的含义及目的

人身及随行物品安全检查，是司法警察依法对进入审判场所的诉讼参与人、第三人、旁听人等相关人员随身携带的物品和在其身边发现的物品进行检查。它是司法警察发现、识别、判定可能实施扰乱法庭秩序的违法犯罪行为嫌疑人的主要措施之一，是一种有目的、有计划地保障审判活动顺利进行的预防性活动。

人身及随行物品安全检查的目的在于及时发现、排除进入法庭人员是否有违法犯罪嫌疑，及时清除收缴凶器、危险物品，防止违法犯罪行为人实施行凶等，以防止危及法院正常工作及法庭审判行为的发生。

【特别提醒】

人身及随行物品的安全检查权属于司法警察当场处置权的范畴。在行使该项权力时，司法警察必须严格依法办事，不得侵犯被检人员的合法权益。司法警察行使人身及随行物品安全检查的法律依据有《中华人民共和国人民警察法》，该法第 9 条规定，为维护社会治安秩序，公安机关的人民警察对有违法犯罪嫌疑的人员，经出示相应证件，可以当场盘问、检查。《人民法院司法警察暂行条例》第 10 条规定，为保障审判场所的安全，人民法院司法警察对进入审判场所的非依法履行职务人员也应以进行安全检查；对不宜进入审判场所或者有违法犯罪嫌疑的人员，应当依法采取措施。此外还有《人民法院司法警察安全检查规则》以及其他有关的法律法规的规定。

（二）人身及随行物品安全检查的范围

从安全警卫工作的角度而言，凡是可能携带、隐藏违禁品、危险品，危及警卫对象与审判场所安全的可能隐藏危险品的人身部位、随行物品都应进行检查。具体可从以下两个方面把握人身及随行物品安全检查的范围。

1. 对于人身检查方面

（1）检查出入审判场所人员的证件，以确定被检人员的身份。

（2）对出入审判场所人员的身体全部及其衣物的检查。检查部位的包括腋窝、胳膊、裆部、脊梁、胸部、双腿内侧、手腕、脚踝等。腰部衣服重叠之处、衣服口袋、

皮带内侧、鞋里、帽边等处容易被忽略，尤其对于嫌疑重大的被检人员更应提起注意。

2. 对于随行物品检查方面

随行物品包括有被检查对象所携带的物品以及在其身边发现的物品。人们外出时较习惯用皮包、背包、箱包等携带物品，尤其是不法分子，大多根据需要利用各式不同的箱包来隐藏各种凶器等危险物品。由此，物品检查主要是对箱包的检查。

【特别提醒】

实施人身检查是司法警察执行职务中一项非常重要和极其严肃的工作。司法警察对进入审判场所的非依法履行职务人员也应进行检查。司法警察执行安全检查时，对公诉人、律师等依法出庭履行职务的人员，应进行有效证件查验和登记；对参加庭审活动的诉讼参与人、第三人和参加旁听的人员，在进行证件查验和登记的同时，还应进行人身及随身物品的安全检查。

人身及随行物品检查发现的凶器主要有各种枪支、管制刀具、绳索以及其他能够伤人的物件；发现的危险物品主要有爆炸物品、易燃易爆化学物品，如汽油、煤油、酒精、放射性物品、剧毒物品等。

二、人身及随行物品安全检查的实施

【引例5-6】

某年10月15日，某县法院某法庭在开庭审理一起离婚案件时，发生了爆炸，造成一死四伤。死者罗某的妻子高某一个多月前以“夫妻感情不和”为由向法庭起诉，请求判决她与罗某离婚。在开庭前一天，罗某曾经找过高某，请求其不要与他离婚，但遭到拒绝，于是罗某放话威胁高某。未料在法庭上，绝望而过激的罗某竟然实施爆炸行为，企图与妻子同归于尽，结果自己当场被炸死，其妻子高某及其律师以及两名法官受伤。

【问题思考】

1. 人身及随行物品安全检查有哪些基本步骤？

2. 人身及随行物品安全检查的技术方法要领如何操作？

3. 结合以上案例，阐述法院安全检查的细致检查原则，在实践中应如何把握文明检查和严格检查原则？

【应知应会】

（一）人身及随行物品安全检查的基本步骤

1. 引导

引导被检查人员到指定位置，提示被检人员取下随身携带物品，放置于设在安全检查门边的工作台上。

2. 告知

当被检人员走进安全检查专门通道，距执勤法警1.5~2米的地方时，执勤法警举手示意其停下，然后向其敬礼，告知：“我是××法院司法警察，现依据《人民法院司法警察安全检查规则》的规定对您进行检查，请予以配合，请出示您的有效证件。”

3. 安全检查

对通过安全检查门报警的被检人员，执勤法警应当令其重新过门检查或采用人工安全检查的方法进行复检。人工检查分为手持金属探测器检查和徒手检查两种方式。

配有X射线探测设备的法院，应对所有箱包进行安全探测检查，对有疑点的箱包还应用手工方式进行当面开包检查。令被检人员将箱包放在适当位置，然后令其离开一段距离，由一警察负责对其控制。必要时，可令其转过身去，背对检查的物品。

4. 情况处理

对检查有疑点的被检人员进行询问，对于管制物品和危险物品应先控制再询问。检查完毕后，协助被检人员整理箱包，并提示被检人员取走自己的物品。对查出的限制物品实行寄存，对寄存的物品要妥善保管，防止损坏或遗失。

（二）人身及随行物品安全检查的技术方法

1. 安全门检查法

被检人员通过安全门时，如果安全门报警，应由值班警卫员实行手持金属探测器检查或徒手检查。

2. 手持金属探测器检查法

进行手持探测器检查时，手持金属探测器移动要平稳匀速，不需接触被测物。检查顺序遵循从左到右、从上到下、从前到后的原则，采用仪器与手工结合，通过仪器报警和手的触摸，观察排除疑点。

3. 徒手人身检查法

进行徒手人身检查的具体顺序是：由上到下、由里到外、由前到后。即从被检人员的前领起，至双肩外侧、双手手掌、双肩内侧、腋下、背部、后腰部、裆部、双腿、腿部。执勤法警双手掌心切实接触被检人员身体和衣物，顺着身体的自然形状，以“触压”为主的方法来感受被检人员身体上是否隐藏有违禁物品、危险物品，注意手触压的力度要适当、均匀。

检查时，眼始终盯着对方的一举一动。被检人员若不听从命令，或稍有反抗即以武力制服；如果检查对象的危险性大，要高度警惕，谨慎进行。特殊情况下，确有必要进行检查的，应在保障安全的前提下，采用“二对一”的检查方法。由两名警察对一个检查对象进行人身检查，相对安全，效果也好。其中，一名警察担任警戒，密切注视被检对象，及时发现并控制其可能出现的任何反抗；另一名警察有条不紊地按要求进行检查，检查过程中仍要提高警惕，不可因有同伴而疏忽大意，如果被检人员反抗，立即呼叫负责警戒的法警并后撤、下蹲，另一名法警上前实施安全检查。呼叫负责警戒的法警主要是为了提醒其加以注意，呼叫的声音在一定程度上可对反抗的被检人员起到震慑作用；后撤、下蹲是自我保护的一种方式。在换另一名法警进行检查的情况下，某些情绪激动的反抗被检人员会有所收敛。如果被检人员继续反抗则对其采取强制措施。

4. 手工开包开箱检查技术

先仔细检查箱包外观，再检查内部。打开箱包应轻开、慢拉，谨慎开启。先轻轻挪动一下拉链、纽扣，看是否方法正确以防将其损坏，同时要注意拉链、纽扣上是否另有机关，防止箱包内有爆炸装置等。打开箱包盖后，用手轻压，查看是否有夹层；将箱包内的物品分层取出，取上层物品时要用手轻轻压住下层物品，注意上下层之间有无连线，防止安装有爆炸装置。箱包内的物品应按顺序检查，轻拿轻放。有线、有声响、有气味的物品，更要谨慎拿取；拿取物品时从上往下的按顺序进行，不要掏底取物，更不能将箱包内的东西反复上下翻动；凶器一定不能满把抓，尽可能用干净布垫手或戴手套轻取。对于取出的物品分顺序和方向摆放好，检查完毕后按照原来的顺序一一复原。

【特别提醒】

1. 查验物品一般按照一看、二听、三闻、四摸、五拆的顺序进行

看物品形状、结构、包装、质地；听是否有声响，是什么声响；闻气味，有无异味；摸物品的形状、材料质地，掂一下物品的重量；必要时，轻轻拆开物品外包装检查。每一环节都要认真查看、分析，作出判断，如果能断定物品的性质尽量不要拆开物品，以免破坏物品的性能，造成不必要的损失。

2. 对女性进行人身检查应当由女警察完成

人身检查一般是在被检对象站立的情况下进行的，但对于危险性较大的对象也可以根据需要令其跪地或卧地进行检查。对女性进行人身检查应当由女警察完成。

三、人身及随行物品安全检查的注意事项

【引例5－7】

某年6月19日上午9时，某法院开庭审理一房屋买卖合同纠纷案。在开庭前15分钟，司法警察严格进行安全检查。

因房屋买卖合同纠纷，李某和中介公司被郭某诉至法院。法院开庭审理的当天上午8时，李某早早来到法庭，等候开庭。8时45分，郭某和代理人也来到法庭，在等候区等待安检。此时，李某突然从包里拿出一根电击棒，向郭某的右臂刺去，郭某来不及躲闪，被电击后下意识地跳开。李某拿着电击棒追赶郭某，想再次袭击时，被冲上前来的法警制止。

李某事后承认错误，称一时气愤才做出如此不明智的举动，由于郭某受刺激，原定庭审延期。该法院表示，李某在法庭等候区使用电击棒袭击郭某，严重扰乱民事诉讼秩序，性质恶劣，已经构成妨碍民事诉讼行为。李某被该法院司法拘留15天，罚款1 000元。

【问题思考】

1. 人身安全检查中，什么样的行为才能做到尊重人格和风俗？

2. 采取什么方式强化公民安全检查意识？

【应知应会】

（一）尊重人格和风俗

对进入审判场所人员的身体及随行物品的安全检查，严禁采取有辱人格、有伤风化的方式进行，注意尊重人们的宗教信仰和当地风俗习惯。对妇女进行人身检查要坚持男不查女的原则。对随身携带物品进行安全检查时，对包（袋）等被检查物品应轻拿轻放，防止损坏或弄脏。对涉及个人隐私的物品应注意妥善放置，特别对女性箱包，尽量不要将所有的物品统统取出、亮开。

（二）注意安全防范

安全检查必须在检查对象已经被实际控制的情况下进行，如果不对检查对象进行有效的控制，检查对象就会有机会反抗、行凶，此时贸然检查是相当危险的。检查时，要密切注视被检对象的举动，若有反抗，立即采取措施。

在物品检查过程中，警察的注意力往往集中在物品上，很容易忽视对被检人员的

控制。由此，要特别强调安全意识，始终控制检查对象。多个警察检查时，指定一至两名警察负责警戒，负责警戒的警察不得好奇地去看被检物品。翻检物品时，要注意观察物品变化，不硬拉、硬开，防止危险物品发生意外。

（三）检查彻底

对人身及随行物品的检查必须认真、彻底。检查不认真、不彻底，检查对象就有可能将武器、匕首、爆炸物等凶器或危险品带入审判场所，威胁到法庭人员的安全。

对于人身检查切不可轻拍轻摸、潦草行事。女性的头发、内衣、内裤、卫生用品及首饰、化妆品等都有可能隐藏凶器或危险品，也应认真检查；检查时，尽量避免由男性警察检查和在公共场合检查。对于物品检查一定要细致，不要怕麻烦，能开则开，能拆则拆，各种夹层、内芯都要仔细观察。凡是被检人员携带的物品，不论大小一律查清，不要有遗漏。

（四）教育为主，强制为辅

检查时要冷静、沉着，在检查过程中，对不服从检查的被检人员，先要耐心说服教育，仍拒绝接受检查的，可依法强制进行人身检查。检查时，应特别耐心做好解释工作，消除其顾虑和不满情绪。

【特别提醒】

检查物品时，要做到人包分离、人物分离，以防止被检人员突然抽掏凶器，或引爆包裹，同时也是为了防止检查对象袭击司法警察。一般情况下，不要让被检人员自己开包取物，即使有必要让其开包，开包后，应让其站开一定距离等待检查。

项目四　场所安全检查

一、场所安全检查的意义

【引例 5-8】

为深入开展“打击”整治斗争，保护人民群众的人身、财产安全，某市人民法院决定于9月21日在市体育馆对严重危害公共安全的违法犯罪分子进行公开审判。该审判活动涉及7名被处死刑及10名分别判处5年到15年有期徒刑的犯罪分子的宣判。预计当天将有几千名群众参加公开审判大会。

【问题思考】

1. 审判前场所安全检查有何意义？审判场所安全检查工作包括哪些方面？
2. 场所安全检查应履行哪些程序？

【应知应会】

场所安全检查是警卫部门进行的警卫活动，是确保安全的一个重要方面和措施。由词面可以理解，“场所”是检查的对象，“安全”是检查的目的。开展场所安全检查，掌握审判场所设备设施的安全情况，发现隐患、堵塞漏洞，完善和健全各项安全制度，预防各种事故的发生，是司法警卫部门的一项经常性工作。一方面，场所安全检查有利于法院安全工作的严密、安全制度的健全、安全设施的完备。另一方面，因为工作人员责任心不强或安全制度不健全、安全设备条件差而发生的治安事故也会危及警卫对象的安全，因此，场所安全检查也是保卫警卫对象安全的一项重要措施。

二、场所安全检查的范围

场所安全检查的范围较广，从安全警卫工作角度而言，凡是可能危及警卫对象与场所安全因素的都应当进行检查。其主要有以下六个方面：①警卫场所的各种建筑物安全情况的检查；②警卫场所各种设备使用方面的安全检查，如水、电设备等；③警卫场所各种安全设施完好情况的检查，如防火、防雷设施等；④警卫对象日常用品、外出交通工具等情况的检查；⑤警卫路线的有关线路情况的检查；⑥各项安全制度的建立和贯彻执行情况。

三、场所安全检查的实施

（一）场所安全检查的要求

场所安全检查一般用直观法，必要时结合器材检查法、动物检查法进行，以相互验证。检查应有顺序、无一遗漏地进行，宁可交叉重复，绝不留有死角；安全检查要实行责任制，定人、定岗、定责。

（二）场所安全检查的形式

人民法院中的场所安全检查，指是一项具体细致的工作，涉及方面多、范围广，因而需检查人员有细心、有耐心，协同有关部门及人员共同努力，搞好场所安全检查工作。法院场所安全检查工作通常采取经常性检查、临时性检查和全面性检查三种形式。

所谓经常性检查，是指对某一警卫场所或者某一方面的工作，由司法警察会同有关人员经常深入现场，了解和掌握安全方面的情况，发现问题及时研究解决，落实安全责任制。

所谓临时性检查，是指司法警察在接受某一项重要警卫任务后，及时对与任务有关的活动场所、行车线路等方面，有重点地进行安全检查，排除不安全因素，确保任务的顺利执行。

所谓全面性检查，是指每逢重大节日或重大活动前，司法警察部门会同有关部门组织对警卫场所进行比较系统、全面的安全检查。

（三）场所安全检查的基本步骤

1. 检查的方法和人员配备

检查的方法主要有顺序检查法、分片包干检查法和重点检查法。安检人员依照场地的大小合理配备。顺序检查法适用于地域小、情况不复杂的场地。分片包干检查法适用于地域大，情况复杂的目标，检查任务相对较多的情况。重点检查法适用于地域大，但目标集中、警力少的情况；如果活动场所多、行车路线长、涉及面广，没有能力对所有的点、面、线都进行检查，只能选择重要的、违法行为人可能攻击的目标进行检查。

2. 检查的程序

（1）确定目标。在安全检查之前，安检指挥员要详细察看活动场所及其环境，做到熟悉场所内部和外部的结构及其环境特点，预测违法行为人可能出现的地点及安全隐患相对较大的部位。

（2）制订计划。在活动场所的情况了解清楚之后，负责安全检查的指挥员要结合具体情况，制订详细的安全检查计划，其中包括划定法警部门的检查目标和范围。

（3）实施检查。计划一旦确定，就要严格按照场所安全检查要求，遵照计划规定的时间和方式组织司法警察实施。

（4）做好登记。这一环节主要是明确责任，登记材料本身也是资料，可以用于汇报和总结。登记的内容大致有检查人员、检查时间、检查对象、检查情况（包括发现的问题或查出的危险物品等）。

3. 检查问题处理

场所安全检查要边查边改，只查不改或者有改而不彻底都达不到安全检查的目的。因此，对检查中发现的问题，有条件解决的，应当及时研究解决；暂时难以解决的，应采取必要的安全措施，组织专门人员研究限期解决；一经发现严重威胁安全的隐患，应采取有效措施及时处置，排除危险。

项目五　安全检查的情况处置

司法警察执行安全检查勤务是一项非常严肃而又复杂的工作，涉及面广、影响大、政策性强，在实施过程中难免发生这样或那样的问题。因此，担任安全检查勤务的司法警察在执行过程中，要严格按照有关法律、法规以及规范性文件处置遇到的情况，确保安全检查任务的顺利完成。

一、拒绝检查的处置

在安全检查中，常有拒绝检查的情况发生，拒绝检查对象中有普通群众，也有企图对法庭审判活动实施违法犯罪的人，他们出于各种不同的原因，对安全检查持抵制态度，行为上表现为拒绝检查。对于拒绝检查情形的处置有以下三个方面：

（一）进行法制教育

检查人员通过告知有关法律规定，讲明司法警察有权对进入该场所的非本部门的公务人员进行检查，被检查人员应做好配合。无论是否有群众围观场所，检查人员言语都要简洁而有说服力，注重扭转群众的态度，使其主动配合检查。

（二）更换检查场所

有些被检人员在公众面前抵触情绪较大，常有种种过激行为，但脱离了人群后能很快冷静下来面对现实，愿意与值勤法警合作。

（三）采取相应措施

对证件不符合规定、强行进入法庭的人员，或企图实施违法犯罪行为的人员，以及其他不服从安全检查的人员，应移交公安机关处理。

二、不得进入审判场所的人员

依照《人民法院司法警察安全检查规则》的规定，以下人员不得进入审判场所：①无证件、伪造、冒用他人证件的；②未成年的（经法院批准的除外）；③精神病和醉酒的；④被剥夺政治权利、正在监外服刑和被监视居住、取保候审的；⑤拒绝接受安全检查或不听从安全检查人员安排的；⑥其他可能妨害法庭审判秩序行为的人。

三、违禁品和危险品的处置

（一）安全检查中常见的违禁品和危险品

1. 管制刀具

管制刀具是具有较大威胁性、法律法规明确规定严格管制的违禁物品，如匕首、刺刀、三棱刀等。

2. 易燃易爆物品

法庭审判场所中，常出现的爆炸装置多属就地取材的土制燃烧弹，即将汽油装入玻璃瓶等密封容器内，再加一根导火索，用明火点燃，杀伤力很强。

3. 有毒物质、强腐蚀性物品

通常情况下，有毒物质和强腐蚀性物品是以液态的形式出现的。例如，在水杯内盛有剧毒农药、强硫酸等，也有的对容器进行巧妙改装。

4. 与制作爆炸装置有关的部件

为逃避安全检查，不法分子往往将爆炸物进行分解，多人分别带进后进行快速组装，以达到破坏的目的。司法警察在进行安全检查时，应注意有无导线、电池、开关、电极片、定时器等物件，一旦发现应及时收缴。

5. 秘拍、秘录装置

法庭有关规则规定，未经允许不得对庭审过程进行录音、录像。有些人为给宣传媒体提供素材或达到其他目的，私自携带改装的微型摄像、录音设备进入审判场所进行拍摄。

（二）对违禁品和危险品及其持有人的处置

1. 寄存

对一般的限制物品，在进行物主证件、物品型号、数量登记后发给寄存号牌，将物品暂时寄存至物品柜内并妥善保管，待庭审结束后物主凭借证件和寄存号牌取回。

2. 收缴

对查出的不许私人携带的枪支、管制刀具等管制物品、易燃易爆、强腐蚀性物品等危险物品予以收缴，由司法警察部门统一上缴公安机关处理。

3. 违禁物品或危险物品持有人拒绝接受安全检查

当危险品或违禁品持有人拒绝检查并不断逼近法警时，执勤法警应伸出左手阻止被检人员继续逼近，命令其站住并适当后退，使自己始终与其保持 1.5 ~ 2 米的距离，防止出现袭警情况，并严厉告知继续靠近将面临严重后果。当违禁物品或危险物品持有人拒绝安全检查并强行闯入时，执勤法警可利用警力优势将其控制、制服，采取强制措施。

项目六　技能训练

技能训练一　安全检查仪器的使用、简单故障排除、使用注意事项

一、训练的目的和要求

通过训练，使学生掌握常用安全检查仪器、安全检查门、手持金属探测器的使用方法，根据不同情况选取相应的检查仪器，并能排除简单故障，以顺利完成安全检查任务。

二、训练内容

（1）常用安全检查仪器的使用方法。

（2）常用安全检查仪器简单故障的排除。

（3）常用安全检查仪器使用注意事项。

三、训练前准备

（1）训练器材的准备：安全检查门、手持金属探测器。

（2）分组：教师讲解常用安全检查仪器的使用方法，学生以5～10人为单位组成小组，交替进行操作。

四、训练方法与步骤

了解金属探测器材的基本结构及工作原理。金属探测器一般都是由探头和报警系统组成。探头内装有一组电感线圈，工作时产生交变电磁场，又称发射场，发射场与金属产生涡电流形成新的电磁场，使发射场产生畸变，传送到报警系统中。

（一）常用安全检查仪器的使用方法

1. 安全检查门的使用

连接安全检查门电源，根据实际需要将安检门内各区调至合适的灵敏度。先将灵敏度设低，直到不能探测物体，无报警时为止，然后单区依次加高灵敏度，直至能探测到要求物品即可；如果金属探测安检门对女性上身内衣报警，要对相应区域灵敏度进行调节，按照一般女性的身高，把四区的灵敏度调低一些即可。还可根据需要对报警声的音量音调进行调节。

检查时，引导员提示被检人员取出身上的金属物品，包括钥匙、手机、照相机等放在托盘内。如果安全门不报警，则可认为被检人员安全，予以放行。如果安全检查门报警，根据报警指示灯闪亮的部位，使用手持金属探测器或人工徒手进行复查。

2. 手持金属探测器的使用

在仪器关闭的状态下，按照要求放置好手持金属探测器电池并安放好电池盖。

按照使用说明书将手持金属探测器调试到工作状态。调节手持金属探测器的灵敏度，拨动灵敏度调节按钮，首先开通电源开关（电源指示灯亮），然后继续调节按钮，声音从无到有，从小到大。在探测前，调到轻微的“嗡嗡”声，仪器具有最高的灵敏度，这就是“临界声”。只有调到这种微弱的响声时，仪器才具有最高的灵敏度。若是把临界声调得太大或者根本没有调出声音，仪器的灵敏度就会降低。在调“临界声”之前，一定要按下按钮，调好之后再松开按钮。如果在探测的过程中，“临界声”逐渐增大或减少甚至消失，就再按放一下按钮使“临界声”恢复之后再探测。

检查时，手持金属探测器应距离物品 5 ~ 10 厘米处，从上到下、从左到右、从前往后匀速移动，不需接触物品。人身检查的顺序是先从右臂腋下到右胸、腰部、右腿外侧、右腿内侧、左腿内侧、左腿外侧、左胸、腋下、左臂；然后请被检人员转身，先扫后肩，之后从头到腰、左后腿、右后腿。如果手持金属探测器不报警，则可认为被检人员安全，予以放行。如果手持金属探测器发出报警声，则让被检人员将物品取出；如果被检人员神情可疑，有反抗迹象，应果断将其控制。

（二）常用安全检查仪器简单故障排除

（1）安检门不能正常开机：①如果电源指示灯亮，检查箱内电源是否插牢，如无问题，检查保险管及电源部分线路是否正常连接。②电源指示不亮，检查入线航插是否插接牢固，电源线是否良好。

（2）安检门红外不计数时检查红外线是否插接牢固，红外头是否被遮挡。

（3）液晶门流水现象：检验液晶板是否被挤压，松掉液晶板后的螺丝。

（4）安检门和手持金属探测器不报警：①强弱常亮，检验周围是否有干扰源，试着转换晶振改变频率。②检验红外是否正常。

（5）安检门和手持金属探测器报警时间长：检查报警时长设置及红外计数是否正常。

（三）常用安全检查仪器使用注意事项

（1）安全检查仪器能探测物体一般为易导磁金属，即易被磁铁吸附物体，如硅钢、铁、铜、合金等物体。但如果物体分散，如粉状金属、线状金属等则不易探测。金属体能探测到的物体以一元硬币为标准，高灵敏度的还可探测到回形针。

（2）安全检查门安装注意事项：注意防雨、防晒，在室外安装的最好配有雨篷等设施，以延长使用寿命。安装时尽量远离大型金属物体，避免附近有运动的金属物体。

（3）手持金属探测仪器使用完毕之后，将按钮调到关掉电源状态，电源指示灯灭，不能让仪器开着电源空置。

（4）对于某些人群须慎用手持金属探测器。对有宗教信仰的人检查时应尽量避免用手持金属探测器检查，如果安全门报警，可有针对性地进行徒手检查。

五、注意事项

（1）使用安全检查仪器之前，应根据仪器使用的地点、周围环境，调试检查仪器灵敏度。

（2）当安全检查仪器出现故障、不能正常检查时，应及时排除并安排值班法警徒手人工检查。不可因为检查仪器出现故障而放松检查，或出现紧张混乱情况影响安全检查工作。

（3）使用安全检查仪器时应注意爱护仪器，轻拿轻放；使用完毕后按要求放回原处。

六、考核方式及标准

（一）考核方式

（1）教师观察学生操练过程。

（2）学生之间互相交流学习并完成训练作业。

（3）教师总结。

（二）考核标准

四级评分制：

优秀：熟悉安全检查仪器的使用方法，积极与同学交流训练经验，准确完成训练作业。

良好：较熟悉安全检查仪器的使用方法，与同学交流训练经验，较准确完成训练作业。

及格：基本掌握安全检查仪器的使用方法，基本完成训练作业。

不及格：没有完成训练内容与训练作业。

七、思考题

1. 常用的安全检查仪器有哪些？
2. 安全检查门是如何实现探测报警的？
3. 安全检查门在使用时有哪些应注意事项？
4. 如果安全检查门出现误报，即探测到某些安全的小型物件也报警该怎么办？
5. 手持金属探测器的使用步骤是怎样的？
6. 手持金属探测器在使用时有哪些应注意事项？
7. 如何排除常用安全检查仪器出现的简单故障？

技能训练二　安全检查的组织实施

一、训练的目的和要求

学生通过亲自实施安全检查，能够更全面、详细地了解法院安全检查的具体操作要领和程序。要求学生进一步牢记法院安全检查的基本方法及程序。

二、训练内容

（1）进入审判场所人员的证件检查。

（2）进入审判场所人员的人身检查。

（2）进入审判场所人员随行物品的检查。

三、训练前准备

安全检查门、手持金属探测器、对讲机、电警棍等警械，“证件检查登记表”。

布置模拟现场，将安全检查门及手持金属探测器调至适用范围；在安全检查门入口1米处拉警戒线，以示群众排队接受检查，安全检查门的另一侧摆放桌椅，以便进行物品检查。

证件检查登记表

序号	姓名	日期/时间	证件名称	证件号	联系电话	值班警员
1						
2						
3						
4						
5						
6						
7						
8						
9						
10						

四、训练方法步骤

（一）学生分组分工

学生以5~7人为一组，每组2~3人为执勤法警；1~2人为进入审判场所人员，可以是律师，携带有较大包件，可以是当事人，有小件皮包；1~2人为观察员，观察执勤法警实施安全检查过程中出现的不足和良好之处，并做记录。每组分三次对调完成执勤法警的角色训练。

（二）安全检查的实施

（1）执勤法警引导被检人员取下随身物品，放置于设在安全检查门一侧的工作台上，并提示其通过安全检查门通道。语言规范："请将您的物件取下放于工作台上，然后通过安全检查门。"

（2）证件检查。被检人员通过安全检查门，在距执勤法警1.5~2米的地方截停。动作规范：左手臂向前平直伸出，手掌竖起指尖朝上，示意其停下。语言规范："我是××法院司法警察，现依据《人民法院司法警察安全检查规则》的规定对您进行检查，请予以配合，请出示您的有效证件。"

首先，判定证件真伪。认真查验证件的外观、式样、规格、塑封、暗记、照片、印章、颜色、字体、印刷以及编号、有效期限等主要识别特征是否与规定相符，有无变造、伪造疑点，有关项目是否齐全，有无涂改痕迹；注意查验证件是否过期失效。其次，确认人、证相符。最后，登记证件，设立专用的登记簿对被检人员的证件进行登记。对于非法证件应当及时收缴。

（3）人身检查。对通过安全检查门报警的被检人员，执勤法警应当令其重新过门检查或采用人工安全检查的方法进行复检。人工检查可使用手持金属探测器检查或徒手检查。

手持金属探测器检查时，金属探测器移动要平稳匀速，不需接触被测物。检查顺序遵循从被检人员的右到左、从上到下、从前到后的原则，采用仪器与手工结合，通过仪器报警、手的触摸、眼睛观察排除疑点。

徒手人身检查时，负责检查的法警迅速从被检人员的双肩开始向下对衣领及身体各部位进行检查，特别应注意腹下、腰部、裆部及双腿内侧。

（4）随行物品安全检查。检查随行物品时，不得让被检人员自行翻拿；即使有必要让其自己打开箱包，应密切监控其打开动作；待其打开箱包后令其站到一边等待检查。开启箱、包前先仔细观察，防止有爆炸、放射性等危险物品；拿取物品应按自上而下的顺序，不得探底取物或者将物品直接倒出；有声音、气味的物品应谨慎拿取。

（5）检查结束后返还证件和物品。语言规范："您的证件和物品已检查完毕，请带齐拿好。感谢您的配合！"

五、注意事项

（1）证件检查时应始终注意持证人的反应，边查边问，注意安全防范。通过发现持证人的情绪变化，推断其是否有嫌疑或其精神是否正常等。密切注视持证人双手掏证的动作，一旦发现异常，应立即阻止其动作，防止被检人员行凶。

（2）查验物品时，一般按照一看、二听、三闻、四摸、五拆的顺序进行。看物品形状、结构、包装、质地；听是否有声响，是什么声响；闻气味，有无异味；摸物品的形状、材料质地，掂一下物品的重量；必要时，轻轻拆开物品外包装检查。每一环节都要认真察看、分析，作出判断，如果能断定物品的性质尽量不要拆开物品，以免破坏物品的性能，造成不必要的损失。

（3）对女性进行人身检查应当由女司法警察完成。人身检查一般是在被检对象站立的情况下进行的，但对于危险性较大的对象也可以根据需要令其跪地或卧地进行检查。

（4）进行安全检查过程中应遵循严格检查、细致检查、文明检查的原则。

六、考核方式及标准

（一）考核方式

（1）教师指导学生训练过程，观察学生能否独立完成安全检查工作。

（2）学生之间互相交流学习，完成安全检查训练作业。

（3）教师针对训练作出总结。

（二）考核标准

四级评分制：

优秀：学生熟练掌握安全检查要领，独立完成安全检查工作；检查细致规范，填写登记表规范；积极认真观察其他同学的安全检查训练，提出准确建议；较好完成训练作业。

良好：学生较熟练掌握安全检查要领，能独立完成安全检查工作；规范填写登记表；认真观察其他同学的安全检查训练，提出较准确建议；认真完成训练作业。

及格：学生在教师指导下，基本完成安全检查工作；较规范填写登记表；认真观察其他同学安全检查训练，提出建议；基本完成训练作业。

不及格：学生不能完成安全检查工作；检查时粗心大意，频频出现错误；不认真观察其他同学的训练；没有完成训练内容与训练作业。

七、示范案例

被告人陈某，男，1965年10月6日出生于××省××市，汉族，小学文化，农民，住××市龙田村。因涉嫌故意伤害罪于某年11月4日被××市公安局取保候审。

某年5月10日凌晨3时许，被告人陈某和王某在××市明月酒楼前坐上出租车，要到离市区较远的五金市场，司机邓某拒绝，双方为此发生口角。被告人陈某下车将司机邓某拉下车，用拳猛击司机邓某面部、胸部。经该市公安局法医鉴定，邓某的人体损伤程度属重伤。本案涉及出租车司机受害问题，出租车司机作为一个利益群体，人数很多，社会媒体也极关注本案；加上受害人家属非常多，并且情绪不稳定，预计开庭旁听人员较多。为此法院要求司法警察做好旁听人员的安全检查工作。

训练提示：

预计参加庭审人员多，根据法院实际情况，实施安全检查的执勤法警最好为3~5名。设1~2名执勤法警为警戒人员，并引导参加庭审活动的人员准备好有效身份证件，依次排好队接受安全检查；设2~3名执勤法警实施安全检查工作。

安全检查过程中不能因为人多而乱了阵脚，检查工作分配好后应有条不紊地进行安全检查工作；在实施安全检查过程中，各执勤法警仍要时时进行安全防范。

由于参加庭审的人员可能会有社会媒体，对于媒体能否携带录音、录像器械进入，应当认真查验其身份以及相关的许可证明。

八、思考题

1. 证件检查时，如何判定证件的真伪？检查到非法证件时该怎么办？
2. 证件检查时，采取什么样的方法查验持证人与所持证件是否相符？
3. 被检人员通过安全检查门，检查门发出警报该怎么处理？
4. 当被检人员神色惊慌、表现异常时，检查其随行物品应注意哪些问题？

九、训练案例

王某，男，1976年11月23日出生于××省××市，汉族，本科学历。王某沉迷赌博，在花光家里的积蓄后，酗酒度日，且在酒后对其妻陈某及儿子实施暴力。某日，王某施暴时，用脚将妻子的脾脏踢伤，导致残疾。某年11月6日上午9时许，法院开庭审理王某和陈某的离婚案件。本案涉及个人隐私的问题，为保护未成年人，涉及个人隐私，决定不公开审理。

训练提示：

可设2名执勤法警实施安全检查工作。由于该案件有涉及个人隐私问题，对于与本案无关的人员不得进入审判场所，执勤法警应当认真检查参加审判活动人员的身份证件。进入审判场所的相关人员要做好安全检查工作，防止被害人家属携带危险物品或录音、录像等违禁物品进入审判场所。

单元六
看　管

【知识目标】

了解司法警察看管的含义及工作对象

明确看管过程中司法警察的职责

把握看管的特点及原则

【能力目标】

具备司法警察看管的组织实施能力

具备根据各种不同看管对象采取不同措施的教育与管理的能力

具备在看管过程中处置各种突发事件的应用原则与处置要领的把握能力

项目一　看管概述

一、看管的概念

参见【引例2－6】

【问题思考】

1. 根据引例，明确司法警察的看管工作的内涵。
2. 看管工作中看守与管理的关系如何？

【应知应会】

看管是指司法警察根据检察和审讯工作的需要，对被看管人在候审期间实施临时看守和管理，保证检察和审讯活动顺利进行的职务行为。

检察院司法警察为了调查、了解案件的真实情况，需要押解刑事案件的犯罪嫌疑人对现场进行辨认、调查取证、讯问等，这些工作都需要一定的时间，中间过程必须对犯罪嫌疑人进行看管，防止其脱逃；人民法院开庭审理案件必须按照法定程序进行，在开庭前一定时间将被告人押解到法院的羁押室看管等待开庭，在开庭中间休息阶段、合议庭合议阶段等都需要对被告人实行看管。为了保证被羁押人的安全，防止其自伤、自残、脱逃、逃避法律制裁，避免发生突发事件，司法警察应对被羁押人进行看管。

【应知应会】

（一）执行看管的主体是司法警察

犯罪嫌疑人、被告人或罪犯被司法警察从看守所、监狱或其他羁押场所押解到指定地方进行讯问或审判，在此期间需要保证其安全，避免突发事件的发生。司法警察负有对其进行看守和管理的职责。无论是在检察院或法院，看管的任务都是由司法警察来承担。这种看管也不同于看守所或监狱的看管，这是一种临时性的看管活动，有许多的不确定性和突发性的特点。

（二）看管的对象是犯罪嫌疑人、被告人或罪犯

1. 人民检察院司法警察看管的对象

根据《人民检察院司法警察暂行条例》的规定，人民检察院的司法警察看管的对象是被依法逮捕、拘留的犯罪嫌疑人、被告人和罪犯。人民检察院司法警察的看管工作，主要是从公安看守所将犯罪嫌疑人、被告人和罪犯押送检察机关讯问前后的临时看管。

2. 人民法院司法警察看管的对象

根据《人民法院司法警察暂行条例》的规定，人民法院司法警察看管的对象是庭审过程中休庭时的被告人和已经判决但尚未移送监狱或其他执行场所的罪犯。

（三）看管是一项职务行为

《人民检察院司法警察看管工作细则》明确规定：看管工作是指人民检察院司法警察根据办案工作的需要，在人民检察院办案工作区或者其他地点，依法对犯罪嫌疑人、被告人进行看守和管理，保证办案活动顺利进行的职务行为。

《人民法院司法警察看管规则》规定：看管是指人民法院司法警察根据审判工作的需要，依法在人民法院羁押室或其他指定地点等场所候审期间，对被告人进行看守和管理，保证审判活动顺利进行的职务行为。

可见，看管是司法警察职务工作中最基本的一项内容。

（四）看管的任务是看守和管理

司法警察在对被羁押者进行看管的时候，主要的任务是对其进行看守，保证其安全，防范意外的发生；同时，还要注意进行管理，对其行为进行约束，说明羁押室的有关规定，并在适当的情况下进行引导教育，稳定其情绪，促使其配合调查审讯、案件审理，保障诉讼活动的顺利开展。

（五）看管的目的是保障检察工作、审判工作的顺利进行

司法警察执行看管任务，其目的在于保障办案安全，防止犯罪嫌疑人、被告人或罪犯脱逃、自杀、自残、行凶、串供、传递信物等，还要防止内外勾结、里应外合劫走或伤害被看管人的行为发生，以保证检察或审判活动的顺利进行。

【特别提醒】

司法警察的看管主要是防止被看管人自杀、自伤、自残或者脱逃等，而在监管场所或者人民法院法庭看管时，由于监管场所、法庭一般都有相应的保护措施和监管人员，如看守所的民警、武警、人民法院的司法警察等，这时要求执行看管任务的司法警察主要保护办案检察官、法官的人身安全。需要注意的是，除法律规定的三类看管对象即犯罪嫌疑人、被告人和罪犯外，其他如正在检察机关接受调查但尚未对其正式立案的被调查人以及证人等诉讼参与人并非司法警察执行看管工作的对象。

二、看管的法律依据

看管是司法警察的一项基本职责，根据《人民法院司法警察暂行条例》第7条第五款规定，人民法院司法警察有提解、押送、看管被告人或者罪犯的职责；《人民检察院司法警察暂行条例》第7条第五款也有规定，人民检察院司法警察有提解、押送、看管犯罪嫌疑人或者被告人的职责。在检察与审判期间，犯罪嫌疑人、被告人或罪犯接受各种调查讯问，为保障其安全，避免发生突发事件，司法警察必须严格履行看守和管理的职责。

【应知应会】

(1)《人民检察院司法警察暂行条例》(1996年7月18日最高人民检察院第八届检察委员会第五十八次会议通过)第7条规定，人民检察院司法警察的职责：(五)提解、押送、看管犯罪嫌疑人或者被告人。

(2)《人民法院司法警察暂行条例》(1997年5月4日最高人民法院审判委员会第八九八次会议通过)第7条规定，人民法院司法警察的职责：(五)提解、押送、看管被告人或者罪犯。

三、看管的特点

【引例6-2】

【对某聚众斗殴案被告人的看管】2008年5月6日下午，某法院开庭审理张某等4人聚众斗殴案件。法警大队按规定向审理法官了解基本情况，得知被告人张某与其他三人是亲属关系，且被告人聚众斗殴情节恶劣。在看守所，押解法警再次向管教人员了解了各被告人情况，得知被告人张某患有癫痫病，精神不稳定，且有自杀倾向。这一情况引起了法警队大队长的高度重视。当天下午1时40分准时开庭，在长达五个小时的庭审过程中，值庭的法警不离被告人张某的左右。中间法庭休息20分钟，张某等被告人被押回羁押室。被告人在羁押室情绪较激动，用头猛撞墙壁，脸色发青，法警立即拽住被告人的左手，并教育他要配合审判，对自己的行为负责。张某静下来后要求去卫生间。法警带他到羁押室的卫生间，他趁法警不注意把脚伸进蹲便下水口，用力别住，导致脚腕关节骨折。张某被送至警察医院住院治疗，法庭审判活动被迫临时中止。

【问题思考】

1. 结合引例，分析看管工作的特点有哪些。

2. 本案中，司法警察在看管环节中，采取什么措施才能防止被告人自残行为得逞?

【应知应会】

司法警察看管工作具有如下特点：

(一)临时性

司法警察的看管不同于监狱和看守所的固定式看管，是时间较短的临时性看管。这种看管形式对于被看管人的思想习性、行为动态均缺乏全面深入的了解，给看管工作的顺利完成带来一定的难度。

(二)危险性

在司法警察的工作实践中，看管中发生被看管人行凶、自杀、自残、脱逃及犯罪团伙杀人灭口、内外勾结劫持被看管人的事件并不鲜见。这说明看管工作带有一定的危险性，这种危险不仅对被看管人构成威胁，而且对看管人也构成威胁。另外，由于被看管对象的临时性，司法警察对其是否患有传染病也不清楚，也有被传染到疾病的危险。

（三）**流动性**

在刑事案件开庭审理过程中，被告人要多次进出羁押室，尤其是多被告的时候，人员流动更大。因此，执行看管任务的司法警察要认真做好被告人进出羁押室的登记，防止发生差错。

（四）**复杂性**

在当前条件下，人民检察院及人民法院为了方便案件的审理，一般都设有临时羁押室。这些羁押室与工作人员办公地点距离近，在附近来往的人多，其安全设施也较差，并且这些场所一般设在闹市区，这些都给看管工作增加了复杂性。而有些案件为了达到社会治安综合治理的目的，法院进行公开审判时，需要临时设置羁押室，这种临时作为羁押用的场所更具有多种潜在的危险和不可预期的不安全风险。这些都充分体现了看管工作的复杂性。

（五）**被看管对象心理的不稳定性**

一般来说，犯罪嫌疑人、被告人和罪犯被押到检察院、法院，都是为了接受审理和判决。此时，被看管人的心理活动非常复杂，悔恨、侥幸、恐惧等心情同时涌上心头。被告人心理不稳定主要有以下几种情况：审理中由案件性质、情节变化引起的心理变化；对判决结果思想上是否准备充分、对是否认罪服法而产生的心理变化；离开监所后环境的变化而导致的心理变化等。这些心理变化很容易促成被告人行为的反常或引发过激行为。

【**特别提醒**】

被看管对象的临时性，使司法警察对其情况的了解掌握十分有限，很难全面，因此，尽可能全面详细地了解被看管人的各方面特征与信息，才能做好充分的准备工作。如果有破坏倾向的对象，应做好预防措施；有患疾病的，做好抢救准备；患有传染病的，应做好防护隔离措施。

四、看管的任务

【引例 6－3】

【**李×雨贩毒案审理**】2008 年 4 月 22 日，某市法院开庭审理李×雨贩卖毒品案。被告人李×雨，17 岁，女。开庭前被告人被押到法院羁押室看管。李×雨的母亲突然出现在离法庭不远的羁押室前，扑过去，法警果断地往前一迈，将她拦住，并劝告说："法律有规定，开庭前不能会见家属，庭审结束后再安排会见。"李×雨的母亲仍然情绪激动。经看管司法警察劝说后，由另外一名法警把她带到法庭，安排一个能看清楚她女儿又保证安全的位置，等待开庭。而羁押室里面的李×雨开始大哭。开庭的时间已近，法警灵机一动，对羁押室里的李×雨说："刚才你也看到了，妈妈那么急切地在门口等着你，说明你不管犯多大错误，妈妈都是爱你的，现在你妈妈就在法庭的旁听席上，她一定希望你改正错误，早点回到她身边。"看管法警的耐心说服教育，使她情绪稳定下来。

庭审非常顺利，李×雨情绪稳定，还为自己做了适当的辩护。庭审结束后，李×雨的母亲专门到法警大队道了歉。

【问题思考】

1. 结合引例，谈谈司法警察在看管工作中承担哪些任务。

2. 本案中，司法警察的文明看管与严格执法体现在哪些环节?

【应知应会】

司法警察看管犯罪嫌疑人、被告人或罪犯的主要任务是监视被看管人的活动，制止被看管人的不法行为，及时做好疏通引导教育工作，保证检察或审判活动的顺利进行。看管包括看守与管理两方面的内容，主要有以下五项工作：

（一）密切监控被告人、罪犯的活动，防止被看管对象脱逃、行凶、自杀、自残

人民检察院、人民法院的看管场所较之看守所、监狱等看管场所的防范措施相对薄弱，因此相当一部分被看管人会产生脱逃、行凶等违法思想或实施自杀、自残等逃避审判的行为，故更应加强防范，确保安全。

（二）依法告知被看管人在看管期间的权利和应遵守的规章制度

由于被看管人是临时羁押的，对羁押场所不熟悉，因此，负责看管的司法警察应当告知被看管人羁押室的有关规定和各项规章制度。另外，被看管人在看管期间享有检举、揭发等权利，司法警察也应当使其知晓自己的权利。

（三）制止被看管人的违章和不法行为，防止被看管人串供、传递信物

在团伙犯罪或其他共同犯罪的案件审理过程中，往往多名被告人会同时出庭。这些同案犯常常会在短暂的看管期间，利用一切可能的手段进行串供，妄图逃避审判或减轻罪责，所以要对其加强监管，严禁被看管人之间谈话或用暗语交流进行串供，保证案件的正常审理。

（四）适时疏导教育，平缓被看管人的激动情绪

被看管人往往会在案件的审理过程中出现情绪起伏，容易发生异常行为。因此，司法警察在看管期间，要相机行事，把握有利时机，及时进行疏导教育，促进案件的顺利审理。

（五）做好看管期间的生活管理

被看管人因接受调查、审判而误餐时，应准备伙食；被告人在看管期间患病，应及时做好防护措施，并给予治疗。

【特别提醒】

司法警察执行看管任务是司法警察履行其职责的过程。例如，执行搜查、拘传及协助执行其他强制措施等，均可看做看管工作的延续，而提解、押送、传唤，甚至是执行保护犯罪现场和死刑临场监督等任务，这些仍然可看做执行看管任务的内容，是“动态的看管”。

五、看管的原则

由于看管工作具有临时性、被看管人心理不稳定性和流动性大的特点，给司法警察执行看管工作带来难以预料的情况和困难，在实施看管过程中应贯彻以下原则：

【应知应会】

（一）严密看守的原则

从司法警察工作的实践来看，看管期间存在许多不安全因素：被看管人在案件审理过程中因情况的变化，容易产生轻生、脱逃乃至行凶报复等念头；被告人往往会利用看管期间借机串供，甚至脱逃；执行看管任务的司法警察往往会产生一种在羁押室内比较安全的麻痹思想，从而放松戒备。有相当一部分被看管人的脱逃、自杀事故发生在看管期间。因此，司法警察执行看管勤务对被看管人必须严密看守，切不可掉以轻心。

（二）相互配合的原则

看管、押解、警卫等勤务相互联系，密不可分。尤其在被看管对象人数众多的情况下，更应密切配合、相互协作，做到分工不分家。否则，羁押室内往往会造成较为混乱的局面，甚至造成个别被告人脱离看管的情况。

（三）文明看管与严格执法相结合的原则

司法警察在执行看管任务时，应告知犯罪嫌疑人、被告人、罪犯在看管期间所享有的权利，并要对被看管对象的生活、卫生进行管理，严禁打骂、体罚被告人。同时，被告人在看管期间，其亲友也会借机要求会见被告人，有的甚至通过各种渠道前来说情，执行看管任务的司法警察必须坚持严格执法，坚持原则，严格按照看管的有关规定履行职责。

【特别提醒】

（1）临时看管期间亲友要求会见的情况时有发生，而且常有一些看似合理的要求，但按照规定，这是不允许的。特别是通过“关系”前来说情，要求给予“方便”，传递信息或者违规与他人会见，等等。看管勤务工作中发生过多起法警在看管中失职，为关系人提供“方便”，导致案件审理不能正常进行，甚至使有的罪犯逃避了法律追究等事件。

（2）羁押室安全情况检查。为防止被看管对象在羁押室内自杀、自残，执行看管任务的司法警察，要在被看管对象进入羁押室前对羁押室进行安全检查，这也是一项经常性的工作。

项目二　看管人员的职责

一、领导职责

【引例6-4】

2007年11月11日某城市某法院法警队接到刑事庭通知，11月13日开庭审判张某聚众斗殴案。按照规定，在一次刑事案件审判前，法警大队领导向刑事审判法官了解准备开庭的被告人的基本情况，得知被告人有六人，其中首犯和另一名同伙系叔侄关系，且被告人聚众斗殴情节恶劣，开庭审判时间可能很长，被告人在看守所表现不好，有脱逃、自杀、自残等倾向。因此法警大队对这起案件非常重视，成立了以大队长为组长的押解、看管组，明确人员分工，并制订了处置突发事件预案。

【问题思考】

1. 结合本案制订看管中突发事件处置方案。
2. 本案被看管对象被关在同一羁押室是否可以？

【应知应会】

负责看管领导的职责为：

（1）负责制订看管方案并组织实施。

（2）负责调配看管勤务的警力。

（3）负责看管勤务与其他勤务之间的协调。

（4）负责检查看管场所的安全防范措施。

（5）负责看管中出现各种情况的处置。

【特别提醒】

看管与其他勤务之间的协调容易成为管理的漏洞，所以，对于法警队的领导，作好协调的准备与安排非常关键，确保诉讼中各个环节和过程不出现意外。

二、看管人员职责

【引例6－5】

某市检察院在办理原公安人员熊某涉嫌贪污一案时，因熊某抵触情绪较大，又逢其阑尾炎手术不久，拒绝进药进食。负责看管任务的法警为熊某准备了可躺的长沙发，主动掏钱为其购药，又根据熊某的饮食特点定制病号饭，耐心细致地做思想感化工作，从而促使被感动的熊某交代了其贪污公款7万元的犯罪事实。

【问题思考】

结合本案，负责看管任务的司法警察为履行职责做了哪些准备，具体看管中采取哪些有效方法?

【应知应会】

司法警察执行看管任务，从其内容来讲，对被看管人既有看守职能，又兼有管理职能。

（一）熟悉情况

司法警察应熟悉被看管人的姓名、特征、罪行、身体状况；了解和掌握其在其他看管场所的行为表现。同时对看管场所及周边情况进行检查，熟悉看管场所，确保无安全隐患。

（二）坚守岗位

担任看管任务的司法警察不得擅自离开羁押场所，不准做与看管工作无关的事情，不得阅书看报，不得与被看守对象或其他人员谈论案情，防止泄漏案情审理情况，或因疏忽造成看管期间发生意外。

（三）文明管理

司法警察应依法告知被看管人在此期间的权利和应当遵守的规章制度，有针对性地做好被看管人的管理教育工作，使其认罪、服判。管理被看管人的饮食、卫生等生活事宜；负责被看管人的进出登记；做好羁押室（临时羁押场所）的安全防范工作。遇有被看管人在羁押室内违反规定、实施不法行为等情况时，要及时予以制止，但严禁打骂、体罚、虐待被看管对象，也不准对其变相体罚、刑讯逼供，产生影响司法公正的行为。

（四）密切监视

看管中，司法警察应密切监视被看管人的活动，防止被看管人行凶、自杀、自残、脱逃；防止其他人伤害、劫持被看管人，保证被看管人的人身安全。

（五）及时交办

被看管人在羁押期间若交出有关案件的材料或其他检举、揭发材料，看管人员应及时送交有关承办人员，不得擅自处理

（六）进出登记

看管人员应对羁押室的进出人员做好记录，科学管理。由于人民检察院和人民法院羁押人员的临时性和流动性等特点，羁押室关押的对象常有变化，一定要做好管理工作，进行详细记录，防止出现漏洞、给不法分子有可乘之机。

（七）拒绝无关人员进入

羁押室除了被关押的犯罪嫌疑人、被告人或罪犯及司法警察之外，任何人不得入内。执行看管任务时，不准让无关人员及被看管人的亲友进入看管场所，不准受人之托，给被看管人带食品和其他物品。

（八）遇有特殊情况，按有关规定及时报告和处理

三、看管人员的职权

【应知应会】

司法警察执行看管是司法警察的勤务内容之一，是法律赋予司法警察的职责。为使司法警察更好地履行此职责，法律赋予其相应的职权，并在权限范围内依法行使。司法警察执行看管任务享有如下职权：

（一）看守权

司法警察有依法临时看守犯罪嫌疑人、被告人和罪犯的权利。

（二）管理权

看管人员有依法管理被看管人的权利，并且有权要求其服从管理。

（三）教育权

看管人员有权对被看管对象进行适当的教育，包括思想、道德、法制等方面的教育。

（四）紧急情况处理权

当被看管对象发生急病、脱逃、自杀、自残、行凶等紧急情况时，看管人员有权进行紧急处置。

（五）检查权

看管人员有权对进出羁押室的犯罪嫌疑人、被告人、罪犯进行人身及物品检查，防止其夹带危险物品或违禁物品进入羁押室；也有权对羁押场所及周边环境进行安全检查。

【特别提醒】

看管人员执行看管勤务时，应当在法定的权限内履行职责，不得越权和滥用职权行事。

项目三　看管的组织实施

一、看管前的准备工作

【应知应会】

（1）对看管被告人的场所、周边情况及警用设备进行检查。

（2）根据案情和被告人的人数确定看管警力。

（3）确定司法警察的分工。

（4）制定紧急情况的处置措施。

【特别提醒】

准备工作是完成任务的重要前提，执行看管前应认真检查，确定警力与分工，以保证任务的正确执行。

二、制订看管勤务方案

【应知应会】

受领看管任务后，应制订看管方案。看管方案应根据被看管人的犯罪性质、被看管人人数、看管场所周围环境及开庭方式而制订。应包含以下七项内容：

（1）基本情况，包括被告人的人数、姓名、性别、年龄、籍贯、犯罪性质等。

（2）警力编成及任务区分，成立领导小组，明确看管小组组长和组员；明确组与组之间的交接时间、交接方法、待办（处理）事项；明确领导小组、看管小组的任务。

（3）武器、警械具佩带（以院领导审批为准）。

（4）相关协同，与值庭人员交接位置及事项。

（5）特别规定，包括看管人员的着装，制定看管规定、信（记）号规定。信（记）号规定通常是对被告人的行凶、自杀、自残、脱逃信（记）号加以区别的。

（6）特殊情况的处置，对被告人可能发生的行凶、自杀、自残、脱逃或被告人拒绝出庭等进行预测，制定处置措施，对使用致命性武器的枪支和非致命性武器的催泪弹、爆震弹以及约束性械具的脚镣、手铐、警绳应作明确的规定。

（7）组织收队，总结经验教训。

方案制订后应报院领导审批后执行。

【特别提醒】

看管方案应当是具体的、可操作的、可执行的，使其能在实践工作中发挥明确的指挥指导作用。

三、确定看管场所

【应知应会】

看管场所的设立是否合理、安全，是能否圆满完成看管任务的先决条件。根据司法实践，看管场所可分为固定看管场所和临时看管场所。

（一）固定看管场所的设立

目前，各级人民法院在建设审判法庭的同时，一般都随之建立固定看管场所（也称固定羁押室或候审室）。固定看管场所（羁押室）应符合下列条件：

（1）固定羁押室墙面、地面为水泥抹制，应能通风、采光、隔音、防止火灾及其他自然灾害。

（2）应当靠近审判法庭，有工作人员和车辆进出的安全通道。

（3）房间设施安全坚固，门窗安装铁栅栏，门锁要安全牢固。

（4）室内无杂物，坐椅固定；照明采用低压电源，灯具固定，并有防护罩。

（5）室内应设置供被看管人使用的厕所或“便器”。

（6）审判法庭应设立4间以上的羁押室，以便于对同案犯、男女犯分别看管。

（7）为防止被看管人自杀、自残、撞墙，在法院羁押室中应有一间有软包装墙体的隔离间，防止其撞墙时造成头部受伤。

（8）固定羁押室应设监控房间和巡查通道，并设有通信、报警、监控设备；羁押区域应设有总门，以便隔离或警戒。

（二）临时看管场所的设立

人民法院为扩大审判效果，积极参加社会综合治理，需要对一些有社会影响的罪犯实行公开宣判，这些宣判场所往往需要开设临时羁押场所。因此，在开设临时羁押场所时，应根据当地条件，因地制宜，选择最佳地点，并应注意以下四点：

（1）临时羁押场所应当尽量靠近审判区和厕所。

（2）临时羁押场所应避开群众进出通道，避开易燃易爆、高压电器和其他危险物品。

（3）临时羁押场所应便于押解囚车进出，有利于安全警戒。

（4）临时羁押室应尽量选择窗户少，门窗坚固、牢靠，室内无杂物，易于看管的房间。

如果不具备以上条件，执行看管任务的司法警察就应考虑用囚车作临时羁押室。使用囚车作临时看管场所时，车辆应靠近审判区停放，周围应设置警戒，囚车驾驶员不得离开驾驶室。

【特别提醒】

固定羁押室与临时羁押室里可能会有易被忽视的隐患，更加要求司法警察在检查时以及看管中细致认真，保持高度警惕。

四、执行看管

【引例6-6】

常言道：“有钱能使鬼推磨。”法警接触犯罪嫌疑人、被告人的机会比较多，有些人为了达到逃脱法律追究的目的，经常千方百计利用各种手段拉拢执行看管任务的法警。2003年，法警王某在看管某县一位涉嫌受贿的魏某时，犯罪嫌疑人企图通过换洗衣服传递纸条。魏某乘只有王某一人看管之机，私下对王某说，只要你睁一只眼闭一只眼，让我把纸条送出去，我叫人给你送1万块钱。王某当场拒绝魏某的请求，使其挖空心思琢磨出来的“妙计”落空。近年来，伴随打击渎职犯罪力度的不断加大，检察院法警支队看押的多是一些大案、要案的犯罪嫌疑人，从普通干部到厅级干部，不少人常常心存幻想，企图建立与亲友或同伙取得联系的“绿色”通道，许多人想用钱买通，但都未能得逞。王某和他的队员始终恪守着“三不”原则，即不泄露案情、不打听案件、不办人情案，做到不接受吃请，不接收礼物，以实际行动捍卫了法警执法如山、清正廉明的良好形象。

【问题思考】

司法警察执行看管任务应怎样行为?

【应知应会】

司法警察执行看管任务时应做到：

（一）与押解司法警察依法履行交接手续

认真核对被告人的身份，清点被告人人数，了解被告人犯罪的基本情况、有无疾病、有无异常情绪等情况。对被告人进出羁押场所的时间、被告人姓名、人数以及押解司法警察的姓名等，要逐一登记，认真填写看管记录。

（二）依法告知被看管对象在看管期间的权利和应遵守的规章制度

司法警察执行看管时，要告知被看管对象他的权利、应该遵守的法律规定，使其主动配合司法警察看管与法院审判活动。

（三）对被告人的看管一般情况下都使用械具

对重刑犯或有迹象表明可能行凶、脱逃、自杀、自残的被告人，必须使用警械具，对重刑犯，在必要情况下应面对面进行看管。

（四）密切监控被看管对象的活动

司法警察在看管勤务中应密切监控被看管对象的活动，并经常巡查看管场所，检查看管场所的门锁是否安全、牢固，发现被告人在看管场所内有自杀、自残、传递信件、携带违禁物品等违章或不法行为时，要及时予以告诫并制止，同时向值班领导汇报。

（五）不得询问或随意谈论案情

司法警察执行看管过程中，不得询问或随意谈论案情，不得辱骂、体罚、虐待或变相体罚被告人；不得谈论国家秘密和审判工作秘密。

（六）司法警察要严格遵守看管规定

司法警察要严格遵守看管规定，未经批准，不得让被看管人以外的任何人员进入看管场所；不准给犯罪嫌疑人、被告人或罪犯带食品或其他物品；不准给看管对象传递口信；不得将看管对象提出看管场所；不得准许任何人在看管场所摄影、录音、录像和采访。犯罪嫌疑人、被告人、罪犯在看管期间有检举、揭发的要求时，应立即报告部门领导和本案法官，及时制作笔录和处理。

五、执行看管应注意的问题

【引例 6－7】

2004 年 6 月 3 日，长期流窜于湘鄂两地实施盗窃的“江洋大盗”李继平在岳阳市君山法院接受审判时当庭脱逃。事件发生在5月11日。33 岁的被告人李继平在岳阳市君山法院受审。多年来，此人流窜于湖北监利，湖南汨罗、岳阳、云溪等县（市）进行入室盗窃，犯案累累。2002 年，李被公安机关抓获时，曾借口上厕所而脱逃。今年初，网上逃犯李继平被岳阳警方再次抓获。但在当日庭审时，李又借口上厕所而趁机脱逃，法院在事发后组织人马追赶，但未追上，这一事件在当地造成恶劣影响。

【问题思考】

司法警察执行看管任务应注意哪些方面的问题？

【应知应会】

（1）按规定着装，保持警容严整，举止端庄。

（2）根据《中华人民共和国人民警察使用警械和武器暂行条例》配备警械和武器。

（3）看管司法警察警力的配备应根据审判案件的性质、羁押场所的具体情况、被看管人的危险程度和人数而定。对一名被看管人的看管一般应配备不少于两名司法警察；对有多名被看管人的案件，应适当增加看管警力。

（4）对男性被看管人、女性被看管人，成年被看管人、未成年被看管人以及其他需要分别看管的被看管人，应分别看管。对女性被看管人应由女司法警察执行看管；对同案被看管人应保证一人一室。

（5）被看管人需要上厕所时，每名被看管人应由两名司法警察监控。遇有女性被看管人时，应由女性司法警察监控。被看管人如厕前，司法警察要注意查看厕所的环境是否安全，厕所内有无危险品及障碍物。被看管人如厕时，司法警察应处在有效控制位置，防止脱逃等意外事件的发生。

（6）看管场所要保持良好的卫生环境，防止疾病的传播。被看管人在看管期间患病的，应及时给予治疗。

项目四　看管勤务中突发事件的处置

司法警察在执行看管任务过程中，肩负着保证被看管人安全及保障审讯活动顺利进行的任务，一旦发生突发事件，会危及被看管人或其他人员的安全，会严重破坏检察院和法院的正常工作。

被看管人在羁押场所中可能做出的异常行为包括自杀、自残、行凶、脱逃等不法行为或以暴力威胁看管人员生命安全。这类事件主要发生在刑事案件被告人的看管和庭审过程中，主要表现为刑事案件被告人利用自身携带的凶器或其他物品伤害他人或自杀、自残，利用看管中可能存在的漏洞进行逃跑的行为。

一、被看管人脱逃、自杀、自残事件的处置

【引例6－8】

【马×林脱逃案】 东乡人马×林，年约30岁。1992年马×林因犯贩毒罪被兰州市七里河区法院判刑12年。刑满释放后，马×林不思悔改，重操旧业，再次贩毒时被警方抓获。2002年1月16日，兰州市中级人民法院审理该案后以贩毒罪一审判处马×林死刑。宣判后，马×林被准备押回看守所时，在法院意外跳楼脱逃。

脱逃后，马×林只身扒火车逃往新疆，在一小县城藏匿。2004年3月，马×林因非法持有毒品罪被新疆乌鲁木齐市警方拘留，后此案被移交甘肃方面处理。

【问题思考】

如何预防被看管人脱逃？

【应知应会】

（一）做好防范安全准备

为了防止刑事案件被告人脱逃，必须在看管前做好防范安全准备；被看管人发生脱逃行为时，应及时加强戒备，尽快堵截，形成包围圈，尽可能将其抓捕归案。

（二）发生被看管人自杀、自残时，应立即检验其是否已经死亡，然后分情况进行处置

对于自杀、自残未遂的，首先应积极进行抢救，作简单处理，再送往医院。当情况严重需到医院抢救或住院治疗时，应对自杀者加戴械具，并派足警力，注意警戒看管，严防其在去医院途中或在医院抢救治疗过程中脱逃或再次自杀。自杀者脱险后或治愈后，应针对其自杀原因进行疏导教育，防止类似事件再次发生。对为逃避法律处罚而故意自杀、自残的，则应依法从严惩处。

对于确认自杀死亡的，首先，立即通知办案单位，进行尸体和现场勘验，请法医或医生进行尸体解剖，作出死亡诊断证明。其次，检查死亡者身上的衣物，有无遗书，调查死亡者自杀前的言行表现，分析判断其自杀原因。再次，通知自杀死亡者的家属，并做好善后工作。

二、被看管人突发疾病的处置

【引例6-9】

“走路有人搀扶，坐有人搬椅子，喝水有人递水杯，还有个医生专门看护。”受到这样“贵宾”待遇的是一名涉嫌抢劫的被告人石某，这一幕出现在鹿城法院羁押室。

2006年11月24日，鹿城法院开庭审理石某等四人抢劫一案。庭审进行到一半时，被告人石某忽然面色紧张、口吐白沫倒在地上。承办法官立即宣布休庭，与值庭法警把石某送到医院抢救，并为其垫付了医药费。原来石某从小就患有癔症，在看守所里大家都没有察觉到他身患疾病，所以法庭当时未采取任何防范措施。不过幸好抢救及时，石某没有大碍。由于案件需要继续开庭审理，为避免再次出现意外，鹿城法院做了充分的准备工作。石某被关在法院羁押室，被“精心”看管，鹿城区精神病院的谢医生带着药品等针对癔症的救治用品早早来到法庭等候。庭审开始时，法警扶着石某走上被告席，打开手铐并为他搬来一张椅子，让其坐着接受庭审。为缓解石某的紧张情绪，法警为他倒了一杯开水。一个多小时的审理过程，石某安全度过。石某主动承认了犯罪事实，并当庭作了深刻的忏悔。

【问题思考】

看管中，如何有效处置被看管人突发疾病的情况？

【应知应会】

对犯罪嫌疑人、被告人或罪犯，在接受讯问或审判的时候突发疾病的，应当本着人道主义的精神进行抢救，为其治疗，尊重其生命权。因此，对于一些有患病可能的被看管对象，应做好充分的准备，必要时还要有医生在现场，以保证被看管对象能正常接受讯问或审判。另外，司法警察应具备急救技能，才能有效处置突发疾病的事件。

（一）突发疾病为精神病的情况

在看管过程中，被看管人有时会为逃避刑罚或隐瞒罪行而伪装成精神病人。因此，遇到突发精神病的情况，要保持高度警惕，作出鉴别，防止伪装得逞。要辨别伪装与否，首先要求看管的法警要对精神病知识有一定了解；其次，对相应的病症发作处置方法有所掌握。

（二）突发疾病为传染病的情况

传染病具有传播的影响力，应当做好疾病的防护和控制措施，避免造成不必要的传染。对于突发疾病确认会传染的，要预先做好防护工作，对患病者加戴口罩和手套，与其他同时接受审判的被告人分开关押，分开看管，并且做好消毒工作，防止传播。而执行看管任务的法警自身也应做好防护，避免受到感染。

（三）突发疾病为其他疾病者

突发疾病为其他疾病者，要做好及时的抢救，尽快治疗。尽量避免因突发疾病发生非正常死亡的现象。

项目五　技能训练

技能训练一　手铐使用的训练

一、手铐使用的训练目的与要求

（一）训练的目的

通过本次训练，使参训的学生能了解手铐的基本结构，熟悉手铐在不使用时的佩带方法和在使用时的握法。要求参训的学生能够根据不同的情况下，清楚应采取何种方式使用手铐以达到约束的目的，提高操作的准确性、快速性、安全性。进而能更好地完成押解、值庭、安防等不同的警务职责。

（二）训练的要求

（1）训练时间为 2 学时。

（2）参加训练的同学，以 6 人为一个单位，分成若干小组。

（3）规范几种手铐的使用方法。

（4）训练过程中教师先进行示范性操作，然后每个学生进行操作性训练，逐一考核。

（5）训练结束后，教师根据每小组训练中的表现和动作是否规范等方面进行考核，并按百分制给出分数。

二、手铐使用动作要领训练的内容及要点

（1）了解手铐的基本结构。

（2）掌握手铐的佩带方法和手铐的握法。

（3）针对不同姿势使用手铐的方法。

(4) 针对不同人数使用手铐的方法。

三、手铐使用动作要领训练前的准备

学生分组、几种常用手铐的准备。

四、手铐使用动作要领训练方法与步骤

(一) 手铐结构识别的训练

每组学生轮流指出手铐的五个基本结构部分，并示范手铐的佩带方法和手铐的握法。

要求参训学生都能够指出手铐的五大基本结构：铐梁、铐环、链柱、连接链和钥匙孔。

(二) 演示手铐的佩带方法

佩戴手铐时要注意：手铐应装在手铐套内，手铐套佩带在身体右侧的腰带上，手铐的佩带要牢固并且要紧紧贴住身体，以免影响行动。

(三) 演示手铐上铐的方法

1. 演示手铐的基本握法

以拇指和食指捏住铐梁，控制好铐环的方向，以便于使用，其余的手指握住连接链和链柱，铐环口一般朝向前上方。

2. 演示手铐不同的上铐方法

(1) 站立式正面上铐的方法。站立式正面上铐的方法是针对服从的被铐对象所采用的上铐方法，其操作要领是：右手持手铐，左手抓对方右手腕，先将对方右手腕铐住，而后再将其左手腕铐住。

(2) 倚墙式背后上铐的方法。倚墙式背后上铐的方法是针对比较危险的被铐对象的上铐方法，其操作要领是：命令被铐对象倚墙站立，右手持手铐，从被铐对象左侧靠近，左手将其手臂别于背后并上铐，然后左手握住手铐，右手抓握被铐对象的右手腕，将其右臂向后反拧并上铐。

(3) 俯卧式背后上铐的方法。俯卧式背后上铐的方法是针对倒地后的被铐对象所采用的上铐方法，其操作要领是：将被铐对象制伏后，左手向前抓住被铐对象的左手腕并别于背后，右手持手铐将其左手铐住；将手铐从被铐对象的腰带穿过，左手握住手铐，右手将其右臂别于背后并铐住，铐住其右手腕后，双手协力将其拉起。

(四) 学生上铐操作训练

由充当法警的学生演示针对不同人数使用不同的上铐方法：

1. 示范一铐两人的上铐方法

一铐两人的上铐方法有两种：其一是命令被铐对象并排站立，从后侧接近，将两人的左、右手铐在一起。其二是命令被铐对象并排站立，从后侧接近，先将左侧之敌的左手铐住，而后将手铐从腰带穿过，再将右侧之敌的左手腕铐住。

2. 示范两铐两人的上铐方法

两铐两人的上铐方法有三种：其一是命令被铐对象并排站立，从一侧接近，先将其中一人用手铐铐住，再将另一人的一支手臂从其臂中穿出，用另一副手铐将其铐住。也可以采用同样的方法将两人从背后铐住。其二是命令被铐对象并排站立，从后侧接

近，先将左侧之敌的左手和右侧之敌的左手铐在一起，而后再将左侧之敌的右手与右侧之敌的右手交叉铐在一起，手铐要穿过右侧之对方的腰带。其三是命令被铐对象按相反方向并排站立，先将一被铐对象用一副手铐铐住，再将另一人的左手从前者臂中穿过，用另一副手铐铐住。

3. 示范两铐三人的上铐方法

两铐三人的上铐方法有两种：其一是命令被铐对象并排站立，从后侧接近，先将左侧之敌的右手与中间之敌的左手用一副手铐铐住，而后再用另一副手铐将中间之敌的右手与右侧之敌的左手铐在一起。其二是命令被铐对象并排站立，从后侧接近，先将中间的被铐对象的两手用一副手铐铐住，再用另一副手铐将左侧的被铐对象的右手穿过中间之敌的两臂与右侧的被铐对象的左手铐在一起。

五、注意事项

（1）参训的学生要按照自己的角色进行演示，还要互换角色进行训练。

（2）要注意每个参训学生都要采取不同的方法分别进行一铐两人、两铐两人、两铐三人的演示。

（3）在使用手铐的过程中要求参训学生做到安全、快速，既能迅速制伏被铐对象，又要防止在使用手铐过程中造成不必要的人身伤害。

六、考核方式及标准

（一）考核方式

（1）由教师检查学生的操作过程。

（2）学生之间在互换角色进行演练后互相陈述操作过程，作出评议，最后由教师做总结。

（二）考核标准

四级评分制

优秀：能按要求独立、准确地完成各项演练，动作标准，而且动作快速、安全，能指出针对不同姿势、不同人数可采用的不同上铐方法。

良好：能独立、较好地完成各项演练，动作比较迅速。

及格：在教师的指导下能基本完成各项演练。

不及格：不能完成各项训练。

七、训练思考题

法警王某和万某于3月20日接到押解命令去东城区看守所押解犯罪嫌疑人李某出庭参与诉讼。当警车到达法院后，万某打开囚车的门时，在囚车内的李某已乘人不备挣脱了手铐，一下冲出囚车，向外逃去，法警万某和王某立刻进行追赶，最后追上李某，王某迅速赶上，一下子把李某扑倒在地。

请问，要在此时对李某进行约束，戴上手铐，应当采取哪些不同的姿势？不应该采取什么样的姿势，为什么？

技能训练二　警绳使用的训练

一、警绳使用训练与要求

（一）训练的目的

通过本次训练，使参训的学生能了解警绳的基本打法，熟悉警绳不同的携带方法。要求参训的学生能够根据不同的情况，清楚应采取何种方式使用警绳或其他简便的器材以达到约束的目的，培养学生严守纪律、英勇果断、团结协助等优良品质，进而能更好地完成各项警务职责。

（二）训练的要求

（1）训练时间为 2 学时。

（2）参加训练的学生，以 6 人为一个单位，分成若干小组。

（3）掌握警绳打结的基本方法、警绳的携带方法、警绳的几种捆绑方法和意外情况下使用简便器材的捆绑方法，并能规范完成。

（4）训练过程中教师先进行操作性示范，然后每个学生逐一进行操作性训练，逐一考核。

（5）训练结束后，教师根据每小组训练中的表现和动作是否规范等方面进行考核，给出成绩。

二、警绳使用训练的内容与要点

警绳的使用是在将犯罪嫌疑人或被告人制伏后，以绳索对其进行控制，是约束人身、临时看管和押送途中防止逃跑的一种有效的手段。本次训练的基本内容包括：

（1）绳结的基本打法。

（2）警绳不同的携带方法。

（3）不同的警绳捆绑方法。

（4）意外情况下使用就便的简易器材的捆绑方法。

三、警绳使用训练前的准备

准备警绳（绳索要求是有韧性、抗摩擦、无弹性，直径在 1 厘米左右为佳）及鞋带、腰带等简易器材。

四、训练方法步骤

（一）训练方法

警绳的使用训练采取操作性训练方法进行。

（二）训练步骤

1. 进行分组

全班学生每 2 人组成一组，由 1 名学生充当法警，另外 1 名学生充当被告人。

2. 每组学生轮流演练警绳的不同打法

具体的打法分别包括：蛇口（警绳一端固定之小圈）、半轮（将绳折半形成的轮）、单结（只系一扣的结）、捕轮（穿入蛇口形成的轮）、引轮（即活扣 ）、活轮（即活套）、难结（固定性较强的结）、死结（系两扣的结）。

3. 由充当法警的学生演示警绳的不同的携带方法

（1）腕部携带警绳的方法。腕部携带警绳的方法是将捕轮套入左手腕部，稍微松一些，以不脱手为准，而后将绳折为两行，顺时针方向缠绕手部，缠至一周时，再将剩余的绳索折为两行，从其端点穿过，再沿顺时针方向进行缠绕，以相同的方法进行，直至将所有的绳索缠绕在手腕上。使用时只要向外拉绳索的末端，就可将绳索打开。

（2）腰间携带警绳的方法。腰间携带警绳的方法是将绳索对折在一起，夹于腰带内侧即可。使用时向外拉绳索的任何一端，就可将绳索打开。

（3）将警绳放于衣袋内携带的方法。只需将绳索整齐对折后，放入衣袋内。

4. 由充当法警的学生演示不同的警绳捆绑方法

（1）“8”字捆绑法。在使用“8”字捆绑法时，其动作要领是：警绳采用腕部携带的方法。将敌制伏后，骑坐敌腰，左手将敌右臂经颈下拉至左侧，右手将警绳打开，将捕轮套在敌右手腕上并拉紧，右手将警绳按逆时针方向缠敌颈一周，左手抓敌左手腕并上提，右手将敌左手腕捆住，打一死结。

（2）勒喉捆绑的方法。在使用勒喉捆绑时，其动作要领是：警绳采用腰间携带的方法。将敌两臂别于背后，右手将警绳经敌右臂穿过，套在其颈上，用力将敌两臂向上提，以警绳绕右手腕一周，向下绕左手腕一周，向上打一死结。

（3）捆大臂的方法。在捆大臂时，其动作要领是：警绳采用腰间或衣袋内携带的方法。以警绳将敌两大臂成“8”字形缠绕，并用力拉紧，在两环形的中间，横向和纵向各打一个“十”字，打一死结。

（4）捆小臂的方法。在捆小臂时，其动作要领是：警绳在手腕上携带。将敌制伏后，将敌两臂别于背后，两手协力将捕轮套在敌右手腕上并拉紧，将敌左臂尽量向上提，环形缠绕两小臂数圈，打一死结。

（5）捆手腕的方法。捆手腕有三种不同的方法：

其一是由前捆绑手腕。其动作要领是：警绳在腰间或衣袋内携带。将敌制伏后，命令被警者两手相对，手腕贴在一起。以警绳的中间部位对正其腕部，顺时针方向缠绕两圈，在两手腕根部打一死结，从左、右两侧向后缠腰一圈并拉紧，在后腰带中间部位打一死结，两绳向上缠敌颈一圈，在敌颈后打一死结。

其二是由后捆绑手腕。其动作要领是：警绳在腰间或衣袋内携带。将被捆绑者两手背于背后，手背相对，两手腕贴在一起，以警绳的中间部位对正其腕部，顺时针方向缠绕两圈，在两腕之间，环形带中间纵向缠绕两圈，并在两手腕根部打一死结，剩余绳索穿过腰带并打一死结。

其三是交叉捆绑手腕。其动作要领是：警绳在手腕上携带。将敌制伏后，命令被捆绑者两臂在体前交叉，将捕轮套在敌左手腕拉紧，在敌右手腕缠绕两圈并打一死结，剩余绳索向下穿过腰带并打一死结。

5. 由充当法警的学生演示用就便的器材进行捆绑的方法

（1）鞋带捆绑手腕的方法。将敌制伏后，命令被捆绑者两手背于背后，手掌相对，以一根鞋带按照由后捆绑手腕的方法，捆住其手腕，再以另一根鞋带在两大拇指根部缠绕数圈，打一死结。

（2）腰带捆绑手腕的方法。将敌制伏后，使被捆绑者两臂别于背后，左手腕在上，右手腕在下，两手腕重叠，将腰带置于两手腕部，腰带扣向上，左手抓住腰带扣，双手协力将腰带在敌左手腕上缠数圈，向下将其余的腰带缠右手腕数圈，用力拉紧腰带，使其两手腕部紧紧地贴在一起并扣好腰带。

（3）腰带捆绑大臂的方法。将敌制伏后，使被捆绑者两臂背于背后，以腰带将敌大臂成“8”字形缠绕并扣好扣环。

五、注意事项

（1）参训的学生要按照自己的角色进行演示，还要互换角色进行训练。

（2）要注意在实训的过程中，要求学生演练技能的同时，应向其灌输相关的法律常识，提高其执法意识。

（3）在使用警绳的过程中要求参训学生做到安全、规范，参训的过程要求严肃、认真。

（4）学生在演练警绳的捆绑方法时一定要注意捆绑的松紧程度的把握。捆绑时，要做到确实、牢固，使被捆绑者无法逃脱；但捆绑时用绳索在缠绕敌颈时松紧要适度，否则容易致其死亡。

六、考核方式及标准

（一）考核方式

（1）由教师检查学生的操作过程。

（2）学生之间在互换角色进行演练后互相陈述操作过程，作出评议，最后由教师做总结。

（二）考核标准

四级评分制

优秀：能在规定的时间内，准确完成各项捆绑动作且动作正确、松紧程度适中。

良好：能在规定的时间内较好地完成各项演练，动作比较准确。

及格：在教师的指导下能基本完成各项演练。

不及格：不能完成各项训练。

七、思考题

请谈谈手铐和警绳这两种约束性警械的优缺点。

单元七

执行传唤及强制措施的实施

【知识目标】

了解执行传唤、强制措施的含义及特点

掌握执行传唤的种类和方法

理解刑事、民事、行政强制措施的不同种类和区别

【能力目标】

具有执行传唤的勤务实施的能力

具有正确处理执行传唤时问题处理能力

能够区分刑事、民事、行政强制措施的不同之处

具有执行传唤和强制措施期间灵活处置突发事件的能力

项目一　执行传唤的概念、方法与实施

一、执行传唤的概念

【引例7-1】

2008年3月4日，某市平安区检察院法警队接到本院侦查部门的任务通知，要求法警队传票传唤涉嫌贪污公款的平安区卫生局局长张××，在3月5日上午10时至区检察院接受讯问。接到任务后，法警队便指派法警王×和法警李×于3月4日10：30去往平安区卫生局向张××执行传唤，要求犯罪嫌疑人张××根据传票的要求于3月5日上午10点准时到案接受讯问。张××于第二日10时至该区检察院接受讯问。

【问题思考】

1. 何谓传唤、执行传唤?
2. 根据传唤的主体不同，传唤可以分为多少种?
3. 执行传唤的方式及实施中要注意的事项。

【应知应会】

传唤是人民法院、人民检察院的司法警察或公安机关办案人员以书面或口头方式要求案件当事人于指定时间自行到案接受讯问或询问的一种法律措施。执行传唤是指人民检察院和人民法院的司法警察根据检察官或法官的要求以书面或口头形式，或公安机关的办案人员以书面或口头形式通知当事人在指定时间到指定地点接受讯问或询

问的一项活动。

【应知应会】

（一）执行传唤的种类

根据执行传唤的主体不同，可以进行如下区分：

1. 人民检察院的法警执行的传唤

这是检察院为了查明案件真相、保证检察工作顺利进行而对当事人采取的一项活动。根据检察院所承担的职责不同，又可将传唤分为刑事诉讼的执行传唤，人民检察院对人民法院判决后的民事案件、行政案件执行监督中的执行传唤。

2. 人民法院的法警执行的传唤

这是人民法院为了查明案件的真实情况、保证审判工作顺利进行而通知当事人到庭参加审判活动的一项活动。根据法院审理案件的性质不同，又可分为刑事诉讼的执行传唤、民事诉讼的执行传唤和行政诉讼的执行传唤。

3. 公安机关的执行传唤

这是公安机关为查明案件真实情况而对当事人采取的一项活动。根据公安机关所受理的案件性质不同，又可分为刑事案件的执行传唤和治安案件的执行传唤。

（二）传唤与拘传的联系与区别。

传唤和拘传是两种各自独立的诉讼行为，两者既有联系、又有区别。对两者进行区分，对司法警察执行传唤任务具有重要意义。

传唤是人民法院、人民检察院的司法警察或公安机关办案人员以书面或口头方式要求案件当事人于指定时间自行到案接受讯问或询问的一种法律措施；拘传是指人民法院、人民检察院和公安机关对未被羁押的犯罪嫌疑人、被告人强制其到案接受讯问的一种强制方法。

拘传和传唤是两种性质不同的诉讼行为。两者共同之处是都适用于未被羁押的犯罪嫌疑人、被告人，而且都要求其到案接受讯问。两者不同之处是：

1. 两者的性质不同

传唤等同于通知，不具有强制性质，要求被传唤人自觉到案接受讯问或询问，因此不得对其使用械具；而拘传作为强制措施的一种，指法院、检察院或公安机关采取一定的强制手段（包括使用械具），强制当事人到案。

2. 传唤与拘传的对象有所区别

传唤的对象要比拘传的对象范围更加广泛。传唤的对象除了适用于犯罪嫌疑人、刑事、民事或行政被告人以外，还适用于其他当事人，包括自诉人、证人、附带民事诉讼的原告人和被告人、民事或行政案件的原告人等；而拘传的对象仅限于犯罪嫌疑人、被告人、民事案件中必须到庭的被告人。

3. 两者采用的形式不同

传唤由于不直接采用强制力，所以在传唤形式上较为灵活，既可以口头传唤，如电话、电报或通知的方式传唤，也可以通过传票等进行书面传唤；而拘传作为一种强制措施，以《拘传票》的形式实施，即使用有拘传权力的人民法院院长、人民检察院检察长或县以上公安机关负责人签发的《拘传票》执行。拘传票上应写明：犯罪嫌疑人、被告人的姓名、罪名、拘传原因、应押到的场所，并由签发的法院院长、检察院检察长或县以上公安机关负责人签名或盖章。

4. 传唤不是拘传的必经程序

在一般情况下，人民法院、人民检察院或公安机关须先经过合法传唤后才能决定是否拘传。但是，根据公安部《公安机关办理刑事案件程序规定》、最高人民检察院《人民检察院刑事诉讼规则》以及最高人民法院《解释》之规定，拘传的适用对象包括两种：经合法传唤没有正当理由而不到案的；根据案件情况有必要直接拘传的。因此，当出现特殊情况，如刑事案件的犯罪嫌疑人、被告人没有固定住所的；被告人、犯罪嫌疑人有可能不接受传唤而逃逸的，可以直接决定拘传。所以，传唤不是拘传的必经程序。

【特别提醒】

传唤本身不是一种强制措施，因而在执行传唤时，对被传唤人不能使用械具，不能押送到案。

二、执行传唤的方式及步骤

【应知应会】

（一）执行传唤的方式

执行传唤是不具有强制性质的法律措施，因此在适用方式上比较灵活，通常采取的方式主要有两种，即文书传唤与口头传唤。

1. 文书传唤

文书传唤，是以文书的形式对主要当事人进行传唤的一种方式，是司法实践中最常用的传唤方式。使用文书传唤具有以下特点：

（1）《传唤通知书》、《传票》具有法律效力，被传唤人收到通知书、传票后应按时到指定地点接受讯问或询问。

（2）根据我国诉讼法的规定，经法院、检察院或公安机关合法传唤后，无正当理由拒不到案或逃避传唤的，可以拘传。

2. 口头传唤

口头传唤，是指法院、检察院或公安机关对当事人以口头通知的方式，通知当事人到指定地点接受讯问或询问的一种特殊的传唤方式。在进行口头传唤时，必须由传唤人对被传唤人当面宣布，不应采取间接转告或捎口信的方式进行。如用电话传唤时，必须做好电话记录。实践中，口头传唤一般由检察官、法官自己进行。

（二）执行传唤任务的实施

人民法院、人民检察院的司法警察在执行传唤任务时，应当遵循以下的步骤：

1. 认真核对、登记传票，弄清有关情况

接到《传唤通知书》、《传票》后，应认真仔细检查被传唤人的姓名、年龄、性别、住址，应送达的处所和限定的时间等内容是否清楚。如不清楚，应及时与案件承办人联系，弄清内容，再予以送达，避免出现送达错误或无法送达的现象。

2. 布置任务，做好必要的物质准备

人民法院、人民检察院的司法警察部门在接到传唤任务后，应当及时指派司法警察专门执行。司法警察接到执行传唤任务时，应做好必要的物质准备，如交通工具、通信工具等，必要时还可准备好警械和武器。

3. 准时送达、签收《传唤通知书》或《传票》

人民法院、人民检察院的司法警察在执行传唤时，应当在法律规定的时间内及时将法律文书送达被传唤人。被传唤人收到通知书、传票后，应由收件人本人或者代收人签名盖章。如果收件人或者代收人拒绝签名盖章，则应邀请收件人邻居或其他见证人到场说明情况，把传票留在该处，并在送达回证上记明拒收事由、送达日期等。

4. 反馈执行传唤的情况

司法警察在完成执行传唤任务时，应当及时向案件承办人和法警部门领导反馈执行的具体情况，以便案件的承办人和法警领导根据具体执行情况采取相应对策，以保证及时查明案情和诉讼活动的顺利进行。

（三）执行传唤的相关注意事项

司法警察在执行传唤的实践活动中，应当熟练掌握相关法律的规定，以保证传唤工作的顺利完成：

（1）严格按照诉讼法中关于传唤的规定办理。诉讼活动种类不同，诉讼法对执行传唤的规定也不一样，体现在对传唤文书的送达、传唤的次数作了规定。刑事诉讼的传唤，根据《中华人民共和国刑事诉讼法》的规定，第 81 条对传唤文书的送达作了规定，而第 92 条中的第二款对传唤的时间性进行了规定，即“传唤的持续时间最长不得超过 12 小时，不得以连续传唤的形式变相拘禁犯罪嫌疑人”。民事诉讼的传唤，要求严格执行《中华人民共和国民事诉讼法》第 78 条、第 79 条关于送达的规定，第 100 条关于传唤次数的规定，即“人民法院对必须到庭的被告，经两次传票传唤，无正当理由拒不到庭的，可以拘传”。而行政诉讼的传唤，在送达文书方面与民事诉讼的传唤相同，但对传唤次数的处理结果不一样，《中华人民共和国行政诉讼法》第 48 条规定，经人民法院两次合法传唤，原告无正当理由拒不到庭的，视为申请撤诉；被告无正当理由拒不到庭的，可以缺席判决。虽然各部诉讼法的规定不尽相同，但对传唤通知书、传票的送达都作了具体的规定。这就要求司法警察熟悉法律，在执行传唤任务时严格按照诉讼法律规定办理。

（2）严格遵守国家的保密规定。不得擅自回答被传唤人有关案情的询问，不得泄露秘密。如家属群众询问，应按照法律和有关规定答复；如遇到群众围观，应向他们进行法制教育和宣传，劝阻围观者，防止发生意外。

（3）司法警察送达《传唤通知书》接受与回证。司法警察送达《传唤通知书》应交给被传唤人，如果本人不在，可交由其成年家属或者所在单位负责人代收。送达《传唤通知书》应填写送达回证，并由收件人本人或代收人签名盖章，如果收件人或者代收人拒绝签名盖章，则应邀请收件人邻居或其他见证人到场说明情况，把传票留在该处，并在送达回证上记明拒收事由、送达日期等。

（4）传唤被取保候审、监视居住的犯罪嫌疑人、被告人，须先行与采取强制措施的执行机关联系，到被传唤人所属派出所登记后方能予以执行。

（5）若异地执行传唤，司法警察应当持《传唤通知书》、办案协作函件和工作证件，与协作地公安司法机关联系，协作地公安司法机关应当协助将犯罪嫌疑人、被告人传唤到指定地点接受讯问。

【特别提醒】

人民检察院的司法警察在执行传唤任务过程中，执行法警还要注意与检察官沟通，事先了解用警意图，注意隐蔽身份和办案目的，不让嫌疑人有丝毫的空隙可钻，不给嫌疑人留下任何把柄。特别是涉及对某些领导干部的传唤，需要在行动前向党委主要负责人汇报和请示，环节相对较多，办案难度增大。因此，执行传唤任务的法警，只有事先领会用警意图，才能慎重行事，在到达目的地后，不惊动当事人，注意暗中了解其行踪，待下达执行命令时，立即执行传唤，从而保证办案的顺利进行。

项目二　强制措施概述

一、强制措施的性质和种类

【引例 7－2】

2008 年 4 月 10 日上午，某市东庄区法院在本院开庭审理姚国强诉钱小妹离婚一案，庭长张健带领合议庭成员做好了开庭前的准备工作。8：30 左右，原告姚国强来到东庄区人民法院楼下，遭到守在楼下的案外人邵宏飞、朱新明夫妻的阻拦，声言向姚国强要工资和债务，引来了 20 多人围观。张健审判长听到情况反映，即到楼下做工作，向朱新明等人宣传法律，要求他们让原告到庭参加诉讼。朱新明等人不听，强调向姚国强要工资没错，不让其到庭参加诉讼，声言要先解决他们的债务，不给钱不准去开庭，致使庭审工作无法进行。张健庭长向院领导做了汇报，院领导接到报告后，为了维护法律的严肃性，维护人民法院审判活动的正常开展，即向法警大队下达了出警命令。接到命令后，由于法警大队警力正在执行其他任务，大队长、政委立即启动应急预案，调动已外出协助执行其他任务的四名法警及参与值庭的两名法警，在 10 分钟内赶到现场。到达现场后，对正在阻拦的邵宏飞、朱新明等人进行法律宣传，要他们不要阻拦原告姚国强到庭参加诉讼。但朱新明等人不听劝说，对到现场执法的法警采取拉扯等，将法警衣服扯坏，还有两名法警被抓伤手。在此情况下，法警大队在现场院领导的指挥下，采取果断措施，对阻挠原告姚国强进入法庭开庭的邵宏飞、张美英、朱新明、张燕平四人强制带离现场。后东庄区法院依法分别对邵宏飞、张美英司法拘留 12 日，对朱新明、张燕平司法拘留 10 日。

【问题思考】

1. 什么叫强制措施？
2. 诉讼中的强制措施有几类？
3. 司法警察执行强制措施与公安机关的警察执行强制措施的区别是什么？
4. 什么叫司法拘留？

【应知应会】

本章的强制措施是指诉讼过程中的强制措施，是人民法院、人民检察院、公安机关为了保障诉讼活动的顺利进行，依法采取的诉讼上的强制手段。

强制措施作为司法工作人员的职务行为，就其性质而言，是一种诉讼保障手段，如引例 7－2 中的强制措施的使用，就是为了保障原告能正常到庭参加诉讼，保障审判工作的顺利进行。它是由诉讼法规定的，是诉讼中的强制手段，而不是实体法上的法律制裁。法律制裁是实体法规定的对违法行为的制裁和处罚，如刑罚就是惩罚犯罪的刑事制裁手段，是由《刑法》规定的。而强制措施是在诉讼进行中采取的强制手段，不是制裁的措施。但民事诉讼中的有些强制措施也带有制裁的内容。

强制措施分为三类：民事诉讼中的强制措施、行政诉讼中的强制措施以及刑事诉讼中的强制措施。其中，民事诉讼中的强制措施和司法警察工作结合较为紧密，因此，民事诉讼中的强制措施是本章三类强制措施介绍的重点。

二、三类强制措施的区别

【应知应会】

民事诉讼中的强制措施、刑事诉讼中的强制措施和行政诉讼中的强制措施，同是强制措施，都是为了保障诉讼活动的顺利进行，但是，几种强制措施之间也有着一定的区别。

（一）民事诉讼中的强制措施与行政诉讼中的强制措施的区别

民事诉讼中的强制措施与行政诉讼中的强制措施相同之处较多，都是由人民法院实施的，都是针对妨害诉讼秩序的行为而采取的，但其不同之处在于：

1. 法律依据不同

民事诉讼中的强制措施的实施依据是《民事诉讼法》，行政诉讼中的强制措施依据的是《行政诉讼法》。

2. 强制措施的种类不完全相同

民事诉讼中的强制措施有适用拘传的规定，而行政诉讼中则没有规定拘传这种强制措施。《行政诉讼法》规定，经人民法院两次合法传唤，被告无正当理由拒不到庭的，可以缺席判决，无须拘传被告到庭；而在民事诉讼中有一些被告是必须到庭的，如离婚案件的被告、追索赡养费案件的被告、解除收养关系案件的被告等，经两次传票传唤，无正当理由拒不到庭的，可以适用拘传。

（二）民事诉讼中的强制措施与刑事诉讼中的强制措施的区别

民事诉讼中的强制措施与刑事诉讼中的强制措施的区别较为明显：

1. 法律依据不同

民事诉讼中的强制措施的法律依据是《民事诉讼法》；刑事诉讼中的强制措施的法律依据是《刑事诉讼法》。

2. 适用主体不同

民事诉讼强制措施只能由人民法院适用；而刑事诉讼强制措施适用的主体既有人民法院，也有人民检察院和公安机关。

3. 适用对象不同

民事诉讼强制措施针对的对象是妨害民事诉讼秩序的行为人所采用的，它既包括当事人、其他诉讼参与人，也包含与该案无任何关系的案外人。而刑事诉讼强制措施针对的对象是本案中的犯罪嫌疑人、被告人，对其他任何人都不能采取这种措施。

4. 适用的前提条件和目的不同

民事诉讼强制措施针对的是实施了妨害民事诉讼秩序行为的当事人，其目的是排除妨害。刑事诉讼中的强制措施是为了防止犯罪嫌疑人、被告人逃跑、串供、自杀或继续犯罪而采取的预防措施，它不以当事人的行为是否妨害了诉讼秩序为前提条件，其目的是预防性的。

5. 种类不同

民事诉讼强制措施的种类包括拘传、训诫、责令退出法庭、罚款和拘留。刑事诉讼中的强制措施主要包括拘传、取保候审、监视居住、拘留和逮捕五种类型。这两处的拘留并不相同，前者是司法拘留，后者则是刑事拘留。

6. 实施效果不同

民事诉讼的强制措施是一种特殊的强制约束，与实体法无关，而刑事诉讼中的强制措施与实体法有关。犯罪嫌疑人或被告人在判决前被羁押的期限可以折抵刑期。

（三）行政诉讼中的强制措施与刑事诉讼中的强制措施的区别

行政诉讼中的强制措施与刑事诉讼中的强制措施的区别类似于民事诉讼中的强制措施与刑事诉讼中的强制措施的区别，只是行政诉讼中的强制措施的法律依据和种类与民事诉讼中的强制措施有些不同：即行政诉讼中的强制措施的法律依据是《行政诉讼法》；行政诉讼中的强制措施的种类包括训诫、责令具结悔过、罚款和拘留四种。

项目三　民事诉讼中强制措施的实施

一、民事诉讼中强制措施的概念

【引例7-3】

2007年6月23日下午，江苏省某市中级人民法院执行法官与法警在白×镇蒲×村强制执行一起财产损害赔偿纠纷案。当执行人员到达现场后，被执行人吴×生、吴×英夫妻手持充满恶臭粪便的木棒与便桶与法警对峙，并口出狂言：谁欲开门，立即泼粪。虽经近一刻钟的法制教育也无济于事。观察了地形后的法警大队大队长田向阳果断下令，由三名法警从院子的后窗进入，前门的人继续进行说服教育，以分散这对夫妻的注意力。当法警顺利进入屋内后，一案外人大声起哄，要这对夫妻回头看。话音刚落，这对夫妻将手中的粪便泼出，20多名执行人员当即被粪便泼中，空气中弥漫恶臭。此时，进入屋内的法警将两人及时制伏后，打开了院门，最终将此案执结。吴×生、吴×英均被法院实施司法拘留15日。

【问题思考】

1. 司法拘留、刑事拘留与行政拘留的区别是什么?
2. 妨害民事诉讼的行为有哪些?
3. 在执行民事强制措施过程中，司法警察应注意哪些事项?

【应知应会】

民事诉讼中的强制措施，就是在民事诉讼进行中采取的一种制止妨害诉讼行为，排除正常进行诉讼活动的障碍，教育妨害诉讼行为人，预防妨害诉讼行为发生的措施。

人民法院审理民事案件，是依法行使国家的审判权，是一项严肃的司法行为。它要求在整个诉讼过程中保持良好的秩序，这就要求案件当事人、其他诉讼参与人以及案外人必须遵守诉讼秩序，依法参与诉讼，不得进行干扰和破坏。而在司法实践中，一些案件参与人、案外人法制观念淡薄，往往为了取得非法利益或逃避法定义务而作出妨害民事诉讼的行为，对此，人民法院应当依法对其采取强制措施，排除妨害，保障诉讼活动的顺利进行。

二、妨害民事诉讼的行为

（一）妨害民事诉讼的行为的概念和种类

妨害民事诉讼的行为是指诉讼参与人、其他案外人在民事诉讼活动过程中，故意干扰、破坏诉讼秩序，妨碍诉讼活动正常进行的行为。

【应知应会】

根据《民事诉讼法》第100条、第101条、第102条、第103条的规定，妨害民事诉讼的行为可归结为以下几类：

（1）人民法院对必须到庭的被告，经两次传票传唤，无正当理由拒不到庭的，可以拘传。

（2）违反法庭规则，哄闹、冲击法庭，侮辱、诽谤、威胁、殴打审判人员，严重扰乱法庭秩序的。

（3）伪造、毁灭重要证据，妨碍人民法院审理案件的。

（4）以暴力、威胁、贿买方法阻止证人作证或者指使、贿买、胁迫他人作伪证的。

（5）隐藏、转移、变卖、毁损已被查封、扣押的财产，或者已被清点并责令其保管的财产，转移已被冻结的财产的。

（6）对司法工作人员、诉讼参加人、证人、翻译人员、鉴定人、勘验人、协助执行的人，进行侮辱、诽谤、诬陷、殴打或者打击报复的。

（7）以暴力、威胁或者其他方法阻碍司法工作人员执行职务的。

（8）拒不履行人民法院已经发生法律效力的判决、裁定的。

（9）有义务协助调查、执行的单位有下列拒绝履行协助义务行为之一的：

①有关单位拒绝或者妨碍人民法院调查取证的。

②银行、信用合作社和其他有储蓄业务的单位接到人民法院协助执行通知书后，拒不协助查询、冻结或者划拨存款的。

③有关单位接到人民法院协助执行通知书后，拒不协助扣留被执行人的收入，办理有关财产权证照转移手续，转交有关票证、证照或者其他财产的。

④其他拒绝协助执行的。

（二）妨害民事诉讼的行为的构成

民事诉讼中的强制措施，是针对妨害民事诉讼的行为而采取的，正确认定妨害民事诉讼的行为，具有重要意义，也是实施强制措施的前提。

【应知应会】

妨害民事诉讼的行为种类繁多，情况千差万别，但具有如下共同的构成要件：

1. 行为主体要件

即任何人，不管是当事人、证人或其他参与人，还是与案件没有任何关系的人，只要实施妨害诉讼的行为，都可以成为妨害诉讼行为的主体。但同时，行为人必须要具有行为能力，因为行为能力是承担责任的基本条件。无行为能力人即使实施了妨害诉讼秩序的行为，也不构成妨害民事诉讼的行为。

2. 客观行为要件

即必须有妨害民事诉讼的行为。从表现形式看，包括作为和不作为。作为是指行为人实施了法律不准进行的行为，如伪造证据、哄闹法庭等；不作为是指行为人拒绝实施法律规定的应为的行为，如有义务协助执行的单位拒不履行协助义务等。

3. 主观要件

即实施妨害诉讼行为的人必须具有主观上的故意，如果非故意，即使其行为妨害了诉讼秩序，也不得采取强制措施。如证人在赶往法院作证的途中，因遭受雨淋而使衣服口袋中的重要书证毁灭，虽然给人民法院认定案件事实的工作带来极大的困难，也不构成妨害诉讼的行为，因为该证人并没有故意毁损该书证。

4. 后果要件

即行为人实施的主观故意行为必须造成妨害诉讼的实际后果，否则不能作为妨害诉讼的行为对待。

案例：张某与李某发生殴打，为了能够通过诉讼多获得一些赔偿，张某在起诉前找到在医院工作的朋友另外出具2 000元的医疗费用单据。张某以此单据为书证向人民法院起诉，要求李某赔偿因侵权而给自己造成的3 500元经济损失。在法院审查决定是否受理该案时，张某将该单据撤出。

分析：张某的这一找朋友出具虚假书证的行为就不能构成妨害诉讼的行为。因为从张某找其朋友开出2 000元医疗费用单据行为本身来看，张某确实存在影响人民法院对案件事实的认定的故意，但是由于张某及时将该单据撤回，因此，并没有造成影响诉讼秩序的后果，故不能构成妨害民事诉讼的行为。

5. 时间要件

即妨害诉讼的行为必须发生在民事诉讼过程中，如果民事诉讼尚未开始，或者诉讼已经结束，则行为人的行为不能视为妨害诉讼的行为。所谓民事诉讼过程中，包括审判程序和执行程序，同时既包括行为人在法庭内实施的行为，也包括行为人在法庭外实施的行为。

【特别提醒】

需要注意的是，执行程序结束后，并不是绝对不会构成妨害诉讼的行为，其关键在于其行为的对象是否针对被执行的标的物。如果行为针对执行标的物采取，而且该行为的实施影响了生效法律文书权利人权利的实现，则仍然属于妨害诉讼的行为，否则不得作为妨害诉讼的行为对待。根据有关司法解释，在人民法院执行完毕后，被执行人或者其他人对已执行的标的有妨害行为的，人民法院可以依照《民事诉讼法》第102条的规定处理，采取措施，排除妨害。

案例：李某以张某为被告向人民法院提起诉讼，要求人民法院责令张某将摩托车返还给自己。法院经过审理作出摩托车为李某所有的一审判决，张某不服提出上诉，但是因为欠缺足够的证据，二审法院驳回上诉，维持原判决。张某拒绝交付摩托车，李某申请法院强制执行。法院执行人员采取强制手段，将该摩托车强行从张某处拿走，交给权利人李某后，因张某对该判决有意见，于是张某及其哥哥不仅追上协助执行的司法警察将其打伤，而且还不顾李某阻拦，强行砸坏该摩托车。

分析：张某及其哥哥的行为是否构成妨害诉讼的行为？就该案而言，张某及其哥哥的上述行为应分别对待。张某及其哥哥打伤协助执行的司法警察的行为不能构成妨害诉讼的行为，因为本案执行程序已经结束，该行为虽然构成对执行人员人身权利的侵犯，但是该侵犯并没有直接妨害诉讼秩序。而张某及其哥哥砸坏摩托车的行为则构成妨害诉讼行为，因为该摩托车是本案的执行标的物，砸坏摩托车，会直接影响生效判决所确定的权利人权利的实现。

三、民事诉讼中强制措施的种类及适用

我国《民事诉讼法》规定了五种强制措施，即拘传、训诫、责令退出法庭、罚款和拘留。在适用这些强制措施时应当注意相关程序问题。

【应知应会】

（一）拘传的适用

拘传是指对必须到庭的被告经人民法院两次传票传唤，无正当理由拒不到庭的，可以派出司法警察强制其到庭的一种强制措施。采取拘传这种措施必须符合以下三个条件：

（1）被拘传人是必须到庭的被告人。

必须到庭的被告包括：第一，追索赡养费、扶养费、抚育费案件的被告人；第二，不到庭无法查明案件事实的被告人。此外，如果被告是给国家、集体造成损害的未成年人，其法定代理人无正当理由不到庭参加审判活动的，也可以适用拘传。

（2）必须先经过两次合法的传票传唤。

（3）无正当理由拒不到庭。

独任审判员或者合议庭只能提出拘传的建议，无权决定拘传。适用拘传必须经人民法院院长批准，签发拘传票，由司法警察将拘传票直接送达被拘传人，由被拘传人签字或盖章，并随司法警察到庭。

（二）训诫的适用

训诫是由人民法院的审判长或独任审判员针对轻微扰乱法庭秩序的行为人采取口头批评教育、并当庭责令行为人改正，不予改正的，司法警察可以强制其改正的强制措施。

（三）责令退出法庭的适用

责令退出法庭是指针对违反法庭规则，扰乱法庭秩序的行为人，由合议庭或独任审判员决定，由审判长或独任审判员当庭宣布，责令其退出法庭的强制措施。行为人应主动退出法庭，否则，司法警察可以强制其退出。但是，一般应当先适用训诫，经过训诫仍然扰乱法庭秩序，可以责令行为人退出法庭。

（四）罚款的适用

罚款是指人民法院对严重妨害民事诉讼行为的人（公民或法人及其他组织），责令其在指定的期限内交纳一定数额的金钱的强制措施。

罚款的数额：对个人的罚款为 1 000 元以下；对单位的罚款为 1 000 元以上，3 万元以下。

采取罚款措施应由院长批准，制作罚款决定书。被罚款人不服，可以申请复议一次。但是，复议期间不影响罚款决定书的效力。

（五）拘留的适用

司法拘留是指人民法院对严重妨害诉讼的行为人予以强行关押，在一定期限内限

制其人身自由的强制措施。拘留的适用需注意：

（1）拘留的期限为15日以下。

（2）适用拘留措施由人民法院院长批准，制作拘留决定书，由司法警察将被拘留人送交当地公安机关看管。

（3）被拘留人不服，可以申请复议一次，复议期间不停止执行；被拘留人提出复议申请后，上级人民法院应当及时复议，如果发现拘留不当，应当及时口头通知解除拘留，然后在3日内补作复议决定书。

【特别提醒】

最后，还需注意适用强制措施时，在对一个行为人的一个具体妨害行为，一种强制措施只能适用一次，但是，可以并列适用多种强制措施。如对当事人制作伪证的行为，如果人民法院认为该行为已严重妨害诉讼秩序，可以对该行为人既适用罚款措施，又适用拘留措施。妨害民事诉讼的行为人在被司法拘留期间，如果认错悔改的，经人民法院批准，可以提前解除拘留。

四、强制措施的组织与实施

训诫、责令退出法庭、罚款一般都由审判人员直接作出并实施，拘传和拘留则由司法警察实施。因此，下面阐述拘传和拘留两种强制措施的组织与实施。

【应知应会】

（一）执行拘传、拘留的准备工作

司法警察部门在接到执行拘传、拘留工作任务时，应做好适当的准备工作。

（1）认真检查拘传票、拘留决定书，发现错填、漏填的应及时与办案人员联系。

（2）核对被拘传人、被拘留人的姓名、年龄、籍贯和家庭住址，熟悉被拘传人、被拘留人的基本情况，防止错误拘传、拘留。

（3）确定执行的警力，实施拘传、拘留任务必须有两名以上的司法警察同往，被拘传人、被拘留人是女性的，必须有女司法警察参与。

（4）携带好警械、武器等必要装备。

（二）拘传的实施

司法警察应按照事先制定的预案实施拘传。司法警察应当携带好拘传票，将其直接送达被拘传人，向被拘传人宣布拘传票中“执行人宣布栏”中的内容，责令被拘传人在拘传票上签名、盖章。司法警察向被拘传人说明拒不到庭的后果，如果被拘传人经批评教育认识到错误，并能主动到庭参加诉讼的，可以不用拘传；若经批评教育仍拒不到庭的，司法警察可使用警械强制其到庭。在拘传任务实施完毕后，应将拘传票交还案件承办人存卷。

（三）拘留的实施

人民法院司法警察适用拘留，不是对被拘留人的看管行为，而是将被拘留人押送当地公安机关看管的行为。

司法警察应将拘留决定书送达被拘留人本人，执行拘留时可以对被拘留人使用械具；遇有被拘留人不服拘留决定或拒绝接受拘留的，司法警察应告知其相关权利，说明不能停止执行的理由，不听劝告的，可以强制押送当地公安机关看管，并按有关规定办理移交手续，待公安机关将被拘留人收押后，方可离开。

但如果遇有哄闹、冲击法庭，用暴力、威胁等方法抗拒执行公务等紧急情况，必须立即采取拘留措施的，司法警察可依法官指令先行拘留，并及时报告院长补办手续。

项目四　行政诉讼中强制措施的实施

一、妨害行政诉讼行为的种类及构成

【引例 7-4】

2008 年 6 月 14 日，交警张某在执勤时，认为李某驾驶机动车辆闯红灯，当场将其拦住，处以罚款 100 元。李某认为自己没有闯红灯，自己是在绿灯亮时通过的停车线，不同意接受处罚。交警张某认为李某认错态度不好，决定加大罚款幅度，处 200 元罚款。李某不服，将张某所在公安机关起诉到区法院。在区法院受理此案后，交警张某到李某的家中，要求李某向法院撤诉，并声称如果李某不撤诉的话，将在案件了结以后给李某“好看”，并威胁李某说要吊销李某的机动车辆的驾驶执照。李某不得已，到法院撤诉，在法官询问其撤诉理由时，将情况告知法官。法院遂以妨害行政诉讼为由，派司法警察对妨害行政诉讼的行为人张某实施了罚款 600 元的强制措施。

【问题思考】

1．妨害行政诉讼的行为有哪些？

2．对妨害行政诉讼的行为可以采取哪些不同的强制措施？

3．司法警察在执行行政诉讼中的强制措施过程中，应注意哪些事项？

【应知应会】

妨害行政诉讼的行为是指诉讼参与人或其他人在行政诉讼过程中，故意干扰、破坏诉讼秩序，妨碍诉讼活动正常进行的行为。

（一）妨害行政诉讼行为的种类

（1）有义务协助执行的人，对人民法院的协助执行通知书，无故推拖、拒绝或者妨碍执行的。

（2）伪造、隐藏、毁灭证据的。

（3）指使、贿买、胁迫他人作伪证或者威胁、阻止证人作证的。

（4）隐藏、转移、变卖、损毁已被查封、扣押、冻结的财产的。

（5）以暴力、威胁或者其他方法阻碍人民法院工作人员执行职务或者扰乱人民法院工作秩序的。

（6）对人民法院工作人员、诉讼参与人、协助执行人侮辱、诽谤、诬陷、殴打或者打击报复的。

（二）妨害行政诉讼行为的构成

妨害行政诉讼的行为有如下的构成要件：

（1）必须有妨害行政诉讼的行为发生。

（2）必须是出于行为人的主观故意，即行为人明知自己的行为会发生妨害行政诉讼的结果，并且存有希望或放任这种结果的发生的心理态度。

（3）必须发生在行政诉讼过程中，即妨害行政诉讼的行为必须始于行政诉讼开始，

终于执行完毕。

（4）必须是一种违法行为，即违反行政诉讼法，妨害诉讼程序的违法行为。

二、行政诉讼强制措施的种类及适用

【应知应会】

（一）行政诉讼强制措施的种类

根据《行政诉讼法》的规定，行政诉讼强制措施有四种：

1. 训诫

训诫是人民法院对妨害行政诉讼行为情节轻微的人，以口头形式提出批评警告，并指出其行为的违法性和危害性，责令其不得再犯的一种强制措施。

2. 责令具结悔过

责令具结悔过是人民法院对妨害行政诉讼行为情节轻微的人，进行批评教育后，责令其以书面形式承认错误，并保证不再实施妨害行政诉讼行为的一种强制措施。

3. 罚款

罚款是指人民法院对妨害行政诉讼行为情节较重的人，责令其交纳一定数额金钱的强制措施。

4. 拘留

拘留是指人民法院对妨害行政诉讼行为情节严重的人，强行关押，在一定期限内限制其人身自由的强制措施。

（二）行政诉讼强制措施的适用

1. 训诫、责令具结悔过的适用

训诫、责令具结悔过，由承办案件的合议庭决定，由审判长以口头方式宣布，并记入笔录中。

2. 罚款、拘留的适用

罚款、拘留都是较为严厉的强制措施，对其适用的法律作了较严格的规定。适用罚款、拘留必须由人民法院院长批准，处 1 000 元以下的罚款、15 日以下的拘留，并制作书面决定书送达当事人。当事人不服的，可以申请复议。

三、拘留的实施

根据《人民法院司法警察暂行条例》第 7 条第 4 项和第 11 条的规定，行政诉讼强制措施由人民法院司法警察具体负责实施。

司法警察实施拘留措施与司法警察执行民事强制措施中的拘留的内容相同，是由司法警察将被拘留人押送当地公安机关看管的行为。

项目五　执行拘传与协助执行其他刑事强制措施

根据我国《刑事诉讼法》的规定，强制措施有五种：拘传、取保候审、监视居住、拘留、逮捕。司法警察执行拘传和协助执行其他刑事强制措施只限于人民法院审理刑事案件及人民检察院直接受理案件的过程中。

一、执行拘传

【引例7-5】

2007年5月16日，某县检察院决定对贪污公款案的犯罪嫌疑人张某（某国有企业的会计）进行拘传。于是，司法警察根据检察官的指令将嫌疑人张某拘传至县人民检察院，由办案检察人员进行讯问。在讯问持续时间接近12小时时，讯问工作还未取得有力的证据，决定对犯罪嫌疑人张某采取其他的强制措施，于是检察院宣布对张某解除拘传，但仍指派司法警察将张某带到所在的单位让单位负责人与其谈话，做张某的思想工作。1个半小时后，司法警察再次拿着检察院签发的拘传票对犯罪嫌疑人张某进行拘传，持续时间又是12小时。犯罪嫌疑人张某表示不服。

【问题思考】

1. 什么是拘传？
2. 引例中，检察院的做法是否合法？为什么？
3. 司法警察在执行拘传中应注意哪些事项？

【应知应会】

（一）拘传的概念

刑事诉讼中的拘传是指人民法院、人民检察院和公安机关对未被逮捕、拘留的犯罪嫌疑人或被告人依法强制其到案接受讯问的一种方法，是强制措施中最轻的一种。

采取拘传的目的是为了保证犯罪嫌疑人、被告人在传讯、审判时能及时到案，保证诉讼过程的顺利进行。根据《刑事诉讼法》第50条的规定，人民法院、人民检察院和公安机关根据案件情况，对犯罪嫌疑人、被告人可以拘传；《最高人民法院关于执行〈中华人民共和国刑事诉讼法〉若干问题的解释（试行）》的第64条规定，对经过依法传唤，无正当理由拒不到庭，或者根据案件情况有必要拘传的被告人，可以拘传。拘传由司法警察执行，执行人员不得少于两人。拘传被告人时，应当出示拘传票。对抗拒拘传的，可以使用械具。根据这些规定，人民法院、人民检察院和公安机关，既可以对经合法传唤无正当理由拒不到案的犯罪嫌疑人、被告人拘传，也可以根据案件情况不经传唤直接拘传。由此可见，刑事诉讼中的拘传不同于民事诉讼中的拘传，其适用主体也更广泛。

（二）执行拘传

由于拘传对人身自由限制的强制性相对较弱，但又可以依法强制犯罪嫌疑人到案接受讯问，因此，对于不宜采取逮捕、拘留强制措施而又拒不到案的犯罪嫌疑人，可以采取拘传，使其到案接受讯问或审判。这样，既可以尽可能少地限制公民的人身自由，又可以达到保障诉讼的目的。

人民法院、人民检察院对犯罪嫌疑人、被告人采取拘传措施，应当经法院院长、检察院检察长批准，并签发拘传证或拘传票，由各拘传机关派员进行。根据《人民法院司法警察暂行条例》、《人民检察院司法警察暂行条例》及《最高人民法院关于执行〈中华人民共和国刑事诉讼法〉若干问题的解释（试行）》第25条规定，人民法院、人民检察院的拘传由司法警察执行，执行人员不得少于两人。

【特别提醒】

（一）在实施拘传时，应遵循的程序

（1）执行时，应口头向被拘传人说明拘传的理由，并出示拘传证，拘传证应载明被拘传人的姓名、性别、拘传的理由、押送处所、签发日期，并由签发人签名或盖章。

（2）遇有抗拒拘传的情形时，执行人员可以依法使用规定的械具，如手铐等，强迫其到案接受讯问，犯罪嫌疑人到案后，讯问犯罪嫌疑人时不应当再对其使用械具。

（3）执行拘传后，应当立即讯问，拘传持续时间最长不得超过12小时。对犯罪嫌疑人、被告人拘传的次数，法律没有明确规定，但不得以连续拘传的方式变相拘禁被拘传人。

（二）司法警察在执行拘传时应注意的事项

（1）对未触犯刑事法律不能追究刑事责任的人，不能使用拘传这一强制措施，对被害人、证人更不能使用拘传这一强制措施。

（2）不能以拘传代替传唤、拘留或逮捕。

（3）如果被拘传人拒不到案，可以采取强制方法强迫其到案接受讯问，但不能对其打骂、体罚或虐待，强制程度要适可而止。

（4）要严格遵守法定时限。禁止司法警察在拘传路途中，故意拖延时间，时走时讯问，推迟到案时间，从而达到不超过12小时的目的。

二、协助执行取保候审

【引例7－6】

2004年12月2日，某市东湖区人民法院在审理一件诽谤罪的自诉案件时，初步认定被告人李某通过互联网络大量散布谣言，损害原告应某的人格和名誉，影响恶劣，可能会对李某判处有期徒刑以上的刑罚。但鉴于被告人李某的认罪态度较好，法院决定对其采取取保候审的强制措施。司法警察向被告人李某宣读取保候审决定书。由于本案采取保证人担保方式，在保证人王某填写保证书，并在保证书上签名后，东湖区人民法院指派司法警察将本案有关的法律文书和案由、被告人基本情况、保证人基本情况等材料，送交被告人李某居住地的东湖区公安分局予以执行。

【问题思考】

1. 何谓取保候审？

2. 对哪些犯罪嫌疑人或被告人可以适用取保候审？

3. 司法警察对取保候审工作的协助体现在哪些方面？

【应知应会】

（一）取保候审的概念及条件

取保候审是指公安机关、人民检察院和人民法院责令犯罪嫌疑人、被告人提出保证人或者缴纳保证金，以保证其不逃避和妨碍侦查、起诉、审判，并随传随到的一种强制方法。

《刑事诉讼法》第50条规定，人民法院、人民检察院和公安机关根据案件情况，对犯罪嫌疑人、被告人可以取保候审。根据《刑事诉讼法》第51条、第60条、第65条、第69条、第75条及有关司法解释的规定，有以下情形之一的，犯罪嫌疑人、被告人可以取保候审：

（1）可能判处管制、拘役或者独立适用附加刑的。

（2）可能判处有期徒刑以上刑罚，采取取保候审，不致发生社会危险性的。

（3）应当逮捕的犯罪嫌疑人患有严重疾病，或者是正在怀孕，或在哺乳自己未满一周岁的婴儿的妇女。

（4）对拘留的犯罪嫌疑人，证据不符合逮捕条件的。

（5）提请逮捕后，检察机关不批准逮捕，需要复议、复核的。

（6）犯罪嫌疑人被羁押的案件，不能在法定期限内办结，需要继续侦查的。

（7）移送起诉后，检察机关决定不起诉，需要复议、复核的。

（二）取保候审的种类

【应知应会】

根据《刑事诉讼法》第53条的规定，取保候审的方式有两种，包括保证人担保和保证金担保。对同一犯罪嫌疑人，不能同时采取保证人担保和保证金担保。

保证人担保是指犯罪嫌疑人、被告人提出保证人并出具保证书，保证犯罪嫌疑人、被告人不逃避侦查、起诉和审判的诉讼制度。保证人必须具备法定的条件，并经公安机关审查同意。《刑事诉讼法》第54条对保证人的条件做了如下规定：

（1）与本案无牵连。

（2）有能力履行保证义务。

（3）享有政治权利，人身自由未受限制。

（4）有固定住处和收入。

保证人必须填写保证书，并在保证书上签名或盖章。保证人必须履行法定的保证义务。被保证人违反应当遵守的规定，但保证人未及时报告的，公安机关查证属实后，对保证人处以罚款；构成犯罪的，依法追究刑事责任。

保证金担保是指人民法院、人民检察院、公安机关责令犯罪嫌疑人、被告人交纳一定数量的保证金，以此保证其不逃避或妨碍侦查、起诉和审判的一种方式。保证金的数额应当根据当地的经济发展水平、犯罪嫌疑人的经济状况、案件的性质、情节、社会危害性及可能判处刑罚的轻重等情况，综合考虑确定。保证金应当以人民币或者可以在中国金融机构兑换的货币的形式交纳。

无论采取的是保证人担保还是保证金担保，根据《刑事诉讼法》第56条的规定，被取保候审的犯罪嫌疑人、被告人都应当遵守下列规定：

（1）未经执行机关批准不得离开所居住的市、县。

（2）在传讯的时候及时到案。

（3）不得以任何形式干扰证人作证。

（4）不得毁灭、伪造证据或者串供。

被取保候审的犯罪嫌疑人、被告人违反其法定义务，已交纳保证金的，没收保证金，并且区别情形，责令犯罪嫌疑人、被告人具结悔过，重新交纳保证金、提出保证人或者监视居住、予以逮捕。犯罪嫌疑人、被告人在取保候审期间未违反规定的，取保候审结束的时候，应当退还保证金。

取保候审最长不得超过12个月。

【特别提醒】

（一）司法警察协助执行取保候审

人民法院、人民检察院和公安机关对于符合取保候审条件的犯罪嫌疑人、被告人，可以直接决定取保候审。但人民法院、人民检察院决定对犯罪嫌疑人、被告人采取取保候审措施的，应当在向犯罪嫌疑人、被告人宣布后交由公安机关执行。对犯罪嫌疑人、被告人采取保证人担保形式的，人民法院、人民检察院应当将有关法律文书和有关案由、犯罪嫌疑人、被告人基本情况、保证人基本情况等材料，送交犯罪嫌疑人、被告人居住地的同级公安机关；对犯罪嫌疑人、被告人采取保证金担保形式的，人民法院、人民检察院应当在核实保证金已经交纳到公安机关指定的银行后，将有关法律文书、有关案由、犯罪嫌疑人、被告人基本情况等材料和银行出具的收款凭证，送交犯罪嫌疑人、被告人居住地的同级公安机关。根据《人民检察院司法警察暂行条例》第7条和《人民检察院实施〈中华人民共和国刑事诉讼法〉规则（试行）》第38条的规定，必要时，人民检察院可以派出司法警察协助执行取保候审。负责执行的派出所与协助执行的司法警察应当监督、考察犯罪嫌疑人、被告人遵守《刑事诉讼法》第56条的规定的情况。

（二）司法警察协助执行取保候审应注意的事项

（1）协助监督保证人履行保证义务。

（2）犯罪嫌疑人、被告人违反有关规定及保证人未履行保证义务的，及时告知人民检察院或人民法院。

（3）协助执行的司法警察在取保候审届满10日前有义务通知原决定机关。

三、协助执行监视居住

【引例7-7】

2006年4月7日，某市下关区人民检察院在审查起诉一贩毒案件时，发现其中一名女犯罪嫌疑人刘某怀有三个月的身孕，不宜采取拘留、逮捕等强制措施；但同时由于案情重大，为避免串供或刘某逃跑，也不宜采取取保候审，因此，决定对刘某进行监视居住。于是，检察院指派司法警察向被监视居住人刘某宣读监视居住决定书，由犯罪嫌疑人刘某签名后，司法警察将监视居住决定书、监视居住通知书送达负责执行的下关区公安分局。在监视居住期间，司法警察还不定期地将刘某的思想动态、认罪态度等报告给办案的检察人员。

【问题思考】

1. 什么是监视居住？

2. 与取保候审相比，被监视居住的犯罪嫌疑人、被告人应该遵守的规定更为严格，体现在哪些方面？

3. 司法警察在协助执行监视居住方面有哪些注意事项？

【应知应会】

监视居住的概念和条件

监视居住是指公安机关、人民检察院和人民法院为防止犯罪嫌疑人、被告人逃避或妨碍侦查、起诉、审判，依法责令其不得擅自离开住处或指定居所，并对其行动自由加以监视的强制方法。

根据《刑事诉讼法》的规定，监视居住的适用对象、范围与取保候审相同。对符合法定条件的犯罪嫌疑人、被告人，公、检、法机关既可以取保候审，也可以监视居住。在实践中，一般在犯罪嫌疑人、被告人找不到保证人或不能交纳保证金时使用；被取保候审人在取保候审期间，违反应遵守的规定，情节轻微，不需要逮捕的，也可以监视居住。但不得对同一个人同时适用。

《刑事诉讼法》第57条规定，被监视居住的犯罪嫌疑人、被告人应当遵守以下规定：

（1）未经执行机关批准不得离开住处，没有固定住处的，未经批准不得离开指定的居所。

（2）未经执行机关批准不得会见他人。其中，不包括与被监视居住人共同居住的家庭成员和聘请的律师。

（3）在传讯的时候及时到案。

（4）不得以任何形式干扰证人作证。

（5）不得毁灭、伪造证据或者串供。

被监视居住的犯罪嫌疑人、被告人在监视居住期间，违反上述规定，情节严重的，予以逮捕。

监视居住最长不得超过6个月。

【特别提醒】

人民法院、人民检察院和公安机关对符合条件的犯罪嫌疑人、被告人，可以决定监视居住。监视居住由公安机关执行，检察院司法警察协助执行监视居住。

人民法院、人民检察院决定监视居住的，应派人向被监视居住人宣读监视居住决定书，由犯罪嫌疑人、被告人签名或盖章后，将监视居住决定书、监视居住通知书送达负责执行的公安机关。根据《人民检察院实施〈中华人民共和国刑事诉讼法〉规则（试行）》第53条的规定，必要时，检察院可以派出司法警察协助执行。协助执行的司法警察应当与负责执行的公安机关共同监督、考察犯罪嫌疑人、被告人。同时应及时准确地掌握被监视居住人的思想及其认罪伏法的思想动向。此外，应定期或不定期地以口头或书面形式向检察机关或人民法院主动汇报被监视居住人的表现。

四、协助执行拘留

【引例7-8】

某市南城区人民检察院在侦查一起区工商局副局长郑某涉嫌受贿的案件中，当检察人员和司法警察于2003年8月19日到郑某的家中进行搜查时，发现郑某在家中企图畏罪自杀。鉴于情况紧急，检察人员决定对犯罪嫌疑人郑某先行拘留。因此指派司法警察向郑某宣布拘留决定，并由司法警察将郑某送交南城区公安分局执行羁押。而办案的检察人员向检察院院长报告此情况，由检察长批准，补签拘留证，由司法警察将拘留证送交给执行的南城区公安分局。

【问题思考】

1. 什么是司法警察的协助执行拘留？
2. 刑事拘留、司法拘留和行政拘留的区别是什么？
3. 司法警察在协助执行拘留时应当注意哪些问题？

刑事拘留是指公安机关、检察机关对直接受理的案件，在侦查过程中，遇到法定的紧急情况时，对现行犯或重大犯罪嫌疑分子所采取的临时剥夺其人身自由的强制方法。

协助执行拘留，是指人民检察院司法警察协助公安机关执行由人民检察院决定拘留的现行犯或者重大犯罪嫌疑分子的行为。根据《人民检察院司法警察暂行条例》第7条的规定，人民检察院司法警察具有协助执行拘留的职责。司法警察协助执行拘留，只适用于人民检察院办理直接受理的案件过程中。

【应知应会】

（一）检察院拘留的条件

司法警察协助执行拘留，是指人民检察院决定拘留的情形。根据《刑事诉讼法》第132条的规定，人民检察院在办理直接受理的案件时，对于有下列情形之一的犯罪嫌疑人，可以决定拘留：

（1）犯罪后企图自杀、逃跑或者在逃的。

（2）有毁灭、伪造证据或者串供可能的。

（二）拘留的适用

人民检察院决定拘留，应由办案人员提出意见，经检察长批准，签发《拘留证》，由公安机关执行。人民检察院可以派出司法警察协助执行。人民检察院应当在拘留后的24小时以内对犯罪嫌疑人进行讯问。除有碍侦查或者无法通知的情形以外，人民检察院还应当把拘留的原因和羁押的处所，在24小时以内，通知被拘留人的家属或者他的所在单位。

《刑事诉讼法》第134条规定，人民检察院对直接受理的案件的犯罪嫌疑人拘留羁押的期限分别为：一是认为需要逮捕的，应当在10日以内作出决定，即此种情况下羁押的最长期限为10天；二是在特殊情况下，决定逮捕的时间可以延长1～4日，即羁押的最长期限为14日。因此，人民检察院对决定拘留犯罪嫌疑人的最长羁押期限不得超过14日。

【特别提醒】

在我国的司法实践中，存在三种不同的拘留形式，分别是刑事拘留、司法拘留和行政拘留。虽然都是拘留，但三者存在着很大的区别：

区别＼名称	刑事拘留	司法拘留	行政拘留
法律依据	《刑事诉讼法》第61条、第132条	《民事诉讼法》第101条、《行政诉讼法》第49条、《刑事诉讼法》第161条	《行政处罚法》、《治安管理处罚法》
拘留目的	为了防止犯罪嫌疑人逃避、阻碍侦查、审判活动的进行	为了排除妨害，保障诉讼活动的顺利进行	为了维护正常的社会秩序，处罚和教育违法人员

（续上表）

名称 区别	刑事拘留	司法拘留	行政拘留
适用对象	现行犯、重大犯罪嫌疑分子	妨害民事、行政诉讼的当事人、诉讼参与人、其他参与人或在刑事诉讼中违反法庭秩序的诉讼参与人及旁听人	违反治安管理法规，尚未构成犯罪的违法人员
决定主体	公安机关、人民检察院	人民法院	公安机关
拘留结果	拘留期满后，可能被释放，也可能转为逮捕或采取取保候审、监视居住等其他强制措施，其羁押的时间可以折抵刑期	拘留期满，即恢复人身自由。拘留与判决结果无关	拘留期满，即恢复人身自由
羁押期限	37 日以下	15 日以下	15 日以下

（三）协助执行拘留

根据《刑事诉讼法》、《人民检察院司法警察暂行条例》、《最高人民法院、最高人民检察院、公安部、国家安全部、司法部、全国人大常委会法制工作委员会关于〈刑事诉讼法〉实施中若干问题的规定》、《人民检察院实施〈中华人民共和国刑事诉讼法〉规则（试行）》的规定，人民检察院办理直接受理的案件，检察长作出拘留决定的，应当送达公安机关执行，即公安机关签发拘留证并执行，必要时，人民检察院可以派出司法警察协助执行。

【特别提醒】

司法警察协助公安人员执行拘留时，应遵守法定的程序：

（1）协助执行拘留前应核实犯罪嫌疑人的身份等有关情况。

（2）协助执行时，应向被拘留人出示拘留证，宣布拘留。人民检察院决定拘留，情况紧急的，可以派出司法警察向犯罪嫌疑人宣布拘留决定，送交公安机关执行羁押。

（3）责令被拘留人在拘留证上签字或盖章，被拘留人拒绝签名盖章的，应当记录在案。

（4）被拘留人抗拒拘留的，执行人员可以使用手铐、警绳等警械，必要时可以使用武器，防止犯罪嫌疑人逃跑、自杀、自伤、行凶等事故的发生，对被拘留人的不法侵害行为，可以进行正当防卫。

（5）执行拘留后，作出拘留决定的人民检察院应当派出司法警察将拘留的原因和羁押的处所，在24 小时内通知被拘留人的家属或者他的所在单位。不能在24 小时内通知的，应当经检察长批准，并将原因写明附卷；无法通知的，应当向检察长报告，并将原因写明附卷。

（6）拘留人民代表大会代表的，应按有关规定履行报告手续。人民代表大会代表因为是现行犯而被拘留的，应立即向该级人民代表大会主席团或常委会报告。拘留乡、镇人民代表大会代表的，由县级检察院报告其所属的人民代表大会。

（7）拘留政协委员的，应当事前将有关情况通报给该委员所属的政协组织。情况紧急的，可在执行的同时或者执行以后及时通报。

五、协助执行逮捕

【引例7-9】

2007年10月23日，某市上秀区人民法院在审理一自诉故意伤害案的过程中，发现其中一名被告人梁某虽然表面上认罪态度较好，但实际上在案件的审理过程中，有伪造证据、干扰证人作证等企图逃脱罪责的行为，目前所采取的取保候审的强制措施已不足以防止其社会危害性。于是，上秀区人民检察院决定改变强制措施，对被告人梁某决定逮捕。检察院制作逮捕决定书后，由法院司法警察交与上秀区公安分局执行逮捕。同时，检察院还指派对本案案情较为熟悉的司法警察制订协助逮捕方案，协助公安机关执行逮捕，防止发生意外。

【问题思考】

1. 何谓协助执行逮捕？
2. 在什么情况下应对犯罪嫌疑人、被告人采取逮捕的强制措施？
3. 司法警察在协助执行逮捕时应注意哪些问题？

【应知应会】

逮捕是指人民法院、人民检察院和公安机关为了保障侦查、起诉、审判的顺利进行，防止犯罪嫌疑人、被告人发生社会危险性，依法暂时剥夺其人身自由并予以羁押的一种强制措施。它是强制措施中最严厉的一种。因此，逮捕措施的使用，必须严格按照国家相关法规关于逮捕的规定来正确适用，防止出现该捕不捕或任意逮捕的情况。

协助执行逮捕，是指人民检察院的司法警察协助公安机关执行由人民检察院决定的逮捕犯罪嫌疑人、被告人的行为。根据《人民检察院司法警察暂行条例》第7条及《人民检察院实施〈中华人民共和国刑事诉讼法〉规则（试行）》第95条之规定，人民检察院的司法警察可以协助公安机关执行逮捕。司法警察协助执行逮捕，只适用于人民检察院办理直接受理的案件过程中。

（一）逮捕的权限

根据我国《宪法》第37条之规定，任何公民，非经人民检察院批准或者人民法院决定，并由公安机关执行，不受逮捕。《刑事诉讼法》第59条规定，逮捕犯罪嫌疑人、被告人，必须经过人民检察院批准或者人民法院决定，由公安机关执行。由此可以看出，逮捕犯罪嫌疑人、被告人的批准权和决定权属于人民检察院和人民法院，公安机关无权自行决定逮捕；而逮捕的执行权属于公安机关，人民检察院和人民法院无权自行执行逮捕。这样就保证了三司法机关互相配合、互相制约和互相监督，可以防止错捕滥捕、该捕不捕的现象。

（二）逮捕的条件

根据《刑事诉讼法》第60条的规定，对有证据证明有犯罪事实，可能判处徒刑以上刑罚的犯罪嫌疑人、被告人，采取取保候审、监视居住等方法，尚不足以防止发生社会危险性，而有逮捕必要的，应立即依法逮捕。由此，逮捕应当同时具备以下三个条件：

1. 有证据证明有犯罪事实

根据《关于〈刑事诉讼法〉实施中若干问题的规定》第26条和《公安机关办理刑事案件程序规定》第116条之规定，有证据证明犯罪事实，是指同时具备下列情形：

（1）有证据证明发生了犯罪事实。

（2）有证据证明犯罪事实是犯罪嫌疑人实施的。

（3）证明犯罪嫌疑人实施犯罪行为的证据已经查证属实。

2. 可能判处徒刑以上刑罚

逮捕的第二个条件是犯罪嫌疑人有可能被判处徒刑以上刑罚，这是逮捕在犯罪严重程度方面的要求。虽然有证据证明有犯罪事实，但如果根据这种犯罪事实只可能对犯罪嫌疑人判处管制、拘役或者独立适用附加刑，则仍然不能对犯罪嫌疑人予以逮捕。

3. 有逮捕必要

逮捕的第三个条件是“采取取保候审、监视居住等方法，尚不足以防止发生社会危险性，而有逮捕必要”。这一条件主要是指能否防止犯罪嫌疑人或被告人发生社会危险性。如对其采用取保候审、监视居住等方法，还不能防止其串供、逃跑、隐匿证据、伪造证据、销毁证据、干扰证人作证、自杀、威胁被害人、继续犯罪等社会危险性的发生，就有逮捕的必要；如果对犯罪嫌疑人或被告人采用取保候审、监视居住等方法就可以防止发生上述社会危险性的，即使具备了上述两个条件，也不应予以逮捕。

上述逮捕犯罪嫌疑人、被告人的三个条件相互联系、缺一不可。犯罪嫌疑人、被告人只有同时具备这三个条件，才能对其进行逮捕。在司法实践中，只有严格掌握逮捕条件，才能够防止错捕和滥捕的发生。

（三）逮捕的适用

公安机关要求逮捕犯罪嫌疑人的时候，应当写出提请批准逮捕书，连同案卷材料、证据，一并移送同级人民检察院审查批准。对批准逮捕的决定，公安机关应当立即执行，并且将执行情况及时通知人民检察院。

人民检察院直接立案侦查的案件，依法作出逮捕犯罪嫌疑人的决定后，应当将有关法律文书和有关案由、犯罪嫌疑人基本情况等材料送交同级公安机关执行。公安机关核实人民检察院送交的有关法律文书和材料后，应当报请县级以上公安机关负责人签发逮捕证，并立即派员执行，人民检察院可以协助公安机关执行。

人民法院在审判刑事案件的过程中，认为需要逮捕被告人的，应当作出逮捕决定，应制作逮捕决定书，送达公安机关执行。

逮捕后，除有碍侦查或者无法通知的情形以外，决定逮捕的机关以及提请人民检察院批准逮捕的公安机关应当把逮捕的原因和羁押的处所，在24小时以内通知被逮捕人的家属或者他的所在单位。不能通知或无法通知的，应将原因写明附卷。

人民法院、人民检察院对于各自决定逮捕的人，公安机关对于经人民检察院批准逮捕的人，都必须在逮捕后的24小时以内进行讯问。在发现不应当逮捕的时候，必须立即释放，发给释放证明。

【特别提醒】

根据法律的规定，人民检察院办理直接受理的案件，决定逮捕犯罪嫌疑人的，应当通知公安机关执行，必要时人民检察院可以派出司法警察协助执行逮捕。

司法警察协助执行逮捕时，应当遵守法律规定的程序：

（1）司法警察协助公安机关执行逮捕时，应充分做好准备工作，应核实犯罪嫌疑人的身份等有关情况；研究、分析案情，了解逮捕对象所处的具体环境和条件，制订协助逮捕方案，防止发生意外。

（2）协助执行时，应当向被逮捕人出示逮捕证，宣布逮捕。

（3）经授权可向被逮捕人员宣布纪律，并告之其权利，被逮捕人拒绝在决定书上签名的，应予以注明。

（4）根据办案需要，逮捕犯罪嫌疑人可采取公开或秘密形式进行。

（5）协助执行逮捕任务时，应佩带警械或武器。

（6）对于抗拒逮捕的犯罪嫌疑人，可依法采取适当的措施，必要时可以使用武器，防止犯罪嫌疑人逃跑、自杀、自残、行凶等事故的发生。

（7）依法逮捕人民代表大会代表的，应报请人大代表所在的人民代表大会主席团或常委会许可；逮捕乡、民族乡、镇人民代表大会代表的，应由县级人民检察院报告其所在的人民代表大会。

（8）依法逮捕政协委员的，应当向该委员所属的政协组织通报情况。情况紧急的，可在执行的同时或者执行以后及时通报。

项目六　技能训练

技能训练一　创伤止血训练

一、训练目的要求

根据司法警察在履行职责中的警务现场急救的工作实际以及创伤现场急救的操作规范要求，通过训练，使参训学生掌握创伤现场止血术的操作步骤和操作方法。要求参训学生能够正确掌握各种原因导致外伤出血的现场急救方法以及不同部位出血的止血方法。

二、训练内容

（1）掌握出血的临床表现及其危害。

（2）根据身体各部位的结构特点，掌握身体不同部位出血的止血方法。

三、训练前的准备

（1）场地：系实验室。

（2）器材：止血带每人一条，绷带每人一卷，纱布每人一块，三角巾每人一条。

（3）分组：学生每两人一组，交替操作。

四、训练方法步骤

（一）学生每两人一组，其中一人扮演伤者，另一人施救，互相交替操作

（二）具体方法

1. 加压包扎止血法

用消毒纱布或干净的毛巾、布块折叠成比伤口稍大的垫盖住伤口，再用绷带或折成条状布带或三角巾紧紧包扎，其松紧度以能达到止血目的为宜。当伤口在肘窝、腋窝、腘窝、腹股沟时，可在加垫后屈肢固定在躯干上加压包扎止血。加压包扎止血法适用于上下肢、肘、膝等部位的动脉出血，但有骨折或可疑骨折或关节脱位时，不宜使用此法。

2. 指压止血法

指压止血法是一种简单有效的临时性止血方法，它是根据动脉的走向，在出血伤口的近心端，用手指压住动脉处，达到临时止血的目的。指压止血法适用于头面部、四肢的动脉出血。常用止血部位：

（1）颞浅动脉压迫点：用于头顶部出血，方法是在伤侧耳前，对准耳屏前上方1.5cm处，用拇指压迫颞浅动脉。

（2）肱动脉压迫点：用于上臂、前臂出血，一手将患肢抬高，另一手用拇指压迫上臂中部内侧的肱动脉。

（3）尺、桡动脉压迫点：用于腕、手部出血，用两手指同时压迫腕部的尺动脉、桡动脉。

（4）股动脉压迫点：用于下肢大出血，用两手拇指重叠向后用力压迫腹股沟中点稍下方的股动脉。

（5）腘动脉压迫点：在腘窝中部摸到腘动脉搏动后用拇指向腘窝深部压迫，用于小腿及以下严重出血。动脉在腘窝处损伤，出血量也大，指压止血后可用加压包扎止血。

3. 加垫屈肢止血法

对于外伤出血量较大、肢体无骨折损伤者，用此法。注意肢体远端的血液循环，每隔50分钟缓慢松开3～5分钟，防止肢体坏死。

（1）上肢加垫屈肢止血。前臂出血，在肘窝处放置纱布垫或毛巾、衣物等物，肘关节屈曲，用绷带或三角巾屈肘位固定。上臂出血，在腋窝加垫，使前臂屈曲于胸前，用绷带或三角巾将上臂固定在胸前。

（2）下肢加垫屈肢止血。小腿出血，在腘窝加垫，膝关节屈曲，用绷带或三角巾屈膝位固定。大腿出血，在大腿根部加垫，屈曲髋、膝关节，用三角巾或绷带将腿与躯干固定。

4. 填塞止血

对于伤口较深较大，出血多，组织损伤严重，应紧急现场救治的，用消毒纱布、敷料（如无，用干净的布料替代）填塞在伤口内，再用加压包扎法包扎。

5. 止血带止血法

止血带止血法是快速有效的止血方法，但它只适用于人的四肢大动脉出血且用以上方法仍不能止血时使用。

(1) 橡皮止血带止血法。常用一条长 1 米的橡皮条，先用绷带或布块垫平上止血带的部位，两手将止血带中段适当拉长，绕出血伤口上端肢体 2 ~ 3 圈后固定，借助橡皮管的弹性压迫血管而达到止血的目的。

(2) 布条止血带止血法。常用三角巾、布带、毛巾、衣袖等平整地缠绕在加有布垫的肢体上，拉紧或用木棒、筷子、笔杆等拧紧固定。

五、注意事项

用止血带止血时，其松紧度以摸不到远端动脉的搏动，伤口刚好止血为宜，过松无止血作用，过紧会影响血液循环，易损伤神经，造成肢体坏死。上止血带的伤员，必须在明显的部位标明上止血带的部位和时间；上止血带的位置要正确，在上臂或大腿的上三分之一处；上止血带的时间超过两个小时的，要每隔一个小时放松一次，每次3 ~ 5分钟，为避免放松止血带时大量出血，放松期间可改用指压法临时止血。

六、考核方式及标准

（一）考核方式

(1) 学生以同组同学为对象相互进行止血的操作。

(2) 由教师审查学生的操作过程，根据操作的规范和熟练程度作出评议，最后由教师总结。

（二）考核标准

四级评分制

优秀：能正确快速地判断出血部位，及时采取迅速有效的止血方法，现场急救步骤清晰，操作熟练，动作流畅、标准、规范，实训报告书写认真。

良好：能够比较正确地判断出血部位，能根据不同部位采取正确的止血方法，现场急救步骤比较明确，操作较为熟练，动作正确、规范，实训报告书写较认真。

及格：判断出血部位基本正确，止血方法选择基本合理，现场急救步骤完整，操作正确，动作符合要求，能按要求完成实训报告。

不及格：未达到及格要求。

七、思考题

1. 止血方法包括哪几种，分别适用于哪些部位出血？
2. 止血带止血法的注意事项有哪些？

八、思考案例

处置突发事件对法警来说是个近年来才提到议程的新课题，近年来随着我国社会经济快速增长，社会改革步伐加快及国家法治进程的快速推进，处于多种转型时期的我国社会各种矛盾交织、积累并日益增多，引发了大量的社会不稳定因素。正因为如此，近年来发生的针对法院和法官的各种突发事件时有发生，包括罪犯脱逃、自伤自残、冲击哄闹法院机关、暴力抗法、威胁伤害法官及执法人员甚至当庭制造爆炸在内的恶性事件都有发生，严重危及法院工作人员的生命安全，影响了法院的正常工作秩序，造成了十分恶劣的社会影响。正因为如此，法警作为各级法院处理突发行动的一线人员和主要力量，必须具备一定的现场急救知识和技能，才能适应新形势下的司法警察岗位职责要求。

例如，2004 年 2 月 18 日，在柳州市某区法院民事审判庭审理一起离婚案件时就发生了一起闹剧：由于男方不愿离婚，当庭用刀片割腕以死相逼。幸好法官及法警及时采取措施，将其送往医院救治。

1995 年 11 月，经朋友介绍，黄小姐与一吴姓男子相识。很快，两人在同年便同居。1997 年 4 月，他们生育一男孩，2003 年 12 月，双方到婚姻登记机关补办了结婚登记手续。在此期间，吴经常赌博。一次，吴因赌博竟输掉了家里 2 万元积蓄。2004 年 1 月 23 日，吴再次外出赌博，又一次输掉了 1 000 元。夫妻双方因此矛盾日深，黄遂于 2 月 3 日向当地法院起诉，请求法院判决其与吴某离婚。

2004 年 2 月 17 日下午 3 时许，法院开庭审理了这桩离婚案。庭审中，原被告双方对被告赌博等相关事实没有异议。但双方的观点相左——原告黄小姐坚持要求离婚，而被告吴某要求妻子给他一个改正的机会。在法官主持的法庭调解中，原告仍然坚持要求离婚的观点，吴某突然用随身携带的刀片猛地割了一下自己的左手腕，顿时鲜血直流。见状，审理案件的法官和书记员以及法警、庭长，一边对吴某进行止血包扎，一边紧急通知了 120 急救中心。但是一到医院，吴便以上厕所为名，趁法警和医生不注意，从医院厕所溜出来又折回到法院，苦苦哀求法官不要判他和妻子离婚。法官及法警再次对其耐心开导，过了好一会，吴某的情绪才算稳定下来，同意再回到医院接受救治，接着，法警再次将吴送往医院，这才避免了一起意外事故的发生。

根据以上案例，思考以下问题：

1. 手腕部出血的止血方法有哪几种？

2. 如果你是值庭法警，你会采取什么措施对患者进行急救？

3. 结合法警工作实际，谈谈在处理这类案件时，除了对可见的损伤进行处理之外，还应做好哪些方面的工作？

技能训练二　伤口包扎训练

一、训练目的要求

根据司法警察在履行职责中的警务现场急救工作实际以及创伤现场急救的操作规范要求，通过训练，使参训学生能够正确掌握各种原因导致外伤伤口的现场急救方法以及不同部位伤口的包扎方法，特别是利用三角巾对身体各个部位的伤口进行包扎的操作步骤和操作方法。

二、训练内容

（1）掌握伤口包扎的意义及其方法。

（2）根据身体各部位的结构特点，掌握身体不同部位的伤口使用三角巾包扎的方法。

三、训练前的准备

（1）场地：系实验室。

（2）器材：绷带每人一卷，纱布每人一块，三角巾每人一条。

（3）分组：学生每两人一组，交替操作。

四、训练方法步骤

（一）学生每两人一组，其中一人扮演伤者，另一人施救，互相交替操作

（二）具体方法

1. 绷带包扎

（1）环形法：此法是绷带包扎中最常用的，适用肢体粗细较均匀处伤口的包扎。①伤口用无菌敷料覆盖，用左手将绷带固定在敷料上，右手持绷带卷绕肢体紧密缠绕；②将绷带打开一端稍作斜状环绕第一圈，将第一圈斜出一角压入环形圈内，环绕第二圈；③加压绕肢体环形缠绕 4 ~ 5 层，每圈盖住前一圈，绷带缠绕范围要超出敷料边缘；④用胶布粘贴固定，或将绷带尾从中央纵形剪开形成两个布条，两布条先打一结，然后两者绕肢体打结固定。

（2）回返包扎：用于头部或断肢伤口包扎。①用无菌敷料覆盖伤口；②先做环形固定两圈；③左手持绷带一端于头后中部，右手持绷带卷，从头后方向前绕到前额；④固定前额处绷带向后反折；⑤反复呈放射性反折，直至将敷料完全覆盖；⑥环形缠绕两圈，将上述反折绷带端固定。

（3）“8”字包扎：手掌、踝部或其他关节处伤口用“8”字绷带包扎。选用弹力绷带。①用无菌敷料覆盖伤口；②包扎手时从腕部开始，先环形缠绕两圈；③经手和腕“8”字形缠绕；④绷带尾端在腕部固定；⑤包扎关节时绕关节上下“8”字形缠绕。

（4）螺旋包扎：适用上肢、躯干的包扎。①用无菌敷料覆盖伤口；②先做环形缠绕两圈；③从第三圈开始，环绕时压住上圈的1/2 或1/3；④用胶布粘贴固定。

（5）螺旋反折包扎：用于粗细不等部位，如小腿、前臂等。①先用环形法固定始端；②螺旋方法每圈反折一次，反折时，以左手拇指按住绷带上面的正中央，右手将带向下反折，向后绕并拉紧；③反折处不要在伤口上。

2. 三角巾包扎

使用三角巾时，注意边要固定，角要抓紧，中心伸展，敷料贴实。在应用时可按需要折叠成不同的形状，运用于不同部位的包扎。

（1）单肩包扎：①三角巾折叠成燕尾式，燕尾夹角约 90 度，大片在后压小片，放于肩上；②燕尾夹角对准侧颈部；③燕尾底边两角包绕上臂部并打结；④拉紧两燕尾角，分别经胸、背部至对侧腋下打结。

（2）胸部包扎：①三角巾折叠成燕尾式，燕尾夹角约 70 度；②置于胸前，夹角对准胸骨上凹；③两燕尾角过肩于背后；④将燕尾顶角系带，围胸在背后打结；⑤将一燕尾角系带拉紧绕横后上提；⑥将两燕尾角打结；⑦背部包扎时，把燕尾巾调到背部。

（3）腹部包扎：①三角巾底边向上，顶角向下横放在腹部；②两底角围绕到腰部后打结；③顶角由两腿间拉向后面与两底角连接处打结。

（4）手（足）包扎：①三角巾展开；②手指或足趾尖对向三角巾的顶角；③手掌

或足平放在三角巾的中央；④指缝或足缝间插入敷料；⑤将顶角折回，盖于手背或足背；⑥两底角分别围绕到手背或足背交叉；⑦在腕部或踝部围绕一圈后在手背或足背打结。

（5）大悬臂带：用于前臂、肘关节的损伤。①三角巾顶角对着伤肢，一底角置于健侧胸部过肩于背后；②伤臂屈肘（功能位）放在三角巾中部；③另一底角包绕伤臂反折至伤侧肩部；④两底角在颈后打结，顶角向肘前反折，用别针固定；⑤将前臂悬吊于胸前。

五、注意事项

（1）伤口上要加盖敷料，不要在伤口上使用弹力绷带。

（2）不要将绷带缠绕过紧，经常检查肢体血运情况。

（3）有绷带过紧的体征（手、足的甲床发紫；绷带缠绕肢体远心端皮肤发紫，有麻感或感觉消失；严重者手指、足趾不能活动），立即松开绷带，重新缠绕。

（4）不要将绷带缠绕手指、足趾末端，除非有损伤。此处在血液循环不良时易观察甲床颜色变化。

六、考核方式及标准

（一）考核方式

（1）学生以同组同学为对象相互进行包扎的练习操作。

（2）由教师审查学生的操作过程，根据操作的规范和熟练程度作出评议，最后由教师总结。

（二）考核标准

四级评分制

优秀：能正确快速地判断伤口部位，及时采取迅速有效的包扎方法，现场急救步骤清晰，操作熟练，动作流畅、标准、规范，实训报告书写认真。

良好：能够比较正确地判断伤口部位，能根据不同部位伤口采取正确的包扎方法，现场急救步骤比较明确，操作较为熟练，动作正确、规范，实训报告书写较认真。

及格：判断伤口部位基本正确，包扎方法选择基本合理，现场急救步骤完整，操作正确，动作符合要求，能按要求完成实训报告。

不及格：未达到及格要求。

七、思考题

1. 绷带包扎的方法包括哪几种，分别适用于对哪些部位的伤口进行包扎？
2. 三角巾包扎有几种方法，分别适用于哪些部位伤口？
3. 伤口包扎的注意事项有哪些？

八、思考案例

2007年6月1日，北京市某区法院的法官带领法警到丰台区庄户村一食品厂进行土地勘验评估时，遭到该厂老板夏某等7人的暴力阻挠。夏某率众将多名法警砍伤，还驾车将两名法警撞成脑震荡。夏某是一起租赁合同纠纷案件的被告，该案涉及“南水北调”工程。法庭经调查发现，原被告双方签订的土地租赁合同属于违法租地行为，严重影响了“南水北调”工程进展。经审理，法院将夏某开办的食品厂追加为案件第三人，对食品厂现场进行勘验评估。但夏某认为法院无权评估，拒绝提供相关手续。6月1日上午，法官和法警共20余人到达位于庄户村的食品厂，结果夏某拒绝打开大门，并用事先准备好的一辆车将门堵住。几名男子在院内手持木棍、菜刀来回走动，不停地向法官叫嚣。法官和当地民警一起对夏某等人进行劝说，但双方对峙到下午1点，夏某都不打开大门。

在僵持不下的情况下，法警强行打开了大门。这时，夏某等人用木棍、菜刀冲上前殴打法警，其中1根木棒被打成3截，多名法警受伤。之后，夏某发动停放在大门内侧的汽车冲向法警，当即撞翻一名法警、撞伤多人。由于夏某用力过猛将油门线拉断，才使车辆停住。他下车后，仍挥舞菜刀向法警乱砍，虽然他最终被法警制服，但多名法警被刀划伤，血迹斑斑。而在这之后，另一名姚姓男子从警戒线外围开车冲向了法院人员，但很快被制服。

控制局面后，法官让评估公司对现场进行了勘验。之后，法警当场扣押了封堵大门的汽车1辆、冲撞法警的汽车2辆。同时，法院当场对夏某兄弟、姚某等7人实施了司法拘留。

事后，两名法警被医院诊断为脑震荡。由于夏某兄弟二人涉嫌刑事犯罪，因此法院已将他们转到警方调查处理。

根据以上案例，思考以下问题：

1. 头部伤口的包扎方法有几种？

2. 如果你是参与执行的法警，你会采取什么措施对同事及自己实施自救和互救？

3. 结合法警工作实际，谈谈在处理类似的暴力抗法事件时，司法警察应具备何种现场急救技能？

单元八
送　达

【知识目标】

了解送达的含义及其特点

明确送达的方式及注意事项

掌握送达任务的组织实施

【能力目标】

掌握各种不同的送达方式和各种送达方式的区别

具有准确把握司法警察送达的组织实施能力

具有灵活机动地处置送达过程中常见的突发事件的能力

项目一　送达的含义、特点及意义

一、送达的含义

【引例 8－1】

2006 年 1 月 17 日，上海一中院公开开庭对著名艺术家陈逸飞遗孀宋美英状告陈逸飞前妻之子陈凛的遗产纠纷案进行质证。（案情：陈逸飞去世后，其遗孀宋美英及儿子陈天、长子陈凛和陈逸飞弟妹曾签署过一份协议书。该协议约定：宋美英及陈天得遗产总额的 72.5%，陈凛得 22.5%，陈逸飞弟妹各得 2.5%。但在达成协议后，陈凛以陈逸飞欠前妻 200 万美元未付为由，要求分割 50% 的遗产。为此，宋美英于 2005 年 11 月 8 日将陈凛诉至法院。）但被告方陈凛及其律师均未到庭，整个庭审就在宋美英委托的律师单方提供证据后结束。陈凛对此未作任何解释，其顾问律师表示，若法院未完成诉讼文书送达程序，陈凛没有义务出庭。

【问题思考】

1. 根据引例思考，何为送达？
2. 送达的行为主体是谁？送达具有哪些特征？
3. 送达的法律依据是什么？

【应知应会】

送达是指司法机关依照法定程序和方式，将诉讼文书送交当事人、诉讼参与人或有关单位的诉讼行为。送达贯穿于整个诉讼活动的始末，是人民法院、当事人和其他诉讼参与人之间的诉讼行为的基本联系方式和传递诉讼信息的手段。就刑事诉讼而言，送达是指公安机关、人民检察院、人民法院依照法定程序和方式，将诉讼文书送交诉讼参与人、有关机关和单位的诉讼行为；就民事诉讼和行政诉讼而言，则是指人民法院依照法律规定的程序和方式，将诉讼文书送交当事人、行政机关或其他诉讼参与人的诉讼行为。

送达诉讼文书是受司法机关指派，送达文书的人称为送达人；接受司法机关的诉讼文书，并受送达法律文书效力约束的人称为受送达人。

送达是人民法院和人民检察院进行的一种重要的法律诉讼行为，其实质是司法机关的告知行为。

送达作为一种诉讼行为具有以下特征：

（一）送达是司法机关向当事人及其他诉讼参与人实施的单向诉讼行为

送达的主体只能是司法机关，送达的对象即受送达人只能是当事人、其他诉讼参与人或有关单位。当事人或其他诉讼参与人不是送达的主体，其向司法机关递交诉讼文书或其他文书的行为不是送达，不适用有关送达的规定。

（二）送达的内容是诉讼文书

送达的内容只能是各种诉讼文书，如判决书、裁定书、不起诉书、传票、立案通知书等，非诉讼文书不能作为送达的内容。

（三）送达必须依法定程序和方式进行

送达是按照法定程序和方式进行的，我国的诉讼法对送达的程序和方式作了比较具体的规定，各种诉讼中的送达程序和方式在相应的诉讼法律中都有规定，司法机关在进行送达时必须按照相应的规定办理。如果送达时司法机关和送达人违反法定的程序和方式送达诉讼文书的，均不产生相应的法律效力。例如，法律规定，调解书应当直接送达当事人本人，不适用留置送达，如果留置送达，则调解书不发生法律效力。送达是诉讼程序的重要组成部分。因为收件人只有按时收到诉讼文书，才能了解其中内容，按照规定参加诉讼活动，行使诉讼权利，履行诉讼义务；有些诉讼文书如一审判决书只有依法送达，才能发生法律效力。

（四）送达具有强制性

送达是一种诉讼行为，具有强制性。不管受送达人的态度如何、是否接受送达文书都不影响送达这种诉讼行为。只要按照法律规定的程序和方式进行并完成送达，即发生相应的法律后果。如起诉书副本的送达，一旦送达完成，不管受送达人接受还是不接受送达的文书，都不能改变他作为被告人的诉讼地位；一审判决书送达时也不论受送达人是否接受判决结果，如果在法定的期间内不上诉的，判决书就会发生法律效力等。

二、送达的法律依据

《刑事诉讼法》第 81 条规定，送达传票、通知书和其他诉讼文件应当交给收件人本人；如果本人不在，可以交给他的成年家属或者所在单位的负责人员代收。收件人本人或者代收人拒绝接收或者拒绝签名、盖章的时候，送达人可以邀请他的邻居或者其他见证人到场，说明情况，把文件留在受送达人的住处。在送达回证上记明拒绝的事由、送达的日期，由送达人签名，即认为已经送达。

《民事诉讼法》第 77 条至第 84 条对民事诉讼中诉讼文书的送达程序和方式作了比较具体的规定。

《民事诉讼法》第 77 条规定，送达诉讼文书必须有送达回证，由受送达人在送达回证上记明收到日期，签名或者盖章。受送达人在送达回证上的签收日期为送达日期。

《民事诉讼法》第 78 条规定，送达诉讼文书，应当直接送交受送达人。受送达人是公民的，本人不在交给他的同住成年家属签收；受送达人是法人或者其他组织的，应当由法人的法定代表人、其他组织的主要负责人或者该法人、组织负责收件的人签收；受送达人有诉讼代理人的，可以送交其代理人签收；受送达人已向人民法院指定代收人的，送交代收人签收。受送达人的同住成年家属，法人或者其他组织的负责收件的人，诉讼代理人或者代收人在送达回证上签收的日期为送达日期。

《民事诉讼法》第 79 条规定，受送达人或者他的同住成年家属拒绝接收诉讼文书的，送达人应当邀请有关基层组织或者所在单位的代表到场，说明情况，在送达回证上记明拒收事由和日期，由送达人、见证人签名或者盖章，把诉讼文书留在受送达人的住所，即视为已经送达。

《民事诉讼法》第 80 条规定，直接送达诉讼文书有困难的，可以委托其他人民法院代为送达，或者邮寄送达。邮寄送达的，以回执上注明的收件日期为送达日期。

《民事诉讼法》第 81 条规定，受送达人是军人的，通过其所在部队团以上单位的政治机关转交。

《民事诉讼法》第 82 条规定，受送达人是被监禁的，通过其所在监所或者劳动改造单位转交。受送达人是被劳动教养的，通过其所在劳动教养单位转交。

《民事诉讼法》第 83 条规定，代为转交的机关、单位收到诉讼文书后，必须立即交受送达人签收，以在送达回证上的签收日期为已经送达日期。

《民事诉讼法》第 84 条规定，受送达人下落不明，或者用本节规定的其他方式无法送达的，公告送达。自发出公告之日起，经过 60 日，即视为已经送达。公告送达，应当在案卷中记明原因和经过。

《人民检察院司法警察暂行条例》第 7 条第 6 项规定，送达法律文书是人民检察院司法警察的职责。

《人民法院司法警察暂行条例》第 7 条第 3 项规定，送达法律文书是人民法院司法警察的职责。

【应知应会】

人民法院司法警察送达的是人民法院制作的法律文书。

人民检察院司法警察送达的是人民检察院制作的法律文书。

三、送达的意义

送达是民事诉讼活动、刑事诉讼活动以及行政诉讼活动的内容，是诉讼程序的重要组成部分。诉讼文书送达，可以使当事人及其他诉讼参与人或有关单位及时了解文书的内容，以确定如何进行诉讼活动、行使诉讼权利、履行诉讼义务，从而保障诉讼活动的顺利进行。诉讼文书一经送达就会产生一定的法律后果，包括实体法律后果与程序法律后果。实体上的法律后果，例如，二审刑事判决书一经送达即生效，必须执行判决的内容。程序上的法律后果是指诉讼文书送达后，就开始计算期间，当事人必须在文书规定的期间内行使某种诉讼权利，履行某种诉讼义务，否则就可能会丧失某种诉讼权利，或承担不利的法律后果。例如，一审刑事判决书送达当事人后，没有在法定期间内上诉的，即丧失上诉权。

【应知应会】

（一）送达是诉讼程序的重要组成部分

送达贯穿了立案、庭审、判决和执行的始终，是每个诉讼阶段必不可少的环节。例如，刑事诉讼过程中包括很多诉讼活动，比如侦查、审查、起诉、提起公诉、审判、执行等，这些活动的集合构成了整个刑事诉讼程序。上述这些诉讼活动也都是刑事诉讼过程中非常重要的诉讼活动，它们对犯罪事实的发现、案件的及时公正审理以及对罪犯刑罚的执行都是至关重要的。从表面上看，送达似乎与犯罪事实的发现和对被告人的刑事责任的追究没有直接的关系，这些诉讼活动都是孤立的、分段的，但是，它们是如何连续、有序地进行的呢？是什么把它们连接起来的呢？那就是送达，正是送达将以上各个诉讼活动有序、有机地连接起来，推动和引导着诉讼活动的进程，正是送达将各个分散、孤立的诉讼活动连接起来形成了完整的诉讼程序。

（二）送达可以使当事人及其他诉讼参与人及时做好参与诉讼的准备

送达可以使当事人及其他诉讼参与人及时知晓诉讼中的有关信息，为行使诉讼权利、履行诉讼义务做好准备。如诉状副本送达后，被告就可以知道原告的主张、要求和事实理由，以便及时做好准备、积极应诉；当事人接到送达的判决书后，才可以根据判决书的内容决定是否上诉和拟定上诉内容等。因此，送达是保障当事人及其他诉讼参与人充分行使诉讼权利、履行诉讼义务的重要的诉讼活动。

（三）送达是一定诉讼活动开始的前提

诉讼文书送达后会产生一定的法律后果。人民法院的送达行为是进一步推进诉讼程序进行的必要前提，是依法进行的。送达生效才能有后续的诉讼活动。如诉状只有送达被告人后，人民法院才可能开始审判活动，否则就是违法的；判决书送达后才会生效，没有送达便不存在执行问题等。因此，诉讼文书的及时送达，可以保证诉讼的顺利进行。

【特别提醒】

送达是法律赋予司法警察的一项重要职权，人民法院和人民检察院送达各种诉讼文书必须由人民法院和人民检察院的司法警察实施送达任务。

项目二　送达的方式

一、送达的方式

【引例 8－2】

原告李某，男，汉族，住汝南县南余店乡。被告隗某，男，汉族，住汝南县三桥乡。原告李某以被告借其现金 20 000 元未还为由，诉至汝南县人民法院，该庭于当日受理。法院按原告诉状提供的被告住址指派司法警察送达诉状副本、应诉通知书、开庭传票。司法警察前往被告所在村委，村委证明：被告隗某一家于 2003 年 3 月外迁，下落不明。法院即依照《民事诉讼法》第84条之规定，向被告隗某公告送达《诉状副本》、《应诉通知书》、《开庭传票》。2004年6月3日，法院查找到被告隗某下落——隗涉嫌刑事案件被关押在汝南县看守所。经双方当事人同意，法院将该案转入简易程序进行审理。6月23日，法院在汝南县看守所主持双方当事人进行调解，达成了调解协议。调解协议中载明：①当事人一致同意本协议自双方当事人在调解协议上签名或捺指印后生效；②调解协议经法院审查符合法律规定，予以确认。6月25日，法院到汝南县看守所给被告送达（2004）汝民初字第639号民事调解书时，隗某已被释放，到其调解时提供的住所地查找，也无下落。

【问题思考】

1. 本案送达方式有多少种？

2. 每种送达方式的限制条件是什么？

【应知应会】

送达方式是指法律规定的，人民法院、人民检察院将诉讼文书送交受送达人的各种具体方法。《刑事诉讼法》第81条、《民事诉讼法》第78条至第84条以及有关的司法解释，对此作出了规定。虽然《行政诉讼法》中没有规定具体的送达方式，但根据《最高人民法院关于执行〈中华人民共和国行政诉讼法〉若干问题的解释》第97条，人民法院审理行政案件，除依照《行政诉讼法》和本解释外，可以参照民事诉讼的有关规定。据此，刑事诉讼中，诉讼文书的送达方式有五种，即直接送达、留置送达、委托送达、邮寄送达和转交送达；民事诉讼、行政诉讼中的文书送达方式有六种，除前面五种以外，还有公告送达。

（一）直接送达

直接送达是指司法机关派专人将诉讼文书直接交付受送达人的一种方式。其特点是承办案件的司法机关将诉讼文书直接送达受送达人，而不通过中介人或中间环节。

直接送达的程序是，送达人员将诉讼文书直接送达受送达人本人，受送达人本人应在送达回执上签名，并记明收到日期。如果受送达人不在，则应由与他同住的成年家属或所在单位的负责人代收，代收人也应在送达回执上记明收到日期，并签名或盖章。

受送达人是法人或其他组织的，应将诉讼文书交由法定代表人或其他组织的主要负责人或该法人、组织的办公室、值班室等负责收件的人签收。

受送达人有诉讼代理人的，可以将诉讼文书交由其诉讼代理人签收。如果受送达人已向司法机关指定代收人的，则送交代收人签收。

直接送达是最基本的送达方式。根据诉讼理论和诉讼法的有关精神，所有诉讼文书的送达，以直接送达为原则，凡是能够直接送达的都应直接送达，以防止拖延诉讼，保证诉讼程序的顺利进行。

（二）留置送达

留置送达是指受送达人或代收人无正当理由拒绝签收诉讼文书时，送达人依法将诉讼文书留在受送达人的住处，即视为合法送达的一种方式。

《民事诉讼法》第79条、《刑事诉讼法》第81条第二款对此作了规定。受送达人或者他的同住成年家属及其他代收人拒绝接受诉讼文书的，送达人应当邀请有关基层组织或所在单位的代表或者其他见证人到场，说明情况，在送达回证上记明拒收的事由和日期，由送达人、见证人签名或者盖章，把诉讼文书留在受送达人的住所，即视为已经送达。见证人不愿在送达回证上签名或盖章的，由送达人在送达回证上记明情况，把送达文书留在受送达人住所，也视为送达。另外，受送达人是法人或者其他组织的，法人的法定代表人、该组织的主要负责人或者办公室、收发室、值班室等负责收件的人拒绝签收或盖章的，适用留置送达。受送达人指定诉讼代理人为代收人的，向诉讼代理人送达被拒时，也适用留置送达。

【特别强调】

送达调解书，应当直接送交当事人本人，不适用留置送达。因为调解书经双方当事人签收后，即发生法律效力，当事人如果反悔，可以拒收，即视为调解不成立。

（三）委托送达

委托送达，是指承办案件的司法机关直接送达诉讼文书有困难时，委托受送达人所在地的相对应的司法机关代为送交诉讼文书的一种送达方式。

委托送达，一般是在受送达人不住在承办案件的司法机关所在地，而且直接送达有困难的情况下所采用的送达方式。委托送达时，委托送达的司法机关应当出具委托函，并附需要送达的诉讼文书和送达回证，受托的司法机关收到委托送达的诉讼文书，应派专人及时送交受送达人，受送达人在回证上签收的日期为送达日期，送达回证应及时退回委托司法机关。受托的司法机关无法送达时，应当将不能送达的原因及时告知委托的司法机关，并将诉讼文书及送达回证退回。

（四）邮寄送达

邮寄送达是指司法机关通过邮电部门将诉讼文书用挂号信寄交受送达人的一种送达方式。同委托送达一样，邮寄送达也是在受送达人住所地距离较远，直接送达有困难时才适用的一种送达方式。

根据诉讼法律的规定，邮寄送达的程序是，司法机关将诉讼文书、送达回证挂号邮寄给受送达人。收件人签收挂号邮件后即认为诉讼文书已经送达。挂号信回执上注明的收件日期与送达回证上注明的收件日期不一致的，或者送达回证没有寄回的，以挂号信回执上注明的收件日期为送达日期。

（五）转交送达

转交送达是指司法机关将诉讼文书送交受送达人所在单位代收，再由该单位转交给受送达人的送达方式。

转交送达是在受送达人身份比较特殊，不宜或不便采用直接送达方式的情况下所采用的一种送达方式。转交送达根据下列情形采用相应的途径：①受送达人是军人的，将诉讼文书通过其所在部队团以上单位的政治机关转交。②受送达人是被监禁者的，将诉讼文书通过其所在监所或者其他执行机关转交。③受送达人是正在接受劳动教养的，将诉讼文书通过其所在劳动教养机关转交。代为转交的机关单位接到诉讼文书后，必须立即将诉讼文书转交给受送达人签收，受送达人在送达回证上的签收日期为送达日期。

（六）公告送达

公告送达是指人民法院以张贴公告、登报等方式将需要送达的诉讼文书公之于众，经过法律规定的一定时间即视为已经送达的一种方式。

公告送达是民事诉讼和行政诉讼中的一种送达方式。这种方式适用于受送达人下落不明或其他送达方式无法送达的情况下，人民法院为保障诉讼活动的顺利进行不得已而采用的送达方式。《民事诉讼法》规定，公告送达自发出公告之日起，经过60日即视为已经送达，发生送达的法律效力。涉外民事诉讼，若采用公告送达方式送达，应自公告之日起满6个月，方视为送达。

【特别提醒】

《刑事诉讼法》第81条、《民事诉讼法》第78条至第84条以及有关的司法解释，对送达方式作出了规定。虽然《行政诉讼法》中没有规定具体的送达方式，但根据《最高人民法院关于执行〈中华人民共和国行政诉讼法〉若干问题的解释》第97条，人民法院审理行政案件，除依照《行政诉讼法》和本解释外，可以参照民事诉讼的有关规定。

二、送达回证

送达回证是指司法机关制作的用以证明完成送达行为的凭证。除公告送达外，其他方式送达必须有送达回证。

【应知应会】

送达回证是检查司法机关是否按法定方式和程序送达诉讼文书的标志，是送达人按照法定程序完成任务的凭证，也是受送达人接受或拒收所送达的诉讼文书的证明，它有固定的格式和内容。

《民事诉讼法》第77条规定，送达诉讼文书必须有送达回证，由受送达人在送达回证上记明收到日期，签名或盖章。受送达人在送达回证上的签收日期为送达日期。另外，《最高人民法院关于执行〈中华人民共和国刑事诉讼法〉若干问题的解释（试行）》也作了类似的规定。

送达回证对当事人和其他诉讼参与人及有关单位行使诉讼权利、履行诉讼义务、计算诉讼期等起着重要的作用。因此，在送达诉讼文书时必须使用送达回证，送达行为完成后，送达回证返回司法机关附卷备查。

【特别提醒】

送达回证既是对司法机关依照法律程序和方式完成送达行为的证明，也是证明受送达人收到司法机关送达的诉讼文书的一种法律凭证。

××人民法院

送达回证

（刑事案件用） 案　由		案　号	（　）字第　　号
受送达人的 姓名、地址			
送达的文书、 名称及件数	受送达人签收	代收人签收	送达人
	年　月　日	年　月　日	

（续上表）

（刑事案件用） 案　由		案　号	（　）字第　　号
	年　月　日	年　月　日	
	年　月　日	年　月　日	
	年　月　日	年　月　日	
	年　月　日	年　月　日	
备注：			

填发人：

项目三　送达勤务的组织实施

一、送达的要求

【引例 8－3】

2006 年 7 月 13 日，四川省×县法院工作人员 5 人到当事人李某家送达查封砖厂设备裁定书。因为当事人拒绝签收，法院工作人员把裁定书放在当事人家的沙发上后就走了。当事人在法院工作人员走后，翻看裁定书，看到×县法院工作人员留在沙发上的裁定书还是 7 月 11 日当事人到法院去领取的查封当事人住房的裁定书。第二天，（7 月 14 日）当事人就把他所有的砖厂设备抵偿偿债给了其他债权人。一直到 2006 年 12 月 6 日，×县法院执行庭通知当事人到庭要执行查封砖厂设备时，当事人拿出×县法院 7 月 13 日和 7 月 11 日两次送达的 4 份盖有×县法院公章的裁定书和与其他债权人签订的抵偿偿债协议和交接清单，辩称说："没有见到过 2 号裁定书，砖厂设备没有被查封，已经在 7 月 14 日抵偿给其他债权人了。" ×县法院在 12 月 21 日以"擅自处理查封财产"为由，处当事人夫妻 15 天司法拘留。当事人不服，向××市中级法院申请复议，在中级法院的干涉下，×县法院在 12 月 29 日释放了当事人夫妻。

【问题思考】

1. 送达法律文书怎样做到合法、准确、及时？

2. 此案件中，司法警察在执行送达任务时存在的问题是什么？

送达诉讼文书是否合法、准确、及时，与司法机关的办案工作密切相关。因此，司法警察执行送达任务时，应当严格遵照这三个要求进行。

【应知应会】

（一）合法

合法是指送达必须依法进行。送达是一种诉讼行为，对送达的方式、送达回证、送达的效力等诉讼法都作了明确规定。司法警察在实施送达任务时必须按照法定的要求，将诉讼文书送达指定的地点，以保障诉讼活动的顺利进行。

（二）准确

在接受送达任务后，要认真核对其手续是否完善、地址是否详细，以保证准确送达，防止错送或误送。

（三）及时

送达是一项时间性很强的工作，有严格的时限要求，及时送达各类文书才能保障诉讼活动顺利开展。如人民法院审理民事案件，应当在开庭 3 日前通知当事人和其他诉讼参与人，如果不及时将传票送达，审判工作很难保证按时进行。

二、送达诉讼文书的种类

（一）人民法院司法警察送达文书的种类

【应知应会】

人民法院司法警察送达的文书主要有：

（1）裁判文书。包括各类判决书、裁定书、调解书。如刑事判决书、民事判决书、民事裁定书、民事调解书、行政赔偿调解书、刑事附带民事调解书等。

（2）诉讼通知书。如传票、出庭通知书、应诉通知书、执行拘留通知书、释放通知书等。

（3）诉状类文书。如起诉状副本、答辩状副本等。

（4）决定类文书。如拘留决定书、罚款决定书、暂予监外执行决定书、取保候审决定书等。

（5）调、退、移送案卷材料。

（6）其他需由司法警察送达的与案件有关的信函及诉讼文书。

（二）人民检察院司法警察送达诉讼文书的种类

【应知应会】

人民检察院司法警察送达的文书主要有：

（1）立案、侦查文书。如立案决定书、传唤通知书、批准延长侦查羁押期限决定书等。

（2）刑事强制措施类文书。如拘传证、拘留通知书、批准逮捕决定书、逮捕决定书、撤销取保候审决定书等。

（3）起诉类文书。如起诉书、不起诉决定书等。

（4）审判监督类文书。如刑事抗诉书、民事抗诉书、行政抗诉书、撤回抗诉决定书、不抗诉决定书等。

（5）其他法律监督文书。如纠正违法通知书、纠正不当减刑裁定意见书、通知立案书等。

（6）其他需由司法警察送达的与案件有关的信函及文书。

三、送达勤务的组织实施

【引例 8-4】

2007 年 9 月 24 日，申请人江苏省电信公司淮阴区分公司向淮安市淮阴区人民法院申请支付令，要求被申请人张×华支付 2007 年 5 月至 7 月的电话费 1 233 元。法院经审查后立案受理了申请人的申请，法院于同日按照督促程序向被申请人发出了支付令，并进行了送达。在送达时，其家里没有人，邻居告诉送达同志，被申请人张×华出去打麻将了，具体去哪儿他们也不知道，到晚上肯定回来。另外，他老婆走亲戚了。后来在返回的路上遇见了正在去亲戚家的被申请人张×华的老婆。送达人员即准备将支付令送达给她，但是其拒绝接受文书，法院即留置了该文书。当日下午，张×华到法庭缴纳了电话费 1 233 元及 17 元支付令费用。

【问题思考】

1. 支付令属于哪类送达文书?
2. 根据引例思考，支付令是否可以对被申请人的同住成年家属留置送达?
3. 本案将支付令留置于被申请人老婆去亲戚家途中是否妥当?

【应知应会】

根据《人民法院组织法》、《人民检察院组织法》、《人民法院司法警察暂行条例》和《人民检察院司法警察暂行条例》的有关规定，送达诉讼文书的任务由人民法院和人民检察院司法警察具体组织实施。

（一）送达勤务的组织

诉讼文书能否合法、准确、及时地送达，直接关系到司法机关审判、执行、法律监督等各项执法工作的顺利进行。执行送达任务的司法警察部门应当认真组织，周密安排。

（1）要根据本单位送达任务的多少，确定专门的送达人员和负责人。送达勤务要求合法、准确、及时，同时其法律性、政策性都很强，这就要求执行送达任务的人员对辖区内的道路、地名等情况较为熟悉。因此，司法警察部门一般应在一定期间内指定专人负责送达工作。

（2）对收到的需要送达的诉讼文书要逐件进行登记，对退回的诉讼文书做好详细记录。做到收有登记、退有记录，防止诉讼文书的遗失和漏送。

（3）检查需送达的诉讼文书是否符合法定时效，以及是否留有送达所需的时间。如有不符，应及时退回案件承办人员处理。

（4）检查送达回证的填写是否符合规定。发现受送达人的姓名、地址不清或送达回证与诉讼文书不符的，应及时与案件承办人员联系，更正后再予以送达。

（5）根据送达任务的实际情况进行分工，并由负责送达的司法警察在登记本上签名。

（6）将已送达诉讼文书的送达回证及时交给案件承办人员签收，对未能送达的诉讼文书及时与案件承办人员联系，说明原因并与案件承办人员商定解决的办法。

（7）对需要在本地区组织委托送达的，向本级司法警察部门的分管领导提出交换建议。

（8）对司法警察的送达情况（送达份数、人次、里程数等）每月进行一次统计，并定期进行讲评。

（二）送达勤务的具体实施

【应知应会】

负责送达的司法警察在接受任务后，要做好以下工作：

（1）认真核对送达诉讼文书的数量（清点份数、册数），明确送达的时间、地点，受送达人姓名、住址等情况。

（2）对送达地址进行排列，力求做到在最短的时间内走最短的路程，完成送达任务。

（3）检查交通工具是否良好，有问题应及时修理，以保证送达任务的顺利完成。

（4）准备好必要的防护器材，如械具、雨衣、修理工具等。

（5）对送达的诉讼文书要妥善保管，防止丢失或损坏。

（6）执行送达任务时，司法警察必须按规定着装，并严格执行诉讼法有关规定，语言规范，行为文明。

（7）司法警察应采用法定的六种方式送达诉讼文书。文书送达到指定地点，受送达人在送达回证上注明收到的日期并签名或盖章。签收后，送达回证应及时退回案件承办人员，未能送达的，应及时告知案件承办人，并说明原因。留置送达的，应在备注栏记明受送达人本人或代收人拒绝接收或者拒绝签名、盖章的事由及日期，并邀请受送达人的邻居或其他见证人到场，由送达的司法警察、见证人签名或盖章。

【特别提醒】

在送达勤务的实施过程中，除严格遵守合法、准确、及时的要求外，还应注意严格遵守国家的保密规定，不得擅自回答受送达人提出的与案件有关的问题，不得拆阅密封件及卷宗材料，不得将诉讼文书带回家或公共场所，不得交给无关人员阅览和保管、代送。

对于限定送达日期的急件，应按照指定日期送达，不得拖延。如果受送达人为居住在中华人民共和国领域内的外籍人、外籍企业及组织的法定代表人或诉讼代理人，应按有关涉外法律文书的送达方式送达。

司法警察佩带警械和武器执行送达任务时，应严格遵守《人民警察使用警械和武器条例》和《关于人民警察执行职务中实行正当防卫的具体规定》。

四、送达勤务中特殊情况的处置要领

在执行送达任务的过程中，由于自然、社会和人为等各方面的原因，随时都可能会遇到一些意料不到的特殊情况，给送达工作带来不利因素和影响。这时一定要沉着冷静，并区分情况予以处置。

【应知应会】

（一）丢失诉讼文书或送达回证的处置

发现诉讼文书或送达回证丢失时，送达的司法警察应及时向司法警察部门领导报告，并及时查找。查找未果确定丢失后，要及时与案件承办人员取得联系，做好补救工作，同时要认真总结检查，深刻吸取教训。

（二）送达途中交通工具发生问题的处置

在送达途中遇交通工具出现故障或发生交通事故，执行送达任务的司法警察应首先保护好送达的诉讼文书。遇交通工具出现故障的，要及时与司法警察部门领导取得联系，尽快排除故障；发生交通事故的，要及时与交通管理部门取得联系，在听候交通民警处理的同时，改变送达行走路线。

（三）受送达人及其家属哄闹情况的处置

送达诉讼文书的司法警察在执行送达任务时，遇到受送达人及其家属哄闹时，要注意向受送达人及其家属讲清道理，劝告他们不要妨碍执行公务。如果不听劝阻，应及时与当地公安机关或受送达人及其家属所在单位取得联系，争取他们的协助。对蓄意捣乱、哄闹、制造事端的，应依靠当地公安机关和有关部门协助处理，避免与其发生冲突。对个别情节特别恶劣的，应及时报告有关领导，提出罚款或予以拘留的处理意见，待院领导批准后执行。

项目四　技能训练

技能训练一　送达文书的方式及程序

一、训练目的要求

通过训练，使参训学生掌握送达文书的方式及送达程序。要求参训学生能够根据不同案件、诉讼文书及受送达人的具体情况选择适当的送达方式；能够掌握各种不同的送达方式必须履行的送达程序；能够规范填写送达回证。

二、训练内容及要点

（一）根据案件、诉讼文书及受送达人的具体情况选择适当的送达方式

（二）不同送达方式必须履行的送达程序

（三）对参加训练的学生的要求

（1）必须按小组制作一份送达回证及相关文书材料，送达回证及相关文书材料应严格遵循制作规范。

（2）参加训练的学生，应明确各自角色的性质、任务。

（3）训练后应由教师根据学生训练中的表现和制作送达回证及相关文书的质量，逐个进行讲评，按百分制给出成绩。

三、训练前的准备

（1）诉讼文书、送达回证、警官证等相关的法律文书。

（2）警用车辆及必要的防护器材，如武器、械具、雨衣、修理工具等。

四、训练方法与步骤

（1）角色分配：指导教师做法警队负责人，由一名学生担任受送达人，两名学生担任法警。

（2）检查需送达的诉讼文书是否符合法定时效，以及是否留有送达所需的时间。

（3）检查交通工具及必要的防护器材是否良好。

（4）根据案件、诉讼文书及受送达人的具体情况选择送达方式。

（5）根据选定的送达方式描述必须履行的送达程序。

（6）填写送达回证。

五、注意事项

（1）参训学生要按照自己的角色办事，并互换角色进行训练。

（2）要按照法律规定的送达程序办理送达有关手续。

（3）对送达的诉讼文书要妥善保管，防止丢失或损坏。

六、相关法律文书写作格式规范与实例

在送达训练中，送达回证是最主要的法律文书，参与训练的学生必须依据法律的相关规定和指导教师的指导，正确填写送达回证。

送达回证有固定的格式和内容。其内容包括：实施送达的法院，受送达人的姓名、职务、住所或者居住地，应当送达文书的名称和案件编号，送达方式，送达人、受送达人或者见证人签名、盖章，签收日期等。

送达回证是表格式文书，由表首、正表和表尾三部分组成。表首包括文书标题和发文单位；正表依次填清案由、案号、送达文书的名称和件数、受送达人、送达地址、代收人及代收理由和受送达人签名或盖章，如受送达人或代收人；尾部主要包括填发人和送达人的签名和印章。

1．送达回证的格式

×××人民法院

送 达 回 证

案由		案号	（ ）字第 号
送达文书 名称和件数			
受送达人			
送达地址			
受送达人 签名或盖章	年 月 日		
代收人及 代收理由	年 月 日		
备考			

填发人　　　　　　　　　　　　送达人

2. 送达回证写作实例

×××人民法院

送达回证

案由	民事赔偿	案号	(2004) 字第5号
送达文书名称和件数	起诉状副本 1份 开庭传票 1份		
受送达人	王××		
送达地址	××市××区××街10号		
受送达人签名或盖章	王×× 2004年×月×日		
代收人及代收理由	年 月 日		
备考			

填发人 张×× 送达人 赵××

七、考核方法及标准

（一）考核方式

指导教师一名，学生每三人一组，由指导教师审查参训学生的操作过程；学生之间互相审查操作过程并作出评议，最后由指导教师总结。

（二）考核标准

（1）优秀：准备充分，操作熟练，文书格式合法规范，记录内容清晰完整，法律手续完善。

（2）良好：准备较充分，操作较熟练，文书格式合法规范，记录内容清晰，法律手续完善。

（3）合格：准备基本充分，操作基本熟练，文书格式基本合法，规范记录内容基本清晰，法律手续完善。

（4）不合格：未达到合格标准。

八、示范案例

【案例】2007年4月5日，龚某的信用卡不慎遗失，之后被他人在上海虹桥百盛商贸有限公司长沙分公司以冒充签名方式进行了两次刷卡消费，共计金额5 796元。2007年4月8日，持卡人龚某以商家未尽到审核信用卡背面预留签名与现场签名是否一致的义务向长沙市芙蓉区人民法院状告商家上海虹桥百盛商贸有限公司长沙分公司，要求赔偿其经济损失5 796元。法院通过对龚某信用卡4月5日刷卡签购单签名与他此前其他签购单上的本人签名进行比较，发现存在较大差异，认定被告上海虹桥百盛商贸有限公司长沙分公司未完全尽到审核信用卡背面预留签名与现场签名是否一致的义务，从而导致了龚某财产权利受到侵害，该公司应就此承当民事责任。与此同时，由于未尽妥善保管义务，原告龚某本人也应承担过错责任。其中，百盛公司的过错程度大于龚某，其应对龚某的经济损失承担60%赔偿责任。由此，法院判令百盛公司赔偿原告龚某3 477.6元，本案受理费由双方共同承担。2007年8月24日上午，长沙市芙蓉区人民法院分别向原告龚某和被告上海虹桥百盛商贸有限公司长沙分公司送达一审判决书。

训练要求与提示：

依法办理相关送达手续，根据案情选择恰当的送达方式，按规范填制送达回证。注意不同送达方式适用的送达程序。

参考结论：

本案原、被告的送达地址清楚明确，可首选直接送达的方式。直接送达的程序是：送达人将一审判决书直接送达给受送达人本人，受送达人本人应在送达回执上签名，并记明收到日期。如果受送达人不在，则应由与他同住的成年家属或所在单位的负责人代收，代收人也应在送达回执上记明收到日期，并签名或盖章。由于被告上海虹桥百盛商贸有限公司长沙分公司是法人组织，所以应将一审判决书交由其法定代表人或该法人的办公室、值班室等负责收件的人签收。在执行送达勤务的过程中，如受送达人或代收人无正当理由拒绝签收时，可改为选择留置送达的方式。在选择留置送达的方式后，送达人应当邀请有关基层组织或所在单位的代表或者其他见证人到场，说明情况，在送达回证上记明拒收的事由和日期，由送达人、见证人签名或者盖章，将一审判决书留在受送达人的住所。见证人不愿在送达回证上签名或盖章的，由送达人在送达回证上记明情况。

九、思考练习题

【案例】原告李某，男，汉族，住汝南县南余店乡。被告隗某，男，汉族，住汝南县三桥乡。原告李某以被告借其现金20 000元未还为由，诉至汝南县人民法院，该庭于当日受理。按原告诉状提供的被告住址送达诉状副本、应诉通知书和开庭传票时，被告所在村委证明：被告隗某一家于2003年3月外迁，下落不明。2004年6月3日，法院查找到被告隗某的下落——隗涉嫌刑事案件被关押在汝南县看守所。经双方当事人同意，法院将该案转入简易程序进行审理。6月23日，法院在汝南县看守所主持双方当事人进行调解，达成了调解协议。调解协议中载明：①当事人一致同意本协议自双方当事人在调解协议上签名或捺指印后生效；②调解协议经法院审查符合法律规定，予以确认。6月25日，法警到汝南县看守所给被告送达（2004）汝民初字第639号民事调解书。

训练要求与提示：

1. 根据上述案情办理送达的法律手续后，确定送达的方式。

2. 根据上述案情布置送达现场，安排角色担任，分别完成送达诉状副本、应诉通知书和开庭传票的送达以及民事调解书的送达。

3. 做好与送达相关的法律文书的制作。

技能训练二　送达的组织实施

一、训练目的和要求

通过训练，使参训学生掌握送达勤务的组织和具体实施方法。要求参训学生能够对送达勤务进行认真的组织、周密的安排，确保诉讼文书合法、准确、及时地送达；要求参训学生能够根据不同案件、诉讼文书及受送达人的具体情况选择适当的送达方式；能够正确、熟练地执行法定的送达程序。

二、训练内容及要点

1. 送达勤务的组织

2. 送达勤务的具体实施

（1）训练时间为2学时。

（2）参加训练的学生，应明确各自角色的性质、任务。

（3）训练后应由教师根据学生训练中的表现，逐个进行讲评，按百分制给出成绩。

三、训练前的准备

（1）诉讼文书、送达回证、警官证等相关的法律文书。

（2）警用车辆及必要的防护器材，如武器、械具、雨衣、修理工具等。

四、训练方法、步骤

1. 送达的组织

（1）根据送达任务的多少，确定专门的送达人员和负责人。

（2）对收到的需要送达的诉讼文书逐件进行登记，对退回的诉讼文书做好详细记录。

（3）检查需送达的诉讼文书是否符合法定时效，以及是否留有送达所需的时间。

（4）检查送达回证的填写是否符合规定。

（5）根据送达任务的实际情况进行分工，并由负责送达的司法警察在登记本上签名。

（6）将已送达诉讼文书的送达回证及时交给案件承办人员签收，对未能送达的诉讼文书及时与案件承办人员联系，说明原因并与案件承办人员商定解决的办法。

（7）对需要在本地区组织交换送达的，向本级司法警察部门的分管领导提出交换建议。

（8）对司法警察的送达情况（送达份数、人次、里程数等）每月进行一次统计，并定期进行讲评。

2. 送达勤务的具体实施

（1）角色分配：指导教师做法警队负责人，由一名学生充当受送达人，两名学生做法警。

（2）认真核对送达诉讼文书的数量（清点份数、册数），明确送达的时间、地点，受送达人姓名、住址等情况。

（3）对送达地址进行排列，力求做到在最短的时间内走最短的路程，完成送达任务。

（4）检查交通工具是否良好。

（5）准备好必要的防护器材，如武器、械具、雨衣、修理工具等。

（6）执行送达任务时，应严格执行诉讼法关于送达的有关规定，将诉讼文书送交受送达人，由受送达人在送达回证上注明收到的日期并签名或盖章。

五、注意事项

（1）参训学生要按照自己的角色办事，且要互换角色进行训练。

（2）要按照法律规定的送达程序办理送达手续。

（3）对送达的诉讼文书要妥善保管，防止丢失或损坏。

（4）执行送达任务时，司法警察必须按规定着装，并严格执行诉讼法关于送达的有关规定，采用法定的方式送达诉讼文书。

六、相关法律文书写作格式规范

略。参见训练一。

七、考核方法及标准

（一）考核方式

指导教师一名，学生每三人一组，由指导教师审查参训学生的操作过程；学生之间互相审查操作过程并作出评议，最后由指导教师总结。

（二）考核标准

（1）优秀：准备充分，操作熟练，文书格式合法规范，记录内容清晰完整，法律手续完善。

（2）良好：准备较充分，操作较熟练，文书格式合法规范，记录内容清晰，法律手续完善。

（3）合格：准备基本充分，操作基本熟练，文书格式基本合法，规范记录内容基本清晰，法律手续完善。

（4）不合格：未达到合格标准。

八、示范案例

1997年2月，黄龙市检察院接到举报，称黄龙市某国有独资公司主管财务的副总经理林某贪污60万元。黄龙市检察院反贪局经过调查后，认为犯罪嫌疑人林某犯罪事实清楚，证据确实充分，于是向黄龙市中级人民法院提起公诉。黄龙市中级人民法院由审判员1人与人民陪审员2人组成合议庭，对本案进行了审理，1999年9月28日，合议庭以被告人林某犯贪污罪，判处无期徒刑，剥夺政治权利终身，1999年10月5日宣判，10月8日向被告人送达判决书。被告人林某于10月10日向原审法院递交了上诉状。黄龙市中级人民法院将上诉状连同案卷材料、证据移送该省高级人民法院，并将上诉状副本送交该省检察院。上诉期满后第3日，被告人林某又要求撤回上诉。二审法院认为虽然可能会有轻罪重判的情况，但是，既然被告人服判要求撤回上诉，二审法院就应当准许。二审裁定送达后，一审法院即将一审判决书、二审法院的裁定书和执行通知书、结案登记表等诉讼文书送达正在××监狱服刑的罪犯林某。

训练要求与提示：

（一）送达的组织

对收到的需要送达的诉讼文书逐件进行登记，检查需送达的诉讼文书是否符合法定时效，以及是否留有送达所需的时间；根据送达任务的多少，确定专门的送达人员和负责人，并由负责送达的司法警察在登记本上签名；检查送达回证的填写是否符合规定，将已送达诉讼文书的送达回证及时交给案件承办人员签收。

（二）送达勤务的具体实施

依法办理相关送达手续，认真核对送达诉讼文书的数量，明确送达的时间、地点、受送达人姓名、住址等情况；检查交通工具是否良好；准备好必要的防护器材；根据案情选择恰当的送达方式，按规范填制送达回证。注意不同送达方式适用的送达程序。

参考结论：

本案的受送达人林某正在××监狱服刑，是被监禁者，身份比较特殊，不宜采用直接送达方式，因此可采用转交送达的方式。转交送达的程序是，送达人将诉讼文书送交受送达人所在单位××监狱代收，××监狱接到诉讼文书后，立即将诉讼文书转交给受送达人并在送达回证上签收。

九、思考练习题

【案例】被告人谭某，男，1986年3月2日生。2001年4月5日，因涉嫌故意杀人罪被某市人民检察院起诉至市中级人民法院，被害人家属同时提起附带民事赔偿诉讼。市中级人民法院受理案件后，依法由审判员李某、刘某、陈某及人民陪审员孙某、赵某组成合议庭。4月27日，合议庭依法对被告人谭某故意杀人一案进行公开审理。审判过程中，被告人谭某趁人不备脱逃，案件在较长时间内无法继续审理，审判长宣布延期审理。6月6日，谭某被抓获并关押在市第一看守所，谭某被抓获归案，市中级人民法院对案件继续进行审理，以故意杀人罪当庭宣告判处被告人谭某无期徒刑，判令被告人谭某赔偿被害人家属28万元人民币。6月8日将判决书送达当事人。

训练要求与提示：

（一）送达的组织

（1）对收到的需要送达的诉讼文书逐件进行登记，检查需送达的诉讼文书是否符合法定时效，以及是否留有送达所需的时间。

（2）根据送达任务的实际情况进行分工，确定送达人员，并由负责送达的司法警察在登记本上签名。

（3）送达任务完成后检查送达回证的填写是否符合规定，将已送达诉讼文书的送达回证及时交给案件承办人员签收。

（二）送达勤务的具体实施

（1）根据上述案情依法办理送达的相关法律手续，认真核对送达诉讼文书的数量，明确送达的时间、地点及受送达人姓名、住址等情况，检查交通工具是否良好，准备好必要的防护器材。

（2）根据上述案情布置送达现场，安排角色担任，选择恰当的送达方式，分别完成将判决书、执行通知书送达被告人谭某，以及将判决书送达被害人家属。注意不同送达方式适用的送达程序。

（3）做好与送达相关的法律文书的制作工作。

单元九
执行死刑

【知识目标】

了解执行死刑的含义及其执行对象

理解执行死刑的依据与方式

掌握执行死刑勤务的组织实施

【能力目标】

明确了解执行死刑的含义及其执行对象

明确理解执行死刑的依据与方式

准确掌握执行死刑勤务的组织实施

灵活把握和处理执行死刑过程中的各种情况

项目一　执行死刑的概念与特点

一、执行死刑的概念

【引例 9－1】

【郑×萸案】2007 年 5 月 16 日，北京市第一中级人民法院公开开庭审理郑×萸涉嫌犯受贿罪、玩忽职守罪一案，并于 5 月 29 日作出一审判决。认定郑×萸犯受贿罪，判处死刑，剥夺政治权利终身，没收个人全部财产；犯玩忽职守罪，判处有期徒刑 7 年。决定执行死刑，剥夺政治权利终身，没收个人全部财产。宣判后，郑×萸不服，提出上诉。北京市高级人民法院经公开开庭审理，于 6 月 22 日作出二审裁定，驳回上诉，维持原判，并依法报请最高人民法院核准。

最高人民法院经复核，确认一、二审认定的案件事实。1997 年 6 月至 2006 年 12 月，被告人郑×萸利用担任国家医药管理局、国家药品监督管理局、国家食品药品监督管理局局长的职务便利，接受请托，为八家制药企业在药品、医疗器械的审批等方面谋取利益，先后多次直接或通过其妻、子非法收受上述单位负责人给予的款物共计折合人民币 649 万余元。2001 年至 2003 年，郑×萸先后担任国家药品监督管理局、国家食品药品监督管理局局长期间，在全国范围统一换发药品生产文号专项工作中，严重不负责任，未做认真部署，并且擅自批准降低换发文号的审批标准。经抽查发现，郑×萸的玩忽职守行为，致使许多不应换发文号或应予撤销批准文号的药品获得了文号，其中 6 种药品竟然是假药。

最高人民法院复核认为，被告人郑 × 萸身为国家工作人员，利用职务便利，为他人谋取利益，非法收受他人财物，其行为已构成受贿罪；郑 × 萸对药品安全监管工作严重不负责任，不认真履行职责，致使国家和人民的利益遭受重大损失，其行为已构成玩忽职守罪。郑 × 萸作为国家药品监管部门的主要领导，利用事关国家和民生大计的药品监管权进行权钱交易，置人民群众的生命健康于不顾，多次收受制药企业的贿赂，社会影响极其恶劣，受贿数额特别巨大，犯罪情节特别严重，社会危害性极大，依法应当判处死刑。其虽有坦白部分受贿犯罪事实和退出部分犯罪所得的情节，但不足以对其从轻处罚。郑 × 萸的玩忽职守行为，致使国家药品监管严重失序，给公众用药安全造成了极为严重的后果和极其恶劣的社会影响，犯罪情节亦属特别严重，应依法惩处，并与所犯受贿罪数罪并罚。一审判决、二审裁定认定的事实清楚，证据确实、充分，定罪准确，量刑适当，审判程序合法。遂依法核准北京市高级人民法院维持一审对被告人郑 × 萸决定执行死刑，剥夺政治权利终身，没收个人全部财产的刑事裁定。

2007 年 7 月 10 日上午，国家食品药品监督管理局原局长郑 × 萸在北京昌平秦城监狱内以注射方式被执行死刑。

【问题思考】

根据上述案例内容，分析、归纳执行死刑的概念，明确执行死刑的含义。

执行死刑是指执刑人员依据最高人民法院院长签发的执行死刑命令，依照法定的程序，采用枪决或者注射等方式，依法剥夺已判处死刑罪犯生命的一项执法活动。

【应知应会】

（一）执行死刑的主体

执行死刑由人民法院司法警察执行，但如果人民法院确实没有条件执行时，可交付公安机关的武装警察执行。

（二）执行死刑的对象

执行死刑的对象是指被判处死刑并已经核准执行死刑的犯罪分子。

（三）执行死刑是一项执法活动

执行是刑事诉讼中的最后阶段，而执行死刑即是死刑诉讼中的最后一个阶段，在整个刑事诉讼中占有重要的地位。因死刑判决的严厉性和执行死刑的不可挽回性，法律对执行死刑作了严格、具体的规定，人民法院在执行死刑过程中必须严格依照法律的规定进行操作，确保执行死刑的合法、安全、有序，顺利完成执行死刑任务。

（四）执行死刑是维护社会主义法制的需要

死刑是生命刑，是最严厉的刑罚，对犯罪分子处以死刑并付诸实施，具有很强的警示、威慑作用，同时还可以使广大群众受到生动的法制教育。通过执行死刑，能有效惩罚犯罪分子、保护公民合法权益，对维护社会主义法制有着重要意义。

【特别提醒】

（1）执行死刑与死刑缓期二年执行的联系与区别。死刑缓期执行，是指对应当判处死刑的犯罪分子，如果不是必须立即执行的，可以在判处死刑的同时宣告缓期二年执行，即死刑缓期执行，又称死缓。

死缓不是一个独立的刑种，与死刑立即执行一样，是死刑的一种执行方式。在死刑的现实执行中，两者具有一定的区别：死缓给犯罪人在一定时间内有继续生存和改造的机会，从实践中看，大多数死缓最后都没有执行死刑。或减为无期徒刑，或减为15年以上20年以下有期徒刑；而死刑立即执行从根本上剥夺了犯罪人的生命，排除了其继续生存和改造的可能，两者相差悬殊。因此，法院在是否判处死缓或死刑立即执行时应当特别慎重。我国《刑法》第48条规定，对于应当判处死刑的犯罪分子，如果不是必须立即执行的，可以判处死刑同时宣告缓期二年执行。从《刑法》的这一规定来看，只有“不是必须立即执行的”才是裁量死刑缓期执行的唯一标准。也就是说，是否必须立即执行，是确定适用死刑缓期执行与死刑立即执行的唯一界限。

（2）1980年2月23日最高人民法院、公安部联合发出的《关于判处死刑、死缓、无期徒刑、拘役的罪犯交付执行问题的通知》规定，对于判处死刑立即执行的罪犯，人民法院有条件执行的，应交付司法警察执行；没有条件执行的，可交付公安机关武装警察执行。但随着我国法制建设的发展与完善、司法警察队伍的发展与健全以及注射执行死刑方法的推行与普及，如非必要，执行死刑均由人民法院司法警察执行。

（3）不适用死刑的对象。《刑法》第49条规定，犯罪的时候不满十八周岁的人和审判的时候怀孕的妇女，不适用死刑。

二、执行死刑的特点

【引例9-2】

【李×灿案】经最高人民法院核准，河北省原外经贸厅副厅长李×灿2005年4月26日被依法执行死刑。

李×灿受贿一案，一审由河北省衡水市中级人民法院经公开开庭审理，于2004年9月9日作出一审判决。认定被告人李×灿犯受贿罪，判处死刑，剥夺政治权利终身，并处没收个人全部财产。宣判后，李×灿不服，提出上诉。河北省高级人民法院经审理裁定驳回上诉，维持原判，并依法报请最高人民法院核准。

最高人民法院经复核确认：被告人李×灿在担任河北省对外贸易经济合作厅副厅长兼河北省机电办公室主任职务期间，于2001年8月至2003年4月，接受北京森华创业汽车贸易有限公司法人代表丁×的请托，利用其主管河北省进口汽车配额的审批和分配工作的职务便利，为森华公司提供1 249个汽车配额，并收受丁×给予的人民币现金4 723万元；2002年4月，李×灿还利用其职务之便，向唐山冀东物贸有限责任公司所属企业唐山冀东机电设备公司索要价值19万元大众高尔夫轿车一辆及手续费共计21.44万元。

最高人民法院认为，被告人李×灿身为国家工作人员，利用职务便利，接受他人请托，为他人谋取利益，非法收受和索取他人财物共计人民币4 744万余元，其行为已构成受贿罪，受贿数额特别巨大，情节特别严重。一审判决、二审裁定认定的事实清楚，证据确实、充分，定罪准确，量刑适当，审判程序合法。遂作出核准被告人李×灿死刑的刑事裁定。河北省衡水市中级人民法院接到最高人民法院裁定后，于2006年4月26日对李×灿执行死刑。

【问题思考】

根据上述案例分析，执行死刑体现了哪些特征？

【应知应会】

（一）合法性

执行死刑是法律赋予人民法院合法、公开地剥夺犯罪分子生命的权力，经过严格的法律程序，具有充分的法律保障。法律还规定了直至对被执行死刑罪犯执行死刑前可能出现的例外情况的处理办法，即法律对停止执行死刑与暂停执行死刑两种情形的规定。这些法律规定都充分体现了执行死刑在法律上具有严密的法律程序和严格的法律依据。

（二）严厉性

死刑是剥夺犯罪分子生命的刑罚，而生命权是人最基本的权利，故死刑又称为“极刑”。执行死刑是法律赋予人民法院依法剥夺犯罪分子生命的最严厉的刑罚，它充分体现了社会主义法制保护人民、坚决打击犯罪分子的严厉职能。

（三）目的性

执行死刑的目的是对判处死刑的犯罪分子的生效判决的执行，最终完成对被执行死刑罪犯的审判任务，从而达到惩罚犯罪分子、保护公民合法权益、维护社会主义法制的最终目的。

（四）文明性

对犯罪分子执行死刑，既体现为严厉性，又应当是文明的。法律明确规定：不得对判处死刑立即执行的犯罪分子游街示众；不得虐待罪犯；尊重少数民族风俗等，这都较好地体现了社会主义的人道主义精神。另外，在执行死刑的方法上，法律规定了枪决或注射等方式，目前，各地人民法院都逐步开展注射执行死刑。随着注射行刑方式的普及，今后执行死刑的方式必将朝着更加简便、文明的方向发展。

（五）综合性

执行死刑是一项涉及面很广的工作，需要人民法院、人民检察院、公安机关、武装警察、民政机关、殡仪部门等多方配合，人员多、任务重、时间紧，组织协调工作要求严密，不能出漏洞，以确保执行死刑任务的顺利完成。

【特别提醒】

了解执行死刑的特点，目的是为了有针对性地做好执行死刑的工作。行刑过程中必须将死刑罪犯从羁押所提出，押至宣判会场宣判，再押赴刑场执行，在途时间较长，途经环境各种各样，出于安全考虑，有必要更全面地了解、掌握执行死刑。

项目二　执行死刑的法律依据与方式

一、法律依据

【引例9-3】

【对贩卖、运输毒品犯李×、王×陆执行死刑的布告】贩卖、运输毒品犯李×，男，1977年8月23日生，汉族，云南省寻甸县人，初中文化，无业，住寻甸县先锋煤矿。1998年9月29日因犯贩卖毒品罪被本院判处有期徒刑15年，2005年12月29日刑满释放。2007年3月14日因涉嫌贩卖毒品罪被玉溪市公安局刑事拘留，同年4月18

日被依法逮捕。

贩卖、运输毒品犯王×陆，男，1979年5月15日生，汉族，云南省寻甸县人，初中文化，无业，住寻甸县倘甸镇马街村委会马街村417号。2007年3月14日因涉嫌贩卖毒品罪被玉溪市公安局刑事拘留，同年4月18日被依法逮捕。

2007年2月，罪犯李×、王×陆、苏×在昆明共同商定策划，由王×陆负责出资，李×和苏×前往云南省瑞丽市，李×负责购买毒品，苏×负责将毒品运回昆明交给王×陆为主贩卖。之后，苏×又邀约张×奎参与犯罪（苏×、张×奎均已被判刑）。四人共同商定贩毒所得利益由王×陆分配给李×、张×奎每人10万元，其余归王×陆所有。同年3月上旬，王×陆把26万元毒资交给苏×，李×、苏×、张×奎三人即驾驶车牌号为"云AS0973"东风货车到达瑞丽市。李×购买毒品后交给了苏×，并一人先行返回昆明。苏×、张×奎共同将毒品藏匿于该货车驾驶室内运至昆明。3月13日，王×陆驾驶车牌号为"云AKQ930"红色奇瑞QQ轿车和李×共同前往昆明市凉亭东路接苏×和张×奎，当苏×提着装有毒品的灰色旅行包坐上轿车时，四罪犯被公安民警当场抓获，缴获毒品海洛因4 120克。

本案经本院一审审理后认为，二罪犯无视国法，为牟取非法利益而贩卖毒品海洛因，涉毒数量巨大，依法应予严惩。依照《中华人民共和国刑法》第347条第2款第1项、第48条、第57条第1款之规定，以李×、王×陆犯贩卖毒品罪，判处二罪犯死刑，剥夺政治权利终身，并处没收个人全部财产。一审宣判后，二罪犯不服，以其本人系从犯，量刑过重为由，向云南省高级人民法院提出上诉。云南省高级人民法院经二审审理后认为，一审认定事实清楚，证据确实、充分，量刑适当，审判程序合法，但定罪不准，依照《中华人民共和国刑事诉讼法》第189条第1项、第2项、《最高人民法院关于执行〈中华人民共和国刑事诉讼法〉若干问题的解释（试行）》第257第2项之规定，以贩卖、运输毒品罪，终审判处二罪犯死刑，剥夺政治权利终身，并处没收个人全部财产。并根据《中华人民共和国刑事诉讼法》第199条的规定，报请最高人民法院核准。经最高人民法院复核，核准云南省高级人民法院的前述终审判决。

根据最高人民法院院长签发的执行死刑命令，本院于2008年6月26日对罪犯李×、王×陆验明正身，押赴刑场，执行死刑。

此布。

2008年6月26日

××市中级人民法院（院印）

【问题思考】

根据上述案例分析，执行死刑的法律依据有哪些？

【应知应会】

根据《刑事诉讼法》和有关法律法规的规定，由最高人民法院院长签发的执行死刑命令，连同死刑判决和核准死刑的判决书或者裁定书，是执行死刑的法律依据。

（一）判决

执行死刑必须要有生效的死刑判决。生效的死刑判决有：已过法定期限没有上诉、抗诉的死刑判决；终审的死刑判决和最高人民法院作出的一审死刑判决。

（二）核准死刑的判决书或者裁定书

《刑事诉讼法》第199条规定，死刑由最高人民法院核准。死刑是生命刑，是最严厉的刑罚，为体现慎重适用死刑的立法精神，法律规定死刑判决必须经复核后方能执行。

（三）执行死刑命令

死刑判决必须有执行死刑命令后方能执行，执行死刑命令由最高人民法院院长签发。下级人民法院收到执行死刑的命令后，应当在七日内交付执行，没有接到执行死刑命令的，不得交付执行。

【附注】

（一）死刑的核准权

死刑判决由最高人民法院核准。对此，法律作了如下规定：

1.《刑事诉讼法》第 199 条规定：死刑由最高人民法院核准

2.《最高人民法院关于统一行使死刑案件核准权有关问题的决定》（2006 年 12 月 13 日最高人民法院审判委员会第 1409 次会议通过，法释［2006］12 号）

《最高人民法院关于统一行使死刑案件核准权有关问题的决定》已于 2006 年 12 月 13 日由最高人民法院审判委员会第 1409 次会议通过，现予公布，自 2007 年 1 月 1 日起施行。

第十届全国人民代表大会常务委员会第二十四次会议通过了《关于修改〈中华人民共和国人民法院组织法〉的决定》，将《人民法院组织法》原第 13 条修改为第 12 条："死刑除依法由最高人民法院判决的以外，应当报请最高人民法院核准。"修改《人民法院组织法》的决定自 2007 年 1 月 1 日起施行。根据修改后的《人民法院组织法》第 12 条的规定，现就有关问题确定如下：

（1）自 2007 年 1 月 1 日起，最高人民法院根据全国人民代表大会常务委员会有关决定和《人民法院组织法》原第 13 条的规定发布的关于授权高级人民法院和解放军军事法院核准部分死刑案件的通知（见附件），一律予以废止。

（2）自 2007 年 1 月 1 日起，死刑除依法由最高人民法院判决的以外，各高级人民法院和解放军军事法院依法判决和裁定的，应当报请最高人民法院核准。

（3）2006 年 12 月 31 日以前，各高级人民法院和解放军军事法院已经核准的死刑立即执行的判决、裁定，依法仍由各高级人民法院、解放军军事法院院长签发执行死刑的命令。

附件：

最高人民法院发布的下列关于授权高级人民法院核准部分死刑案件自本通知施行之日起予以废止：

（1）《最高人民法院关于对几类现行犯授权高级人民法院核准死刑的若干具体规定的通知》（发布日期：1980 年 3 月 18 日）

（2）《最高人民法院关于执行全国人民代表大会常务委员会〈关于死刑案件核准问题的决定〉的几项通知》（发布日期：1981 年 6 月 11 日）

（3）《最高人民法院关于授权高级人民法院核准部分死刑案件的通知》（发布日期：1983 年 9 月 7 日）

（4）《最高人民法院关于授权云南省高级人民法院核准部分毒品犯罪死刑案件的通知》（发布日期：1991 年 6 月 6 日）

(5)《最高人民法院关于授权广东省高级人民法院核准部分毒品犯罪死刑案件的通知》(发布日期：1993 年 8 月 18 日)

(6)《最高人民法院关于授权广西壮族自治区、四川省、甘肃省高级人民法院核准部分毒品犯罪死刑案件的通知》(发布日期：1996 年 3 月 19 日)

(7)《最高人民法院关于授权贵州省高级人民法院核准部分毒品犯罪死刑案件的通知》(发布日期：1997 年 6 月 23 日)

(8)《最高人民法院关于授权高级人民法院和解放军军事法院核准部分死刑案件的通知》(发布日期：1997 年 9 月 26 日)

3. 全国人民代表大会常务委员会关于修改《中华人民共和国人民法院组织法》的决定（中华人民共和国主席令第五十九号)

《全国人民代表大会常务委员会关于修改〈中华人民共和国人民法院组织法〉的决定》已由中华人民共和国第十届全国人民代表大会常务委员会第二十四次会议于 2006 年 10 月 31 日通过，现予公布，自 2007 年 1 月 1 日起施行。

中华人民共和国主席 胡锦涛

2006 年 10 月 31 日

根据《全国人民代表大会常务委员会关于修改〈中华人民共和国人民法院组织法〉的决定》(2006 年 10 月 31 日第十届全国人民代表大会常务委员会第二十四次会议通过)，第十届全国人民代表大会常务委员会第二十四次会议决定对《人民法院组织法》作如下修改：

第 13 条修改为："死刑除依法由最高人民法院判决的以外，应当报请最高人民法院核准。"

本决定自 2007 年 1 月 1 日起施行。

（二）死刑核准程序

除最高人民法院作出的死刑判决外，其他法院作出的死刑判决，在判决生效后，必须在规定的时间内呈报最高人民法院，由最高人民法院作出是否核准死刑的判决或者裁定。

对于死刑的核准程序，法律作了严格、具体的规定：

1.《刑事诉讼法》第 200 条规定：中级人民法院判处死刑的一审案件，被告人不上诉的，应当由高级人民法院复核后，报请最高人民法院核准。高级人民法院不同意判处死刑的，可以提审或者发回重新审判

高级人民法院判处死刑的第一审案件被告人不上诉的和判处死刑的二审案件，都应当报请最高人民法院核准。

2.《最高人民法院关于执行〈中华人民共和国刑事诉讼法〉若干问题的解释（试行)》(1998 年 9 月 8 日起施行，法释〔1998〕1 号)

第 275 条：报请最高人民法院核准的死刑案件，按照下列情形分别处理：

(1) 中级人民法院判处死刑的第一审案件，被告人不上诉、人民检察院不抗诉的，在上诉、抗诉期满后三日内报请高级人民法院复核。高级人民法院同意判处死刑的，应当依法作出裁定后，报请最高人民法院核准；不同意判处死刑的，应当提审或者发

回重新审判。

（2）中级人民法院判处死刑的第一审案件，被告人提出上诉或者人民检察院提出抗诉，高级人民法院终审裁定维持死刑判决的，报请最高人民法院核准。

（3）高级人民法院判处死刑的第一审案件，被告人不上诉、人民检察院不抗诉的，在上诉、抗诉期满后三日内报请最高人民法院核准。

（4）依法应当由最高人民法院核准的死刑案件，判处死刑缓期二年执行的罪犯，在死刑缓期执行期间，如果故意犯罪，查证属实，应当执行死刑的，由高级人民法院报请最高人民法院核准。

第 280 条：报请复核死刑（死刑缓期二年执行）案件，应当一案一报。报送的材料应当包括报请复核的报告、死刑（死刑缓期二年执行）案件综合报告和判决书各十五份，以及全部诉讼案卷和证据；共同犯罪的案件，应当报送全案的诉讼案卷和证据。

（1）报请复核的报告，应当载明案由、简要案情和审理过程及判决结果。

（2）死刑（死刑缓期二年执行）案件综合报告应当包括以下主要内容：

①被告人的姓名、性别、出生年月日、民族、文化程度、职业、住址、简历以及拘留、逮捕、起诉的时间和现在被羁押的处所。

②被告人的犯罪事实，包括犯罪时间、地点、动机、目的、手段、危害后果以及从轻、从重处罚等情节，认定犯罪的证据，定罪量刑的法律依据。

③需要说明的其他问题。

第 285 条：对判处死刑的案件，复核后应当根据案件情形分别作出裁判：

（1）原审判决认定事实和适用法律正确、量刑适当的，裁定予以核准。

（2）原审判决认定事实错误或者证据不足的，裁定撤销原判，发回重新审判。

（3）原审判决认定的事实正确，但适用法律有错误，或者量刑不当，不同意判处死刑的，应当改判。

（4）发现第一审人民法院或者第二审人民法院违反法律规定的诉讼程序，可能影响正确判决的，应当裁定撤销原判，发回第一审人民法院或者第二审人民法院重新审判。

第 287 条：共同犯罪案件中，部分被告人被判处死刑的，最高人民法院或者高级人民法院复核时，应当对全案进行审查，但不影响对其他被告人已经发生法律效力的判决、裁定的执行；发现对其他被告人已经发生法律效力的判决、裁定确有错误时，可以指令原审人民法院再审。

3.《最高人民法院关于复核死刑案件若干问题的规定》（2007 年 2 月 28 日，法释〔2007〕4 号）

《最高人民法院关于复核死刑案件若干问题的规定》已于 2007 年 1 月 22 日由最高人民法院审判委员会第 1414 次会议通过，现予公布，自 2007 年 2 月 28 日起施行。

为确保死刑案件审判质量，根据《刑事诉讼法》的有关规定，结合审判实践，现就最高人民法院复核死刑案件的若干问题规定如下：

第一条 最高人民法院复核死刑案件，应当作出核准的裁定、判决，或者作出不予核准的裁定。

第二条 原判认定事实和适用法律正确、量刑适当、诉讼程序合法的，裁定予以核准。

原判判处被告人死刑并无不当，但具体认定的某一事实或者引用的法律条款等不完全准确、规范的，可以在纠正后作出核准死刑的判决或者裁定。

第三条 最高人民法院复核后认为原判认定事实不清、证据不足的，裁定不予核准，并撤销原判，发回重新审判。

第四条 最高人民法院复核后认为原判认定事实正确，但依法不应当判处死刑的，裁定不予核准，并撤销原判，发回重新审判。

第五条 最高人民法院复核后认为原审人民法院违反法定诉讼程序，可能影响公正审判的，裁定不予核准，并撤销原判，发回重新审判。

第六条 数罪并罚案件，一人有两罪以上被判处死刑，最高人民法院复核后，认为其中部分犯罪的死刑裁判认定事实不清、证据不足的，对全案裁定不予核准，并撤销原判，发回重新审判；认为其中部分犯罪的死刑裁判认定事实正确，但依法不应当判处死刑的，可以改判并对其他应当判处死刑的犯罪作出核准死刑的判决。

第七条 一案中两名以上被告人被判处死刑，最高人民法院复核后，认为其中部分被告人的死刑裁判认定事实不清、证据不足的，对全案裁定不予核准，并撤销原判，发回重新审判；认为其中部分被告人的死刑裁判认定事实正确，但依法不应当判处死刑的，可以改判并对其他应当判处死刑的被告人作出核准死刑的判决。

第八条 最高人民法院裁定不予核准死刑的，根据案件具体情形可以发回第二审人民法院或者第一审人民法院重新审判。

高级人民法院依照复核程序审理后报请最高人民法院核准死刑的案件，最高人民法院裁定不予核准死刑，发回高级人民法院重新审判的，高级人民法院可以提审或者发回第一审人民法院重新审判。

第九条 发回第二审人民法院重新审判的案件，第二审人民法院可以直接改判；必须通过开庭审理查清事实、核实证据的，或者必须通过开庭审理纠正原审程序违法的，应当开庭审理。

第十条 发回第一审人民法院重新审判的案件，第一审人民法院应当开庭审理。

第十一条 依照本规定第三条、第五条、第六条、第七条发回重新审判的案件，原审人民法院应当另行组成合议庭进行审理。

第十二条 最高人民法院依照本规定核准或者不予核准死刑的，裁判文书应当引用相关法律和司法解释条文，并说明理由。

第十三条 本规定自发布之日起施行。

本规定发布前的有关司法解释，与本规定不一致的，以本规定为准。

（三）执行死刑命令的签发

死刑判决必须有执行死刑命令方能执行，执行死刑命令由核准死刑判决的法院院长签发。《刑事诉讼法》第210条规定，最高人民法院判处和核准的死刑立即执行的判决，应当由最高人民法院院长签发执行死刑的命令。

（四）执行死刑任务的机关

1. 人民法院是死刑判决的执行机关

《最高人民法院关于执行〈中华人民共和国刑事诉讼法〉若干问题的解释（试行）》第341条规定，最高人民法院和高级人民法院的执行死刑命令，均由高级人民法院交付原审人民法院执行，原审人民法院接到执行死刑命令后，应当在七日内执行。

2. 人民检察院是执行死刑的法律监督机关

人民法院在交付执行死刑前，必须通知同级人民检察院派员临场监督，人民检察院应当派员监督，执行死刑临场监督由检察人员一至数人担任，并配备书记员担任记录。

（1）《刑事诉讼法》第212条第一款规定，人民法院在交付执行死刑前，应当通知同级人民检察院派员临场监督。

（2）《最高人民法院关于执行〈中华人民共和国刑事诉讼法〉若干问题的解释（试行）》第344条规定，人民法院将罪犯交付执行死刑，应当在交付执行三日前通知同级人民检察院派员临场监督。

（3）最高人民检察院《刑事诉讼规则》第414条规定，被判处死刑的罪犯在被执行死刑时，人民检察院应当派员临场监督。执行死刑临场监督由检察人员担任，并配备书记员担任记录。

3. 公安机关是协助执行死刑的机关

公安机关协助执行死刑的职责体现为：一是负责执行死刑的警戒事宜；二是在人民法院没有条件执行死刑时，经人民法院交付，由公安机关的武装警察执行。

1980年2月23日最高人民法院、公安部联合发出的《关于判处死刑、死缓、无期徒刑、拘役的罪犯交付执行问题的通知》规定，对于判处死刑立即执行的罪犯，人民法院有条件执行的，应交付司法警察执行；没有条件执行的，可交付公安机关武装警察执行。执行死刑时的警戒事宜，由公安机关负责办理。

（五）执行死刑的变更

死刑是剥夺犯罪分子生命的刑罚，具有不可挽回性，必须严肃、慎重对待，为了防止错杀，我国法律规定了停止执行死刑和暂停执行死刑两种变更情形。

1. 停止执行的情形

《刑事诉讼法》第211条规定，下级人民法院接到最高人民法院执行死刑的命令后，应当在七日以内交付执行。但是发现有下列情形之一的，应当停止执行，并且立即报告最高人民法院，由最高人民法院作出裁定：

（1）在执行前发现判决可能有错误的。

（2）在执行前罪犯揭发重大犯罪事实或者有其他重大立功表现，可能需要改判的。

（3）罪犯正在怀孕的。

2. 暂停执行的情形

《刑事诉讼法》第212条第四款规定，指挥执行的审判人员对罪犯应当验明正身，讯问有无遗言、信札，然后交付执行人员执行死刑。在执行前，如果发现可能有错误，应当暂停执行，报请最高人民法院裁定。

（六）执行死刑的程序

1. 签发死刑执行命令

死刑判决由最高人民法院核准并由最高人民法院院长签发死刑执行命令。

2. 交付执行

执行死刑任务的人民法院在接到执行死刑命令后，应当在七日内交付执行，规定“七日内交付执行”具有两方面的因素：一是给执行死刑任务的人民法院一定的时间以便做好执行死刑的准备工作；二是执行死刑命令发出后应尽快执行死刑，以免发生意外。执行死刑任务的人民法院必须遵守这一法定期限，超过七日没有执行死刑的，必须报请最高人民法院院长重新签发执行死刑命令方可执行死刑。

3. 罪犯会见近亲属

为了体现人道主义精神，在执行死刑前，罪犯提出会见其近亲属或者其近亲属提出会见罪犯申请的，人民法院可以准许。

4. 通知人民检察院派员临场监督

人民法院将罪犯交付执行死刑，应当在交付执行三日前通知同级人民检察院派员临场监督。人民检察院在收到同级人民法院执行死刑临场监督通知后，应当派员进行监督。

5. 验明正身，执行死刑

执行死刑前，指挥执行死刑的审判人员，应当对罪犯验明正身，讯问有无遗言、信札，然后交付执行人员执行死刑。

6. 报告最高人民法院与通知罪犯家属

执行死刑完毕，应当由法医验明罪犯确实死亡后，在场书记员制作笔录。交付执行的人民法院应当将执行死刑情况（包括执行死刑前后的照片）及时逐级上报最高人民法院，同时还应当通知罪犯家属。

（七）执行死刑的制度

出于人道主义和对人权的尊重，为维护法律尊严，我国法律规定了在执行死刑过程中一些制度性要求，实践中必须严格遵守，主要体现为：

1. 执行死刑公布制度和禁止示众制度

（1）《刑事诉讼法》第212条第五款规定，执行死刑应当公布，不应示众。

（2）最高人民法院《关于做好布告发布工作的通知》（1996年9月27日，法［1996］95号）。

（3）最高人民法院、最高人民检察院、公安部《关于坚决制止将已决犯、未决犯游街示众的通知》（1986年6月1日）。

各省、自治区、直辖市高级人民法院、人民检察院、公安厅（局）：

近来有少数地方将已决犯、未决犯游街示众，这种做法是违法的，在国内外造成很坏的影响，必须坚决制止。《刑事诉讼法》第155条第三款明确规定："执行死刑应当公布，不应示众。"1984年11月21日，中共中央宣传部、最高人民法院、最高人民检察院、公安部、司法部联合发出《关于严防反动报刊利用我处决犯人进行造谣诬蔑的通知》中指出："执行死刑不准游街示众。"1986年7月24日，最高人民法院、最高人民检察院、公安部、司法部又发出《关于执行死刑严禁游街示众的通知》，再次强调："严禁将死刑罪犯游街示众，特别是开放城市更要严加注意，以免对外造成不良影响。"

现再次重申：各地公安机关、检察机关和审判机关务必严格执行《刑事诉讼法》和有关规定，不但对死刑罪犯不准游街示众，对其他已决犯、未决犯以及一切违法的人也一律不准游街示众。如再出现这类现象，必须坚决纠正并要追究有关领导人员的责任。

（4）最高人民法院、最高人民检察院、公安部、司法部《关于执行死刑严禁游街示众的通知》（1986年7月24日）。

各省、自治区、直辖市高级人民法院、人民检察院、公安厅（局）、司法厅（局）：

近年来，各地在执行死刑时，对死刑罪犯游街示众的情况已经减少了很多，在文明执法上有了很大的进步。但是，还有极少数地方押解死刑罪犯时仍然采取插签游街示众的做法。这种做法不符合社会主义文明的要求，社会影响也不好，必须坚决纠正。

我国《刑事诉讼法》第155条第三款规定："执行死刑应当公布，不应示众。"中共中央宣传部、最高人民法院、最高人民检察院、公安部、司法部于1984年11月21日联合发出的《关于严防反动报刊利用我处决犯人进行造谣诬蔑的通知》，也规定："执行死刑不准游街示众。"还规定："执行死刑的刑场，不得设在繁华地区、交通要道和旅游区附近。""严格控制处决犯人的现场。除依法执行死刑的司法工作人员外，其他任何人不准进入刑场或拍摄执行死刑的场面。"今后各地处决死刑罪犯务必要严格依照《刑事诉讼法》和有关的规定执行，严禁将死刑罪犯游街示众，特别是开放城市更要严加注意，以免对外造成不良影响。

2. 现场拍摄和采访制度

公安部、最高人民法院、最高人民检察院《关于严格控制在死刑执行现场进行拍摄和采访的通知》（1990年9月16日）。

各省、自治区、直辖市高级人民法院、人民检察院、公安厅（局）：

最近，发现美国《新闻周刊》、法国《马赛画报》、意大利《星期五画报》、西德《星》周刊和港台的一些报刊连续刊登我国某市处决两名刑事犯的刑场照片十多张。经查，去年（1989年）七月初，某市处决两名刑事犯时，除公安机关、检察院、法院分别派人到刑场拍摄外，还邀请了三位新闻单位的摄影记者到刑场拍照。致使有的现场照片流出境外，被西方和港台的一些报刊大量刊登，并借题发挥对我进行大肆攻击，蒙骗不明真相的人，造成极坏影响。为维护我国法律尊严和国家利益，杜绝再发生此类事件，现对刑场拍摄、采访问题通知如下：

（1）死刑执行现场和处决后人犯的照相、录像由法院组织拍摄，随案卷存档，其他政法机关一般不要到现场进行拍摄。检察院、公安机关因工作需要死刑执行现场照片和录像时，可商请法院提供。

（2）严禁新闻记者到刑场采访、拍照、录像。特殊案件确因宣传需要，新闻单位要求提供照片和录像资料的，由法院酌情提供，用完收回。新闻稿须经省级法院审核。

（3）对刑场照片、底片、录像带等资料，法院要制定管理制度，严格控制，防止流入社会或流出境外。对因违反制度造成不良后果的人员，要严肃处理。

【特别提醒】

（1）死刑核准与执行死刑命令在执行死刑中有着重要意义。

（2）死刑核准权已回收最高人民法院并由其统一行使。《最高人民法院关于统一行使死刑案件核准权有关问题的决定》已于2006年12月12日通过并已公布，自2007年1月1日起施行，此前由最高人民法院发布的关于授权高级人民法院核准部分死刑案件的规定自2007年1月1日起予以废止。

二、执行死刑的方式

【引例9-4】

【杨×海案】震惊全国、被国家公安部列为"皖豫鲁冀特大系列杀人案"的罪犯杨×海于2004年2月14日上午在河南省漯河市被枪决执行死刑。

杨×海因犯抢劫罪、故意杀人罪、强奸罪、故意伤害罪于2004年2月1日被漯河市中级人民法院一审依法判处死刑，剥夺政治权利终身，并处没收个人全部财产。宣判后，杨×海服判不上诉，检察机关亦未提出抗诉。漯河市中级人民法院依法报送河南省高级人民法院核准。河南省高级人民法院高度重视，组织精干力量，加班加点，在上诉期满的第一天便复核终结。经复核查明，杨×海自1999年11月至2003年8月，先后流窜到河南、山东、安徽、河北四省的22个市、县、区等地的农村地区，乘夜乘人们熟睡之机，翻墙入院，拨门入室，采用铁锤、铁棍、斧子等工具击打受害人头部，用菜刀、剪刀切割受害人颈部，用尖刀刺扎受害人胸腹部等暴力手段，抢劫、杀人、强奸、故意伤害作案26次，杀死67人，致重伤6人，致轻伤4人，抢劫现金人民币6 300余元，强奸妇女6人，奸污尸体19具。

经河南省高级人民法院审理认为，杨×海兼犯抢劫罪、故意杀人罪、强奸罪、故意伤害罪，所犯罪行极其严重，社会危害性极大，且作案手段特别残忍，犯罪后果特别严重，又系累犯，依法应予严惩。原审判决认定事实清楚，适用法律正确，定罪准确，量刑适当，审判程序合法。遂依法核准了对杨×海的死刑判决。

【引例9-5】

【王×忠案】经最高人民法院核准，安徽省原副省长王×忠于2004年2月12日在济南被注射执行死刑。

2003年12月10日，山东省济南市中级人民法院公开开庭审理了济南市人民检察院指控被告人王×忠犯受贿罪、巨额财产来源不明罪一案，并于同年12月29日作出刑事判决，认定被告人王×忠犯受贿罪，判处死刑，剥夺政治权利终身，并处没收个人全部财产；犯巨额财产来源不明罪，判处有期徒刑四年，决定执行死刑，剥夺政治权利终身，并处没收个人全部财产。宣判后，王怀忠不服，提出上诉。山东省高级人民法院于2004年1月15日作出刑事裁定，驳回上诉，维持原判，并依法报送最高人民法院核准。

最高人民法院依法组成合议庭，经复核认为，被告人王×忠身为国家工作人员，利用职务上的便利，索取他人人民币275万元，非法收受他人人民币230万元、澳币1万元，共计折合人民币517.1万元，为有关单位和个人谋取利益，其行为已构成受贿罪；王×忠对价值人民币480.58万余元的财产不能说明合法来源，差额巨大，其行为已构成巨额财产来源不明罪。王×忠受贿数额特别巨大，并具有多次索贿的法定从重处罚情节，更为恶劣的是，王×忠为逃避法律制裁，利用职权强令索取他人的巨额贿赂用于阻止有关部门对其涉嫌经济犯罪的查处，所犯受贿罪行极其严重，情节特别恶劣，社会危害性极大。一审判决、二审裁定认定的事实清楚，证据确实、充分，定罪准确，量刑适当，审判程序合法。遂依法核准山东省高级人民法院维持一审对被告人王×忠决定执行死刑，剥夺政治权利终身，并处没收个人全部财产的刑事裁定。

【问题思考】

1. 枪决执行死刑的部位及优缺点？

2. 注射执行死刑的部位及优缺点？

3. 根据上述两则引例，分析我国当前执行死刑的方式有哪些类型，并比较它们之间的优缺点。

【应知应会】

（一）枪决执行死刑

枪决是指利用枪械抵近射击罪犯至其死亡，依法剥夺死刑罪犯生命的执行死刑方法，也是我国长期使用的一种执行死刑方法。

采用枪决方式执行死刑致死速度快，只要求执行人枪法准，技术要求不高，但执行部位多集中在头部或心脏，死刑罪犯被枪击后，血肉模糊，状况很惨，重要器官可能被损坏。

（二）注射执行死刑

注射是指通过致命药物对静脉实施注射，依法剥夺死刑罪犯生命的执行死刑方法。

采用注射方式执行死刑具有执行方便、痛苦小、死亡速度较快等特点，是一种更为人道、先进、文明的执行死刑方法。

（三）其他方式

除枪决、注射执行死刑外，依据《刑事诉讼法》的规定，还可以采用其他方式执行死刑。随着科技的进步，执行死刑的方式必将更趋文明，有待于进一步研究、探索。根据规定，采用其他方式执行死刑时，必须报请最高人民法院批准。

【特别提醒】

（1）1996年修改后的《刑事诉讼法》规定可采用注射方式执行死刑，充分体现了我国执行死刑方式在严厉打击刑事犯罪的同时，尊重人权、倡导文明执法的精神。此后，注射执行死刑方式开始在我国实施、推广并逐渐普及。

（2）我国《刑事诉讼法》规定的执行死刑方法，除枪决、注射外，并没有排除采用第三种方法。采用枪决、注射以外的其他方法执行死刑的，应当事先报请最高人民法院批准。但到目前为止，司法实践中还没有出现使用枪决和注射以外的方法执行死刑的案例。

项目三　执行死刑勤务的组织实施

【引例9-6】

【“九指狂魔”张×强执行死刑案】2004年2月20日，遵义中院经精心准备后，决定对被省高院核准执行死刑的罪犯张×强采用注射方式执行死刑。

张×强，男，38岁。在他13岁时，因其在老家偷窃被其父捉住后，其父用菜刀将他的左手食指砍下。

经法院审理查明：2002年8月18日上午8时许，张×强因身上无钱花，便窜至遵义火车站附近其亲戚马某家借钱。当发现只有马某一人在家后，其便将马某强奸后进行抢劫。2003年5月23日晚，张×强与卖淫女王某在一旅社进行“交易”时，其发现携带的钱不足以支付嫖资，遂起抢劫杀人的恶念。趁王不备之际，张×强将王勒死，抢走现金11元、手机一台。2002年11月7日凌晨6时许，张×强借买东西为名敲门进入红花岗区坪桥工业区张某开的商店内，将张某掐死后，抢走350多元现金后逃离现场。

2003年11月5日，背负两条人命、强奸妇女的张×强被遵义中院一审判处死刑、剥夺政治权利终身。宣判后，张×强表示服判。2004年2月20日，省高院依法核准对罪犯张×强执行死刑。

上午8点半，执行法官和检察官在法警的伴随下，来到看守所提押罪犯张×强。而此时，张×强正在看守民警的监视下吃早餐。吃完早餐后，民警轻声让他换上自己喜欢穿的衣服。这时，张×强脸上的肌肉抽搐了一下。他明白自己死期将至。在被押出监区的路上，张×强被执行法警告知，法院将对他采取药物注射方式执行死刑。同时，法警还向他简单介绍了注射执行的程序和好处。这时，张×强连声说："我从电视上看到过，这种方法不痛苦。"

上午9点，张×强被押至宣判会场听候宣判。

上午9点50分，张×强被威严的法警从宣判大会场押到了刑场。刑场内，流动死刑执行车上的工作人员已经完成了各项执行准备。当罪犯张×强被押出囚车时，站在执行车前的遵义中院院长李祖良表情严肃地对张×强说："罪犯张×强，你是我院使用流动执行车采用注射方式执行死刑的首名罪犯，希望你配合。"张×强表示愿意配合。

10点整，张×强被法警固定在执行床上，罪犯表情平静。

10点06分，法警按下了连接在罪犯左肘静脉血管上的注射泵启动开关。只见两只分别装有呼吸抑制剂和心脏抑制剂的针管在机械作用下，50秒内便非常均匀地完成了药物注射。10点08分10秒，仪器显示罪犯心跳和脉搏同时停止，法医检测后宣布罪犯死亡。整个死刑执行过程仅持续了130秒。

罪犯被执行死刑后，尸体被立即运往火葬场火化。

【问题思考】

1. 根据上述案例分析，实践中司法警察应该如何组织实施好执行死刑的各项勤务工作？

2. 如上述罪犯将以枪决方式执行死刑，组织实施工作还需做好哪些工作？

3. 对上述注射死刑执行案件，制订执行死刑方案。

4. 上述案件，若以枪决执行死刑，查看死刑执行场地，该场地应达到什么要求？

【应知应会】

一、执行死刑勤务的准备工作

（一）枪决执行死刑的准备

1. 成立执行死刑任务的领导小组

执行死刑任务前应成立由各部门主要负责人参加的领导小组，明确各部门的工作职责。领导小组应设立执行总指挥一名，副总指挥若干名。总指挥一般由执行法院分管刑事审判工作的院领导担任，主要负责指挥和督促有关部门开展工作，副总指挥由各部门负责同志担任，负责指挥、督促、检查本部门的工作情况。

2. 制订执行死刑方案

执行死刑的领导小组应根据被执行死刑罪犯的人数、执行地点和环境、罪犯表现、行车路线、执行方式、天气变化等实际情况，制订出详细的执行方案。执行方案应包括执行死刑各阶段的时间安排、对意外事故的处置方法、对可能发生的突发事件的防范措施等内容，确保执行死刑工作有章可循、万无一失。

3．确定执行人员，进行明确分工

在执行死刑任务中，应对参与执行死刑任务的人员进行分工，明确各自职责，适时对参加执行任务的人员进行教育，确保执行死刑工作的顺利实施。

4．认真查看场地

这里所说的场地是指执行死刑过程中各实施阶段的场地，包括验明正身场地、公开宣判场地、刑场。对场地的总体要求是：易于控制罪犯、易于警戒、易于处置紧急情况。具体实施时须做到：

（1）查看验明正身场地。验明正身是法律规定的对罪犯执行死刑时的必经程序，也是死刑罪犯情绪波动最大的时刻，极易发生自杀、自残或者伤害司法人员的意外事故。因此，对验明正身场地内的可移动物品，如桌子、椅子等，以及墙面凸出物等可能造成危险的物品，必须严格处置，以防万一。

（2）查看宣判活动场地。主要查看：一是查看罪犯临时羁押室是否有一定的防范措施，是否与无关人员隔离；二是查看公开宣判场地罪犯站立地点是否便于操作，上、下通道是否畅通、方便；三是在发生意外情况时是否便于紧急撤离。

（3）查看执行场地。查看枪决执行场地的内容主要有：射击条件是否良好；行刑地点是否平坦；是否有利于警戒；是否便于执行任务的车辆进出等。

5．选择最佳的行车路线

确保行车路线的安全，是保障执行死刑任务安全的重要方面之一，必须认真对待。选择行车路线时应注意：掌握押解路线的自然情况，包括桥梁数量、岔路口数量、路面宽狭度、人员车辆流动量及可能塞堵执行车辆通过的地段情况；了解押解路线的治安状况；实地确定最佳行车路线和应急行车路线；注意跟沿线公安交通管理部门取得联系，取得他们的配合与支持。

6．做好执行死刑的勤务保障

提供良好的物质保障，是执行死刑任务顺利实施的重要保证。执行死刑任务的物质保障主要做到：

（1）枪支、弹药。采用枪决方式执行死刑时，配备正、副射击手，射击手应提前检验枪支，确认枪支性能良好并进行擦拭保养。枪支、弹药依据执行死刑罪犯的人数及实施警戒实际需要进行配备，并配备适当的备用枪支、弹药。

（2）警械具。执行人员要提前准备好警械具，包括手铐、脚镣、警绳、电警棍及其他需要配备的物品。

（3）车辆。车辆分为囚车、工作车、指挥车等。原则上一辆囚车押解一名死刑犯，事先定人、定位、定车，并配置适量的预备用车。事先要检查车辆性能，排除可能发生的事故隐患。

（4）搞好通信联络，确保指挥畅通。

7．掌握死刑罪犯的相关情况

（1）罪犯的姓名、性别、特长。

（2）罪犯的籍贯或居住地，以便掌握和控制罪犯家属及亲朋好友的动态，以防止可能发生的各种情况，并做好相应的防范措施。

（3）案由及羁押地点的情况，以便在执行中，有针对性地做好稳定罪犯情绪工作。

（二）注射执行死刑的准备

注射执行死刑的准备工作除了按照枪决执行死刑做好准备工作以外，还要做好以下准备工作：

1. 确定并查看注射场所

注射执行死刑应在专用执行场所（执行室）内进行。查看注射执行场地的内容主要有：行刑床及其固定设备是否良好；注射器材是否准备妥当；注射用药量能否达到致死量；行刑场地是否安全、安静、可靠。

2. 确定注射人员

注射人员由司法警察担任，视情况也可以由法医担任。注射人员应经过专门训练，须达到操作熟练、注射准确无误的要求。

3. 领取注射器和注射药物

领取并检查注射器和注射药物是否性能良好、有效。

【特别提醒】

（1）准备工作是确保执行死刑任务安全、顺利完成的前提，实践中要认真准备，仔细查看，确保万无一失。

（2）根据最高人民法院有关规定，注射死刑的药物和一次性器材必须由最高人民法院统一发放。同时为确保药物安全，每一次执行注射死刑，地方人民法院必须单独向最高人民法院提出申请，并要派两名司法警察去最高人民法院领注射死亡药剂。

二、执行死刑勤务的实施方法

【应知应会】

（一）验明正身的实施方法

（1）验明正身是指查验核对即将交付执行死刑的罪犯是否就是死刑判决确定并宣告判处死刑的罪犯。《刑事诉讼法》第212条第四款规定，指挥执行的审判人员，对罪犯应当验明正身。

（2）验明正身一般在羁押地点进行。羁押场所看管人员将死刑罪犯提出，交由司法警察对死刑罪犯实施捆绑，一般由三名司法警察捆绑一名死刑罪犯。捆绑完毕，由审判人员和检察人员验明正身，宣读执行死刑命令。

（3）验明正身是死刑执行程序中防止错杀的一个重要环节，必须认真对待。验明正身时，司法警察要时刻注意死刑罪犯的动态，抓住其手臂，防止自杀、自残、报复等行为的发生。

（二）死刑罪犯押解的实施方法

（1）验明正身完毕后，要迅速将死刑罪犯押解上囚车。

（2）押解途中，押解车辆要编队行进，一般按指挥车、执行人员车、囚车、审判人员车的顺序行进。

（3）押解过程中，要严格按照押解的有关规定，高度警惕，严密注意死刑罪犯的动态，防止发生意外情况。

（三）宣判场所的实施方法

（1）将死刑罪犯押解到指定地点后，要按照看管的规定严密看守。对死刑罪犯应实施面对面看管，同时要增加看管警力。

(2) 羁押地点外围要实施警戒，严禁无关人员与死刑罪犯接触。

(3) 做好宣判的准备工作，熟悉宣判场所的位置及出入口，按宣判的出场顺序将死刑罪犯押解好。

(4) 当审判长宣布押死刑罪犯到庭的指令后，押解人员要集中精力、动作敏捷，按押解规范要求将死刑罪犯押进宣判会场的指定位置，面向审判台前群众，听候宣判。

(5) 宣判结束后，根据审判长的指令将死刑罪犯押赴刑场。

(四) 刑场执行死刑的实施方法

(1) 刑场指挥人员、执刑人员先行进入刑场，执刑人员按指挥人员的口令装填子弹或者准备注射器具，到指定地点站立待命。

(2) 死刑罪犯押至刑场后，刑场指挥人员立即指挥将死刑罪犯按顺序押解至执行位置。使用枪决方式执行时，让罪犯跪立；使用注射方式执行时，令罪犯仰卧在执行床上，进行固定固牢，并将注射药物连通静脉，为执刑人员创造良好的执刑条件。

(3) 执行总指挥下达执行命令后，刑场指挥员随即命令执刑人员迅速进入射击或注射位置。

(4) 刑场指挥员检查完毕后，迅速下达“射击”或“注射”的口令，执刑人员立即实施射击或注射。

(5) 射击或注射后，经法医检查，如果罪犯没有毙命，执刑人员按指挥员口令及时补射或再行注射，直至死亡。

【特别提醒】

执行死刑实施过程中涉及场地较多、环境较复杂、在途时间较长的，期间要注意做好警戒、安全等工作。

三、执行死刑勤务结束后的工作

【应知应会】

(一) 遗书、信札及其尸体的处理

执行死刑后，对死刑罪犯的遗书、信札应当及时进行审查处理，对罪犯尸体由人民法院按照有关规定处理。

法律依据主要体现为：

1. 《最高人民法院关于执行〈中华人民共和国刑事诉讼法〉若干问题的解释（试行）》第348条：执行死刑后，负责执行的人民法院应当办理以下事项

(1) 对于死刑罪犯的遗书、遗言笔录，应当及时进行审查，涉及财产继承、债务清偿、家事嘱托等内容的，将遗书、遗言笔录交给家属，同时复制存卷备查；涉及案件线索等问题的，应当抄送有关机关。

(2) 通知罪犯家属在限期内领取罪犯骨灰。过期不领取的，由人民法院通知有关单位处理。对于死刑罪犯骨灰的处理情况，应当记录在卷。

(3) 对外国籍罪犯执行死刑后，通知外国驻华使馆、领馆的程序和时限依照有关规定办理。

2. 最高人民法院、最高人民检察院、公安部、司法部《关于正确处理死刑罪犯遗书遗物等问题的通知》（法研字〔1984〕第1号）（节录）

各省、自治区、直辖市高级人民法院、人民检察院、公安厅（局）、司法厅（局）：

最近，有些地方反映，极少数被判处死刑的罪犯，利用写遗书、留遗言进行诽谤，以图混淆是非、蛊惑人心；还有个别人，借机为被处决的罪犯举丧滋事，扰乱社会秩序。为了更好地执行《刑事诉讼法》第154条和第155条的规定，正确处理这类问题，现通知如下：

（1）对于死刑罪犯的遗书、遗言，应由交付执行的人民法院及时进行审查，分别作出处理：

①涉及财产继承、债务清偿、家事嘱托等一般内容的，交给其家属，同时复制存卷备查。

②属于诽谤性质和反动言词的部分，不交给其家属。

③有喊冤叫屈内容的，应迅速查明事实，依法处理。

④凡涉及案件线索、证言性质和有关方面的工作问题的，应抄送有关机关，这一部分不交给其家属。

在②③④项中，除所列情况外的遗书、遗言，仍抄给其家属，原件存卷备查。

（2）对于死刑罪犯身边的遗物、遗款，应由羁押罪犯的看守所或监狱清点后，交其家属领收，将收条移送交付执行的人民法院存卷。如果死刑罪犯尚有在诉讼中确定应交付的款项，按照人民法院的通知，由看守所或监狱协助预先从遗款中扣除。

（3）依照《刑事诉讼法》第155条第五款的规定，将罪犯执行死刑后，交付执行的人民法院应当通知罪犯家属，可以在限期内领取罪犯尸体或骨灰；不领的，由人民法院通知有关单位处理。对于死刑罪犯的尸体或骨灰的处理情况，应记录存卷。

（二）解除警戒与撤离

刑场指挥员组织射击手验枪，决定解除刑场警戒，组织执勤人员撤离刑场。

（三）注射器具的销毁

注射执行死刑后，负责执行的司法警察，要在有关领导的严格监督下，将使用过的注射器具销毁。

【特别提醒】

执行死刑结束后的工作也很重要，特别要注意做好死刑罪犯的尸体及其他物品的处理工作，确保执行死刑任务的圆满完成。

项目四　执行死刑的警力配置及参与执行人员的职责

【引例9－7】

【马×爵案】2004年2月13日至15日，因生活琐事矛盾，积怨已久的马×爵用铁锤先后将唐×李等4名被害人逐一杀害，并将尸体藏匿于宿舍衣柜后逃匿。经公安部通缉，马×爵3月15日晚在海南三亚落网。

2004年4月22日，昆明中院公开审理了马×爵涉嫌故意杀人，附带民事诉讼原告人李×杨、唐×和、邵×清、黄×梅、杨×权、马×英提起附带民事诉讼一案，并于4月24日作出刑事附带民事判决，认定马×爵犯故意杀人罪，判处死刑，剥夺政治权利终身；判令马×爵赔偿附带民事诉讼原告人李×杨、唐×和人民币2万元，赔偿附带民事诉讼原告人邵×清、黄×梅人民币2万元，赔偿附带民事诉讼原告人杨×权、马

×英人民币2万元。宣判后，在法定期限内，马×爵没有提出上诉，昆明中院即依法报送云南省高级人民法院核准对马×爵的死刑判决。

云南省高级人民法院经复核认为，马×爵无视国家法律，因不能正确处理人际关系，为琐事与同学积怨，即产生报复杀人的恶念，并经周密策划和准备，先后将4名同学残忍地杀害，主观上具有非法剥夺他人生命的故意，客观上实施了非法剥夺他人生命的行为，已构成故意杀人罪。在整个犯罪过程中，马×爵杀人犯意坚决，作案手段残忍；杀人后藏匿被害人尸体并畏罪潜逃，其犯罪行为社会危害极大，情节特别恶劣，后果特别严重，应依法严惩。马×爵的辩护人关于马×爵认罪态度好、有悔罪表现的辩护意见虽然符合事实，但马×爵罪行极其严重，对其不予从轻处罚。一审判决定罪准确，量刑适当，审判程序合法。云南省高级人民法院遂作出裁定，核准昆明市中级人民法院以故意杀人罪判处马×爵死刑，剥夺政治权利终身的刑事判决。

2004年6月17日上午8时55分，当马×爵被两名法警押入法庭时，全场所有人员的目光都落在他身上。9时整，云南省昆明市中级人民法院宣告了云南省高级人民法院对马×爵的死刑复核裁定。经复核，云南省高级人民法院裁定核准昆明中院以故意杀人罪判处马×爵死刑，剥夺政治权利终身的刑事判决。昆明市部分人大代表和政协委员、云南省高教委员会以及部分新闻媒体的记者近百人旁听了宣判。在法庭上，马×爵一直神情麻木、面无表情，在近10分钟的宣判过程中，马×爵一直低头站着，没看一个人，也没有说一句话。直到审判长下达“押赴刑场，执行死刑”的命令后，原本站立的马×爵两条腿一下子瘫了下去，随后被两名法警“拖”出法庭，架上了早已等候多时的刑车，被押赴刑场执行死刑。

此案一审主审法官刀文兵宣告完云南省高院对马×爵的死刑复核裁定后，前往刑场对马×爵验明正身。“他一路上抽了很多烟，看得出他内心很紧张。到刑场后，他显得焦躁。”刀文兵说。在刑场，法官问马×爵还有什么遗言，马×爵说：“希望父母和家人好好生活下去，更多的话不想说了，已经写在信里了。”昨天下午，作为马×爵故意杀人案的审判长，刀文兵前往昆明市第一看守所，向马×爵宣布死刑复核裁定。来自看守所的消息说，宣判后，马×爵情绪没有太多反常，但有想解脱又害怕的矛盾心理。晚上，他给家人写了信。

【问题思考】

根据上述案例，分析执行死刑过程中的警力需求，如何部署这些警力，并明确规范各自职责。

【应知应会】

一、执行死刑的警力配置

接到执行死刑的命令后，有关领导要做好担任执行死刑任务的警力配置，确保执行死刑任务顺利、安全、可靠地完成。确定参与执行死刑任务的警力配置主要有以下几个方面：

（一）警戒方面

执行死刑时的警戒事宜一般由公安机关负责，其警戒人员的配置一般根据被执行死刑的人数、社会危害程度和影响广度、刑场的环境等因素来决定。

（二）押解方面

押解由参与执行死刑的司法警察或武装警察负责，一般情况下，一名死刑罪犯要配三名警察负责押解工作。

（三）行刑人员方面

在执行死刑过程中，一般情况下，一名死刑罪犯配三名司法警察或者武装警察，这三名警察组成一个行刑小组，并指定一名警察为临时负责人。遇有特殊情况时，一名死刑罪犯可配三名以上的警察。在行刑人员当中，要明确各自职责，确定射击手或注射手，确定架手，同时还要确定预备行刑人员。

【特别提醒】

执行死刑任务中的警力部署，要根据被执行死刑的罪犯人数、社会危害程度和影响广度、执行死刑的方式、刑场的环境等影响因素进行配置，以确保安全。

二、参与执行死刑人员的职责

【应知应会】

（一）指挥人员的职责

（1）制订执行死刑方案和预案。

（2）认真查看场地和行车路线。

（3）督促检查人员、武器械具、车辆、通信工具的准备情况。

（4）了解死刑罪犯的有关情况。

（5）确定执行人员名单，进行详细分工，明确各自职责。

（6）向执行法院领导汇报准备工作情况，提出执行方面的意见和建议。

（7）组织执行人员实施对死刑罪犯执行死刑。

（二）临场监督人员的职责

（1）查明同级人民法院是否收到最高人民法院核准死刑的判决或者裁定和执行死刑的命令。

（2）依法监督执行死刑的场所、方法和执行死刑的活动是否合法。

（3）在执行死刑前，发现有需要停止执行死刑的情形时，应当建议人民法院停止执行。

（4）执行死刑后，人民检察院临场监督人员应当检查罪犯是否确已死亡，并填写死刑临场监督笔录，签名后入卷归档。

（三）行刑人员的职责

（1）严格遵守刑场（室）纪律，服从刑场（室）指挥员的指挥。

（2）认真做好射击、注射前的准备工作，发现问题及时报告指挥员，不得擅自处理。

（3）按指定部位射击或注射，不得自行改变射击或注射部位。

（4）射击或注射完毕后，及时向指挥员报告执行结果。

（四）押解人员的职责

（1）严密注意死刑罪犯的情绪表现，发现异常要及时报告指挥员并采取相应措施。

（2）精力集中，高度警惕，严密控制死刑罪犯。

（3）按刑场指挥员口令迅速准确地将死刑罪犯押解到预定位置。

（4）采取强制手段使死刑罪犯保持规定姿势，防止其挣扎和出现其他意外情况。

（5）按刑场指挥员口令迅速撤离，确保安全。

（6）执行后解除死刑罪犯所戴械具。

（五）警戒人员的职责

（1）遵守现场纪律，服从指挥员的指挥，并按照指挥员的指令迅速、准确地做好对现场的控制。

（2）严格按照警戒的有关规定，集中精力，保持高度警惕。

（3）严密注意现场周围环境的各种态势，发现异常要及时报告指挥员并采取相应的控制措施。

（4）执行后按照指挥员的指令解除警戒。

【特别提醒】

参与执行死刑任务的人员要遵守纪律、服从指挥、尽职尽责，特别要注意相互间的衔接和配合工作，保障执行死刑任务的顺利实施。

项目五　执行死刑任务中的情况处置

执行死刑任务是一项非常严肃而又复杂的工作，实施过程中难免会发生这样或者那样的问题。因此，参与执行任务的人员在执行死刑过程中，要严格按照法律法规的规定及执行方案的要求，快速、准确、有序地处置遇到的各种情况，确保执行死刑的安全。

一、执行死刑任务中一般情况的处置

【应知应会】

（一）对患有传染病或者肢体残疾而不能站立的死刑罪犯的处置

对患有传染病的死刑罪犯，首先要让参与执行死刑任务的人员采取防范措施，如戴口罩、手套等；其次是在确保安全的情况下，尽量不要给死刑犯戴械具，可用警绳捆绑；三是执行完毕后，参与执行的人员要进行必要的消毒。

对肢体残疾而不能站立的死刑犯，在宣判时应将其架着，在执行时可将其放置于有利于执行的位置，或尽可能采用注射方式执行死刑。

（二）对女性死刑罪犯的执行

对女性死刑犯的执行，在验明正身、押解途中，应当配备女法警。在宣判、执行时可由男法警完成。

（三）遇车辆发生故障时的处置

车辆发生故障或者不能继续行驶时，应及时向指挥人员联系并看管好死刑罪犯，要以最快的速度将死刑罪犯转移到备用囚车上继续前行。

（四）对昏迷不醒的死刑罪犯的执行

对昏迷不醒的死刑罪犯，可由押解人员将其架扶至刑场，采取卧式执行，或者采用注射方式执行。

二、执行死刑任务中特殊情况的处置

【应知应会】

（一）对“情绪激动”的死刑罪犯的处置

一些一审被判处死刑的犯罪分子，思想上对上诉能够改判抱有很大的期望。一旦知道没有改判，情绪上表现异常，从一开始就喊叫、哭闹、谩骂，情绪激动得一时无法控制。对待这些死刑犯，要稳定其情绪，尽量做好说服工作，可采取一些方法转移死刑犯的注意力，逐步稳定其情绪。

（二）对“闹会”的死刑罪犯的处置

“闹会”是指死刑罪犯在宣判大会上不顾警绳等警械的警告，大叫大喊，或者大骂审判人员。

对“闹会”的死刑罪犯要及时采取果断措施，让其不要继续出声喊叫，做法是勒紧警绳，使其不能出声，但要防止勒死，并迅速示意审判长给予指示。

（三）对围堵囚车的处置

遇有死刑罪犯家属或其他群众围堵囚车时，应做到严密控制死刑罪犯，防止劫持或脱逃，同时应及时向上级负责同志汇报，按照命令迅速进行处置。

（四）注射执行死刑时，如发生死刑罪犯情绪不稳，挣扎反抗的处置

注射执行死刑时，如发生死刑罪犯情绪不稳，挣扎反抗的应根据指挥员的指令，稳定罪犯的情绪；无效时则可采取强制措施，迅速进行强行注射。

【特别提醒】

执行死刑过程中可能发生各种各样的情况，例如情绪激动、“闹会”等，负责指挥、押解、警戒等参与执行死刑的人员必须高度警惕，建立各种预案制度，如有情况能及时、有效地处置。

单元十

司法警察参与执行

【知识目标】

明确司法警察参与执行的含义

清楚司法警察参与执行的范围、任务

掌握参与执行的特点

【能力目标】

具备参与执行任务、范围界定的能力

具备完成参与执行任务的配合、协助能力

具备正确把握参与执行过程中突发事件处置的能力

项目一　司法警察参与执行的概念

一、执行

【引例 10－1】

【海淀法院集中执行案】2007 年 9 月 19 日，北京市海淀法院出动 50 余名法警和法官，分 7 路对近 30 起欠车贷不还和欠账不还的案件进行夜间执行。晚上 6 点 30 分，多辆警车统一出动。约半小时后，记者跟随一路来到海淀山后肖家河村的一处民宅，该住所主人拖欠他人 8 000 元借款长期不还，法院判决拒不履行。当执行法官敲开欠债"老赖"的家门后，其本人并未在家。欠款人的老父亲得知儿子正在被法院强制执行后，表示愿意配合法院奉劝儿子尽快还钱。

截至 10 点 30 分大部分执行任务结束，3 名"老赖"被带回法院。在 3 名"老赖"的家人交清了欠款后，3 人被放走。其余没有找到被执行人本人的案件，执行法官全部开具了《执行通知书》，请"老赖"的家人转交。

据海淀法院的执行法官介绍，因为执行案件找人难，所以法官们特意加班将执行时间安排在被执行人可能回家的晚上进行，但是还是有多路执行人员扑空。

【问题思考】

1. 根据引例，明确司法警察的参与执行的内涵。
2. 执行和参与执行的关系是什么？
3. 法警参与执行的依据是什么？

【应知应会】

（一）执行的含义

执行，是指人民法院、公安机关和监狱等国家执法机关为实现已经发生法律效力的判决和裁定所确定的内容，依照法定程序而进行的活动。执行程序则是指上述执法机关进行执法活动所应遵守的步骤和采取的方法。

执行是诉讼的最后一个阶段，人民法院将已生效的判决、裁定交付执行，整个诉讼程序就宣告结束。但并非判决、裁定的整个执行过程和一切活动都属于诉讼的范围，如刑事执行中，属于刑事诉讼范畴的执法活动，仅指交付执行和变更执行两个方面。

所谓交付执行，是指人民法院将已经发生法律效力的刑事判决和裁定，交付有关刑罚执行机关的活动，或者是人民法院自己实现生效刑事判决、裁定的内容，如判处罚金、没收财产的判决等活动。所谓变更执行，是指刑事判决、裁定在执行过程中发生的，需要通过法定的诉讼程序变更有关判决和裁定的活动。如罪犯符合减刑、假释等条件的，人民法院依法予以减刑、假释的活动。其他执法活动则属于司法行政活动。

（二）生效的判决和裁定

执行的依据是已经发生法律效力的判决、裁定。根据有关诉讼法律的规定，发生法律效力的判决、裁定是指：一是已过法定期限没有上诉、抗诉的判决和裁定，包括地方各级人民法院、专门人民法院第一审的判决和裁定，（既包括刑事的，也包括民事的和行政的判决书和裁定书）；二是终审的判决和裁定，包括中级人民法院、高级人民法院的第二审和最高人民法院的一切判决和裁定；三是高级人民法院核准的死刑缓期二年执行的判决；四是最高人民法院核准的死刑判决。（本章内容主要是指第一、二方面的判决和裁定）

（三）执行的特点

从执行的概念我们可以看出，我国的执行具有下列四个特点：

1．法定性

执行是直接运用国家司法执行权力的行为，因此，无论对何种生效文书的执行，都必须严格按照有关诉讼法的规定进行，不得违背法定程序。

2．统一性

执行机关进行执行的依据只能是人民法院依法作出的生效判决或裁定。在民事诉讼执行中，人民法院是唯一有权按照民事执行程序执行生效法律文书的机关。任何通过民事执行程序生效的法律文书，只能由人民法院执行局组织执行。

3．强制性

人民法院代表国家行使审判权，是以国家强制力为后盾的。在民事诉讼中，虽然不能将执行简单地理解为强制执行，但它仍然是以国家强制执行措施为后盾，促使当事人自动完成其所承担的义务。当应当履行法定义务人没有按照生效法律文书内容履行义务时，权利人可申请人民法院采取强制手段，强制义务人履行。

4．有效性

执行必须有执行根据，法律依据就是各种发生法律效力的法律文书，未生效的法律文书不能被执行。

二、司法警察参与执行的概念和特点

【应知应会】

（一）参与执行的概念

法警参与执行是指人民法院司法警察协助配合执行部门共同完成执行案件的执法活动。人民法院司法警察参与执行，主要是指对民事案件、行政案件、刑事案件中涉及财产部分的强制执行。

司法警察作为参与强制执行的主体之一，不仅仅是一般意义上的维护执行现场秩序、保障执行人员安全、看管被执行的财产等事务性工作，而且还要参与对财产查封扣押、冻结或没收等强制执行活动。

（二）参与执行的特点

从参与执行的概念我们可以看出，参与执行具有以下几个特点：

1．参与性

依据有关诉讼法的规定，将生效判决、裁定所确定的内容付诸实现的机关包括人民法院、公安机关以及监狱。人民法院不仅是交付执行机关，还专设执行局，执行无罪判决、免除刑事处罚判决、罚金判决和没收财产等判决，同时也是民事、行政判决和裁定的执行机关。人民法院的司法警察在参与对人民法院的生效判决裁定的财产查封、扣押、冻结或没收活动时，应当在法官的主持下进行，应当听从法官的指挥，遵守有关执行的纪律，按照明确的分工、程序、方法进行执法。因此，从这个意义上讲，人民法院的司法警察在参与执行时，不能单独进行，体现出法警在参与执行时的隶属性、辅助性的特征。

2．强制性

参与执行是不以人的意志为转移的，在参与执行的过程中，尽管人民法院的司法警察不是执行的主体，具体的执行由法官组织实施，但对以暴力、威胁等方法阻碍执行的行为人，应立即予以制止，或将其带离现场。在参与执行过程中，只要法律手续齐全，任何机关和部门都无权干涉或阻止参与执行活动，遇有紧急情况发生时，司法警察根据实际情况依法使用械具。使用警械不能制止或者不使用武器制止可能发生严重危害后果的，可以依照国家有关规定使用武器。

3．排他性

参与执行是人民法院司法警察的一项法定职责。《人民法院司法警察暂行条例》第7条第6项明文规定，人民法院司法警察有参与对判决、裁定的财产查封、扣押、冻结或没收活动的职责。人民检察院的司法警察则不具备这一职责。

三、司法警察参与执行的依据

【引例10－2】

【赔偿费执行案】2001年，王×生在德钦县一家建筑公司打工时从施工脚手架摔下，造成下肢高位截瘫。经诉讼程序，法院判决该建筑公司应承担王×生各项赔偿费9万元。法律文书生效后，该建筑公司赔偿费9万元却迟迟不到，王×生几次到建筑工地都被保安拒之门外，有效的法院判决不能实现，这对于家境贫寒的王×生来说，不仅无法偿还医疗费用，今后的生活更是不敢想象。在生效法律文书未被执行的情况下，王×生申请法院强制执行。

执行难问题是法院面临的最大难题，为受害者讨回公道，维护法律的尊严，法院选择在中秋节债务人回家团圆的时机为受害人讨回债款是这次特困申请人、躲债债务人专项执行活动的主旨，也是法院执行工作的一着妙棋。执行法官在法警的协助和配合下，多次到建筑工地和建筑公司老板家中，与其家人谈心，请家属给予配合。多方式攻势的开展，促使建筑公司老板和受害者达成了还款协议。

中秋节前，下肢高位截瘫，躺在轮椅上的大理市湾桥镇村民王×生接过法警为自己追回的2.5万元赔偿费时，再也抑制不住内心的激动，哇的一声哭出声来！他拉着法警李×泉等人的手说："法警在中秋节给我送来赔偿费，没想到啊！是你们救了我，不然我真不知道怎么活啊！"这是大理市人民法院在中秋节期间开展专项执行活动中发生的一幕。

【问题思考】

1. 司法警察参与执行的法律依据是什么？

2. 司法警察参与执行有哪些方面的意义？

【应知应会】

（一）法律依据

《警察法》第18条规定，人民法院的司法警察，依据有关法律、行政法规的规定履行职责。法警参与执行的最直接法律依据是《人民法院司法警察暂行条例》第7条的规定，即司法警察参与对判决、裁定的财产查封、扣押、冻结或没收活动。这一规定表明法警应当参与强制执行活动，在法院法官的指挥下，在生效的判决、裁定的执行中，对财产采取查封、扣押、冻结或没收等强制措施，实施强制执行。这是司法警察的职责之一。

（二）司法警察参与执行的必要性

从执行案件的性质来看，执行案件不同于一般审理和裁定案件。在审判案件中，人民法院居中裁定、解决纠纷，而执行案件是在当事人拒不履行人民法院生效判定、裁定和其他生效法律文书情况下发生的，因此执行案件的矛盾不仅仅是申请人与被申请人之间的矛盾和纠纷，而是被申请人拒不履行生效法律文书确定的法律义务行为，除了个别确属无履行能力情况外，这是一种违法、藐视法律尊严或者说对抗法律的行为。这种矛盾的性质是被执行人与法律之间的矛盾和冲突，不是一般意义上的民事纠纷。因此，这需要人民法院通过行使职权，运用国家强制力，强制被执行人履行义务，维护法律尊严。人民法院法警依法执行职务，是国家强制力最直接、最具体的体现，是维护法律的尊严的最有效的手段，因此，法警理所当然地应积极参与强制执行工作。而由法官直接实施强制执行，将有损法官公正形象，且在体制上造成诸多弊端。

（三）司法警察参与执行的可能性

从司法实践来看，司法警察直接参与执行，有利于提高人民法院的执行力度，提高工作效率。当前，"执行难"已成为人民法院工作中的一个难点问题，也是人民群众对人民法院反映较为强烈的一个问题。要解决该问题，除了需要体制上的调整和增加法制宣传力度，使人民群众理解和支持人民法院执行工作外，还有一种更具体可行的方法，就是加大司法警察参与执行的力度和范围，以提高执行工作的效率。

目前，司法实践中重大执行措施，一般都有司法警察参与。有时虽然不属重大执行措施，但因案件复杂，难以执行，也由司法警察参与执行。从形势发展和司法体制改革看，司法警察应担负起强制执行的所有外部任务，而身为法官的执行员负责制定裁定和发出执行令。司法警察根据执行法官的裁定和具体指令，依据《民事诉讼法》及其他法律规定采取执行措施。

【特别提醒】

根据《人民法院司法警察暂行条例》的有关规定，人民法院的司法警察参与执行主要有以下两个方面的意义：

1. 参与执行有助于执行内容的顺利实现

对判决、裁定的财产查封、扣押、冻结或没收活动具体是由人民法院的法官组织实施，人民法院司法警察在参与执行时，要服从命令，听从指挥，明确执行的对象、任务，了解查封、扣押、冻结或没收财产的具体情况，为执行工作的顺利开展创造条件；同时，在参与执行时，要做好现场警戒，维护秩序，制止无关人员和车辆进入现场，防止突发事件，保护法官和人民群众的安全，对以暴力、威胁等方法妨碍执行的，可以强行带离现场，或者依法采取其他措施。因此，人民法院的司法警察参与执行工作有助于执行任务的顺利完成。

2. 参与执行有助于保护当事人合法权益

保护当事人合法权益，是指人民法院在执行工作中，既要通过查封、扣押、冻结或没收被执行人的财产，来保护生效的判决、裁定所确定当事人的合法权益得以实现，又应对被执行人的利益依法给予应有的保障；既要维护本地当事人的合法权益，也要保护外地当事人的合法权益。因为这是公民在法律面前一律平等的社会主义法制原则在执行中的具体体现。因此，人民法院的司法警察在参与执行时，要在法官的组织和指挥下，对那些法制观念淡薄、逃避或者拒绝履行法律文书所明确规定的义务者，强制被执行人完成应尽的义务，使生效的法律文书内容得以实现，以保护当事人的合法权益，从而维护法律的严肃性。同时，要求在参与执行时，必须遵守有关法律规定。《民事诉讼法》第 223 条第一款规定，被执行人未按执行通知履行法律文书规定的义务，人民法院有权查封、扣押、冻结、拍卖、变卖被执行人应当履行义务部分的财产。但应当保留被执行人及其所扶养家属的生活必需品。因此，司法警察在参与执行查封、扣押、冻结或没收活动时，应严格遵守有关法律规定，不能因参与执行而使被执行人及其扶养的家属生活发生困难，这些也体现了执法活动对人权的尊重。

项目二　法警参与执行的范围和任务

一、法警参与执行的范围界定

【应知应会】

法警参与执行包括两方面内容：一是法警参与对判决、裁定的财产查封、扣押、冻结和没收活动；二是法警配合执行人员做好相关执行案件的保障协助工作。

随着司法改革的进行，法警参与执行的内容在实践中也大大扩大了。主要包括：查封、冻结、划拨被执行人的存款；扣留、提取被执行人的收入；传唤、拘传、拘留等；查封、扣押、冻结、拍卖、变卖被执行人应当履行义务部分的财产；强制被执行人交付法律文书所指定的财物或标证；强制被执行人履行法律文书所指定的财物或标证；强制被执行人履行法律文书规定的义务，如根据已发生法律效力的法律文书，强制当事人迁出居所或者退出土地等；强制有义务协助人民法院执行而拒绝协助的单位或个人，完成指定协助事项；强制被执行人加倍承担迟延履行债务的利息和迟延履行金以及法律规定的其他需要强制执行事项。

我们应从法院的实际出发，从积极意义上理解司法警察参与执行工作，而不是消极地、被动地对待司法警察参与工作。

二、法警参与强制执行的其他保障性任务

【引例 10－3】

【海淀区清河陈营村金基源砼制品公司债务执行案】2008 年某月某日，海淀法院的两名法官、三名法警及十几名记者，来到海淀区清河陈营村金基源砼制品公司。该公司拖欠光大银行下属分行 240 万元车贷，一直未还。光大银行到海淀法院起诉，法院宣布强制执行，扣押 10 辆罐车用于还贷。

在公司大院，法官宣读执行通知时，五六十名工人和该公司领导围住法官、法警和记者。人群中不时有人煽动情绪，三名法警的胳膊被涌上来的工人抓破。两名法官和三名法警及十几名记者，被迫退到大院门口一间 10 平方米左右的传达室里，五六十人再次围住传达室，还有人不停大声辱骂。村里公司附近看热闹的群众把大院的推拉门都挤倒，有一些人摔倒。

被困传达室内的法官拨打“110”，同时向法院汇报情况。稍后四十名民警和法警赶到，并带走了三名带头闹事者，平息了混乱。晚上 10 时 30 分，该公司领导在执行通知书上签字，法院开走 3 辆大罐车，其余 7 辆暂时停在该公司大院。

【问题思考】

1．法警参与强制执行的其他保障性任务是什么？

2．司法警察怎样做到保障执法人员及各种装备的安全工作？

【应知应会】

（一）维持执行现场秩序、保障执行工作顺利进行

执行秩序是执行工作顺利进行的前提条件，维护好执行秩序，是司法警察参与强制执行的一项重要任务。现场秩序主要包括人员、交通、通信等内容。

维护执行现场秩序，重要的是要做好被执行人的思想工作，对围观群众做好解释工作，以减少矛盾和摩擦以求得群众的理解和支持，协助和配合执行工作的进行。

一般情况下，人民法院的司法警察参与执行并不需要实施具体的执行行为，这是由司法警察的被动性、隶属性、辅助性的特征所决定的。从人民法院（除警卫法庭、值庭外）的工作性质来讲，法官是实施具体的执行行为主体，法官亲自执行对判决、判定的财产进行查封、扣押、冻结或没收任务。法警在参与执行有关查封、扣押、冻结或没收财产时，主要是围绕着法官的具体执法活动来开展，服从法官的指挥和调遣，负责场地警戒，维护好现场秩序，保证对生效判决、裁定的财产进行查封、扣押、冻结或没收活动的正常开展。

（二）**保障执行人员和各种装备的安全**

执行工作中，执行人员会遇到种种人为障碍，强制执行中的执行人员（包括法警）遭到围攻、羞辱、扣留、殴打屡见不鲜，给执行人员顺利完成工作任务造成很大威胁，所以，在保障执法人员及各种装备的安全方面必须做到：

1. 思想上不麻痹

在执行协助任务前，做好调查和现场勘查，熟悉执行任务所处的环境，预测在执行中可能发生的各种情况，做出随时准备应付突发性事件的方案。

2. 根据实际条件进行执行

在采取强制执行措施后，如果条件不成熟或情况有变，形势、条件不利于执行的开展时，应及时向执行法官建议，提出暂缓执行、待条件成熟后执行的方案，供法官参考。

3. 在执行过程中要严格依法办事

执行或应付突发事件时，法警要做到沉着冷静，依法办事，迅速、坚决、果断。

4. 装备上有保障

优良装备是顺利完成执行工作的保障。遇有重大执行任务，应根据案情和环境，配备车辆、通信及其他装备，以保证任务的完成。

（三）**看护好被查封、扣押财产，防止转移、哄抢、损毁**

对查封、扣押的财产，易搬运的应在短时间内搬至存放保管的场所；不易搬运或不能尽快处理的财产，责令被执行人负责看管，不得随意处理，并在有关法律文书上签字；另外采取封条、换锁、加固、密封、派人坚守等手段，保证财产安全。如发生转移、哄抢、损毁等情况时，立即请示领导对首要分子采取果断措施。

（四）**制止被执行人的违法行为**

在强制执行过程中，被执行人或与执行财产有关的案外人，可能会发生违法行为，其违法行为表现为多样性，给执行工作带来种种障碍和困难。对此，法警应积极主动地做好说服教育工作，并结合采取的强制措施，预防、制止违法行为的发生，保障工作圆满完成。

（五）**制止无关人员的车辆进入执行现场**

在参与执行过程中，人民法院的司法警察在做好现场警戒的同时，要制止无关人员和车辆进入现场，发现可疑人员或可疑情况应及时向现场指挥法官报告，并听从现场指挥法官的调遣，采取相应措施，防止可疑人员逃离现场或转移物品。因此，制止无关人员和车辆进入执行现场是人民法院司法警察的又一重要任务。

项目三　组织实施与情况处置

一、参与执行的组织

【引例 10－4】

【关于某市某科技发展有限公司诉王××房屋拆迁合同纠纷一案实施先予执行的方案】

执行时间：2008 年 12 月 2 日

执行地点：本市西湖区留下镇小和山村×组×号。

现场指挥：鲍××，本市西湖区人民法院副院长

电话：

现场副指挥：陈××，某市西湖区人民法院执行局局长

电话：

（一）执行内容

将王××住房内的物品搬出并运至过渡房，把腾空的房屋交付本市科技发展有限公司。

（二）被执行人王××家庭人员状况

户主：王××，男，1960年10月27日出生，住本市西湖区留下镇小和山村×组×号。

成员：郑××（王××之妻），1962年12月26日出生，住址同上。

王××（王××之子），1987年12月9日出生，住址同上。

张××（王××的母亲），1938年3月12日出生，住址同上。

（三）方法与步骤

1. ×年×月×日上午8：00本院参加执行人员在院里统一集中出发，到现场与其他部门会合。

2. 到达现场后，由实施组1在四周设立警戒线，禁止其他人员进入现场，教育疏导组进场劝导。

3. 由实施组2进行清理现场、看护被执行人及其家属，并现场检查是否存在危险物品。在实施组指挥下腾退物品，公证人员做好公证记录工作。

4. 搬运物品前，由实施组3对所搬物品进行检查、粘贴胶带。

5. 搬家公司搬运物品时，记录组人员记好笔录，列写清单。

6. 全部腾空后，在实施组指挥下，评估人员进场丈量，公证处进行公证。记录小组对被执行人做好笔录，告知到指定地点领取被腾退的物品。因拒绝接受物品造成的损失后果自负。

7. 将房屋交付该科技发展有限公司。

8. 在现场指挥员的指挥下离开执行现场。

（四）参加部门及人数

本院执行局3人、本院法警10人、公安机关人员3人、医疗卫生人员1人、基层组织3人、公证员2人、评估人员3人、搬家公司4辆搬运车的相应人员。

（五）实施组成员看护被执行人及其家属的分工安排

实施组1：司法警察4人、公安机关人员3人、基层1人。

实施组2：执法局2人（女同志1人）、司法警察3人、基层1人。

实施组3：执法局1人、司法警察3人、基层1人。

【问题思考】

1. 执行方案的内容包括几个方面?

2. 参与执行组织的要点是什么?

3. 本案执行中司法警察怎样做才能较好地配合执行人员完成执行任务?

4. 请你上“法警天地网”，查一下参与执行案例，制订一个法警参与执行工作

方案。

【应知应会】

司法警察管理部门接到对财产强制执行任务后，要按照有关规定和要求做好以下工作：

根据任务要求，指派司法警察，明确临时负责人；办理有关强制执行的法律文书，携带应该向被执行人出具的有关证件；向有关人员了解案情和社情，分析可能出现的情况，制定相应的对策、方案和应急措施；掌握执行的具体部署，弄清或提前查清执行现场情况，做到心中有数；根据任务需要，确定所携带的警械、武器、通信等装备，安排落实交通工具并检查是否完好有效。

二、参与执行的实施

【引例 10-5】

【王某诉刘某合同纠纷案】王某因与刘某在履行整修合同过程中发生纠纷，将刘某起诉至开发区法院，并申请财产保全。某日，法官与法警来到刘某的经销店，要求查封其中的成品木制门等财产。刘某以影响经营为由，提出其在市西区有一处房产可供查封。执行法警见其闪烁其词，怀疑有假，便将计就计，在附近埋伏等待。法警一离开，刘某便雇人将店内的大部分财产搬到车上，试图转移财产。待车辆装满后，法警出现在汽车前拦截住该车辆，当场从车上清点出成品门45扇及其他物品。

【问题思考】

此案中司法警察“请君入瓮”的经验对法警工作有何启示？

【应知应会】

（一）调查执行名义的合法性

（1）执行名义是判决书、裁定书的，应询问被执行人是否收到判决书、裁定书，收到的日期是否超过上诉时间。

（2）执行名义是调解书的，要注意查明调解书是否由当事人本人签收。

（3）执行名义是处罚决定书和仲裁书、公证书的，应依法调阅原卷宗，审查行政机关的具体行政行为是否合法，执行名义是否具有法律效力。如具有法律效力，应送达裁定书，进入执行程序。

（二）向被执行人依法送达执行通知书

根据法律有关规定，责令被执行人在3日内按执行名义的给付内容自动履行完毕。否则，人民法院将依法强制执行。

（三）对被执行人的财产依法实施执行

被执行人在执行通知书载明的限期内，不自觉履行给付内容的，应及时查清被执行的可供执行的财产。其可供执行的财产一般为动产、不动产、有价证券等。发现财产的应迅速采取查封、扣押、冻结等强制措施。被执行人或其他人擅自转移、藏匿、变卖人民法院查封、扣押、冻结的财产的，应责令其交还财产，并可依据《民事诉讼法》第102条第3款之规定，对其采取罚款、拘留措施，情节严重的依法追究其刑事责任。

（四）执行后的工作

案件执行完结后，应及时向申请人返还执行款物，写出案件执行报告，整理好卷宗归档。

【特别提醒】

根据参与执行的任务以及人民法院司法警察在参与执行过程中的具体实践的要求，司法警察在参与执行时主要包括以下几个方面：

1. 接受指令

一般情况下，法官根据法院判决、裁定的具体执法工作的需要，提出要求法警协助工作的人数与具体方案，报经人民法院领导批准，由人民法院法警部门具体安排人员组成司法警察执行小组。执行法警的宗旨是，一切围绕着审判工作的需要而开展工作。对于人民法院的法警而言，主要是接受法官的指挥和命令。《人民法院司法警察暂行条例》第11条规定："人民法院司法警察应当遵照审判长或独任审判员的指令。"

2. 迅速到达指定部位

参与执行的法警按照执行法官的工作要求和具体分工，佩带适当的警用装备迅速准时赶到指定部位。参与执行的法警小组成员可以视需要指定一名临时负责人，专门负责法警小组的工作。执行法警接受命令后，应听从指挥，明确执行查封、扣押、冻结或没收财产的具体情况，了解被执行现场环境。人民法院的法警是人民法院依法行使审判权、参与各种执法审判活动的法定成员，由法警的性质所决定，它具有武装强制性。在具体表现形式上，法警的武装强制性与法官存在明显的区别，法警的武装是整体的、公开性的武装，因此，承担执行任务的法警必须要求全副武装，而法官可以着便衣。在必要的情况下，允许法官个人不公开佩带自卫性武器。

3. 快速布控

参与执行的法警根据工作的具体要求对查封、扣押、冻结或没收财产现场的主要通道、出入口、关键部位要进行合理布控、有效控制，防止无关人员进入执行的工作区域。布控的现场一般是被执行人或案件关系人的住所、办公室和库房等地点；布控的重点是到达查封、扣押、冻结或没收财产的相关处所的出入口、暗道、通道；防止无关人员和车辆进入执行现场，既包括被执行人的亲属和其他关系人，也包括其他无关的过往人员；防止群众围观或妨碍执行，警惕被执行人的亲属和其他关系人毁坏、销毁、转移被查封、扣押、冻结没收的财产，防止冲击、袭击正在执行公务的法官，具体执行时，法警可以将被执行人的亲属和其他关系人分别或集中控制，注意被控制人员的神情或突发事件的发生，确保查封、扣押、冻结或没收财产工作的顺利完成。

4. 撤离现场

当法官的具体执行工作结束后，执行法警即随法官一同撤离现场。执行法警在随同法官撤离现场时，中心工作是保障撤离人员的人身安全，保护查封、扣押、冻结或没收的财产，防止抢夺被执行财产和袭击、绑架法官事件的发生；防止阻截、攻击和破坏执行车辆等严重妨碍执行职务的违法犯罪行为的发生。

三、参与执行中的注意事项和情况处理

【引例10-6】

【巨野粮库诉被告江西皓玉面粉股份有限公司欠款执行案】 山东巨野国家粮食储藏库（简称巨野粮库）诉被告江西皓玉面粉股份有限公司（简称面粉公司）购销小麦欠款纠纷案及菏泽地区粮食转运站（简称粮食转运站）诉面粉公司购销小麦欠款纠纷案

件，经山东省菏泽市中级人民法院审理，分别作出民事判决，判决面粉公司偿付巨野粮库1 017 036.61元及违约金；偿付粮食转运站741 223.40元及违约金，两案共计偿付两原告1 758 260.01元。判决发生法律效力后，面粉公司在判决期限内未自动履行义务，巨野粮库和粮食转运站向菏泽中院申请执行。菏泽中院于2000年8月23日以邮寄方式向面粉公司送达了执行通知书，面粉公司在规定的期限内未履行义务。菏泽中院执行干警于同年9月16日前往江西鹰潭市执行。

在案件审理期间，菏泽中院查封了面粉公司的小麦1 600吨、车辆5部（价值50多万元），但面粉公司将小麦加工后，擅自处理了价款。菏泽中院执行人员经多方查询，发现面粉公司在鹰潭市月湖城市信用社（简称月湖信用社）61100144134账户上有存款150万元。

9月21日上午，菏泽中院执行人员到月湖信用社对该150万元依法进行扣划，但信用社主任陈×财拒绝签字办理，据此，执行人员对此款进行了冻结，并留置送达了扣划手续，讲明扣划手续送达后立即发生法律效力，月湖信用社应立即协助执行，菏泽中院执行人员对当时的执行情况进行了拍照。当天下午3点30分左右，当菏泽中院执行人员到月湖信用社找到陈×财，询问冻结款项划拨事宜时，突然涌进40名不明身份的人员，后又陆续来了200多人，执行干警被非法限制人身自由达23个小时。面粉公司对参与执行干警多次威胁，要求无条件解除对存款的冻结。执行人员在生命安全受到威胁、案件卷宗面临毁灭的情况下，被迫写下了一张解除冻结存款的便函。直至9月22日14点30分以后才得以脱身。

【问题思考】

1. 司法警察参与执行遇到特殊情况应如何处置？

2. 司法警察参与执行的注意事项有哪些？

3. 本案中司法警察在被围攻的情况下，应采取什么措施保证法官和法律文书的安全？

【应知应会】

（一）一般情况处理

一般情况，主要指被执行人或其他案外人员妨碍强制执行的行为。

（1）对不履行义务，但又不抗拒执行的，可以采取说服教育等方式，使其自动履行义务。

（2）对故意躲避，企图逃避执行的，可以采取说服教育或训诫等方式，使其自动履行义务。

（3）以原判有误，本人正在申请再审为由拒不履行的，可采取法制教育，讲明申诉不影响执行以及执行回转的法律规定，使其尽快执行。

（4）对转移、隐匿财产的，首先要弄清被转移、隐匿财产是否被查封或扣押。如果其财产未被查封、扣押，可限定被执行人在一定时间内将财产如数交出，对拒不交出的，可采取就地查封、扣押或罚款等强制措施。如果所转移、隐匿的财产已被查封、扣押，要对直接责任人采取拘留、罚款等强制措施，同时责令其在限定时间内交出转移、隐匿的财产。

（5）对其他人员起哄、吵闹妨碍执行的，应采取说服教育的方式，以理服人，坚持耐心劝说，切不可盲目蛮干，可把法定代表人或被执行人传至法院，以促其执行。

强制执行的一般情况具有多样性，因此，不可能一一列举。但处置一般情况以尽量不采取强制执行和保证顺利执行为原则，采取灵活、合法、合情，注重说服教育的处置方式，既要维护法律的严肃性，又要保证强制执行任务的完成，尽可能做到法律威严与社会效果的统一。

（二）特殊情况的处置

所谓特殊情况，是指妨碍执行情节较为严重的行为。其主要有出现下列情形的处置方法：

（1）长时间围攻执行人员的处置，首先应进行法制宣传，令其撤离，对主要责任人可处以拘留、罚款。

（2）对侮辱、殴打、谩骂执行人员的处置，要根据情节对有关人员处以拘留、罚款或追究刑事责任。

（3）损坏执行车辆或其他财产、哄抢被执行财产情况的处置，应根据情节和损坏情况对主要责任人采取拘留、罚款处理，并责令赔偿损失。

（4）对抢夺执行人员枪支，危及执行人员生命安全情况的处置，根据《中华人民共和国枪支管理法》和《中华人民共和国人民警察使用警械和武器条理》规定，果断进行处置。

（5）对抢夺、撕毁卷宗的应及时防备，有效制止，并视情节严重程度可处拘留和罚款。

特殊情况由于有其突发性，一般始料不及，其产生原因也是多方面的。对特殊情况的处置原则是，及时、果断、尽快控制局面、尽早平息事端。但不得随意开枪，并避免财产遭受更为严重的损失或人员伤亡。可以当场处置的则立即处置，不易或不能立即处置的，可事后再处理。

（三）群体暴力抗法情况的处置

执行法院在执行中，由于被执行人或案外人出于非法目的，故意聚集、挑动不明真相的群众，有的受地方保护因素的影响，致使执行过程遭受到群体性暴力抗法的严重干扰。对此，必须引起足够的重视，并采取妥当的方法加以处置。

1．群体性暴力抗法的表现情形

封闭出入口。许多情况下，暴力抗法者通常采用关锁大门、封闭门窗、设置障碍物等手段阻止执行车辆出入，不准执行人员进入执行现场或者将执行人员封闭在现场。

围攻执行人员。暴力抗法者往往自恃人多势众，以人墙的方式对执法人员进行围攻、谩骂、拉扯、推搡，直至暴力袭击等，个别不法分子甚至乘机抢夺武器、械具和卷宗材料等。

扰乱公共秩序。被执行人或其他人通常故意扩大事态，招徕众人旁观，引起群众误会，然后乘机起哄、闹事，有的哄抢和毁坏公共财物，有的以挑衅性语言蛊惑人群。如蓄意叫喊“警察打人了！”“有人抢劫了！”等，挑动不明真相的群众参与闹事。由此造成交通阻塞、社会秩序混乱，从而使依法执法受阻。

其他违法妨害执行活动。如在被执行现场倾倒危险品，倒地装死、呼喊口号、纠缠某些细节、泼妇耍赖等。

2．制订好处置预案，做好事先准备工作

执行实践经验表明，如果事先没有准备，没有制订预案，那么一旦出现问题，就会手忙脚乱，使局势迅速失控。因此，准备工作相当重要。

首先，要了解执行现场的情况。在执行工作开始前，负责现场秩序的司法警察要对现场情况有充分的了解，包括：被执行人所处的位置、执行场所的通道走向，周围人群的分布情况及交通状况等。对双方的人员的情况也应有充分了解，如人群与被执行人的关系、被执行人和周围人群对案件审判结果的态度等。

其次，要制订好应对暴力抗法的预案。虽然暴力抗法的发生有其突发性，但也有一定的规律性。因此，法警在充分估计有可能发生暴力抗法问题时应制订出预案，加以防范。至少应该让每个法警明白应该站位在哪里，要做什么和如何做。在制订预案时，要尽可能做好充分准备，多准备几种方案；多做一些实际工作，避免夸夸其谈、主观臆断。要将司法警察分成组织宣传组、人群控制组、抓捕组等，相对性地分工负责。同时，要留出一些机动人员，以防情况突变时有预备力量。

最后，针对具体的执行活动要有具体的防暴手段。行动前要根据警力做好防暴安排，组织协调和明确每个法警的分工。在分配任务时，应按任务组成小组，以便执行中相互照应。要设计几种撤退方案和实施手段，以备在执行顺利与执行不顺利的情况下安全撤退时使用。

3. 做好群体性暴力抗法的现场指挥工作

处置群体性暴力抗法的现场指挥非常重要。现场指挥应沉着冷静、指挥得当，最重要的是要有敏捷的反应能力和果断的判断决策能力，越早采取行动，控制人群越有效。在人群分散的时候迅速将自己的队伍重新组合，以增强整体战斗力。

（1）要做好必要的宣传、教育和说服工作，争取公众合作，以利于问题的解决。群体性暴力抗法事件的策划者和积极参与者毕竟是少数，多数是不明真相的围观者。因此，一旦出现群体性暴力抗法的苗头，就要通过扩音喇叭等手段进行宣传，告知人群法院正在执行，劝告现场无关人员在限定的时间内撤出，否则将承担相应的法律后果，以利于分化人群和孤立抗法策划者。

（2）要对内对外保持必要的联络。现场指挥人员应及时将有关情况报告组织和领导，要适时调整现场警力的配置，在警力不足时，向现场调集警力或请求公安、武警部队协助。

（3）现场指挥员要灵活地将容忍、战术、技能和依法处置有机地结合起来。法警对个别挑衅行为一定要容忍，坚持正确处置两类不同性质的矛盾。但指挥员不能现场呵斥和批评法警的个别冲动行为，最大的限度也只能向现场人群作有限的解释，否则将影响全体现场法警的抗暴主动性。指挥员不能一味地满足暴力抗法者，容忍不等于无能和软弱。战术是司法警察利用抗暴战术队形驱散人群，抓获暴力抗法者的有效方法和手段。实施战术动作中切忌虚张声势，而应考虑成熟，一举奏效。因为一旦被暴力抗法者误解，整个形势将无法控制和逆转。技能是在指挥员果断的指令下，利用警棍盾牌术等及时有力地打开包围，要一鼓作气，争取一次奏效，否则将再而衰、三而竭。在处置暴力抗法的行为时要坚持依法原则。依法采取强制措施，依法使用枪支、械具（除必须正当防卫外，不能使用枪支、械具），依法处理暴力抗法人员。执行法警始终要以法律尊严的维护者出现，而非个人争强好胜。采取的强制措施要适当、适度。

4. 注意把握人群控制与解围的方法

人群控制和解围的方法包括：显示武力、限制人群流向、驱散人群、突围与抓捕等。人群控制和解围是司法警察维持执行现场秩序的重要内容。

首先，显示武力。包括两种情况：第一，在大型对抗尚未形成时，司法警察应当表现出自己的实力。其中包括装备的精良、干警个人较强的战斗力及执行工作的充分准备和较强计划性，迫使人群不敢藐视法律的尊严，不敢以身试法。第二，对抗已经形成时，想方设法将干警集合起来（最好到人群视线范围外），以一次性的突击行动解决问题，这是在警力有限的条件下的好办法。要防止将警力分散投入人群中，形成互相不能照应，在人群中被撕扯、推搡的局面。要保持严整的警容，以正气压倒邪气，而不能表现群殴、复仇的情绪。警容被破坏者（如警服被撕，面容受伤等）应及时退到二线，亦可调整到抓捕组。但绝不能以不整之警容去博取群众的同情，因为此举只能招致人群的嬉闹和情绪的进一步冲动。

其次，限制人群流向。限制人群流向是通过阻拉、疏导，使向人群集中点汇集的人群散去。如果在室外，人群容易聚集，人群流向的限制是很难的；但在室内，则可通过警员阻拉人墙、栅栏、门窗等，实现人群流向的控制。司法警察指挥员应当意识到人群流向的不确定性。鼓动者的几声叫喊或投掷几块石块，人群往往流向司法警察最不希望去的地方。所以必要的时候要驱散人群。

再次，驱散人群。在执行工作中，如果人群并不影响执行的继续进行，可不必驱散人群，只需有效控制即可。但对起哄和殴打执行人员、强行转移财产的，则必须驱散人群。①可以采取驱散队形来驱赶人群。每三人一组，互相照应，组与组互相配合，强行驱逐闹事者，包括倒地哭嚎、固守财物拒不退出的人。②驱逐与抓捕结合。对态度强硬的为首分子，果断地采取抓捕办法，以震慑人群，让人群了解执法者的决心。③必要时可采用催泪瓦斯、电警棍等驱逐。

最后，适时突围与抓捕。当人群已失去控制，法警应考虑突围，避免事态的无限扩大，等待人群情绪稳定后另做打算。抓捕一般在形势有利于执行方且抓捕有利于人群稳定时才使用。

【特别提醒】

参与执行的注意事项：

根据参与执行的工作任务要求和司法实践的具体情况，人民法院的司法警察在参与执行时应注意以下几个方面：

1. 做好必要的准备工作

参与执行必须做好充分准备。但因执行的内容不同，被执行人各异，主观条件千差万别，不可能给参与执行的工作规范出一个一成不变的模式。根据参与执行的工作经验，人民法院的司法警察在参与执行前一般都要做好如下准备工作：摸清可以查封、扣押、冻结或没收财物的具体位置；研究在参与执行中可能出现的问题及对策；制订参与执行的方案；组织参与执行司法警察的人员和配备执行力量；参与执行时还应从预防突发事件的角度考虑，配备钢盔、防弹衣、警械、武器等器具。

2. 不得擅离职守

人民法院的司法警察在参与执行时一切听从法官指挥，参与执行的司法警察未经法官允许，不得随意介入查封、扣押、冻结或没收的具体执行活动；不得随意出入现场；不得任意拿用、移动现场的物品。参与执行的法警，应明确自己的职责特点，既要参与执法活动的全过程，又要听从法官的指令，应明确参与执行任务具有特定性和强制性，严禁越俎代庖。

3. 保持高度的警惕

防止被执行人的家属、亲友冲击和破坏查封、扣押、冻结或没收的执法工作，抢夺、销毁有关财物，伤害正在执行职务的法官。要特别注意手持器械和手持饮料瓶罐的任何无关人员，绝不允许靠近执行现场。对不听劝阻，冲击破坏或妨碍执法活动的人员，依法及时制止或强行带离，必要时可以使用警械具，从而确保执行工作的顺利进行。注意观察搜集执行查封、扣押、冻结或没收财物地点周围的信息、动态，发现可疑情况及时报告。

4. 注意保密纪律

严守秘密既是人民法院司法警察应具备的职业道德，也是一项铁的纪律。尤其是在参与执行有关查封、扣押、冻结或没收财产时更应注意，因为泄密会给执法工作造成很大的困难。因此，保密纪律不容轻视，严守秘密也是法警的活动原则。

5. 保障撤离时的安全

保障来往道路的畅通，保护查封、扣押、冻结或没收财产的成果和执行法官生命安全，防止意外发生，是撤离时参与执行的人民法院司法警察应注意的关键。

6. 参与执行任务完成后及时汇报

汇报参与执行的情况，一般有口头汇报和书面汇报两种形式。将参与执行情况写成正式书面材料，是参与执行汇报的必要环节，也是每位司法警察必须掌握的一项基本功。对此，要求司法警察文能书写通畅的报告，具备一定的写作能力和调查研究能力；武能制止一切妨碍执法的违法犯罪活动，这是司法警察工作法制化、专业化的需要。

单元十一
司法警察参与搜查

【知识目标】

明确搜查的目的、程序，司法警察参与搜查的法律依据及意义

掌握司法警察参与搜查的任务、方法、步骤及注意事项

掌握在参与搜查中突发事件的处置要领

【能力目标】

明确司法警察参与搜查的意义

准确把握司法警察参与搜查的任务、方法和步骤

具有处置在参与搜查过程中发生的突发事件的能力

项目一　参与搜查概述

一、搜查的概念、种类和目的

【引例11－1】

【南方某市检察院侦破一起职务犯罪案】2007年9月南方某市检察院侦破了一起特大职务犯罪案件。据犯罪嫌疑人胡某交代，自己受贿所得的人民币、美元、有价证券等折合人民币计22万多元，金银饰物等有13件，均放在家中自己房间的一只保险柜里，胡某不仅列出了保险柜中钱物数额名细，而且交出了保险柜的钥匙。办案组请示检察长决定立即搜查，只要找到那只保险柜，查获罪证，案件就破解了大半。

办案组派出执行这次搜查任务人员有检察官2人、司法警察2人。搜查的关键是找到保险柜，取出其中的钱物即可。办案人员及协助的2名司法警察到达胡某家中后，向其父母出示《搜查证》和工作证件进行搜查，结果不仅没有见到嫌疑人交代的保险柜，而且胡父胡母都说没有见过所说的保险柜，甚至肯定地说家中从来就没有保险柜。保险柜不是小东西，不能轻易藏起来。办案组再次讯问胡某，在得到肯定的答复后，胡某在监视下分别与父母、妻子通了电话，询问保险柜的去向。其父母接到电话后，却很是冷淡，“你这事和我们没关系，你说的事我们也不清楚。”其妻子听说涉案金额高达几十万元，心里还是吓了一大跳，明白这是一个什么概念。面对落难的丈夫胡妻心想自己不救谁来救，告诉胡某保险柜被其父母转移到乡下娘舅家了。

办案人员及协助搜查的司法警察来不及考虑，就立即前往胡某乡下的娘舅家。可

是，乡下娘舅家中仍然没有查到胡某交代的保险柜，很显然已被再次转移。搜查人员经请示后，就地对胡某的娘舅展开讯问，在强大的法律政策面前，稍作抵抗的娘舅终于交代，保险柜已被转移至邻村小妹家。搜查人员立即要求胡某的娘舅拨通其小妹的电话，由其说明利害关系，确认在其小妹家后，由娘舅带路直奔其小妹家，终于查获了胡某交代的保险柜，一一清点柜中之物，果然和胡某出具的清单分毫不差。

【问题思考】

根据引例分析：搜查的目的是什么？搜查应经过哪些程序？参与搜查有什么意义？

（一）搜查的概念

根据《刑事诉讼法》第109条规定，搜查是指侦查人员对犯罪嫌疑人以及可能隐藏罪犯或者犯罪证据的人身、物品、住所和其他有关处所进行搜索、检查的一种侦查行为。根据《刑事诉讼法》第18条规定，刑事案件的侦查由公安机关进行，法律另有规定的除外。贪污贿赂犯罪，国家工作人员的渎职犯罪，国家机关工作人员利用职权实施的非法拘禁、刑讯逼供、报复陷害、非法搜查侵犯公民人身权利的犯罪以及侵犯公民民主权利的犯罪，由人民检察院立案侦查。对于国家机关工作人员利用职权实施的其他重大的犯罪案件，需要由人民检察院直接受理的时候，经省级以上人民检察院决定，可以由人民检察院立案侦查。

【应知应会】

搜查是侦查机关在侦查中获取犯罪证据、查获犯罪分子的重要手段，它对防止罪犯逃跑、毁灭或转移证据，及时查获犯罪分子具有重要意义。搜查的范围包括可能隐藏罪犯和犯罪证据的人身、物品、住处和其他有关的地方，具体可以是犯罪嫌疑人以外的其他人的人身、犯罪嫌疑人或其他人的物品和住所，如犯罪嫌疑人的亲友、邻居及其物品隐藏处、住处等。所谓其他有关的地方，是指除上述地方以外罪犯可能藏身或者隐藏犯罪证据的地方。

从搜查的对象看，被搜查的人不局限于犯罪嫌疑人，也可能是其他人。比如，隐藏犯罪证据的人或者藏匿罪犯的人，搜查的目标主要包括犯罪嫌疑人、物证和书证三类。其中，犯罪嫌疑人包括在身边或住处发现犯罪证据或有同作案密切相关的人。物证主要包括作案工具和赃款赃物。书证涉及的范围较广，有账簿、记账凭证、报表、电报、传真、电话记录、日记、便条、审批手续、合同、信函、攻守同盟等。

人民检察院对自侦案件制订搜查方案应有司法警察参加，采取搜查措施时，应由检察官、司法警察共同执行。

【特别提醒】

拥有侦查权的机关包括公安机关、检察院、国家安全机关、军队的保卫部门和监狱。

搜查作为一种独立的侦查行为，既可以单独进行，也可以在执行逮捕、拘留时同时进行。

通常，执行公开搜查任务时，侦查员必须先向被搜查人出示搜查证。但是人民检察院在协助执行逮捕、拘留的时候，遇有紧急情况，不另用搜查证也可以进行搜查。所谓紧急情况主要是指犯罪嫌疑人身带凶器或其他爆炸、剧毒等极具危险性的物品，或者在其住处放有爆炸物品等，可能发生自杀、凶杀以及危害他人或公共安全的情况，或者有隐匿、毁弃、转移犯罪证据等情况。不立即执行搜查，就有可能造成不应有的损害或者贻误获取证据的时机，妨碍或影响侦查活动的顺利进行的情形。但搜查结束后，搜查人员应当及时向检察长报告，并补办有关手续。

（二）搜查的种类

《刑事诉讼法》规定，为了搜集犯罪证据、查获犯罪嫌疑人，侦查人员可以对犯罪嫌疑人以及可能隐藏罪犯或者犯罪证据的人的身体、物品、住处和其他有关的地方进行搜查。根据该规定，我们将对人的身体及随身物品的搜查归类为人身搜查，将对住处、其他有关地方的搜查归类为场所搜查。

【应知应会】

人身搜查，是侦查人员及参与搜查的司法警察为查找犯罪的证据而依法对犯罪嫌疑人或可能隐藏犯罪证据的人的身体进行搜查、检查的侦查措施。人身搜查时侦查人员要提高警惕，既要防止被搜查人逃跑、自杀，又要防止其行凶报复。人身搜查可能危及的是人身权，以及以人身体为载体的人身隐私。

住宅及室外的搜查，在进行住宅及室外搜查前必须做好以下准备工作：①对被搜查人的住宅情况及周围环境进行详细了解；②确定参加搜查的人员及具体分工；③准备必要的交通工具及通信工具；④准备防身自卫和警戒他人的警械具；⑤如带被搜查人进入搜查现场时，应安排专人看管，确保侦查人员和其他人员的安全。

【特别提醒】

检查妇女的身体，应由女工作人员进行，见证人也应当为女性，其他工作人员不得在场。这样既有利于被搜查妇女的人身安全，又有利于防止被搜查人诬告陷害侦查人员。

搜查不仅是侦查机关一项重要的侦查活动，而且涉及公民的人身权利、财产权利、居住权等，因此搜查必须经过严格的审批程序，履行必要的法律手续。

（三）搜查的目的

搜查的目的是为了搜集犯罪证据、抓获犯罪嫌疑人。

【应知应会】

侦查人员为了获取罪证，查获犯罪嫌疑人，对犯罪嫌疑人及可能隐藏罪犯、罪证的地方进行强制性搜寻、检查。犯罪分子在犯罪中或犯罪后，总是设法反侦查，企图逃避法律责任，毁坏或隐匿证据，不采取强制性的搜查手段，犯罪嫌疑人及其他与案件有牵连的人是不会自动交出证据或罪犯的。因此，搜查是侦查中获取证据、查获犯罪人的重要手段，它对防止罪犯逃跑、毁证、转移证据，及时查获犯罪人具有重要意义。

司法警察参与搜查的目的是为了安全警戒，并协助检察人员进行证据的搜查和收取，保证搜查工作安全顺利。

【特别提醒】

决定搜查应当有充分的理由和法律依据，特别是对人身和住宅的搜查，既要抓住时机、及时搜查，又要注意保护公民的合法权利。必须严格依照法律程序进行，不得滥用搜查权。

（四）搜查的程序

搜查是一项强制性措施。搜查的任务是发现和收集与案件有关的证据，查获犯罪人。搜查必须有计划有步骤地依法进行。

搜查前应由检察长签发搜查证，法警队接到指令后，根据具体案情制订详细的搜查方案，注意收集有关被搜查人的情况，了解被搜查处的周围环境，做好搜查的物质准备，配备足够的人员，一般还应配女法警参加。此外还应设置警戒人员，防止被搜查人或者其家属扰乱、闹事、行凶、自杀或转移、销毁罪证等情况发生。必要时，应准备录像设备，对搜查现场进行录像。

进行搜查，首先必须向被搜查人或者他的家属出示搜查证，应当有被搜查人或者他的家属、邻居或者其他与案件无关的见证人在场。在搜查前，应对被搜查人或者其家属进行必要的思想教育，启发他们主动交出赃款、物证、书证，并告知他们阻碍搜查应负的法律责任。对见证人应讲明其依法应承担的义务。必要时，可通知当地公安派出所或者有关单位派人参加。

搜查工作结束后，应将搜查情况写成笔录。搜查笔录内容有：采取搜查措施的依据；执行搜查的检察人员及见证人的姓名；搜查的简要情况；搜查开始和结束的时间。最后由检察人员、被搜查人员或者家属、见证人签名或盖章。如果家属拒绝签名、盖章，应在笔录上注明。对搜查的书证、物证及放置地点、部位应予以拍照，并用文字说明有关情况，连同照片一同附卷。

【特别提醒】

犯罪嫌疑人是受调查或审查的对象，绝不能把他们与犯罪分子相等同。因此，在执行搜查时，执法人员必须依法维护犯罪嫌疑人的合法权利，不得以执法为由，随意侵害犯罪嫌疑人的合法权利。

二、参与搜查的概念及意义

【引例 11－2】

【高×、李×华受贿案侦查】 2005 年 12 月，广西某市检察院反贪局开始对高×、李×华受贿案立案侦查，同年年底对高×、李×华决定逮捕。办案人员在对其家进行搜查时只搜出小部分现金，那么赃款哪去了呢？在搜查中，参与搜查的法警发现一张名片和两张李×华从南宁至广州的来回飞机票放在一起，名片上的人是广州某银行的业务员。办案人员经研究分析，认为李×华很有可能在广州这家银行开有保险箱。反贪局副局长张勇当即和另一名侦查员一起飞往广州，在当地检察机关的协助下，在这家银行中查到确实有人以李×华的名字开设了一个保险箱。这一发现令两位侦查员大为振奋。返回后侦查人员立即提审了李×华，精明的李×华知道这保险箱是她和高×的命根子，也是犯罪的铁证，一旦落入侦查机关手中就完了，所以她只能抵赖到底，一口咬定她没有在广州开有保险箱。办案侦查员同司法警押着李×华到了广州，用李×华的身份证从那家银行中取出了保险箱，在该保险箱中办案人员又发现李×华在广州另一银行也开有保险箱的线索。在事实面前，李×华只好承认两个保险箱是她的。办案人员在保险箱中发现了价值 1 000 多万元的现金、定期存单、国债、活期存折及部分美元、港币，很多钞票都是连号的新钞，有些捆钱的橡皮圈都开始老化了。

【问题思考】

根据引例分析参与搜查的特点。

（一）参与搜查的概念、特点

根据《刑事诉讼法》和《人民检察院司法警察暂行条例》的规定，参与搜查是指人民检察院的司法警察依法履行职责，参与配合检察院侦查人员进行搜索、检查的一项勤务任务。参与搜查具有参与性、强制性及法定性三大特点。

【应知应会】

1．参与搜查的法律依据

《刑事诉讼法》第109条规定，为了收集犯罪证据，查获犯罪嫌疑人，侦查人员可以对犯罪嫌疑人以及可能隐藏罪犯或者犯罪证据的人的身体、物品、住处和其他有关的地方进行搜查。

《警察法》第2条第二款规定，人民警察包括公安机关、国家安全机关、监狱、劳动教养管理机关的人民警察和人民法院、人民检察院的司法警察。

《人民检察院司法警察暂行条例》第3条规定，人民检察院司法警察的任务是通过行使职权，维护社会主义法制，维护检察工作秩序，保护公民的人身安全、人身自由和合法财产，保护公共财产；预防、制止妨碍检察活动的违法犯罪行为，保障检察工作的顺利进行。

《人民检察院司法警察暂行条例》第7条规定，人民检察院司法警察的职责：……（三）参与搜查。

《人民检察院司法警察暂行条例》第8条规定，人民检察院司法警察在检察官的指导下履行职责。

《人民检察院司法警察暂行条例》第10条规定，人民检察院司法警察对以暴力、威胁方法妨碍检察活动的人员，可以强行带离现场，或者采取法律规定的其他强制措施。

2．参与搜查的特点

（1）参与性。人民检察院的司法警察参与搜查应当在检察人员的主持下进行。根据《人民检察院司法警察执行职务规则（试行）》第5条的规定，人民检察院司法警察在检察官的指挥下履行职责。这就充分说明了司法警察在履行职责过程中要明确自己的位置和角色，积极配合检察官的工作，听从检察官的指挥，为检察官做好服务与保障。因此，司法警察参与办案时，应当在自己的职权范围内做好与检察官的各项配合工作。

实践中，人民检察院对自侦案件采取搜查措施时，应由检察官、司法警察共同执行。制订搜查方案应有司法警察参加。司法警察应服从现场搜查指挥人员的统一指挥，主要负责安全警戒任务，协助进行证据的搜查和收取，保证搜查工作安全顺利完成。执行搜查任务的司法警察，还应对被搜查人及其家属进行看护，防止其转移、隐藏、销毁证据或发生其他意外事件。对以暴力、威胁方法阻碍搜查的，应立即予以制止或将其带离现场。这都体现出了司法警察在参与搜查中的参与性。

（2）强制性。所谓强制性，就是说搜查是不以被搜查人的意志为转移的。根据《刑事诉讼法》第109条规定，为了收集犯罪证据，查获犯罪嫌疑人，侦查人员可以对犯罪嫌疑人以及可能隐藏罪犯或者犯罪证据的人的身体、物品、住处和其他有关的地方进行搜查。可以看出，搜查是一种严肃并带有强制性的侦查活动，包括人身搜查、住宅及相关场所搜查。由于搜查本身的强制性，容易使犯罪嫌疑人的心理产生误区，被搜查人在强大压力下，有可能逃跑、自杀或行凶报复。同时，也可能出现亲友围攻或妨碍搜查工作的集体行为。因此，司法警察参与搜查活动既要保证检察官的安全，又要确保被搜查人及家属不发生任何意外，这是司法警察做好安全工作的一项重要职责。司法警察每执行一项职责都带有强制性，也正因为有了这种强制性作用，才能够保障办案措施的有效行使，使办案工作得以顺利进行。

（3）法定性。根据《刑事诉讼法》、《警察法》、《人民检察院司法警察暂行条例》以及《人民检察院司法警察执行职务规则（试行）》的有关规定，参与搜查是人民检察院司法警察的一项法定职责。司法警察在执行参与搜查任务时，对犯罪嫌疑人、被告人的住所、办公场所和人身进行搜查时，应向被搜查人或其家属出示搜查证；对女性犯罪嫌疑人、被告人进行人身搜查时，应该由女司法警察执行，这些无疑都体现出参与搜查的法定性。

【特别提醒】

注意比较司法警察的参与搜查与公安机关人民警察搜查的不同点。

（二）参与搜查的意义

【引例 11－3】

【韩某挪用、贪污公款案】 2006 年 9 月，某市检察院对韩某涉嫌挪用和贪污案立案侦查。犯罪嫌疑人韩某涉嫌挪用和贪污公款，但相关证据不足，审讯陷入僵持状态。这时，法警支队司法警察何卫、张亮配合侦查人员依法对韩某的住所进行搜查。由于韩某把相关证据藏得非常隐蔽，侦查人员对其住所搜查了一遍，没有发现任何有价值的线索。但何卫不灰心，觉得证据一定在屋里。她让副支队长张亮找来韩某家人询问，但韩某的家人一口咬定什么都不知道。何卫从他们的眼神里感到，他们肯定没说实话，于是她一边宣传政策，一边用眼睛直直盯住韩某的妻子。韩某的妻子一会儿把头抬起来，一会儿又把头低下，始终不敢正视何卫的目光。

几个回合下来，韩某妻子的心理防线彻底崩溃，交代了一切。副队长张亮撬开沙发后的一个暗锁，发现里面竟是一个小暗阁，藏着现金、有价证券、金银首饰等物品，总共价值400余万元。这些财物后来成了司法部门给韩某定罪的主要证据，韩某因贪污等罪名成立而被判处死缓。

【问题思考】

根据引例分析：参与搜查的意义是什么？

【应知应会】

根据《人民检察院司法警察暂行条例》的有关规定，法警参与搜查主要有以下三个方面的意义：

1. 参与搜查有助于发现和收集犯罪证据

发现和收集犯罪证据是参与搜查的中心任务之一，司法警察在参与搜查中在侦查人员的指挥下，要集中精力，认真仔细，不能放过任何蛛丝马迹。如贪污案件中证实经济犯罪的账册、发票、收据、记账凭证、各类财物；其他职务犯罪中证实犯罪的电话、电报、传真、便条、审批手续等。要特别注意发现隐藏犯罪嫌疑人或犯罪证据的秘密处所。在搜查中，这些秘密处所的发现，一靠仔细的观察，二靠人工或借助仪器等工具的探查，方能收到良好的效果。

2. 参与搜查有助于搜查工作的顺利完成

在检察机关直接受理的每一起案件中，虽然侦查计划、侦查谋略与技巧、侦查部署与安排，都是由检察官统筹安排与决定的。但根据客观实际情况的变化，在办案实践过程中，常常会遇到一些不可预测的变数。比如，司法警察配合检察官去犯罪嫌疑人家搜查，其家属以死相威胁或遭不明真相的人围攻、起哄，导致检察官搜查工作无法进行下去。司法警察参与搜查，以警察身份的威慑性和强制性手段，使当事人的态度发生转变，有助于搜查工作的顺利完成。

3. 参与搜查有助于预防和制止妨碍检察活动的违法犯罪行为

在参与搜查任务中，司法警察要掌握被搜查对象的基本情况、搜查任务、搜查目的等主要内容，在搜查中服从命令、听从指挥。参与搜查的司法警察到达现场后，法警在检察官的指挥下，明确自己的任务，做好对搜查场地的警戒，防止意外事故的发生，特别是妨碍检察活动的违法犯罪行为。执行搜查任务的司法警察，应对被搜查人及其家属进行看护，防止其转移、隐藏、销毁证据或发生其他意外事件。对以暴力、威胁方法阻碍搜查的，应立即予以制止或将其带离现场。司法警察参与搜查活动既要保证检察官的安全，又要确保被搜查人及其家属不发生任何意外。

【特别提醒】

注意区别人民检察院司法警察的参与搜查与人民法院司法警察参与执行中的搜查。

项目二　参与搜查的任务、方法及步骤

【引例 11－4】

【某医院医疗贿赂案】2007 年 11 月，南方某市检察院在查办医疗贿赂案时，侦查人员必须将药商与医院联系的渠道、回扣计算交收的环节、药商的行踪等情况摸熟摸透方可定案。侦查人员带领两名司法警察前往广州某酒店药商的办公室进行搜查。到达后，侦查人员发现有两个相邻的房间，一间敞开，一间紧闭。搜查敞开的那间办公室时，细心的侦查人员听到隔壁房间有动静。在大家耐心的劝导下，里面的人终于打开了房门，三个药商慌张的神色告诉侦查人员，他们有隐藏或者销毁证据的重大嫌疑。大家迅速展开搜查，却没发现任何有价值的证据。但办案侦查人员没有放弃，他们凭着直觉，确信有重要证据就隐藏在这个房间里，这时司法警察张强注意到了角落里一个不起眼的暖水瓶，走过去拿起暖水瓶在耳边摇了摇，感觉声音不正常，打开瓶塞一看，发现暖水瓶里有碎纸片。张强请示侦查人员后，马上打破瓶胆取出已经被水浸泡的碎纸片。司法警察回到单位马上进行证据复原。面对复原的书面证据上对每一笔回扣款的详细记载，药商们目瞪口呆，对自己行贿的事实供认不讳。

【问题思考】

根据引例分析：

1. 司法警察参与搜查的任务是什么？

2. 参与搜查的方法有哪些？应履行哪些步骤？

一、参与搜查的主要任务

根据《人民检察院司法警察暂行条例》和《人民检察院司法警察执行职务规则(试行)》的有关规定，司法警察参与搜查的主要任务包括以下四项：

（1）场地警戒，保证搜查工作顺利进行。

（2）保护搜查人员的人身安全。

（3）协助办案人员搜查。

（4）制止无关人员进入现场。

【应知应会】

《人民检察院司法警察执行职务规则（试行)》第11条规定了人民检察院司法警察在执行参与搜查任务时，应当做到：

（1）参与执行搜查任务，要服从命令，听从指挥，明确搜查的对象、任务，了解搜查现场的环境等方面的情况。

（2）对犯罪嫌疑人、被告人的住所、办公室和人身进行搜查时，应向被搜查人或者其家属出示搜查证。

（3）对以暴力、威胁等方法阻碍搜查的，应立即予以制止或将其带离现场。

（4）对女犯罪嫌疑人、被告人进行人身搜查时，应该由女司法警察协助执行。

（5）协助执行扣押、查封任务时，应注意警戒现场，保护现场检察人员安全，防止意外事件的发生。

人民检察院到本辖区以外执行搜查任务，办案人员应当携带搜查证、工作证以及写有主要案情、搜查目的、要求等内容的公函，与当地人民检察院联系。当地人民检察院应当配合、协助执行搜查。

【特别提醒】

检察官对自侦案件依法享有侦查指挥决定权，检察机关直接受理的每一起案件，其侦查计划、侦查谋略与技巧，侦查部署与安排，都是由检察官统筹安排与决定的。在案件的侦查过程中，具体任务颇多，有的任务具有特殊性、风险性，司法警察参与搜查时要做好协助、服务性工作。司法警察以特定的身份去履行参与搜查职责，有利于案件搜查工作的顺利完成。在办案实践过程中，常常会遇到一些不可预测的变数，根据客观实际情况的变化，检察官与司法警察之间“主、配角”必须随机短期转换，才能共同完成任务。比如，司法警察配合检察官去犯罪嫌疑人家搜查，其家属以死相威胁或遭不明真相的人围攻、起哄，不让检察官搜查，使搜查工作僵持，无法进行下去，这时司法警察即可站到“台前”当“主角”，以司法警察身份的威慑性和强制性手段，使当事人的态度发生转变，接受搜查。在进行搜查中，司法警察随即回到“配角”的位置。这种短期的“角色”转换，在办案实践中是会常常遇到的。

二、参与搜查的方法、步骤

（一）接受指令，明确目的和要求

一般情况下，检察官根据具体搜查工作的需要，先提出要求法警协助工作的人数与具体方案，报经人民检察院领导批准，由本检察院法警部门具体安排人员组成参与搜查法警小组。人民检察院的法警接受检察官的指令，一切围绕检察工作的需要而开展工作。《人民检察院司法警察暂行条例》第8条规定，人民检察院司法警察在检察官的指导下履行职责。《人民检察院司法警察执行职务规则（试行）》第11条明确规定人民检察院司法警察在执行参与搜查任务时，应当做到：要服从命令，听从指挥。实践中要严格派警制度，认真履行派警手续，非经批准，不得随意调动警力。

【应知应会】

司法警察接到参与搜查指令后，应了解被搜查对象的基本情况、搜查现场及周围环境，明确搜查的范围和重点及搜查人员的分工和责任。出发前，必须对拟使用的交通工具、通信器材及警械武器进行认真、全面的检查，保证可以投入使用。避免由于器材故障而导致参与搜查工作不能顺利进行。必要时，还可准备录像设备，对搜查现场进行录像。

（二）迅速到达指定部位

执勤的法警按照检察官的工作要求和具体分工，全副武装迅速准时到达指定部位。

【应知应会】

司法警察到达现场后，首先要熟悉现场及周边环境的地理状况。在侦查人员的指挥下，按参与搜查的预案各就各位，参与执勤的法警小组可视需要指定一名临时负责人，专门负责法警小组的工作。

（三）快速布控

执勤的司法警察根据工作的具体要求，对主要通道、出入口、关键部位进行合理布控、有效控制，防止无关人员进入执勤的工作区域。

【应知应会】

针对不同的案件，在协助侦查人员进行搜查时要明确搜查的目的及布控的重点。例如人民检察院的法警在参与贪污案件的搜查时，针对搜查的中心目的是发现并查获证实经济犯罪的账册、发票、收据、记账凭证、各类财物。布控的现场一般是犯罪嫌疑人或案件关系人的住所、办公室等地点；布控的重点是到达相关处所的出入口、暗道、通道，防止无关人员进入现场，防止群众围观议论或妨碍搜查，警惕嫌疑人及其亲属或其他关系人毁坏、销毁、转移证据，防止被搜查人和其他人员冲击、袭击正在搜查的人员。具体执勤时，法警可以将犯罪嫌疑人、亲属及其他关系人分别控制，注意被控制人员的神情和谈话，防止串供或突发事件发生。

（四）撤离现场

当检察官的具体执法工作结束后，执勤法警即随检察官一同撤离现场。

【应知应会】

执勤法警在随同检察官撤离现场时，中心任务是保障撤离人员的人身安全；保卫搜查的成果，防止抢夺、毁灭证据和袭击、绑架搜查人员事件发生；防止阻截、攻击和破坏执勤车辆等严重妨碍执行职务的违法犯罪事件的发生。

【特别提醒】

搜查顺序的确定。搜查顺序的确定应当视具体情况而定。对于房屋结构简单、面积不大、物品较少的，搜查往往是由一点开始，按顺时针或逆时针方向顺序向其他的点或面上发展、延伸。而对于房间结构复杂、房间面积较大、房间内存放物品较多或有许多房间需要进行搜查的情况，应将所有搜查的范围划分为若干区域，从里到外或从外到里进行搜查。

搜查的具体方法。搜查的具体方法要根据被搜寻物的性质、体积大小来确定。如果需要搜查的是细小的物品，那就要对房间里所有可能隐藏细小东西的地方和部位细致地进行搜查。另外，要特别注意发现隐藏犯罪嫌疑人或犯罪证据的秘密处所。在搜查中，这些秘密处所的发现，一靠仔细的观察，二靠人工或借助仪器等工具的探查，方能收到良好的效果。

三、参与搜查的注意事项

根据参与搜查的工作任务要求，参与搜查应注意以下几个方面：

（一）参与搜查法警不得擅离职守，一切听从检察官指挥

执勤法警未经检察官允许，不得随意介入具体执法活动，不得随意出入现场，不得任意触摸、移动现场物品，要分工坚守在自己的岗位上。在参与搜查时，执勤法警应明确自己的职责特点，既要参与执法活动的全过程，又要听从检察官的指令，明确执勤任务的参与性、强制性。

（二）做好各项物资准备，注意配备必要的器材和工具

这里的器材和工具范围较广，包括照相机、摄像机、录音机、照明工具、放大镜、发现不可见痕迹的紫光灯和测量、探测工具等，视搜查工作的需要而定。除此之外，执勤法警还应从预防突发事件的角度考虑，配备钢盔、防弹衣、警械武器等器具。

（三）明确工作重点，做到有的放矢

对不同的案件，司法警察协助检察官搜查的重点不同。如贪污案件中重点搜查证实经济犯罪的账册、发票、收据、记账凭证、各类财物等物证及书证；渎职案件中证实犯罪的电话记录、电报、传真、便条、审批手续等。

（四）始终保持高度的警惕性

防止涉案人员及其家属、其他关系人冲击和破坏搜查工作，抢夺、销毁有关证据材料，伤害正在执行搜查的人员。

对手持器械或饮料瓶罐的任何无关人员，绝不允许其靠近执勤区域。对不听劝阻而冲击、破坏或妨碍执法活动的人员，依法及时制止或强行带离，必要时可以使用警械器具，从而确保搜查工作的顺利进行。

（五）注意观察和收集执法区域周围的信息、动态，发现可疑情况及时报告

观察和收集执法区域的信息及有关人员的动态，及时发现并有效排除险情，确保执法活动的顺利进行。

（六）保障撤离的安全

保障撤离时道路的畅通，保护搜查成果和搜查人员的安全，防止意外发生，是撤离时执勤法警应注意的关键。

（七）注意保密纪律，不得向无关人员透露执勤的具体情况

严守秘密既是司法警察应具备的职业道德，也是一项铁的纪律。在参与执行有关搜查、扣押、查封等强制措施时，泄密会给执法工作尤其是案件的继续侦查造成更大的困难。因此，严守秘密也是法警的活动原则。

（八）制订处理突发事件的应急预案

根据具体执勤内容，进行分析及合理预测，有针对性地制订出配套的应急方案。执勤法警可事先对有关方案进行演练以确保应急方案在实际工作中发挥有效作用。

在执行参与搜查任务时，要求司法警察确保执法规范，注意文明执法，是一个十分重要的问题，它体现着国家法律的威严和执法人员的综合素养，而且，执法人员的一言一行，都会影响到群众对国家法律的严肃性的评判和认可。

四、“检警一体化”的办案模式

“检警一体化”的办案模式是指检察机关内部在自侦案件的侦查过程中，在检察长或主办检察官的统一指挥下，司法警察与查办案件的检察官既各司其职、又紧密配合，共同实现侦查计划、完成侦查任务的一种办案模式。即由自侦部门的检察官、书记员和法警队的司法警察共同组成办案组，开展案件线索初查、侦查工作，司法警察在检察官的指导或指挥下，履行法警职责，积极协助开展案件侦查工作。实行“检警一体化”后，司法警察的职责范围得到了扩展，优势也随之得到充分发挥。司法警察在参与配合侦查部门检察官办案时，从案件线索初查开始就参与办案小组工作，了解案情、参与调查、讨论制订侦查方案。在办案中，法警不仅承担法警职责（协助执行拘留、逮捕、追捕逃犯；参与搜查；提押、看管犯罪嫌疑人，参与保护证人），同时可以协助检察官收集、调取及完善各种证据，也可以参与询问证人和讯问犯罪嫌疑人等侦查工作。必要时，法警的职责还可以延伸到批捕、起诉及庭审环节，对案件中的相关证人，根据案件工作需要，提供相关法律保护，确保庭审工作顺利进行。司法警察在检察官的指挥下实施具体的侦查工作，把检察官从繁琐的侦查事务中解脱出来，把主要精力放在对案件的突破、质量的把关上。而司法警察按照检察官的要求履行职责。检警各司其职、各负其责、相互配合、相得益彰，把检察决定权与检察执行权有机地结合起来。

项目三　参与搜查中突发事件的处置

一、突发事件的特点

【引例 11－5】

2007 年 6 月，北京市某区检察院的检察官在西城辖区内执行搜查工作。犯罪嫌疑人的家属不配合搜查工作，在屋里拒绝开门，检察官请了开锁专家也没能打开门。为了搜查工作的顺利进行，参与搜查的司法警察决定出其不意地从六层楼的天井下到该户的厨房。当时天已经黑了，没有任何照明设备，天井里还有障碍物，而且没有保护措施，稍有不慎，人就会从楼顶摔下去，后果不堪设想。面对这样艰巨的任务，两位司法警察没有丝毫犹豫，顺着软梯滑到这家窗外。当司法警察推开窗户冲进屋内时，几乎失去理智的家属，看到“从天而降”的司法警察，抡起菜刀便砍。两位警察临危不惧，用擒拿技术将其制服，打开大门，使检察官得以顺利完成搜查任务。

【问题思考】

根据引例分析：突发事件有哪些特点？

【应知应会】

突发事件是指突然发生，造成或者可能造成重大人员伤亡、财产损失和严重危害社会、危及公共安全的紧急事件。

突发事件具有以下特点：

在司法警察参与搜查过程中，一些不可预测的突发事件如暴力抗法、群众围攻、甚至以死相威胁等时有发生，有的甚至危及司法警察及检察官的人身安全。在突发事件中，不法分子首先攻击的对象往往是司法警察，轻则使法警受伤，重则危及侦查人员的人身安全。实践中要求司法警察要有敏锐的洞察力，具备处置突发事件的能力，随时做好处置突发事件的准备，将突发事件消灭在萌芽状态，以保障搜查的顺利进行。

二、参与搜查中突发事件的类型

【引例 11-6】

北方某市检察院在一次配合反贪部门到某建筑工地执行搜查任务时，由于这家单位个别领导的教唆，不明真相的工人围攻上来，一些取得的证据材料面临损毁的危险，两名检察官的人身安全也受到严重威胁。司法警察陈海立刻冲到人群当中，高高举起警官证，慷慨激昂地说："我们在依法执行公务，请你们配合，如果你们不停止行动，要负法律责任！"但个别人仍不听劝说，并动手打人。陈海的警服被撕破，脸上、身上被抓出血道。但他打不还手、骂不还口，并严厉对一位领导干部说道："你如果觉得检察机关对你的审查不对，可以通过正当渠道反映，你挑动不明真相的群众干扰办案，这是错上加错！"听完这番话后，这个领导被陈海的威严所震慑，赶紧制止了打人行为，同时那些不明真相的工人见状也纷纷离去。两名检察官毫发未损，所取证据也保存完好。

【问题思考】

根据引例分析：突发事件有哪些类型？突发事件可采取哪些应对措施？

【应知应会】

近年来发生在司法警察参与搜查过程中的突发事件主要涉及以下几类：

（一）哄闹、冲击搜查现场

主要表现为闹事者对搜查现场进行哄闹、冲击，谩骂或围攻检察官，扰乱了正常的搜查秩序，妨碍了司法活动的正常进行。

（二）暴力抗法

主要表现为被搜查人或其亲属或与案件相关的人员，为阻碍搜查，采取暴力手段围攻、冲击现场；殴打、绑架检察官及司法警察；撕毁、毁坏、销毁、抢夺、转移证据；阻截、攻击和破坏执勤车辆、器材；抢夺警械用具等严重妨碍执行职务的违法犯罪事件。

（三）爆炸类

主要表现为被搜查人或其亲属或与案件相关的人员携带爆炸物进入搜查现场并引爆，造成人员伤亡、证据毁灭或财产损失的情况。这类事件造成的后果是极其严重的，司法警察部门应引起高度重视。

（四）枪击类

主要表现为被搜查人或其亲属或与案件相关的人员携带枪支进入搜查现场，并突然开枪射击检察官或司法警察的事件。

（五）行凶伤害类

主要表现为在搜查现场突然使用暴力或刀具伤害检察官或司法警察。

（六）自伤自残类

主要表现为在搜查现场实施自杀、自残、自焚。采取突然喝药、用刀片等利器割腕，或突然撞向坚硬物体、自咬舌头，包括假装突然发病晕倒等突发事件。

【特别提醒】

提高司法警察应对突发事件的能力，才能更好地完成警务任务。首先，提高身体素质，司法警察本身的职能决定了司法警察必须要有强健的体魄。无论是强制措施的使用还是突发事件的处置，都需要司法警察来实施，所以加强体能训练是提高司法警察应对突发事件的先决条件；其次，制订科学训练方法，加强实战训练是提高司法警察应对突发事件的重要条件，可从以下几方面加强实战训练：一是加强对司法警察快速反应能力的培养；二是严格工作纪律，强化心理素质训练；三是加强司法警察警用装备的建设，提高司法警察装备的科技含金量。

三、搜查中突发事件的处置

突发事件发生时，人民检察院司法警察应沉着应对，及时处置，尽量避免严重后果和损害的发生。

【应知应会】

一般来说，常用的处置方法和应对措施如下：

（一）制订预案，组织演练

“凡事预则立，不预则废”。各级法警队应根据当地执法环境和自身实际，制订切实可行的突发事件处置预案，预案中要明确处置突发事件的目的、要求、处置原则、方法、警力部署与分工、联动机制等内容，并有针对性地组织进行演练，达到预期的处置突发事件效果。

（二）做好执行任务准备工作

每次参与搜查任务，司法警察都要做好任务执行前的准备工作，充分估计执行任务中可能出现的各种情况并制定应对措施，根据执行任务的规模、危险程度合理布置警力，明确分工协作。司法警察接到参与搜查的指令后，要根据搜查任务，制订相应的突发事件处置预案，明确参与搜查的职责并进行具体分工。

（三）搜查中有哄闹、冲击搜查现场情况的处置

哄闹、冲击搜查现场事件发生时，负责警戒的司法警察应对闹事者提出警告并予以制止，告知其行为可能造成的法律后果。对经警告、制止无效继续哄闹、冲击搜查现场的，司法警察应根据检察官的指令依法采取强制措施，控制局面、避免事态扩大，及时向法警队领导汇报并寻求警力支援，必要时可根据《人民警察使用警械和武器条例》的规定使用警械。当事态扩大时，根据指令迅速调整警力部署，分割开闹事人员，保护检察人员安全转移，并迅速与公安110联系，请求协助。

（四）搜查中发生暴力事件的处置

搜查中发生暴力抗法事件时，应主动配合检察官向当事人和围观群众进行法制宣传，说清利害关系，稳定现场群众，并对极端分子进行警告，尽量将事态制止在萌芽阶段。司法警察根据现场侦查人员的指令，及时采取有效措施对抗法者进行控制和束

缚，收缴其持有的凶器或其他危险物品，防止因抗法人员情绪失控做出过激行为，保护好侦查人员的安全，并及时向相关领导汇报情况，必要时可向当地公安部门求助。

（五）搜查中被搜查人或其家属行凶、自杀、自残的处置

被搜查人或其家属行凶、自杀、自残时，司法警察应立即采取措施控制被搜查人或其家属，收缴其持有的凶器或其他危险物品，防止因抗法人员情绪失控做出过激行为。对已经发生伤害后果的，应及时对其进行救治。

【特别提醒】

对警械武器使用的时机、条件，都必须严格按照《人民警察使用警械和武器条例》的规定。人民警察使用警械和武器，应当以制止违法犯罪行为、尽量减少人员伤亡、财产损失为原则。当违法犯罪行为得到制止时，应当立即停止使用。

项目四 技能训练

技能训练一 公开搜查

一、训练的目的和要求

通过公开搜查训练，使学生掌握这一侦查措施的运用时机、操作方法和相关的法律程序，提高动手操作能力、分析判断能力和解决问题的能力。

（1）训练时间为 2 学时。

（2）参加训练的学生，必须按小组制作一份搜查笔录及相关文书材料，笔录及相关文书应严格遵循制作规范。

（3）以 6 人为一小组进入实训现场，参加公开搜查的学生，明确各自角色的性质、任务。

（4）训练后应由教师根据学生在搜查训练中的表现和制作搜查笔录及相关文书的质量，逐个进行讲评，按百分制给出成绩。

二、训练内容及要点

公开搜查活动涉及公民人身和住宅不受非法侵犯的权利，也关系到侦查破案的成败。本实训旨在考核学生对公开搜查的全面把握，故对本次训练内容中所列项目要切实予以体现并重点考查。另可根据搜查训练中的具体情况和需要，适时地安排一些有针对性的情节，考查学生的应变能力。

（1）人身搜查、住所搜查及扣押物品、文件。

（2）处理搜查中的突发事件。

（3）制作搜查报告书。

三、相关法律规定

《刑事诉讼法》第 109 条至第 113 条与《人民检察院刑事诉讼规则》第 174 条至第

185条。

四、训练前的准备

（1）法律文书。

（2）搜查对象。

（3）器材准备

①警用器械：手铐、仿真手枪。

②搜查用勘查灯等。

③刀具数把。

④生活消耗品。

⑤其他用作赃物的传呼机、手机、手表、毒品等物品的仿真品。

五、训练方法与步骤

（一）训练方法

公开搜查训练采取操作性训练方法进行。

（二）训练步骤

1. 训练前的准备

（1）根据指导教师设计的案情，布置现场。

（2）安排参加训练的学生分组、分工，明确各自的职责任务和工作内容。

（3）确定被搜查的学生，做好案情交代和保密教育。

2. 训练的展开

先后向各小组通报案情，各小组组织人员赶赴实训现场进行搜查、扣押，制作法律文书，处理突发事件。

3. 训练的总结评析

各小组搜查结束后，上交相关文书、报告，指导教师批改后，就训练情况进行总结评析。

评分标准：

法律手续完备	20分
搜查方法	25分
搜查笔录及相关法律文书	25分
处置突发事件能力	20分
纪律作风	10分

六、注意事项

（1）参与训练的学生要做好自己所承担的角色，并互换角色进行训练。

（2）严格按照法律规定的搜查程序及要求进行训练（如出示《搜查证》、邀请见证人、做好搜查笔录等）。

（3）严格遵循搜查规则（如安全规则、重点搜查隐蔽部位规则、警戒规则等）。

（4）注意完备法律手续，做好相关法律文书的制作及保管工作。

（5）训练时如使用相关警械器材，要熟练操作，并注意安全。

七、相关法律文书写作格式规范与实例

结合上述训练内容，依据相关法律规定，搜查时常用的法律文书主要有以下三种：

（一）呈请搜查报告书

1. 呈请搜查报告书的概念

呈请搜查报告书是公安机关承办案件的单位为了搜集犯罪证据，查获犯罪人，用于呈请县级以上公安机关负责人批准对犯罪嫌疑人以及可能隐藏罪犯或者犯罪证据的人的身体、物品、住所和其他有关地方进行搜查时所制作的审批性法律文书。

在实施搜查之前，按照该文书的制作要求，指导教师指导学生完成文书写作。该文书是签发《搜查证》的依据，立卷时存入侦查工作卷，存档备查。

2. 呈请搜查报告书的结构内容

该文书由领导批示栏、审核意见栏和呈请搜查报告书组成。呈请搜查报告书由呈请单位制作，主要有以下内容：

首部：文书名称。

正文：包括犯罪嫌疑人的基本情况、呈请领导批示的事项、搜查的理由和法律依据。

尾部：结语和落款，包括承办单位名称、承办人姓名以及制作的日期。

3. 呈请搜查报告书的格式

领导批示	
审核意见	

呈请搜查报告书

第一部分：犯罪嫌疑人的基本情况【姓名、性别、出生年月、身份证号码、民族、住址、文化程度、职业或工作单位及职务、政治面貌（如果是人大代表、政协委员，一并写明具体级、界代表、委员）、主要简历、采取强制措施情况等】。尚未确定犯罪嫌疑人的，写明案件基本情况。如果涉及其他人员的，写明该人的基本情况。

第二部分：呈请事项（需要领导批示的事项，这段可写明“现呈请对犯罪嫌疑人×××的住所或对其本人进行搜查，理由如下。”）。

第三部分：事实依据（简要叙述有关案件事实，并对事实进行分析）。

第四部分：法律依据（写明依据的具体法律规定）。

第五部分：结语（可表述为“以上报告妥否，请批示。”）和落款。

4. 呈请搜查报告书写作实例

领导批示	同意搜查 张×× 19××年9月21日
审核意见	拟同意，请张副局长批示。 魏×× 19××年9月21日

呈请搜查报告书

被搜查人王××，男，25岁，××省××市人，××市××糖果厂工人，现住××市××区××街2号。

被搜查人王××，19××年9月至19××年7月在××市××区永胜小学读书；19××年9月至19××年7月在××市第四中学上中学；19××年9月至19××年7月在××市第一技工学校上学；19××年8月被分配到××市××糖果厂当工人；19××年9月21日因涉嫌强奸杀人被××市公安局××区分局刑事拘留。

现呈请对犯罪嫌疑人王××在××市××区××街2号的住处进行搜查，理由如下：

我局正在侦查的“9·20”重大强奸杀人碎尸案的犯罪嫌疑人王××供称：19××年9月20日将本厂女工刘××骗至家中，要求刘××做他的女朋友，遭到刘××拒绝而恼羞成怒，随即将刘××强奸并杀死碎尸，其作案工具和没来得及处理的尸块仍藏在家中。查清这些作案工具和被害人尸块，对于核实犯罪嫌疑人口供具有重要作用。

为了及时查清案情，获取证据，根据《中华人民共和国刑事诉讼法》第109条之规定，拟对犯罪嫌疑人王××的住处进行搜查。

妥否，请批示。

××市公安局刑警队
承办人：崔××
牛××
19××年9月21日

（二）搜查证

1. 搜查证的概念

搜查证是侦查机关办案人员依法对犯罪嫌疑人以及可能隐藏罪犯或者犯罪证据的人的身体、物品、住所和其他有关地方进行搜查的凭证性法律文书。

2. 搜查证的结构内容

搜查证是填空式文书，由正页和存根两联组成。

正页：由首部、正文和尾部三部分组成。首部包括文书标题和发文字号；正文依次填清执行人姓名、被搜查人住址和被搜查人姓名；尾部加盖公安局长的印章和公安局印章，填写签发日期。

存根：按固定格式依次填写被搜查人姓名、性别、年龄、住址、单位及职业，搜查原因，批准人，批准时间，执行人姓名，填发时间，填发人姓名。

在实施搜查之前，按照该文书的规定内容和制作要求，指导教师指导学生完成文书填写。搜查证的正页是侦查人员执行搜查的法律凭证，立卷时存入诉讼卷；存根用于存档备查。

3. 搜查证的格式

×××公安局
搜　查　证
（存根）
×公搜字（　）号
被搜查人________男/女____
住　　址____________
单位及职业____________
搜查原因____________
批准人____________
批准时间____________
执行人____________
填发时间____________
填发人____________

……（　）×公搜字……第……号……

×××公安局
搜查证
×公搜字（　）号
根据《中华人民共和国刑事诉讼法》第一百零九条之规定，兹派本局侦查人员________对居住在________的____的人身、物品、住处和其他有关地方进行搜查。
局长________（印）
公安局（印）
____年____月____日
本证已于____年____月____日____时向我宣布。
被搜查人或家属________（按指印）

4.《搜查证》写作实例

×××公安局
搜　查　证
（存根）
×公搜字（19××）13号
被搜查人 王×× 男/女25岁
住　　址××市××区××街2号
单位及职业 ××市××糖果厂当工人
搜查原因 搜集犯罪证据
批准人 张××
批准时间 19××年9月21日
执行人 崔××　牛××
填发时间 19××年9月21日
填发人 赵××

……（19××）×公搜字第壹拾叁号……

×××市公安局
搜查证
×公搜字（19××）13号
根据《中华人民共和国刑事诉讼法》第一百零九条之规定，兹派本局侦查人员 崔××、牛××对居住在 ××市××区××街2号的王××的人身、物品、住处和其他有关地方进行搜查。
局长 张××（印）
公安局（印）
19××年9月21日
本证已于19××年9月21日14时向我宣布。
被搜查人或家属 邹××（按指印）

（三）搜查笔录

1. 搜查笔录的概念

搜查笔录是指侦查机关的侦查人员对犯罪嫌疑人以及可能隐藏罪犯或者犯罪证据的人的身体、物品、住处和其他有关地方进行搜查时依法当场制作的、用于记录搜查情况的法律文书。

2. 搜查笔录的结构内容

搜查笔录由首部、正文和尾部三部分组成。

首部：包括文书名称、搜查起止时间（具体到时、分）、搜查人所属单位和姓名、《搜查证》签发的日期和发文字号、见证人姓名、被搜查人住址和姓名等内容。

正文：要写明搜查的简要情况。主要写被搜查的部位情况；被搜查出来的与案件有关的物品，如发现的具体位置、形状、数量等，是否按要求填写了扣押物品清单；搜查中有无损坏物品的情况；搜查中所做的拍照、绘图情况；搜查中被搜查人的表现情况，即其是积极配合还是故意刁难；侦查人员在搜查中是否有违反政策法规情况等。

尾部：由被搜查人或家属签名（盖章）或捺指印，侦查人员、见证人、记录人签名。

3. 搜查笔录的使用说明

指导教师根据搜查笔录的规定内容和要求，指导学生完成该文书的制作。依法制作的搜查笔录可用于分析案情，揭露和证实犯罪。搜查笔录应与同次搜查的扣押物品清单和罪证照片一并归入诉讼卷。

4. 搜查笔录写作实例

搜查笔录

19××年9月21日14时20分至15时42分，××市公安局刑警队侦查人员崔××、牛××根据19××年9月21日所签发的×公搜字（19××）13号搜查证，在王××、周××的见证下，对居住在××市××区××街2号的王××的人身、物品、住处和其他有关的地方进行搜查。

搜查的简要情况：

侦查人员在王××家中卧室的床下面西南角箱子后面发现浅黄色塑料布包着的死者上肢两只。在卧室南侧小立柜底下发现一把剪刀。在客厅北侧一方桌下面有一把较新的菜刀。在客厅的沙发下面发现教练手榴弹一枚，上有毛发。在厕所内南侧有一把旧菜刀。在厕所水箱内发现死者一双白塑料底的黑布鞋。在搜查中没有违法现象，未损坏任何物品，被搜查人家属能够配合搜查工作。

扣押物品详见《扣押物品清单》。

搜查笔录的副本《扣押物品清单》已交由王××之妻邹××收执。

被搜查人对搜查的意见：没有意见。搜查时我一直在场，没有违法现象。

被搜查人或家属：邹××（王××之妻）
侦 查 人 员：崔××、牛××
见　 证　 人：王××、周××
记　 录　 人：牛××

八、示范案例

××年7月12日，××市公安局接到群众举报，××宾馆702号房间正在进行毒品交易，侦查人员迅速出击。上楼打开702号房门时从房内卫生间里走出一个年轻女子："你们干什么？"口气生硬，而且带着极大的不满。

"我们是警察，怀疑这儿有人贩毒。"

"没有的事。"那女子矢口否认："不信你们可以搜。"

"请出示你的身份证件。"侦查人员严肃地说。那女子有些慌乱了。

"有单位的人，家又在本地，为什么要住宾馆呢？""今天不是双休日，为什么不去上班？""你不是来找人吧！因为服务台是用你的名字登记的房间。"面对这样咄咄逼人的攻势，该女子更是无言以对。

训练要求与提示：

依法办理相关手续，并按人身搜查的原则进行仔细搜查。注意对女性人身搜查的原则及对女性携带物品的搜查方法。

参考结论：

本案是对犯罪嫌疑人留置盘问后，对其身体进行搜查，查找毒品。两名女侦查人员到达现场后，由一名女侦查人员监视犯罪嫌疑人，另一女侦查人员对其进行搜查，在其胸罩里将7小包海洛因搜出来。

九、思考练习题

【案例】20××年11月25日凌晨，××市××镇××村村长王××的妻子和两个儿子在吃早饭时，相继口吐白沫、猝然倒地。送往医院紧急救治了10余小时后，两个儿子抢救无效死亡，王××之妻长时间昏迷不醒。尸体检验时，在王××的两个儿子的胃内容物中发现了大量的砷化物，与王××之妻所做的拌白菜中发现的毒物一致，遂排除食物中毒，系投毒案件。专案组围绕受害人家庭成员的为人处事、生活作风、家庭因素、社会矛盾、邻里关系等方面，走访四邻，召开干群座谈会，发动群众提供线索，排查出嫌疑对象10余人。经查证后，最后疑点聚焦在王××之弟的身上。在调查中发现，王××之弟性情暴烈，报复心强，兄弟两人一墙之隔，彼此积怨甚深。曾因家务事，王××之弟一气之下打了父亲，遭到兄长的打骂，遂置备了炸药，扬言要炸死王××全家，经村干部反复劝导方恨恨作罢。近期来，王××之弟生活上屡受挫折，其妻闹离婚并在娘家附近租房住下。因此王××之弟情绪反常。不久前，他又做老鼠药生意，具备接触毒物的条件。

训练要求与提示：

（1）根据上述案情，办理搜查的法律手续后，确定搜查场所并实施搜查。根据拟搜查的场所情况及一般存放毒物的习惯，确立搜查毒物的重点部位。

（2）布置搜查现场，安排角色担任，同时完成人身搜查和室内场所和室外场所的搜查。在模拟搜查的过程中，可以视案情选择性布置以下情节：

①犯罪嫌疑人不在搜查现场，只有其家属在家。

②犯罪嫌疑人突然从外面返回现场。

③犯罪嫌疑人在现场，搜查中途其同伙前来。

④犯罪嫌疑人在现场，其手机突然有电话打入。

通过以上情节的设计，考察学生对搜查现场的控制和对突发事件的应变处置能力。

（3）做好与搜查相关的法律文书的制作。

技能训练二 调查访问

一、训练目的和要求

通过调查访问的训练，掌握这一侦查措施的运用时机、基本技巧和相关的法律程序，善于根据不同案情和对象采取有针对性的访问方法，能独立制作询问笔录，提高动手操作能力和分析判断能力，同时锻炼口头表达和法律文书制作能力。

（1）训练时间为2学时。

（2）组织调查访问训练，围绕需要查明的问题，分设若干角色，如案件发现人、被害人、目睹犯罪分子或犯罪活动的人等，组织学生分别担任不同角色，进行模拟实训。

（3）组织训练，必须遵守调查访问各项原则，要根据证人陈述时的心理正确运用调查访问的各项策略方法。

（4）参加训练的学生，每人制作一份或若干份调查访问笔录。笔录应严格遵循制作规范，完成有关询问或被询问的经过的感受报告。

（5）训练必须在教师的组织下进行，以10人为单位进入训练现场。参加调查访问的学生必须明确各自角色的性质。

（6）训练后应根据学生调查访问的表现和制作访问笔录的质量，进行讲评并按百分制给出成绩。

二、训练内容

本训练强调针对不同侦查阶段的不同访问对象开展访问：接报案后对不同对象的访问，以及侦查过程中对不同对象的访问。

（1）对现场情况的初步分析、了解；对开展调查访问的侦查人员的分工。

（2）访问中的技巧方法，如如何安抚被害人，如何打消被访问人的忧虑，如何做好思想工作，如何全面、准确获取与案件有关的情况等。

（3）询问笔录的规范制作。

（4）对调查访问结果的分析评价。

三、训练器材

调查访问训练按实战要求配发访问笔录表格、笔、印泥、录音机、磁带等。

四、训练步骤

（一）训练的准备

（1）下发有关案情资料，布置现场。

（2）进行参与学生分组、分工，明确各自的职责任务和工作内容。

（二）训练的开展

向各训练小组通报案情，各小组组织人员赶赴训练现场进行调查访问，制作法律文书。

针对不同侦查阶段向不同的访问对象开展访问：接报案后对①发现人、报案人②被害人及其家属③证人和相关人员的访问；侦查过程中对嫌疑对象及家属、知情人的访问。

（三）训练的总结评析

各小组访问结束后，上交相关文书、报告，指导教师批改后，就训练情况进行总结评析。

训练评分标准：

寻找访问对象的顺序	10 分
访问内容	20 分
访问原则的掌握	20 分
访问方法和策略的掌握	20 分
访问笔录	20 分
纪律作风	10 分

五、注意事项

（1）参与训练的学生要做好自己所承担的角色，如有需要可互换角色进行训练。

（2）严格按照法律规定的调查访问程序及要求进行训练（如出示身份证明、做好访问笔录等）。

（3）严格遵循调查访问的规则（如不能出现诱导、暗示等行为）。

（4）注意完备法律手续，做好相关法律文书制作及保管工作。

六、相关法律文书写作格式规范

在调查访问训练中，询问笔录是最主要的法律文书，参与训练的学生必须依据法律的相关规定和指导教师的指导，做好访问笔录。

（一）询问笔录的概念

询问笔录是指在案件侦查、审查过程中，侦查人员、检察人员和审判人员为收集各种证据，依照法定程序对被害人、证人、见证人和知情人等进行调查时所作的记录。

询问笔录中记载的被询问人的证词，一经查证属实，即具有证据的效力，就是我国《刑事诉讼法》第 42 条规定的 7 种证据之一。另外，询问笔录还有利于侦查机关分析、查清案情，核实犯罪嫌疑人口供和其他证据的真伪，是认定犯罪事实的有力证据。案件终结时将询问笔录归入诉讼卷。

（二）询问笔录的结构内容

询问笔录由首部、正文和尾部三部分组成。

1. 首部

其内容包括：文书标题；询问的时间（起止时间要求精确到某时某分）；询问的地点、询问人、记录员、被询问人等的基本情况（包括姓名、单位）。

2. 正文

正文是询问笔录的关键部分，要如实记录询问所了解的全部情况。采取问答式，把询问的内容真实、详细地记录下来。主要有三方面内容，一是告知被询问人有关法律责任事项；二是问话实质内容的记录；三是向被询问人核实以上笔录内容的真实性。

3. 尾部

履行必要的法律手续：记录人员将《询问笔录》交给被询问人核对，或者向其宣读，如无差错，则由被询问人在记录正文的下一行签名（盖章）并捺指印。然后由询问人员和记录员在笔录上签字或盖章。

（三）询问笔录的格式

询问笔录

时间_____年_____月_____日_____时_____分至_____年_____月_____日_____时_____分

地点____________________

询问人姓名、单位____________________

记录员__________单位__________

被询问人__________性别__________年龄__________

工作单位及职业____________________

现住址____________________

问：____________________

（四）询问笔录制作实例

下面是一起抢劫案的询问笔录实例：

询问笔录

时间19××年7月3日9时15分至19××年7月3日10时55分

地点××市××区公安分局

询问人姓名、单位陈××　××市××区公安分局刑警大队民警

记录员周××　单位××市××区公安分局刑警大队民警

被询问人邓××　性别男　年龄　33岁

工作单位及职业×× 市贸易公司司机

现住址 ××市×× 区××路10号

问：我们是××市公安局的，今天向你询问有关问题，请你如实回答，否则要负法律责任的。你明白吗？

答：是的，听明白了。

问：小邓，昨天你单位江××的包是怎么被抢的？

答：昨天上午8时30分我开车带本公司的出纳员江××到建设银行本市××路储蓄所取款。到银行时差不多9点了，小江进了银行，我在银行外面的车上等她。

问：取款的数额你知道吗？

答：我不知道。

问：江××是几点从银行出来的？

答：大约9点30分吧。

问：江××上车后坐在车的什么位置？

答：我开的是本田牌轿车，小江坐在前排和我并列的副驾驶座位上。

问：江××用来装钱的包是什么颜色的？

答：是黑色的。

问：江××装钱的包放在什么地方？

答：小江把装钱的包放在她的腿上，用双手抱着。

问：江××装钱的包是怎么被抢的？

答：是这么回事，我们离开银行，大约15分钟后，我们走到××公路，因前面正在修路，所以那里发生了塞车，我们的车也停了下来，大约过了20分钟，我看到在我们车的前面有一人用手指着我，示意我让我下车。

问：那人为什么要示意你下车？

答：那人的意思好像是说我车的尾箱门开了。

问：你此时是怎样应答的？

答：我打开车门下车，想去检查一下。

问：那么江××的包是怎么被抢走的呢？

答：当我打开车门，刚下车，还未来得及关车门，就听到小江在喊："有人抢钱！"

问：你听到江××喊声时是怎么反应的？

答：我看到一个人抱着小江装钱的包向路的对面跑。我顺手关上车门去追赶抢钱包的人，我看到那人跑到对面坐上一辆摩托车逃跑了。我奋力追赶，但没追上。

问：那人穿什么颜色的衣服？

答：那人上身穿的是白色T恤衫，下身是灰色裤子。

问：抢包的人个子有多高？

答：个子比较高，我看有170cm以上。

问：开摩托车的人长得怎么样？

答：开摩托车的人我没看清，只看到那人没戴头盔，头发很长，上身穿浅红色短衫，裤子没看清。

问：摩托车是什么颜色的？

答：是红色的，像是本田牌的。

问：摩托车的牌号是多少？

答：摩托车后牌是黄色的，是鄂B的，第一个数字是3，后面的看不清，车牌上好像有车锁挡着。

问：你以上讲的都是真实的吗？

答：真实。

问：你看看记录，是不是和你说的一致？

答：（看记录）和我谈的一样，没有错。

问：请你签名。

答：好的。

以上笔录我已看过，和我说的相符。

被询问人：邓××（捺指印）

19××年7月3日

七、思考练习题（调查访问实训案例）

（一）案情简介：接报案和现场勘验情况

2002年12月16日上午8：40，福州市仓山区公安分局刑警大队接110指挥中心通知：有群众报案，在仓山区某地发现一具包在编织袋内的女尸，要求大队派员勘查现场。

现场位于仓山区南江滨大道边，从路边到编织袋丢弃的位置有明显的拖拉痕迹。编织袋下部有较大的破裂，可看见一只光脚，一女尸蜷缩在编织袋内。女尸着装整齐，未穿鞋袜，右眼眶青紫，左右颈部均有2.5×3mm、2.5×1.7mm大小的表皮脱落，左手中指青紫。右拳紧握，打开后发现指缝中留有几根毛发。编织袋内有一女式提包，内有：钱夹一个，内有建行龙卡一张、“逸景阁茶艺居”贵宾卡一张、华榕超市会员卡一张、新光皮具店贵宾卡一张、五角及两角零钱三张；化妆品、餐巾纸。编织袋内另有女式皮鞋一双，一塑料袋内装有睡衣一套及女式内衣，衣服中裹有一传呼机。距编织袋约6米处的路边有一塑料袋，袋内有一张撕去一半的女人照片（与死者较像）、两封信。寄信人为“金×芳”，收信人为“福州市盖山镇仓霞村74号，王×明”，寄信时间分别为“2001年8月11日”和“2002年10月2日”，信内有大量错别字。编织袋周围有大量凌乱的脚印。

经法医检验确定，死者，女，1.60米，着装整齐，颜面轻微青紫伴有散发性出血点，结膜充血，下颌角、口鼻周围有明显的指甲损伤，左右颈部均有2.5×3mm、25×1.7mm的表皮脱落，左手中指青紫，肩胛骨皮下出血，头部小块血肿。解剖发现尸体颈部甲状基大面积出血，头枕部有出血，应为钝器打击所致。胃内容物为米饭、青菜及少量肉粒，饭后1小时左右被害。死亡时间在26小时左右。死亡原因为机械性窒息死亡。死者生前12小时内无性行为。

（二）现场访问训练——对发现人、报案人和现场群众的访问

1. 被访问人杨×光（由学生担任），提供内容

（1）个人基本情况：男，28岁，务农。其他情况由担任者设计。

（2）发现经过：当天上午8时，杨×光到堂兄杨×伦家商量家事，经过南江滨大道时，发现路旁草地上有一较新的编织袋。杨×光走近后看见编织袋下部露出一只光脚，确定是人的脚后，立即打110报案。

（3）杨×光不认识死者，从来没见过，可以肯定不是附近的人。

（4）杨的家住在附近，前一天夜里没有看见可疑的人或听到可疑的声音。

2. 被访问人陈×庆（由学生担任），提供内容

（1）陈×庆，男，26岁，融侨房地产物业公司南江滨段保安，其他个人情况由担任者自行设计。

（2）每天巡视情况：每天一班4人，轮流从早上5点到晚上11点在该路段巡视。

（3）前一天晚上是陈×庆巡最后一班，没有发现异常情况，也没看到编织袋。当天早上是刘×值班，具体情况要问他。刘×上午9点已向队长请假，要回永泰老家，说家中有急事。

（三）侦查中的调查访问实训——对被害人家属的模拟调查访问

1. 许×灿（由学生担任）

12月16日上午11点，一名叫许×灿的男青年前往仓山公安分局报案，称其女友失踪，提供情况如下：

（1）个人情况：许×灿，男，30岁，福建福安人，已婚，高中文化，在福州宏发贸易公司负责业务。其他个人基本情况由担任者设计。

（2）许是在今年5月在一次同福安人聚会时认识女友吴×娥的。吴，连江人，23岁，没有工作，以前在福州歌厅做过三陪小姐，认识许后，于今年9月与许同居，许出差都带上吴。

（3）12月14日，许与吴从温州出发送公司的一批货到长乐。14日上午9时许，两人到达福州，在火车站雇了一辆微型货车准备送货到长乐。车开到三叉街附近时，吴说头昏，不想去长乐，对许称下车找住在仓山的女性朋友，在朋友家玩玩，下午四五点时再与许联系。许到长乐后，中午12点左右吴还打了电话给他，号码是：3576×××。下午一直未见吴与其联系。许不知道吴在仓山的朋友的名字、住址和联系电话。许14号送货（皮鞋）到长乐国兴商场的仓库，由商场的经理钱×理来点货，当时因为有一个牌子的号码有点差错，协调了很久，后来又去商场的财务那里结上个月的款，一直忙到晚上7点多。许当晚回福州租的房子住，没见吴回来。同吴在福州的二嫂联系，也说没看见吴。许昨天到处找她，以为她又跑哪里玩去了，因为以前发生过这样的事，到今天觉得不对劲了，所以来报案。

（4）对吴以前的朋友许很少认识，偶尔提起许也没在意，听起来大多是老乡或以前一起做小姐的。

张×霞，南平人，住在古田路的新村里；林×珠，连江人，住在王庄。

没听说吴与谁有矛盾，只是吴平时说话、举动比较随便，为此许还和吴吵过几次。吴的二哥吴×丰和二嫂陈×芬在福州，住上海新村16栋305。

（5）吴有1 500元钱，是当天到福州后向许要的。此外，吴戴有铂金的项链、手链和脚链，都是许给她买的。有一部诺基亚8210手机。这次去温州呆了半个月，吴的手机没来得及交费，停机了，所以没有开机，前一天中午打来的电话显示为公用电话号码。吴的手机号码是：138××××××××。吴没用传呼。侦查组出示的传呼机许不认识，但肯定不是吴的。

2. 吴×娥二嫂陈×芬（由学生担任）

（1）吴在家排行老四，上有两个哥哥、一个姐姐。吴高中没毕业就去工厂打工，1997年还曾跑到广东东莞打过一年工，赚的钱不多。

（2）1998年，吴在家闲着没事，就到福州找工作，后来同一帮老乡在夜总会上班，认识的人比较杂。

经常来往的几个是：

张×霞，南平人，住在古田路的新村里；林×珠，连江人，住在王庄，电话是137××××××××；陈×美，长乐人，住在仓山师大附近；“琦琦”，连江人，住在二环路斗池村；徐艳，浙江人，住在哪里不知道，只在街上碰见过一次。

（3）吴曾在2000年认识一个男人，闽侯甘蔗人，叫陈×，年龄在35岁左右，听说是在甘蔗镇做二手车生意的，人长得还蛮不错的。两个人有一段时间关系密切。后来听说陈×有老婆，而且知道他们的事后闹得很厉害。吴在去年年底就没怎么同他往来了。陈×的电话号码不知道，要问吴的其他几个女性朋友。

(4) 今年吴认识许×灿后，没有再去坐台，两个人住在一起。吴曾经带许来我家玩过两次。我和吴已经有两个月没见面了，要联系就打她的手机138××××××××。

(5) 个人基本情况及丈夫吴×丰情况由担任人设计，注意与许了解的情况基本一致。

（四）深入侦查后的调查访问——对嫌疑人亲友的询问

陈×美提供情况：

(1) 我于12月10日回长乐，为父亲祝寿（生日是12月16日），至今未到福州，在仓山的房子是租来的（房租100元/月），这一段时间是男友刘×胜住在那里。12月14日晚7时左右，刘打过电话给我，电话是打到我家楼下的食杂店的公用电话上(8635×××)，说第二天会来长乐。15日上午10点多刘来长乐，穿着新买的西装，我问他怎么这身打扮，他说第一次到我家，要穿像样一点，还给了我500元，作为我父亲的寿礼。我问他哪里拿的钱，他说是以前一个朋友借他的钱刚还的。刘在我家只住了一个晚上就急着回福州，说到以前的老板那里拿欠下的工资。所以16号他吃过午饭就坐车走了。

(2) 在仓山的住处是今年11月才租的，之前住在斗池。吴×娥曾经来过我这里，因为搬来不长，很多人都没来过。一起坐台的姐妹会在我以前住处打麻将。刘同她们也都熟悉。

常去的有：张×霞，南平人，住在古田路的闽都新村；吴×娥，连江人，和男朋友（姓许）住在祥美花园；林×珠，“琦琦”，连江人，住在二环路斗池村；王丽莎，“莎莎”，霞浦人，住在灵响小区。

刘×胜情况：刘×胜，28岁，湖北圻春县人。1999年随老乡到福州打工。曾做过油漆工、水泥工、推销员、服务员，还替人看过店。前一段时间在一家装修公司做事。老板欠他好几个月的工资，半年多都住在我租的房子里。我回长乐时叫他同我一起走，他说要留在福州找老板要钱好回家过年，实际上是他手上没钱不好意思去我家。和刘平时来往的主要是他的湖北老乡和以前工作过的几个同事，他在福州没什么别的住所。

(3) 刘×胜有一个传呼，黑色的，我的一个老乡不用了给他的。他来长乐时，我没有看见他的呼机。

(4) 我回长乐，忘记带充电器，所以手机没开机。刘知道我家楼下的电话，所以要找我就打那个电话。今天上午我打电话给“琦琦”，她说林×珠在找我，我和林×珠联系，结果你们就把我找到了。

训练要求与提示：

根据上述案例内容，分配好角色和制订好案件模拟训练方案，针对不同的角色开展调查访问工作并做好询问笔录。

单元十二
人民检察院司法警察对犯罪现场的保护

【知识目标】

理解现场与现场保护的含义

掌握现场保护的方法与步骤

掌握现场保护的原则与突发事件的处置方法要领

【能力目标】

具备现场识别的能力

具备掌握现场保护方法与准确实施保护的能力

具有在现场保护过程中突发事件的处置能力

项目一　保护现场概述

一、现场与犯罪现场的含义

【引例 12－1】

2000 年 7 月 30 日晚，××省××县检察院接到当地居民张××报案称：当日下午 5 点，其 23 岁的女儿刘××被××县公安局巡警队任××以审查是否为卖淫女为名带到派出所，晚上七点刘××哭着回到家说任××强奸了她，地点是派出所后面的一栋住宅楼的二楼。接到报案后，在检察官的带领下，司法警察立即前往现场。

【问题思考】

1. 什么是现场？现场与什么因素有关？现场的范围是什么？

2. 什么是犯罪现场？现场与犯罪现场的区别是什么？

【应知应会】

现场一般意义上是指人们从事某种活动或发生某种事件的地方。在现实生活中，存在多种多样的现场，有人为因素形成的现场，也有自然因素形成的现场。如生产现场、实验现场、交通肇事现场等属于人为因素形成的现场；如地震现场、洪灾现场等属于自然因素形成的现场。而本章所讲的现场专指犯罪现场，即犯罪分子实施犯罪的地点和遗留有同犯罪有关的痕迹、物品的其他一切场所。这类现场属于人为因素形成的现场。

具体来讲，犯罪现场就是犯罪分子在一定时间、空间内，采取一定的方法和手段实施犯罪，由其行为所造成的危害后果引起客观物质环境的改变，以至留下痕迹、物证和涉及的相关场所，这些场所统称为犯罪现场。这个概念不仅揭示了现场必须与“犯罪”密切相关，而且还揭示了犯罪现场应该包括的“地域”范围。

（一）犯罪现场是犯罪行为发生的具体场所

犯罪现场是指犯罪分子为实施犯罪阶段的场所，如刑讯逼供用刑的具体地点、贪污受贿案收藏财物的地点、非法拘禁的地点等，这些地点是犯罪活动时间最长、因果联系最集中、留有痕迹物证最多的地方。

（二）犯罪现场是遗留、承载犯罪信息的场所

犯罪现场是指犯罪分子在实施犯罪活动而准备、策划和实施犯罪后掩盖罪行的场所。这些与实施犯罪活动相关联的场所，反映出犯罪活动不同的侧面及其发展过程，遗留着与犯罪有关的痕迹，或承载着其他一些相关的犯罪信息，如财物、账目等，同时在人们记忆中留下这样或那样的印象，即记忆痕迹。搜集这些信息线索与搜集痕迹物品具有同等重要的价值。

二、犯罪现场的构成要素

【引例 12－2】

1998 年 5 月 8 日下午四点，××省××县检察院接到王×刚报案称：在 1998 年 5 月 7 日凌晨，王×刚的儿子王×被××县公安局刑警大队的张××以涉嫌故意杀人为名带走，在 5 月 8 号下午三点半有人告知王×刚称王×受了重伤在××县医院里，到了医院后王×告诉他说张××组织人轮班审讯并殴打和体罚他。接到报案后，在检察长的带领下，司法警察立即前往现场。

【问题思考】

1. 犯罪现场应该由哪些部分组成？
2. 区别犯罪现场与其他现场最核心的要素是什么？

【应知应会】

构成犯罪案件现场，必须具备以下要素：

（一）时间、空间要素

任何犯罪分子进行犯罪活动时，都离不开一定的时间和空间条件。换句话说，凡是刑事案件现场，都有自己特定的时间和空间。离开时间和空间，犯罪行为就无从依附、无从表现，刑事案件现场就不可能存在。刑事案件现场存在的时间，通常是指形成刑事案件现场的犯罪活动从起始到终止的时间即作案时间。刑事案件现场存在的空间，通常是指犯罪嫌疑人实施犯罪活动时所涉及的处所。

（二）物质形态变化要素

任何事物在一定条件下都有一定的表现、变化形式，犯罪现场也不例外。刑事犯罪是一种直接的破坏行为，犯罪分子的意图一旦实施，必然引起现场上被侵犯对象及周围物质环境（包括人、事、物）的变化。刑事案件现场上这种环境变化或危害后果是不可避免的，如果没有这种变化，就没有因“犯罪活动”所导致的任何结果，也就不存在刑事案件现场。

（三）犯罪行为要素

犯罪行为是犯罪分子为了实现犯罪意图而采取的行动。犯罪现场是犯罪分子对一定的对象及其物质环境实施犯罪行为而形成的，是犯罪行为的必然结果。所以，一个现场是不是犯罪现场，关键要看现场是否存在犯罪行为或是否与犯罪行为有直接关系。犯罪行为是构成刑事案件现场的核心。刑事案件现场必须具有犯罪分子的犯罪行为这一要素，这是区别刑事案件现场和其他现场最核心的要素。离开犯罪分子的犯罪行为要素，刑事案件现场的其他两个要素就无从谈起。

【特别强调】

刑事案件现场三要素相互关联、彼此依存、缺一不可。犯罪分子的犯罪行为，必然与时间、空间、现场变化同时存在，这是刑事案件现场的重要内容和基本要件；空间、时间要素是刑事案件现场的基本条件；被侵害对象及周围物质环境变化是刑事案件现场的必然结果。

三、犯罪现场的分类

【引例 12－3】

××派出所接一群众报称被他人抢劫。当夜十时许该所干警周××等人在副所长贾××带领下，前往该乡孔家村传讯涉案嫌疑人许××。许不在家，即传唤许的妻子鲁××到派出所。由周××、协理员赵××在周××办公室对鲁××进行询问。后鲁××以制作的笔录中一句话与其叙述不一致为由而拒绝按指印。周××经解释无效，即踢了鲁××一脚，（当时鲁已怀孕近两个月），同时辱骂鲁××。后鲁××称下腹疼痛，周××即喊在床上休息的赵××把鲁××带到另一办公室，由于小腹痛加重，流出血迹染在该办公室水泥地面上。次日上午八时许，鲁被允许回家。回到家后鲁××流血仍不止，被送到乡卫生院治疗，经保胎治疗无效流产。

【问题思考】

1. 此案件中哪些是主体现场，哪些是关联现场？

2. 犯罪现场有哪些种类？

【应知应会】

犯罪现场的情况是错综复杂的，可以从不同的角度、依据不同的标准进行分类，从而采用更加适用该类现场的勘查方法，实践中将现场分为以下几种：

（一）主体现场和关联现场

以现场在犯罪案件发展过程中所处的地位和作用为依据，可将刑事案件现场分为主体现场和关联现场。

犯罪是一个过程。任何一起刑事案件，犯罪分子都有一系列的活动。这些活动一般可分为预谋、实施侵害行为和处理赃物罪证三个阶段，每个阶段都有可能形成一个或几个现场。而各阶段形成的现场，按它们在犯罪发展过程中的地位和作用不同，可分为主体现场和关联现场。

主体现场是指犯罪分子完成主要犯罪行为的场所。这类现场在案件形成过程中起着关键性作用，而且遗留有较多的痕迹物证，能客观地反映犯罪分子作案的情况及过程，并能为全面分析案情、确定侦查范围、制定侦查措施提供依据；关联现场是指犯罪分子所实施的与主要犯罪行为有关联的犯罪行为的一切场所，这类现场与犯罪行为有密切联系，能从不同侧面反映着犯罪事件的发展过程，是犯罪现场的有机组成部分。

（二）**原始现场和变动现场**

以刑事案件现场形成以后有无重大变化为依据，可将刑事案件现场分为原始现场和变动现场。

原始现场是指犯罪现场形成之后至现场勘查人员到达现场时，没有遭受破坏或变动的现场。这类现场保持着犯罪分子作案时所形成的状态，其特点是能客观真实地反映犯罪分子在现场上的行为方式和作案过程，有关痕迹、物品比较齐整，能为侦查破案提供丰富的线索和重要证据。变动现场是指犯罪现场形成之后，勘查人员尚未到达现场之前已遭到某种程度的变动和破坏的现场。这类现场的特点是犯罪分子遗留的痕迹和其他物证受到了某种程度的破坏或散失，不能客观、全面反映犯罪分子在现场上的行为方式与作案过程。如某居民发现家中被盗后，在没有报案之前便立即进入房间里翻动物品，查看自己物品丢失情况，结果在勘查人员到达时，现场上的某些痕迹已经遭到了事主的破坏，没有办法收集原始状态下痕迹，就可能丢失犯罪现场痕迹和重要的证据。

（三）**真实现场和伪饰现场**

以现场现象的真假为依据，现场又可分为真实现场和伪饰现场。

真实现场是指犯罪分子在实施犯罪过程中或实施犯罪后，对现场没有进行任何掩饰的现场。这类现场遗留的各种痕迹物证都是犯罪分子为实现犯意而实施犯罪行为所留下的，没有伪装、掩饰的痕迹。伪饰现场是指犯罪分子或当事人出于某种目的而有意布置的假现场，或者作案后布置有虚假痕迹物证的现场。伪饰现场有两种：一种是假现场；另一种是伪装现场。假现场是当事人所指示的现场根本就没有发生所陈述的事情。所报案件在客观上是不存在的。如某机关公职人员贪污大量公款，故意制造被盗窃现场。伪装现场是犯罪分子作案后在现场布置假痕迹物证的现场。现场所反映的案件是客观存在的，但有假象。真现场中有假痕迹，真真假假，真假混杂。

此外，还可以根据现场的所在位置不同，分为室内现场和露天现场，根据现场形成的先后次序分为第一、第二、第三等若干现场。

【特别强调】

根据《刑事诉讼法》第18条关于案件管辖的规定，人民检察院所接触的现场大都以室内现场为主，也有室外现场，主要是非法拘禁现场、刑讯逼供现场、贪污贿赂现场等，还有检察机关认为有必要提前介入公安机关的侦查活动的现场。同时，根据分类标准不同，具体的犯罪现场内容也不同，司法警察与公安机关的人民警察因为主体的不同各自所保护的现场也有区别。

四、保护现场的含义

【引例12－4】

黄××是某派出所民警。某年5月29日，黄在外喝酒后回家，其妻告诉他家中丢失了一块欧米茄手表，并说下午邻居张××曾到家来玩。黄××怀疑是张××偷了手表，于是带上手枪，闯入张家硬逼张××交出手表，张××断然否认。于是，黄××不顾张××家人的劝说，把张家搜了一遍，但没有发现手表，张××开门跑出去报警，被黄××抓回，用枪托打昏，大量出血。邻居感觉张××家声音异常，立即报案。某检察机关接到报案后，立即进行现场勘查，两名司法警察在现场外面设置警戒线，另一名司法警察协助侦查组在现场进行现场勘查和访问工作。

【问题思考】

1. 为什么要进行现场保护？

2. 现场保护的法律依据是什么？

3. 现场保护的内容是什么？

（一）保护现场的概念

1. 保护现场的概念

保护现场，是在进行现场勘查之前，对现场的所在范围进行警戒、封锁，以保证现场本身各种状况的状态不受破坏。在本章是指人民检察院的司法警察根据检察官的指令和要求为防止犯罪现场受到自然的或人为的破坏而进行的专门性保卫和防护工作，它是《人民检察院司法警察暂行条例》规定的人民检察院的司法警察的一项重要职责。保护现场工作主体是人民检察院的司法警察，只有具有武装强制力的司法警察才能顺利完成保护现场的任务，而具有法律强制力的检察官所负起的是现场勘验的职责。

2. 保护现场的法律依据

根据《刑事诉讼法》第102条规定，任何单位和个人，都有义务保护犯罪现场。根据《刑事诉讼法》第131条规定，人民检察院对直接受理的案件的侦查适用本章规定。可以看出，保护现场既是公民、单位的法定义务，又是特定司法机关的法定职责。而检察机关依照法律规定对国家工作人员利用职权进行犯罪活动的案件直接受理，自行侦查。人民检察院侦查这类案件同样需要勘验现场，《刑事诉讼法》赋予了检察官侦查权，对犯罪现场进行勘验时，只有具有武装强制力的司法警察负起了对现场保护的特定职责，才能保证检察官的现场勘查活动的顺利进行。

（二）保护现场的意义

犯罪现场是指犯罪分子实施犯罪的地点和遗留有其他与犯罪有关的痕迹物品的场所，以及与犯罪有关的各种现象、状况。在这些特定的地点、场所和状况中，既有犯罪的后果，也蕴藏有大量的证据，还有反映犯罪过程以及犯罪分子的各种信息。

犯罪发生后到实施勘查前，一般都有一段或长或短的时间间隔。在这段时间里，许多外界因素都会使现场的原始状态遭到改变而成为变动现场，甚至受到人为故意破坏。而且时间间隔越长，变动破坏的外界因素越多，现场遭到变动破坏的可能性就越大，而且程度越严重。现场变动和破坏必然给现场勘查工作造成许多困难，导致现场现象真伪难辨，犯罪证据和侦查线索难以发现。因此，刑事犯罪发生以后，及时把现场保护起来，尽量减少人为因素和自然因素对现场的变动和破坏，对于保证现场勘查质量、完成现场勘查任务来说是极其重要的。需要说明的是，现场保护不仅在现场勘查前是必要的，在现场勘查过程中同样是不可缺少的。

强调保护现场的重要性，就是要在实际工作中争取有更多的原始现场，把现场的变动压缩到最小限度。如果因为某些特殊情况（如抢救人命等），不得不变动现场时，也要注意注明变动前的原始状态，并尽可能缩小变动的范围，使勘查不至于失去客观依据。保护好现场的意义归纳起来有以下几个方面：

1. 有利于收集犯罪证据

没有遭受变动的现场保持案发时的原始状态，勘查人员可以根据现场的情况比较容易判断出哪些痕迹物证是由于犯罪行为引起的，从而准确地收集痕迹物证。由于痕迹物证未遭到破坏，比较清晰、完整，从而提高痕迹物证的收取质量，如果在现场勘查以前，现场就已遭到破坏，原有的犯罪痕迹消失，根本无法收取，而且增加一些新的变动痕迹物品，这就为收取痕迹物证增加了困难，有时由于判断不准确，还可能出现真正的痕迹物证没有收集，而将变动时的痕迹物品误作犯罪痕迹物证收集的情况。这样的后果就会导致真正实施犯罪行为的人逍遥法外，逃避法律追究，甚至造成冤假错案的出现。

2. 有利于查明犯罪活动情况

原始的现场现象与痕迹是犯罪分子进行犯罪活动的客观记载，犯罪活动情况通过现场现象痕迹及其互相之间的关系反映出来。因此，侦查人员对于犯罪活动过程，总是从研究各种现场现象及其互相之间的关系入手，从而获得一个完整的认识。离开现场现象及其互相之间关系的研究，是不能认识犯罪活动过程的。这种认识正确与否取决于现场现象是否客观、真实，彼此之间的关系是否遭到变动、破坏。如果案发后现场失去保护或没有被保护好，反映犯罪活动的痕迹物品并非原始状态，甚至增加一些与犯罪无关的痕迹物品，就有可能使侦查人员在认识判断上发生错误，或者作出一些或然性的判断，而不能正确认识犯罪活动过程。更有甚者，如果把现场上的假象当作真相，必然导致完全错误的认识，使侦查工作误入歧途。

3. 有利于保证勘验检查活动的顺利进行

人民检察院的侦查人员在行使侦查权对现场进行勘验时，由于不具有武装强制力，不可避免地会出现一些人为因素对现场进行破坏，如冲击现场，转移、毁灭现场痕迹物证，阻挠侦查人员的勘验检查活动，甚至威胁侦查人员的人身安全。而有武装强制力的司法警察在现场进行保护，可以起到武装震慑作用，对阻挠、破坏勘验检查活动的人员依法可采取强制手段和强制措施，从而保证侦查人员的勘验检查活动顺利进行。

【特别强调】

现场保护除了保护现场以外，还有保守侦查秘密的责任。现场保护一方面有利于保守现场上能够证实犯罪的一些关键性情节的秘密。这些情节，不是犯罪分子是不可能知道的。保守这些秘密对于甄别犯罪嫌疑人的口供，准确地认定犯罪分子有着重要意义。另一方面有利于保守侦查人员对现场的处置秘密。如侦查人员在犯罪现场上是否获取有价值的痕迹物品，究竟获取了哪些证据材料。在一定的时间和范围内，保守这些秘密有利于办案人员掌握侦查破案的主动权。

五、保护现场的任务

对于人民检察院自行侦查的案件，负有现场保护特定义务的人民检察院的司法警察在保护现场时具体要完成以下任务：

（一）划定保护范围、封锁现场

人民检察院的司法警察接到现场保护任务后，应组成一个执勤小组，迅速赶赴现场，首先是根据现场上已发生事件的情况，划定保护范围，并加以封锁，以防止围观者和其他别有用心的人进入现场，改变或破坏现场。在勘查人员到达之前，动员和引导群众撤出保护区，禁止一切人员、家禽、牲畜破坏现场，不许任何人进入现场。保护现场的司法警察亦不得无故进入现场，或者触摸和移动任何痕迹、物品，保持好现场的原始状态。

（二）保持警惕，针对紧急情况采取紧急措施

司法警察在保护现场时，应当时刻保持警惕，防止现场遭到不法分子的冲击、破坏。如果现场有紧急情况出现时，应该积极地采取紧急措施。保护现场阶段常见的紧急情况主要是救护、排险等。紧急情况优先处理是一个原则，无论保护现场、防止现场的改变和破坏对于现场勘查多么重要，倘若现场上出现了伤员需要救护等紧急情况，保护工作必须让位于救急，此时的保护工作不意味着停止，而是意味着保护人员如何有针对性采取相应的紧急措施，既能有效地排除紧急情况，又能尽量地不破坏现场，或者为勘查阶段尽量恢复现场提供条件。

（三）收集案件信息，登记在场的证人

在对犯罪现场实施妥善的保护措施之后，司法警察应抓紧一切时机，采取不同形式，向有关人员了解发生或发现案件的情况，了解谁是案件的知情人，以及案件发生或发现的经过情况等，同时要注意听取群众对案件或对事主、被害人以及犯罪分子情况的种种议论、猜测和反映。而且在保护现场过程中发现的案件的现场目击者以及案件的其他知情人，要逐人登记姓名、职业和住址等情况，有条件的还应将围观人用照相的方法拍摄。

（四）对犯罪嫌疑人进行监控

在进行现场保护时，有时会出现对犯罪嫌疑人进行控制的紧急情况，这时必须遵循紧急情况优先处理的原则，保护现场与监管犯罪嫌疑人并重。在进行监控时，如果人手不够，应立即在现场寻找可靠的人，帮助保护现场，并对其保护行为进行指导，或迅速通知相关部门，派人增援。

项目二　保护现场的方法与步骤

一、保护现场的方法

【引例12-5】

2006年7月7日上午11时，××县检察院接到李××的报案称：2006年7月5日，李××的女婿朱××被××县公安局巡警队的张××以审查是否参与过抢劫为由带走，之后一直没有回来，在7日有人告诉李××说在本村4号公路一侧庄稼地中，发现一具男尸好像是李××的女婿朱××。李××到现场后确认死者是朱××。尸体上有很多淤血，周围有血迹、几个鞋印痕，在尸体右侧有一水渠。案发时天气炎热，有下雨的迹象。

【问题思考】

1．通过以上案件分析，此案现场有什么特点？

2．此案环境与条件采取什么方法能减少现场犯罪信息的丢失？

【应知应会】

现场保护，不意味着仅对现场进行保护，从保护的对象上讲，它不仅指现场本身，更指现场上记载的与发生的事件有关的各种状况。因此，由于各种现场所处的环境，所发生的事件不同，保护的对象是多种多样的。就方法而言，并无规定，根据不同现

场的不同特点，采取一切可能的方法对现场进行保护都是允许的。一般可分为露天现场与室内现场的保护两种。

（一）露天现场保护方法

露天现场，由于现场涉及的区域大，情况复杂或现场中心部分和外围部分不明显，因此，对露天现场而言，通常划界时，应注意宁大勿小，即现场范围应划得大一些，它不仅包括可能的现场的中心部位，而且应将所有能进出现场的路线和一切可能与现场上发生的事件有关的痕迹、物证的部位，都划入保护的范围。范围划定后，即应加强保护措施，保护措施应根据现场情况因地制宜。对于范围不大的露天现场，在条件允许的情况下，可用绳子围起来，或在地上画线为记，防止行人进入。对于现场重要部位的出入口，应当派人看守。对于通过现场的道路，必要时可以临时中断其交通、禁止通行，或指挥行人绕道而行。对于大院内空地上的现场，可以将大门关闭，如果院内住有多户人家，可以划定临时出入通道，让群众行走。有些位于旷野偏僻的地方的现场，不能因人稀少，不易受到破坏为由，而疏忽大意不予保护。具体保护方法为：

1. 院内露天现场

可将大门关闭，或用白灰、绳索画出或拦出一条通道，院内外派人警戒，封锁现场，不准非勘验人员入内，有围观者劝其离去，如院内住有邻居，可留置一定通道行走。

2. 野外现场

可在中心现场及其四周组织人员看管、警戒，禁止行人通行。遇有刮风、下雨、下雪，立即用干净的塑料布等将痕迹、物证、尸体加以遮盖。

（二）室内现场保护方法

室内现场较室外现场划定保护现场的范围和封锁保护范围更容易一些，因为房间的外墙能明确地显示现场的中心部位。相应地，现场的外围也容易判明，只是外围划界大小的考虑。通常只要将房门封闭就可以达到保护的目的。但是，封门时注意不要破坏门、锁上的痕迹。所以对于室内现场来讲，用现场上的门封锁现场中心部位是非常容易的，关键在于对现场外围如何进行封锁，如何有效地阻止好奇的围观者进入不能用门封锁的现场外围地带。所以在具体操作时，还应根据情况，在门、窗和重点部位设岗看守。对于房子周围也应布置警戒，防止行人接近。尤其是单门独院的房间内的现场，应派人专门看守门窗和出入口，禁止和勘验无关的人员攀登和进出。如现场周围或门窗外有可疑痕迹、物品，要加以标记，在中心现场周围5至10米处的地方画线、拦绳、布置警戒，不准他人接近。如果划定的有些范围对同楼居住的人员生活工作影响不大，范围可以适当扩大，如果有影响，则考虑缩小。如果必须封锁进出现场必经的要道、大门或楼道而又可能会影响人们的生活需要时，可在必要的封锁范围外留置通道。

（三）现场痕迹、物品和尸体的保护方法

对现场的痕迹、物品和尸体的保护，是现场保护的重要内容，参与现场保护的司法警察的职责不仅指有效地封锁现场，还包括如何尽力使现场上的痕迹、物品及尸体保持原始状态。

1. 现场痕迹、物品的保护

一般而言，现场保护人员不得随意进出现场和触摸现场的一切痕迹、物品。但在特殊情况下，不得不进入现场时，则必须做好各种相关的记录固定工作。在紧急情况下，进入室内现场后，对于在行走路线上发现的痕迹、物品，要设置明显的标志，以防踩踏。在必须搬动现场物品时，首先要对该物品在现场的位置进行记录和标识。搬动前，应认真观察物品的表面，是否有痕迹或其他附着物，并选择适当的拿取部位。在该过程中，凡与处置紧急情况无关的物品，一律禁止触动，并不得随意使用现场的卫生设施和物品。

除此之外，对于存在于室外部分的或室外现场的痕迹、物品来讲，如果这些部分有明显的痕迹或物品的存在，应采用相应的方法，对这些部分进行标注，或为防止雨、雪、风等自然因素的破坏，对这些痕迹或物品进行遮盖。应注意的是，遮盖的方法不得破坏痕迹本身，另外，应禁止使用带有强烈气味的遮盖物；在遇下雨、下雪时，应在遮盖物的四周挖掘小沟，以方便排水。

2. 现场尸体的保护方法

对于现场的尸体，应根据勘查的需要和法医学的要求，做好对尸体的保护。第一，对于暴露在露天条件下的尸体，要用苇席等物进行遮盖，以防烈日暴晒，加速腐败过程。如遇下雨、下雪、刮风等气候变化时，应用塑料布等不透风雨的材料遮盖，以免尸体上附着的血迹、毛发、精斑等被散失、污染和变化；第二，对于在山林、旷野等地发现的尸体，除了上述要求外，主要是现场保护人员要加强值班看守，以防止尸体受到兽食鸟啄而发生变化；第三，对于其他室内尸体，不必覆盖，严禁翻动，有移动必要时，应尽量使用担架、木板等工具。对运出的尸体无特殊原因，应尽量保持搬运前的姿势。

【特别提醒】

现场保护的方法是重点，而且三种方法相互之间是密切联系、不可分割的，每个案件现场的保护都是以上三个方面的结合。

二、现场保护的步骤

根据《人民检察院司法警察执行职务规则》的有关规定，现场保护的步骤主要包括以下几步：

（一）接受指令

人民检察院的侦查部门根据案件的实际情况，提出需要司法警察协助配合的人数，然后报经主管的院领导批准，主管领导批准后，再交由司法警察部门安排具体人员去执行保护现场的任务。法警接到现场保护任务后，必须立即赶赴案发现场，在案侦组织者的统一领导下，执行保护任务。

（二）及时到位

接受任务的司法警察要组成一个小组，领导应在其中指定一名工作经验比较丰富的司法警察担任临时小组长，负责整个小组的领导指挥工作，并做好必要的物质准备，如交通工具、通信工具等，按照侦查部门的要求全副武装、迅速准时地赶到指定地点。到达现场后，要尽快熟悉案发现场的方位、环境，明确警戒位置和保护区域。

（三）快速布控

执行任务的司法警察到达现场后，要根据案件的情况、犯罪现场所处的方位，划定保护范围，布置警戒，对主要通道进行合理的布控，维持现场秩序，有效控制与侦查案件无关的人员进入现场。未经案侦组织者同意，任何人不得进入案发核心区域。

（四）撤离现场

在侦查人员的现场勘验、检查活动结束后，司法警察协同侦查人员清理完现场，即可随同侦查人员一起撤离现场。事后应对执行现场保护任务的情况作详细记载。

【特别提醒】

司法警察和公安机关的警察由于主体以及管辖案件的不同，所以其在保护现场时所遵循的步骤也有很大的区别。

项目三　保护现场紧急情况的处置

一、临场紧急情况的处置

【引例 12－6】

2004 年 7 月 4 日，××县检察院接到张××报案称：××县三更派出所副所长李××在 2004 年 7 月 2 日下午以审查农民陈××有无盗窃嫌疑为由将其带走，至今陈××未归，接报后，检察院办案人员及时赶到现场，发现陈××已经奄奄一息。

【问题思考】

1. 保护现场的过程中可能会出现哪些紧急情况？
2. 对于此案中的被害人应怎样进行抢救？

【应知应会】

司法警察在保护现场时，有可能会遇到一些紧急事件，这时，必须根据现场上的各种复杂情况有针对性地采取相应的紧急措施，进行恰当的处置。

（一）救助受害和受伤人员

如遇到现场上有危及人命的情况，必须立即进行抢救。在急救重伤的人时，首先，要注意检查受伤者的呼吸、脉搏、瞳孔以及对动作的反应等，运用呼吸检查法和心搏检查法确定受伤者是否还活着。只要还有生还的可能，就要用担架、门板等将伤者抬离现场，由医护人员就地抢救或送往医院抢救。其次，要注意抓紧时机，从受伤者口中了解有关案件的重要情况。然后，要注意在进行救护时，对被救护人原来躺卧的地点、姿势，各种痕迹、物品分布的原始状态都应详细记载清楚，并防止现场中其他的痕迹、物品遭到变动和破坏。最后，对被害人进行抢救时，要注意采取必要的安全措施，以防犯罪分子乘机继续行凶作恶。

（二）排除险情，抢救财物

对于爆炸、纵火现场，应当立即组织力量，采取措施，扑灭火险，排除险情，抢救有关书证、物证，救援被困人员，抢救财物，防止造成更大危害。在抢救过程中，应使现场变动范围越小越好，并尽可能记明变动前的情况。

（三）制止犯罪、监视犯罪嫌疑人

在保护现场过程中，必须十分重视收集、了解犯罪分子及其去向的情况，对于仍在现场进行犯罪活动的，必须以果断有力的措施，坚决制止其犯罪活动；对发现的现行犯要立即拘留；对犯罪嫌疑人要进行监控，注意不要让其觉察，以免打草惊蛇；对逃离不久的犯罪嫌疑人应立即组织追缉，并向领导报告，以便采取紧急措施。在此过程中，对被拘留的和被监视的犯罪嫌疑人，均应提高警惕，防止其逃跑、行凶、自杀和毁灭证据。

二、保护现场注意事项

（一）现场保护工作必须接受检察官的指导

《人民检察院司法警察工作暂行条例》第 8 条规定，人民检察院的司法警察在检察官的指导下履行职责。在人民检察院直接受理自行侦查的案件中，进行现场勘查活动、行使侦查权的是检察官。为了现场勘查活动的顺利进行，人民检察院的司法警察在进行现场保护工作时，必须根据检察官发出的指令，在检察官的指导下进行工作，协助配合好检察官的现场勘查活动。

（二）保持高度警惕，防止意外事件的发生

在整个现场的保护过程中，司法警察必须提高警惕，严密防范混杂于群众中的犯罪分子制造混乱，冲击、破坏、毁灭现场、证据，或者行凶报复，威胁侦查人员的人身安全；对于已经被控制的犯罪嫌疑人，要避免其逃跑、自杀、行凶或者毁灭证据。因此，执行现场保护任务时，要坚守岗位，保持高度警惕，严格履行职责，不得擅离职守。

（三）未经允许，不得随意介入具体勘验、检查活动

人民检察院自侦案件中，行使侦查权的是检察官。所以进行勘验、检查活动的是检察官。司法警察在现场勘查活动中的职责是保护好现场，防止他人对现场进行冲击、破坏和毁灭。如无检察官的特别要求和允许，一般不得介入具体的现场勘验、检查活动。但是在不影响本职任务完成的情况下，经案侦组织者的允许，可以协助案侦人员做好案侦工作。

（四）发现可疑情况及时报告

司法警察在保护现场的时候，应时刻保持警惕，发现与案情有关的情况应及时向检察官报告；如遇警力不足不能制止现场勘查活动意外事件的发生，或者发生威胁检察官、司法警察人身安全的事件，应及时向上级领导报告，请求增援。

（五）必要时使用强制手段及措施

对散布流言飞语、制造混乱的违法犯罪分子，及时开展政策、法律等宣传教育，揭露事实真相，疏散围观群众，并对主要分子提出必要的警告；对带头冲击、破坏、毁坏现场，威胁侦查人员人身安全，经警告无效的，可以用警械具驱散人群，对首要分子可以将其带离现场或进行拘留。

（六）严格保护现场秘密

保护人员在现场保护过程中及勘查结束后，都不能把现场秘密向无关人员泄露。不能随意地与无关人员谈论现场情况；不能把自己在现场听到的、看到的及通过其他感觉器官所感知的情况向无关人员陈述。保守秘密是现场保护人员应遵守的一条纪律。

（七）及时报告现场保护情况

保护现场工作结束后，负责保护现场工作的司法警察临时小组长应把现场保护过程写成书面报告，及时汇报给司法警察部门负责人，以便司法警察部门根据现场保护情况，协同侦查人员研究采取针对性措施。

【特别提醒】

现场保护过程中可能会发生各种突发事件，现场保护的主体必须高度警惕，有效地进行处置。

项目四　技能训练

技能训练一　犯罪现场场所的保护

一、训练目的与要求

（一）训练的目的

通过训练，使参训学生明确犯罪现场保护的范围、任务及职责，正确使用保护犯罪现场场所的方法。

（二）训练的要求

（1）训练时间为3学时。

（2）参加训练的学生，3～5人为一个单位，分成若干小组。

（3）规范完成现场保护要求，进行总结。

（4）训练过程中互相配合模拟练习，并进行角色互换练习，学生之间可以针对训练中的问题进行讨论、总结，也可以向教师寻求帮助。

（5）训练结束后，请教师考核。

（6）教师根据每小组训练中的表现和保护方法是否正确等方面进行考核，并按百分制给出成绩。

二、训练内容要点

（1）露天现场保护（院内、野外保护）。

（2）室内现场保护（楼房、平房保护）。

三、法律依据

（1）《刑事诉讼法》第102条规定，任何单位和个人，都有义务保护犯罪现场，并且立即通知公安机关派员勘验。

（2）《公安机关办理刑事案件程序规定》第194条规定，发案地派出所、巡警或者治安保卫组织应当妥善保护犯罪现场，注意保全证据，控制犯罪嫌疑人，并立即报告公安机关主管部门。

四、训练前的准备

（1）介绍案情及现场情况。

（2）告知保护现场时应注意事项。

（3）准备器材：白灰、围栏绳、红布小旗、路障、担架、车辆等。

五、训练的方法与步骤

（一）训练方法

现场保护采取实地操作性训练方法进行。

（二）训练步骤

1. 训练准备

（1）根据指导教师设计的案情，模拟现场。

（2）安排参加训练的学生分组、分工，明确各自的职责、任务和工作内容。

（3）确定保护对象并明确保护方法。

2. 训练的展开

各组根据保护对象按照以下内容进行：

（1）对露天现场进行保护。

①对院内现场的保护，可将院落大门关闭或用绳索、白灰画出一条行走通道。同时应派人警戒，不准非勘查人员进入现场。对围观群众，要劝其离去。

②野外现场范围较大，进行保护时，可在中心现场及其周围设岗把守或插上小旗作出标识，禁止通行。

（2）对室内现场进行保护。

①楼房中室内现场的保护，一般情况下是把守案发房间的房门即可。必要时，可将房门关闭，但要记住门的原始状态和防止破坏门上的痕迹。

②平房中室内现场的保护应以现场为中心，距离屋5～10米的范围设岗警戒，把守封闭门窗时，应记住原始状态并防止破坏门窗上的痕迹。

3. 训练总结评析

各小组训练结束后，请教师进行考核，根据操作情况给出操作成绩，就训练情况进行总结评析实训。最后，参训学生写出实训报告。其内容包括：接报案的时间、到达现场的时间、现场所处的环境及位置、查看现场的情况、采取保护的方法和保护人的姓名等，提交实训的总结报告，指导教师批改后给出总的成绩。

（三）考核标准

（1）优秀：①准备充分（17～20分）。
②操作熟练（26～30分）。
③注意事项清晰（17～20分）。
④保护步骤非常准确（17～20分）。
⑤态度认真负责（8～10分）。

（2）良好：①准备较充分（14～17分）。
②操作较熟练（21～26分）。
③注意事项较清晰（14～17分）。
④保护步骤准确（14～17分）。
⑤态度较认真负责（7～8分）。

（3）合格：①准备基本充分（12～14分）。
②操作基本熟练（18～21分）。

③注意事项基本清晰（12～14 分）。
④保护步骤较准确（12～14 分）。
⑤态度比较认真负责（6～7 分）。

（4）不合格：①准备基本不充分（12 分以下）。
②操作不熟练（18 分以下）。
③注意事项不清晰（12 分以下）。
④保护步骤较混乱（12 分以下）。
⑤态度不认真负责（6 分以下）。

六、注意事项

（1）在保护犯罪现场时，划定的保护范围要适当，采取的保护措施要得当。

（2）防止在保护现场过程中破坏现场。

七、示范案例

2008 年 5 月 9 日早晨 7 时 45 分，一名凶犯携 54 式手枪，闯进某镇 31 号居民大院内某热力公司职工孟某家索要食物，68 岁的孟母见其神情可疑未给，并推其出门要关上门。凶犯恼怒，当即拔枪朝孟母胸部开枪，孟母倒地死亡。同院居民马某听到枪声出来察看，见凶犯持枪，忙转身回家插门。凶犯见到后紧跟到马家，破门而入，先向马的丈夫李某连开数枪，李某倒在地上（未死），又向马某射击，将其腿部打伤倒卧在地上，抢走现金 80 余元。这时，陈某到孟家送东西。见此，大喊救人。凶犯听到后立即从马家出来，朝陈某连打数枪。将陈某打死在院内，并抢走一辆自行车逃跑。当地公安局刑警大队闻讯后，立即赶到现场，他们针对此案现场的实际情况立即采取了紧急措施，并用正确的方法将犯罪现场保护起来。

训练要求与提示：

（1）采取紧急措施抢救生命，抢救生命时应避免或减少对现场的破坏。

（2）将院落大门关闭或用绳索、白灰画出一条行走通道，同时应派人警戒，不准非勘查人员进入现场。对围观群众要劝其离去。

八、思考练习

2000 年 3 月 14 日凌晨，派出所接到报案称：港北市坪山镇碧岭工业区龙兴钟表电器商场发生了一起特大入室抢劫杀人案，店主钟 × 刚一家三口被杀于位于商场三楼一房间的客厅里。民警迅速赶到现场。

训练要求与提示：

根据尸体所处的地点和环境，采取正确的保护方法。

技能训练二　犯罪现场上不同客体的保护

一、训练目的与要求

（一）训练的目的

通过训练，使参训学生明确犯罪现场上不同客体保护的范围、任务及职责，正确使用保护犯罪现场上不同客体的方法。

（二）训练的要求

（1）训练时间为3学时。

（2）参加训练的学生，3~5人为一个单位，分成若干小组。

（3）规范完成现场上客体的保护要求，进行总结。

（4）训练过程中互相配合模拟练习，并进行角色互换练习，学生之间可以针对训练中的问题进行讨论、总结，也可以向教师寻求帮助。

（5）训练结束后，教师考核。

（6）教师根据每小组训练中的表现和保护方法是否正确等方面进行考核，并按百分制给出成绩。

二、训练内容要点

（1）痕迹保护。

（2）物证保护。

（3）尸体保护。

三、法律依据

（1）《刑事诉讼法》第102条规定，任何单位和个人，都有义务保护犯罪现场，并且立即通知公安机关派员勘验。

（2）《公安机关办理刑事案件程序规定》第194条规定，发案地派出所、巡警或者治安保卫组织应当妥善保护犯罪现场，注意保全证据，控制犯罪嫌疑人，并立即报告公安机关主管部门。

四、训练前的准备

（1）介绍案情及现场情况。

（2）告知保护现场上的客体应注意事项。

（3）准备器材：手套、白灰、粉笔、塑料布、塑料盆、纸箱或木箱、担架、车辆等。

五、训练的方法与步骤

（一）训练方法

犯罪现场不同客体采取实地操作性训练方法进行。

（二）训练步骤

1. 训练准备

（1）根据指导教师设计的案情，模拟现场。

（2）安排参加训练的学生分组、分工，明确各自的职责、任务和工作内容。

（3）确定保护对象并明确方法。

2. 训练的展开

各组根据保护对象按照以下内容进行：

（1）对痕迹进行保护。对手印、足迹、破坏工具痕迹、血迹等，要特别加以保护。遇有紧急情况，如急救人命、抢救财物、排除险情等必须进入现场时，保护人员应尽量避免踩踏现场上的足迹或触摸现场上可能遗留有作案痕迹的地方。对于行走路线上或其他地方已经发现的痕迹且有被破坏可能的，可以用粉笔、白灰等圈画标志。在必须搬动现场物品时，要首先对物品在现场的位置进行记录和标识，搬动前，应认真观察物品的表面，是否有痕迹和其他附着物，并选择适当的拿取部位。如遇有气候发生变化，痕迹有可能被自然因素破坏时应设法予以遮盖。

（2）对物证进行保护。对痕迹的保护方法同样适用于对物证的保护。但在现场上有些小的物证，遇有易变动、损坏、丧失等情况，在记明原始面貌和状态的同时，可以妥为提取保管，并且一定注意不要损坏上面的痕迹，更不要留下新的痕迹。

（3）对尸体进行保护。对于露天的尸体，为防止自然因素或动物、昆虫对尸体的损坏，防止其加速腐败或使尸体身上的附着物流失，应用苇席等遮盖；如遇雪雨天气时，应用不透水的物品遮盖；对于山林、旷野的尸体，应派人看守，以防尸体受到鸟兽啄食而被破坏；对于水中的尸体，为防腐败，如不会被水冲走，不必打捞上岸，有被水冲走的可能时，应设法固定，无法固定应打捞上岸，但注意防止尸体的再损伤和破坏尸体上的附着物；对于火场中的尸体，如有被烧毁或被倒塌的砖石等物覆盖时，应将尸体移出火场妥善保管，否则可就地保护；对于枪杀、投毒或用其他暴力手段致死的尸体，应保留在现场上，以备检验；对于吊挂尸体，需抢救人命时，可用剪刀在绳索的未打结处剪断，并将绳索完整保存，如确已死亡，则应保持原样，不必将尸体卸下。

3. 训练总结评析

各小组训练结束后，请教师进行考核，根据操作情况给出操作成绩，就训练情况进行总结评析实训。最后，参训学生写出实训报告。提交实训的总结报告，指导教师批改后给出总的成绩。

（三）考核标准

（1）优秀：①准备充分（17～20分）。
②操作熟练（26～30分）。
③注意事项清晰（17～20分）。
④保护步骤非常准确（17～20分）。
⑤态度认真负责（8～10分）。

（2）良好：①准备较充分（14～17分）。
②操作较熟练（21～26分）。
③注意事项较清晰（14～17分）。

④保护步骤准确（14~17分）。
⑤态度较认真负责（7~8分）。

（3）合格：①准备基本充分（12~14分）。
②操作基本熟练（18~21分）。
③注意事项基本清晰（12~14分）。
④保护步骤较准确（12~14分）。
⑤态度比较认真负责（6~7分）。

（4）不合格：①准备基本不充分（12分以下）。
②操作不熟练（18分以下）。
③注意事项不清晰（12分以下）。
④保护步骤混乱（12分以下）。
⑤态度不认真负责（6分以下）。

六、注意事项

（1）对现场上的客体需进行遮盖保护时，忌用带有浓烈气味的遮盖物，以免破坏嗅源。

（2）注意避免在对客体物进行保护过程中破坏客体物。

（3）移动搬运尸体时，应注意避免因搬动方法不当造成新的伤痕，或沾染上新的物质。对于已搬运出的尸体，如无特殊原因，仍应按搬动前的姿势存放，以便勘验。

七、示范案例

1999年6月9日凌晨1时许，某区铁路南街67号503室的谢某向公安局报告：其女友陶某（24岁）在他住处被人杀害。公安民警迅速赶至现场。现场上：被害人陶某赤身裸体仰卧于卧室室内床上，头南脚北，身上半盖一条带浅绿色碎花的被子，尸体双脚微分，双手伸直平放在身体两侧；左右两侧额部有损伤，左侧嘴角有流柱状血迹；紧靠尸体头部西侧的枕头上，有一自做的碎花胸罩；尸体身下床单上，由臀部至腰背部有一摊椭圆形的水迹。

训练要求与提示：

（1）应用笔录、绘图在尸体躺卧的位置划定标识等方法，全面记录和固定尸体的姿势、位置。

（2）标明血迹分布、血迹在尸体上的流向，尸体周围的各种痕迹，物品和尸体之间的位置关系，尸体的衣着状态。

（3）尸体处于某种姿势的强直状态，搬动中不得强行扳直。

八、思考练习

2000年11月1日，公安局接到报案：在某区的桃园镇西南3千米常庄村一组的一个水塘里王某等三位村民发现两个扎得圆鼓鼓的蛇皮口袋，打捞上来打开其中一个发现袋内装着三块人的肢体及一团衣服；打开另一个时，从袋内滚落一件东西。公安局立即组织人员赶赴现场。现场勘查发现：水塘四周无人居住，离常庄村尚有0.5千米路程。尸体被分解成17块，已腐烂，随尸块抛弃的物品有紫色线衣、绿黄相间的横条纹T恤衫、灰色长裤、红色短裤、蓝色带竖白色球裤、牛皮腰带、黑色皮鞋及两块重10多千克的石头等。用于盛装尸块、衣物的是两个白色蛇皮尿素口袋，产地分别为山东省威海化工集团有限公司和山东省济南市明水化肥厂，扎口绳为绿色双股尼龙绳。现场未发现能证实死者身份的证件及物品。

训练要求与提示：

结合现场情况，划定现场保护范围，确定现场中的保护重点和保护方法。避免在现场保护过程中破坏现场。

单元十三
警用装备

【知识目标】

了解警用装备的含义、分类及其作用

熟悉警用装备使用的原则和管理制度

掌握驱逐、制服性警械及约束性警械的使用方法

【能力目标】

能准确理解警用装备的含义、分类及其作用

能够熟知警用装备的使用原则和管理制度

能熟练掌握各类警用装备的使用方法

项目一　警用装备的概念与作用

一、警用装备的含义

【引例 13－1】

2008 年 1 月 15 日，根据最高人民法院印发的《人民法院司法警察警用装备配备标准》的要求，某市中级法院近日积极筹措资金 20 万元用于配备警用装备，法警支队警用装备全部到位。新装备有：防爆头盔、催泪瓦斯、伸缩警棍、多功能腰带、防弹背心、防割手套等。新装备的配备为法警应对突发事件、保证安全提供了有力保障。

警用装备是指司法警察为了依法履行职责，及时有效地制止违法犯罪行为，打击犯罪，维护社会治安秩序，保护公民合法权益，保护公共财产安全而配备的警械、武器、交通、通信工具等各种专用器材的总称。

司法警察是人民警察警种之一，是依法设立的带有武装性质的司法力量。其主要任务是通过行使职权，预防、制止和惩治妨碍审判活动的违法犯罪行为，维护审判秩序，保障审判工作的顺利进行。司法警察从事的警务保障工作，具有急、难、险、重的特点，风险性、对抗性较强。在维护国家法律的严肃性和公正性、保证国家法律实施的过程中，会遇到各种暴力对抗事件，为有效制止和打击扰乱正常审判秩序的违法行为，就需要以暴力手段战胜敌对势力和犯罪分子（以暴制暴）。警用装备是司法警察执行任务、履行职责的物质基础，也是队伍正规化建设的重要内容之一。

司法警察必须掌握警械器材的种类、性能、使用方法和管理制度，才能保证警用

装备的合法、正确和安全使用，发挥其重要作用。

【应知应会】

（一）警用装备的种类

概括地讲，警用装备分为四大类，包括：警械装备、武器装备、交通装备、通信装备。

（二）司法警察配备使用警用装备的法律依据

1995年2月28日发布实施的《中华人民共和国人民警察法》；1996年1月16日发布实施的《中华人民共和国人民警察使用警械和武器条例》；1996年10月1日起施行的《中华人民共和国枪支管理法》；2006年4月3日发布实施的《人民法院司法警察警用装备配备标准》；1997年5月4日发布实施的《人民法院司法警察暂行条例》等。

二、警用装备的作用

【引例13-2】

2008年3月20日，海南省某市中院在依法强制执行案件的过程中，遭到当事人的暴力抗法。法警合力将两名暴力抗法者制服，并依法对首要暴力抗法者实施司法拘留15日的处罚。

【引例13-3】

2008年3月4日，辽宁省某市龙城区人民法院在一起离婚腾房案件的强制执行过程中，被执行人肖某及其亲属和邻居等人竟然殴打肖某前妻和执行法警，并扬言如果敢执行，就跟执行法警同归于尽。在接到求援的电话后，龙城区人民法院法警大队迅速组织警力到达现场，将肖某等人依法制服，并依据有关法律规定对肖某等人给予司法拘留15天的处罚。

近年来，随着法院审理的民事、刑事案件的日渐增多，各地法院在审理和执行过程中遭遇的暴力抗法事件也不断呈现出上升的趋势。因此，警用装备的配备是法律赋予司法警察履行职责、制止违法犯罪行为的必要强制手段，也是司法警察行使国家强制力的表现。

【应知应会】

具体来讲，警用装备的作用主要表现在如下几个方面：

1．防范作用

通过特殊的物质手段，一定程度地限制有违法犯罪活动倾向的人员的活动。

2．震慑作用

通过强制手段警告预谋或正在犯罪的人员，必须打消犯罪念头，立即停止犯罪行为。

3．控制作用

制止违法犯罪分子正在进行的违法犯罪活动，以控制紧急危险局面。

警用装备是人民法院司法警察依法履行职责的必要条件。加强司法警察警用装备建设、提高法警装备的科技含量，有利于审判、监督、侦查等工作的顺利进行，是提高防控能力、提高作战速度、提高司法工作效率的物质保障，是警务活动顺利开展的保证，可减少法警在突发事件中处于危险境地的几率，同时，也是司法警察公正执法的需求，尤其是在目前普遍存在的法警警力不足的状况下，配备齐全的警用装备不仅可以弥补警力的不足，现代高科技武器还可以在出现紧急状况或群体暴力抗法冲击执法部门和执法人员事件中，在不伤害不法之徒的性命的前提下，防止不法侵害进一步扩大，保护法警和执法人员的生命财产安全。

【特别提醒】

熟悉和掌握警用装备的正确使用方法，是司法警察的必备技能，同时也是衡量司法警察业务素质的重要标志。

项目二　警械装备

警械是指司法警察按照规定装备的警棍、催泪弹、高压水枪、特种防暴枪、手铐、脚镣、警绳等警用器械；是司法警察在依法履行职责过程中保存自己实力，警示、打击、制服犯罪分子的必备工具。根据《中华人民共和国人民警察使用警械和武器条例》的规定，人民警察使用的警械按功能可将其分为两大类：驱逐、制服性警械和约束性警械。

一、驱逐、制服性警械

驱逐性、制服性警械包括警棍、催泪弹、高压水枪和特种防暴枪等警用械具。

【应知应会】

（一）驱逐、制服性警械的种类和性能

1. 警棍

警棍是司法警察依法配备和使用的专用警械具，是在执行公务或自卫时所使用的辅助性武器。按其功能分为打击型警棍和电击型警棍两种。

（1）打击型警棍。根据其性能及制作材料的不同，目前司法警察所配备的打击型警棍主要有如下几种类型：

①橡胶警棍：其制作材料为全橡胶，质地坚硬，不易折断（见图 13－1）。

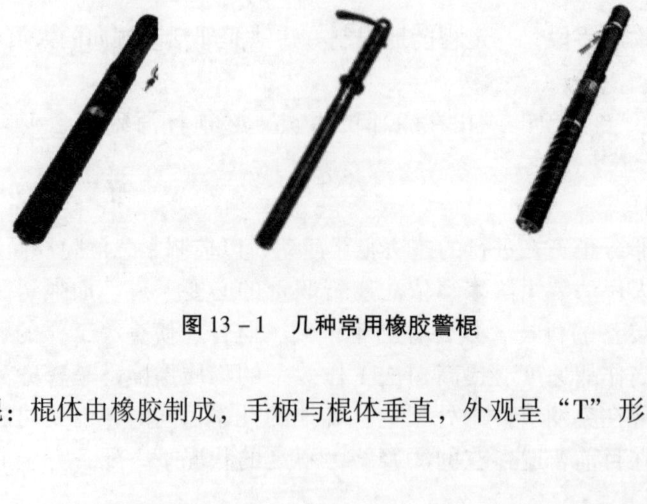

图 13－1　几种常用橡胶警棍

②T 形警棍：棍体由橡胶制成，手柄与棍体垂直，外观呈“T”形（见图 13－2）。

图 13－2　T 形警棍

③伸缩式警棍：棍体由 2 节钢管组成，并分别与 2 根弹簧相连，手柄后端有一块磁铁，用以固定棍体。使用时，按压手柄按钮释放弹簧，棍体即在弹簧的作用下伸出；不用时，将棍体头部向下，在硬物上轻轻一磕，棍体即可收回。该警棍使用灵活方便，便于携带（见图 13－3）。

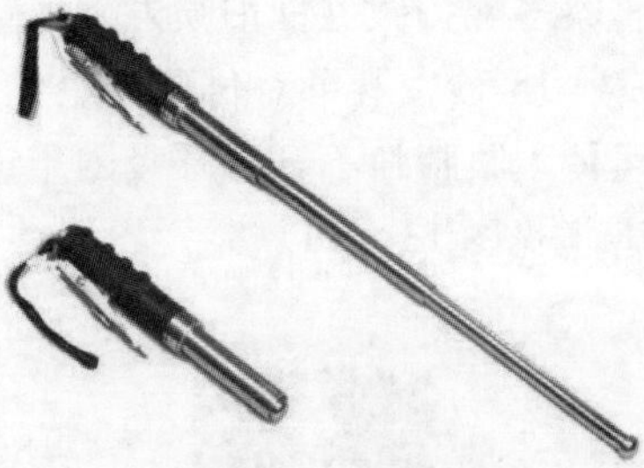

图 13－3　伸缩式警棍

（2）电击型警棍（又称电击器）。电击型警棍通常由内外两层组成，内层为铝合金管，质量轻并且坚固，外层为全橡胶套，起绝缘作用，棍体前端有两个电极并绕有螺旋线。它是用直流换能方法，通过变压器将直流低压转换为 4kV 至 8kV 左右的直流高压，用它接触犯罪分子，可使他们产生紧张及畏惧心理，降低他们的反抗能力。电击型警棍有大电警棍、小电警棍之分。大电警棍主要以电击为主，同时也可以用于攻防格斗或打击。小电警棍则小巧灵活，便于隐藏，主要用于电击，使用时具有进攻突然和电击威力大等独特效果（见图 13－4）。

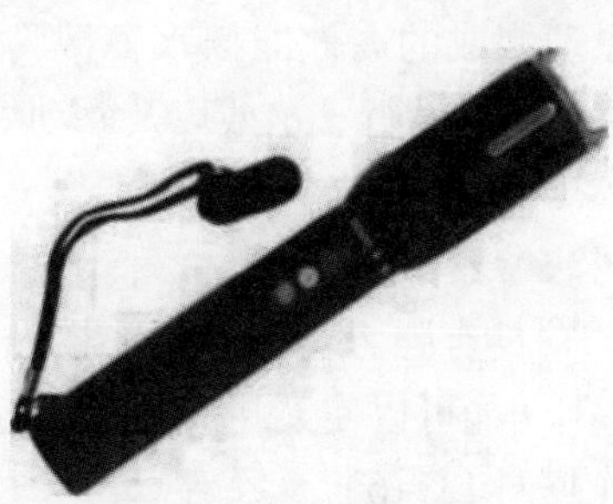

图 13－4　电击型警棍

（3）作用：主要用于打击、驱逐人群。

（4）规定：①国家统一制作和配发，其他任何单位、机关、团体和个人不得擅自制造和仿造。②经营单位——保安器材商店（按批件购买）。③佩带在腰间左侧，棍身垂直同裤线齐平，棍头朝下。

2. 催泪弹

催泪弹又叫催泪瓦斯，是一种可放出催泪气体的防暴警械。最常用的成分为氯苯乙酮（chloroacetophenone，缩写为 CN）与邻氯苯亚甲基丙二腈（o – chlorobenzylidene – malononitrile，缩写为 CS），其中 CS 是目前使用最为广泛的成分。催泪弹中装有镁、铝、硝酸钠、硝酸钡及易挥发的液臭等物质，引爆后能释放出大量瓦斯气体，使人双目流泪而暂时失明，但不会造成实质性伤害，只要离开有毒区域，中毒症状一般在 5 ~ 15 分钟内自行消失。用清水冲洗眼睛、鼻腔或漱口等有助于症状缓解。可以由喷射或手榴弹形式发射，用于对付大规模的非法集会、游行、示威以及暴动等严重危害公共安全、社会秩序的行为，在不造成人员伤亡的情况下又可起到快速驱散的作用。

目前使用的催泪弹主要有两种类型：一种是燃烧型，通过自身的燃烧而产生气体。另一种是爆炸型，通过自身的爆炸而产生气体。两种型号可视具体情况有选择地使用，也可以同时使用。我国司法警察多配备微型催泪喷射器，重量仅有 80 克左右，射程在 4 米的距离内有效，可连续喷射 15 秒，既可对付单个个体，也可对付数人群体。主要成分是高强度浓缩辣椒素，可使人眼睛睁不开、呼吸困难、泪流不止或当场瘫倒在地，但不会对人体造成永久性伤害（见图 13 – 5）。

图 13 – 5　催泪喷射器

3. 高压水枪

高压水枪是一种用气压原理制成的高性能扬水警械具，通常需要装在特种防暴水车上，用于驱逐大规模的非法集会、游行、示威以及暴动等人群。

4. 强光手电

警用强光手电目前也是司法警察必配警械之一，除具有电筒必备功能外，同时还具有攻击与自卫的武器功能。它具有强、弱、爆闪三挡光，照射距离可达 100 米，可视距离达 5 000 米以上，其爆闪功能可以使人在短时间内暂时失明眩晕，能在避免损伤的情况下协助制服犯罪分子（见图 13 – 6）。

图 13－6　强光手电

5．特种防暴枪

特种防暴枪是一种与普通的枪支构造无异而使用特种子弹的防暴械具。其子弹的弹头材料为橡皮、木栓等非致命性软质弹头，可用于对暴乱活动的首要分子或公共场所的危险分子的制服。

6．网枪

【引例 13－4】

【法网恢恢，疏而不漏】日前，北京市某法院组织全体法警在院内进行了使用“网枪”的实战演习。这是该院为了尽快掌握北京市高级法院配发的新警用装备，提高处置突发事件能力而进行的。实战演习中由一名法警持枪，另一名法警充当网枪射击目标。射击状态分为静止中对静止目标、静止中对运动目标（见图 13－7）、运动中对运动目标三种。演习中，大家发现了不少射击技巧，如发射“网枪”时，枪口要与地面保持 30°角，才能使射出的捕捉网完全展开；对固定目标，如对强制执行中持械暴力抗法者射击时，持枪者应距离目标 3～4 米发射；对移动目标，如对刑事被告人脱逃射击时，持枪者在移动中应距离目标 2 米发射等。

图 13－7　法警正在实战演习静止中对移动目标的射击

网枪又名防暴网枪、射网捕捉器等，可分为单发和三连发网枪，有效射程为10米左右，是司法警察在执行任务时为防止犯罪分子或犯罪嫌疑人脱逃而配备使用的一种新型便携式安全防暴网。它外形似手枪，网为高强度尼龙丝编织而成，具有体积小、重量轻、携带方便、易操作、可反复使用等特点。司法警察在追捕脱逃人犯时，将其对准目标，扣动扳机，击发后，形成巨大的推动力，将捕捉网发射出去，网体瞬间将目标罩住，使执法人员及时制服脱逃人犯，避免近距离接触，减少不必要的伤亡（见图13－8）。

图13－8　网枪

（二）驱逐、制服性警械的使用

根据《中华人民共和国人民警察使用警械和武器条例》第7条规定，人民警察在遇到下列情形之一，经警告无效的，可以使用驱逐、制服性警械：

（1）结伙斗殴、殴打他人、寻衅滋事、侮辱妇女或者进行其他流氓活动的。

（2）聚众扰乱车站、码头、民用航空站、运动场等公共场所秩序的。

（3）非法举行集会、游行、示威的。

（4）强行冲越人民警察为履行职责设置的警戒线的。

（5）以暴力方法抗拒或者阻碍人民警察依法履行职责的。

（6）袭击人民警察的。

（7）危害公共安全、社会秩序和公民人身安全的其他行为，需要当场制止的。

（8）法律、行政法规规定可以使用警械的其他情形。

人民警察依照前款规定使用警械，应当以制止违法犯罪行为为限度；当违法犯罪行为得到制止时，应当立即停止使用。

【特别提醒】

驱逐性、制服性警械的使用必须在法律允许的范围内进行，以制止违法犯罪行为为度；当违法犯罪行为得到制止时，应当立即停止使用。警械既不能作为一种处罚手段，也不能作为刑具使用。严禁在不符合法律规定的条件下滥用警械，更要严防因非法使用警械致使犯罪嫌疑人伤残事件的发生。

二、约束性警械

【应知应会】

约束性警械的种类及性能

1. 手铐

手铐是用于锁扣犯罪嫌疑人或罪犯手腕的环形械具。它采用优质合金钢制作，坚固性强，防锈性能好，具有防拔保险功能。司法警察在执行公务时，应将手铐装在铐盒内，并佩戴在身体右后侧的制式腰带上。使用时，可采用前铐、后（背）铐、压铐等方法。为方便警察携带，有时警察也使用指铐，指铐是用于锁扣犯罪嫌疑人或罪犯拇指指节的环形械具。其功能、结构与手铐相似（常用警用手铐见图 13－9）。

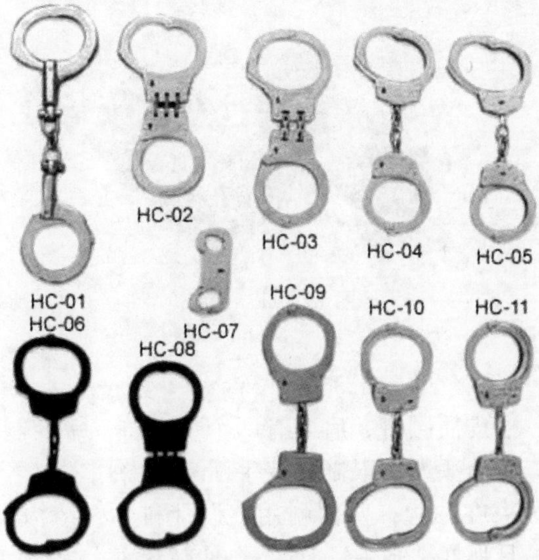

图 13－9　各种警用手铐

2. 脚镣

脚镣是一种用以束缚犯罪嫌疑人或罪犯小腿部的特制锁链。它采用经过防腐和淬火处理的优质钢材制作，具有防生锈、防破坏、防异物开启等功能，保险性强（见图 13－10）。

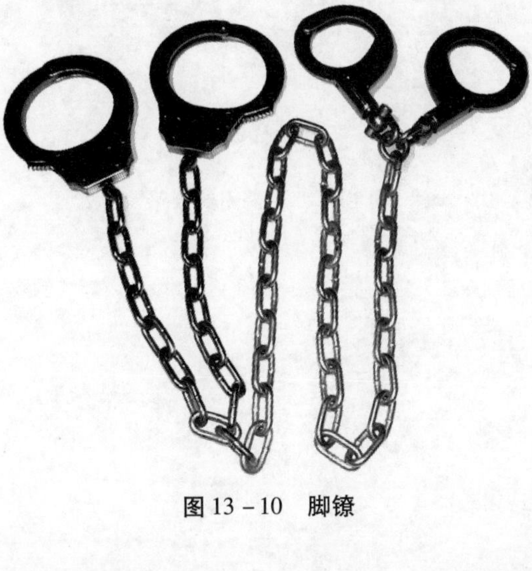

图 13－10　脚镣

3. 警绳

警绳是用于临时看管或押解途中捆绑犯罪嫌疑人或罪犯的专用绳。它一般由棉纱线制成，柔韧性强，防滑效果好。司法警察在执行公务时，应将警绳装在特制的警绳盒内，并佩带在身体左后侧的制式腰带上。警绳的捆绑方法有腕、指、关节捆绑法，臂颈捆绑法等。捆绑时必须注意是以制服犯罪嫌疑人或罪犯为前提，而且捆绑不宜过紧过死，以防血流不畅，导致伤害事故发生（见图 13－11）。

图 13－11　警绳

4. 约束带

警用的约束带是一根皮质腰带，后面有两个可以将双手控制住的套环。是一种适用于警察执行任务时，对违法人员限制其双手活动的警用器材。使用时将约束带绑在违法人员腰间，双手约束在两边，坚固耐用，设计科学，结构合理，操作简单灵活。约束带既不像手铐等械具那样“强硬”，又不会使被约束人受伤，在国外警察中使用得相当普遍（见图 13－12）。

目前，在交通管理中，对于大量酒后驾车拒不接受警察检查者，使用约束带控制的居多（见图 13－13）。

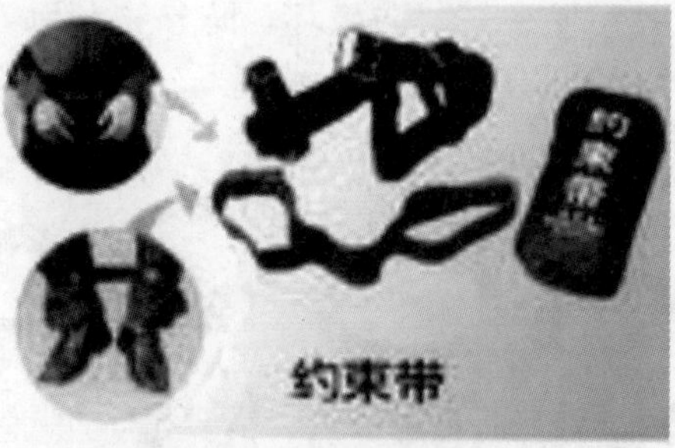

图 13－12　警用约束带

图 13－13　酒后驾车的违法者被系上约束带

根据《中华人民共和国人民警察使用警械和武器条例》第 8 条规定，人民警察依法执行下列任务，遇有违法犯罪分子可能脱逃、行凶、自杀、自伤或者有其他危险行为的，可以使用手铐、脚镣、警绳等约束性警械：

（1）抓获违法犯罪分子或者重大犯罪嫌疑人的；

（2）执行逮捕、拘留、看押、押解、审讯、拘传、强制传唤的；

（3）法律、行政法规规定可以使用警械的其他情形。

【引例 13－5】

2004 年 2 月 18 日，烧焊工王某因涉嫌盗窃被佛山市顺德区公安分局某派出所留置盘问。后经派出所查明是王某老乡骑着他的摩托车行窃，于是将王某释放。但事后王某反映其双手因派出所使用警械发生病变，并向多个检察机关举报派出所某干警刑讯逼供，申请国家赔偿。

受顺德区公安分局督察队的委托，2004 年 7 月 28 日，某大学法医鉴定中心作出的司法鉴定书的结论认为：王某双手肌肉萎缩、神经损害是脊髓空洞症所致。脊髓空洞症是一种先天发育异常，与遗传因素有关，与双手戴手铐无直接关系。

2004 年 10 月 20 日，佛山公安局顺德分局对王某作出不予赔偿决定书。该决定书调查认为，干警是正常合法使用警械手铐，并无王某反映的刑讯逼供的情况。王双手病变是其自身所患脊髓空洞症所致。

【特别提醒】

司法警察依照相关规定使用约束性警械时，以制服犯罪嫌疑人或罪犯为前提，不得故意造成人身伤害。

三、警械的管理

警械应由本单位装备部门集中统一采购、配备和管理，同时建立健全完善的管理使用制度，保证警械装备处于良好使用状态，严防警械滥用。

【应知应会】

（一）保管制度

（1）装备部门应设置专门的装备保管室或专用保管柜，指定专人负责保管。

(2) 建立明细账目，警械交接、领、发或送修都要及时登记，严格履行手续，做到账物相符。

(3) 警械库要坚固，做到防火、防水、防潮、防盗、防丢失等安全防范工作。

(4) 严禁将警械借给其他单位或个人，警械的损失、消耗情况应当及时登记、上报。

(5) 使用的警械应当定期进行维护保养，保证警械处于良好状态。

(二) 颁发、使用制度

警械的颁发要符合法定的范围和要求，并严格履行审批手续，做好登记工作，要规定详细的使用制度，禁止滥用。人民检察院、人民法院只限司法警察公开性佩带和使用警械。配发给个人保管使用的警械，不准转借给外人，要妥善保管，保证随时可以使用。

(三) 培训制度

要建立健全培训制度，对司法警察队伍采取定期或不定期的培训，要求每位法警都要掌握警械的性能和使用技能，都能熟练掌握和使用。

【特别提醒】

司法警察在执行公务过程中，在法律法规没有授权的情况下，不得使用警械，更不得使用警械从事非警务活动。在使用警械制止违法犯罪过程中，要注意掌握使用警械的原则和条件，避免因使用警械不当或者滥用警械而侵犯公民的合法权利。

项目三　武器装备

【引例 13－6】

近日，无锡市中级人民法院在全省法院系统率先配备和启用了设计新颖、结构独特、性能优良的92式警用手枪，并组织法警进行射击训练，掌握新枪性能。

无锡市中级人民法院法警支队组织干警学习钻研先进装备技术，达到了先进装备使警队战斗力倍增的目的和效果，优质高效服务审判。

武器是指司法警察按规定配备的枪支、弹药等致命性警用武器。司法警察装备武器一方面是为了依法执行公务，及时有效地制止犯罪行为，保护国家和人民群众的生命、财产安全。另一方面是为了在必要时能够实施正当防卫，减少伤亡。

【应知应会】

一、武器的种类和性能

目前我国司法警察的武器装备主要有短武器（手枪）和长武器（长枪）两种。

手枪是一种单（双）手发射的短枪，主要用于杀伤近距离内的有生目标。手枪具有外形精美、结构简单、体积小、重量轻、易于隐蔽、携带及使用方便等特点。我国司法警察传统配备的手枪以54式、64式（见图13－14）、77式（见图13－15）为主。其战斗性能的有效射程为50米，战斗射速每分钟约为30发，射击方式为单发，使用7.62毫米手枪普通弹。

近几年来，随着社会情况的变化，轻便、反应迅速、威慑力大已经成为警用枪械的需求趋势。由于54式手枪枪体较大，不利于警察隐蔽携带，加之50余年的使用历史，设计和性能等方面已不能完全满足现代司法警察的实战需求，在部分省市已逐步被淘汰，而代之以92式9毫米口径手枪（见图13－16）。与54式相比，92式新型警用手枪的各方面性能都有很大的改进。它使用先进的DAP 92式9毫米手枪弹，具有轻便、射程远、准确度高、杀伤力强、外形美观等优点，是现代司法警察的理想武器装备之一。

图13－14　64式手枪

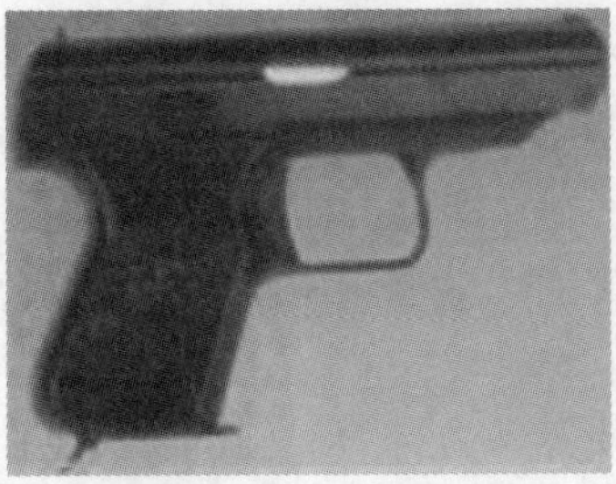

图13－15　77式手枪

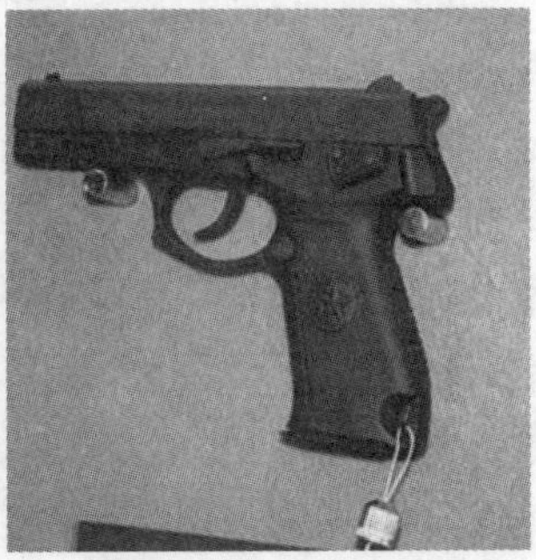

图13－16　92式手枪

长枪包括各种型号的冲锋枪、步枪，主要是以双手发射的武器。与短枪相比，它有射程远、威力大、命中率高等特点，主要用于杀伤远距离的有生目标。目前，我国司法警察配备的长枪主要有79式轻型冲锋枪（见图13－17）、85式轻型冲锋枪和85式狙击步枪（见图13－18）等。冲锋枪的战斗性能为有效射程200米，可短点射，亦可实施长点射及单发射。85式狙击步枪有效射程可达1 000米，战斗射速每分钟30~35发。

图13－17　79式轻型冲锋枪

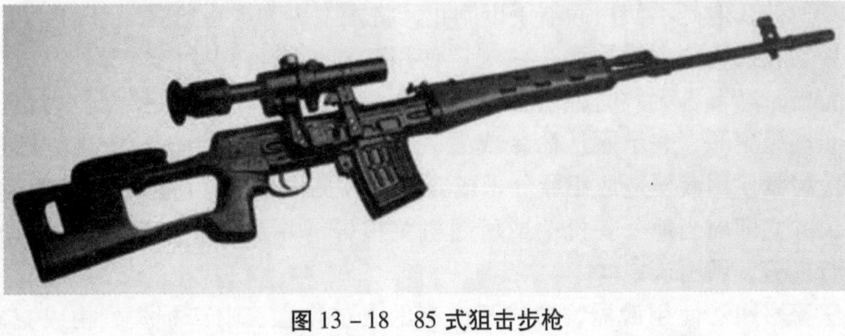

图13－18　85式狙击步枪

二、武器的使用

根据《中华人民共和国人民警察使用警械和武器条例》第 9 条规定，人民警察判明有下列暴力犯罪行为的紧急情形之一，经警告无效的，可以使用武器：

（1）放火、决水、爆炸等严重危害公共安全的。

（2）劫持航空器、船舰、火车、机动车或者驾驶车、船等机动交通工具，故意危害公共安全的。

（3）抢夺、抢劫枪支弹药、爆炸、剧毒等危险物品，严重危害公共安全的。

（4）使用枪支、爆炸、剧毒等危险物品实施犯罪或者以使用枪支、爆炸、剧毒等危险物品相威胁实施犯罪的。

（5）破坏军事、通信、交通、能源、防险等重要设施，足以对公共安全造成严重、紧迫危险的。

（6）实施凶杀、劫持人质等暴力行为，危及公民生命安全的。

（7）国家规定的警卫、守卫、警戒的对象和目标受到暴力袭击、破坏或者有受到暴力袭击、破坏的紧迫危险的。

（8）结伙抢劫或者持械抢劫公私财物的。

（9）聚众械斗、暴乱等严重破坏社会治安秩序，用其他方法不能制止的。

（10）以暴力方法抗拒或者阻碍人民警察依法履行职责或者暴力袭击人民警察，危及人民警察生命安全的。

（11）在押人犯、罪犯聚众骚乱、暴乱、行凶或者脱逃的。

（12）劫夺在押人犯、罪犯的。

（13）实施放火、决水、爆炸、凶杀、抢劫或者其他严重暴力犯罪行为后拒捕、逃跑的。

（14）犯罪分子携带枪支、爆炸、剧毒等危险物品拒捕、逃跑的。

（15）法律、行政法规规定可以使用武器的其他情形。

人民警察依照前款规定使用武器，来不及警告或者警告后可能导致更为严重危害后果的，可以直接使用武器。

但在下列情况下，不得使用武器：

（1）发现实施犯罪的人为怀孕妇女、儿童的，但是使用枪支、爆炸、剧毒等危险物品实施暴力犯罪的除外。

（2）犯罪分子处于群众聚集的场所或者存放大量易燃、易爆、剧毒、放射性等危险物品的场所的，但是不使用武器予以制止，将发生更为严重危害后果的除外。

司法警察在执行公务时依照法律规定使用武器，除特别紧急情况外，应当先行口头或鸣枪警告，经警告无效时，可向实施犯罪行为的犯罪分子次要部位射击，一旦犯罪分子停止实施犯罪，表示服从命令或失去继续实施犯罪能力的，应当立即停止使用武器。人民警察使用武器造成犯罪分子或者无辜人员伤亡的，应当及时抢救受伤人员，保护现场，并立即向当地公安机关或所属机关报告，并及时通知当地人民检察院对射击现场进行勘验，做出认定。

对司法警察违法使用武器，造成不应有的人员伤亡、财产损失，构成犯罪的，应依法追究其刑事责任；尚不构成犯罪的，依法给予行政处分；对受到伤亡或者财产损失的人员，由司法警察所属机关依照《中华人民共和国国家赔偿法》的有关规定给予赔偿。

对司法警察依法使用武器，造成无辜人员伤亡或者财产损失的，由司法警察所属机关参照《中华人民共和国国家赔偿法》的有关规定给予补偿。

三、武器的管理

武器具有强的杀伤力，如果管理不善，将会带来很大的危害。因此，必须建立完善的管理制度，对武器做好认真而又严肃的管理。

（一）登记统计制度

建立武器统计簿和技术档案，准确登记、统计武器、弹药的名称、式别、号码、数量、批次和配套情况。武器装备的配发、增减要及时认真进行登记、统计，严格出入库手续，定期上报实际统计情况。

（二）保管制度

武器装备的保管要符合战备、安全和技术要求，要有专门库室存放，对枪支弹药要分库存放，库室要做到“四防”（防潮、防火、防盗、防尘），达到“四无”（无丢失、无损坏、无锈蚀、无霉烂变质），安全方面要做到“三铁一器”（铁门、铁窗、铁栏、报警器）。武器装备要有专人负责管理，严禁无关人员进入。因训练、值勤使用枪支，用后必须及时收回入库，任何人都不得将武器带回家过夜。对库室的安全设施，主管领导要每周检查一次，确保武器装备安全，防止发生各类事故。

（三）使用制度

严格执行使用枪支弹药的审批程序，履行持枪手续，司法警察确因执行任务需使用枪支时，由值班领导批准后登记领取，执行完公务后交回；对配发给司法警察个人使用的专用手枪，由本人负责妥善保管，严禁任何个人私自将专用手枪转借、转让、赠送、变卖和调换，严防被抢、被盗、丢失或其他事故发生。

（四）擦拭保养制度

个人专用手枪的持有人和公用武器的保管人员应经常对枪支等进行检查、擦拭、校正、上油、维修和保养；平时训练和实弹射击后，也要及时擦拭保养，防止锈蚀变质，使武器装备处于良好状态；如发现有不能安全使用的枪支，应当及时报废，并严格按照国家有关枪支报废制度处理。

（五）交接制度

武器装备需要调动、调整或变换保管人员时，要及时交接武器装备的管理情况，认真清点所掌握武器装备的数目、质量情况，严格办理交接手续，交接双方要签字盖章，防止发生差错。对于领交、送修的武器装备要认真清点，及时登记，健全手续。

（六）加强教育，严格执行纪律

对司法警察使用枪支的情况要经常进行教育，提高他们的思想认识和遵守有关纪律的自觉性，严格履行手续。司法警察非执行公务时不得携带枪支，因执行公务外出而携带枪支者必须确保安全。如不能遵守纪律要求，或因使用不当而造成事故的，应当给予行政处分或刑事处罚。

【特别提醒】

司法警察在配发使用枪支前，要经过专门训练，掌握枪支的性能和使用方法，确保安全。

司法警察携带使用枪支，必须持公安部或省、自治区、直辖市的公安厅（局）颁发的《持枪证》，并应在禁止携带枪支的区域或场所以外携带和使用枪支。

项目四　交通、通信装备

随着社会形势发展和科技不断进步，司法警察的日常工作模式也将发生显著的变化。一些科技含量较高、实用性较强的新式警用装备，如防暴枪、催泪弹、网枪，以及用于个人防护的防暴盾牌、头盔等相继问世，替代了以往传统单一的依赖于枪支的出警模式。这类装备的突出特点是无杀伤力或杀伤力很小，重在迅速制服犯罪和防护自身。与此相适应，司法警察必须依托必要的交通和通信工具才能实现快速反应，因此，对现代司法警察的警用交通、通信装备必须予以充分保证。

一、交通装备

【应知应会】

（一）交通装备的概念和种类

交通装备是指人民检察院、人民法院基于司法警察执行公务的需要而使用的各种车辆、船只、马匹和飞机等交通工具。我国目前司法警察交通工具的配置，主要是以车辆为主，其中包括警车、囚车、生活车、摩托车等。而车辆型号有吉普车、面包车、轿车、卡车、大小型客车、二轮摩托车、三轮摩托车等。

（二）交通装备的使用

警用交通装备仅供司法警察履行职责时使用。司乘人员应当经过安全教育和专门训练并在领取有关合格证后，方可使用。使用中应当自觉遵守交通规则，主动听从公安、交通等有关部门的指挥、检查和监督。对使用的交通工具应经常进行检查、维修和保养，确保启动快速、安全可靠、性能完好。

（三）交通装备的管理

司法警察专用的交通装备，应归专门部门统一管理，使用时要履行有关审批手续，做好登记工作。确定专门的司乘人员，加强组织纪律教育和业务培训，制定使用和维修保养制度。要有专门的库房，分类存放。对违反交通法规和有关规定造成伤害的，应给予行政处分或刑事处罚。

【特别提醒】

驾驶警车必须着统一制式服装，携带驾驶证、行驶证和人民警察证（或警车所属单位系统的工作证）。驾驶警车必须服从交通警察和警务督察人员的检查和纠察。

警车不准配给个人作交通工具，不准用于办私事，不准乘载与执行公务无关的人员。非执行公务不准将警车停放在高级宾馆、饭店或娱乐场所门口。

严禁挪用、转借警车牌证和将警车转借给警车使用范围以外的单位和个人。

二、通信装备

现代社会早已跨入了信息化和高科技时代，尤其是法院审判工作正在逐步被要求面向社会公正、公开审理，司法透明度要求越来越高，这些都对与法警业务有关的各种通信设施提出了愈来愈高的要求。

【应知应会】

（一）通信装备的概念和种类

通信装备是指司法警察相互联系、沟通信息、畅通指挥、及时反馈的重要工具。主要包括电话、对讲机、无线电发射机、无线电接收机、传真机等。

（二）通信装备的使用

通信装备由于器材门类很多，有一定的技术要求和操作程序。因此，在对通信器材使用的过程中，要进行技术和操作程序的培训。掌握通信器材的技术性能、功效和操作要求，防止出现差错。

（三）通信装备的管理

通信装备要建立专人保管、维修和保养制度。对大型通信器材要有专门的库房进行存放，并能做到防潮、防火、防水、防盗、通风。对具体管理人员要加强纪律教育，认真履行职责，严防各种事故的发生。对违反操作和纪律要求造成差错和事故的，要给予相应处分。

【特别提醒】

司法警察配备的通信装备是专门用于工作和执勤通信的工具，工作时间要保持设备畅通、随叫随到。使用通信设备应语言简短明了、文明规范。禁止使用通信设备嬉笑、闲谈与公务无关的内容，禁止将通信设备用于非公务用途。

随着社会的发展和科技的进步，警用装备的内涵和外延也随着科技的发展而不断延伸，未来警用装备必将朝着轻便化、舒适化、模块化、系列化、专业化、智能化、多功能化的方向发展。

附录 人民法院司法警察警用装备配备标准

最高人民法院关于印发《人民法院司法警察警用装备配备标准》的通知（2006 年 4 月 3 日 法发〔2006〕8 号）

各省、自治区、直辖市高级人民法院，解放军军事法院，新疆维吾尔自治区高级人民法院生产建设兵团分院：

现将《人民法院司法警察警用装备配备标准》（以下简称《标准》）印发给你们，请遵照执行。警用装备建设是人民法院司法警察队伍建设的重要组成部分，各级人民法院要将此事列入重要议事日程，切实抓紧抓好。各主管部门要根据《标准》所列的项目、数量，将警用装备建设列入每年的工作计划，与司法警察部门密切配合，保证此项工作的顺利进行。

为保障人民法院审判工作的顺利进行，保证审判人员和诉讼参与人的人身安全，提高司法警察依法履行职责的能力，根据《中华人民共和国人民警察法》、《人民法院司法警察暂行条例》等有关规定，参照公安部《人民警察装备配备标准》，依据人民法院司法警察所担负的任务和职责，从司法警察的工作实际需要出发，制定本标准。

一、各级人民法院负责本院警用装备的经费、购置及配备；

二、警用装备是人民法院司法警察依法履行职责的必要条件，各级人民法院应当按照规定的项目和数量配备齐全，保障司法警察能够顺利完成各项工作任务和处置各类突发事件，保护司法警察的人身安全；

三、警用装备的配备应当坚持保障必需、不断完善、实用高效、安全可靠的原则。案件数量较多和任务较重的人民法院应当根据实际情况，经有关部门同意后，在装备配备的项目和数量上可高于本标准；

四、各级人民法院应当根据警用装备的年度配备计划，积极与有关部门进行协调，设立警用装备专项资金，并做到专款专用，按照标准配齐、配全警用装备，并根据相关规定和使用情况，对警用装备及时进行更新；

五、各级人民法院对警用装备要严格管理，建立健全管理及使用制度，防止警用装备丢失、损毁，严格禁止非警务人员使用警械具，严格禁止司法警察违法使用警械具；

六、武器的配备依照《人民法院司法警察公务用枪配备标准》执行，司法警察部门配备的枪支，只由司法警察部门使用，司法警察部门不具备保管条件而由其他部门保管的，要保证司法警察公务用枪；

七、各级人民法院应当根据案件数量和工作的需要，结合本院车辆的实际情况，配备足够的专用囚车和指挥车，以保证押解、执行、送达等任务的顺利完成，不得私自对囚车等警用车辆进行改装，以保证工作安全；

八、本标准自下发之日起执行；

九、各级人民法院在执行过程中如有问题，应及时呈报最高人民法院主管部门。

附件：

人民法院司法警察警用装备配备标准表

配备项目	单　位	法警总队	法警支队	法警大队	配备类型
一、警械					
1. 手铐	副/人	2/1	2/1	1/1	必配
2. 电警棍	支/人	1/1	1/1	1/1	必配
3. 橡胶警棍	支/人	1/1	1/1	1/1	必配
4. T形警棍	支/人	1/2	1/2	1/2	可配
5. 警绳	条/人	1/2	1/1	1/2	必配
6. 警戒带	套	5	5	3	必配
7. 强光手电	支/人	1/2	1/2	1/3	必配
8. 脚镣	副	5	10	5	可配
9. 电子脚镣	副	10	15	10	可配
10. 警械专用柜	组	2	4	2	必配

（续上表）

配备项目	单　位	法警总队	法警支队	法警大队	配备类型
二、通信工具					
1. 车载电台	台/车	1/1	1/1	1/1	可配
2. 对讲机	台/人	1/1	1/1	1/1	必配
三、防暴器材					
1. 防暴枪	支	1	1	1	可配
2. 网枪	支	2	4	2	必配
3. 防爆桶	个	1	1	1	可配
4. 盾牌	个/人	1/4	1/2	1/2	必配
5. 排爆服	套	1	1	1	可配
6. 搜爆服	套	1	1	1	可配
7. 防火服	套	3	3	2	可配
8. 防火毯	个	1	1	1	必配
四、防护器材					
1. 防弹头盔	顶/人	1/3	1/1	1/3	必配
2. 防暴头盔	顶/人	1/1	1/1	1/1	必配
3. 防弹背心	件/人	1/5	1/5	1/5	必配
4. 防刺背心	件/人	1/1	1/1	1/1	必配
5. 防割手套	件/人	1/1	1/1	1/1	必配
6. 防沾染隔离服	件/人	1/5	1/5	1/5	可配
7. 消毒柜	个	1	1	1	必配
8. 消毒灯	个	2	4	2	必配
五、安检设备					
1. 安检门	个	1	1	1	必配
2. X 光射线监测仪	台	1	1	1	可配
3. 手持金属探测器	个	3	4	2	必配
4. 存包柜	组	2	2	1	可配
六、监控设备					
1. 羁押室监控	套	1	1	1	必配
2. 摄像机	台	1	1	1	可配
3. 照相机	台	1	1	1	可配
4. 电脑	台/人	1/2	1/2	1/3	可配
5. 录音笔	支	2	2	1	可配

项目五　技能训练

技能训练一　网枪的使用

一、训练内容

掌握网枪的使用及网筒的组装。

二、训练目的与要求

通过训练，使参训者能正确掌握网枪、网筒的正确组装，并能在追缉逃跑的犯罪嫌疑人时正确使用网枪抓捕。

三、训练前的准备

网枪，网筒，带有空包弹的弹夹。

四、训练方法与步骤

（一）网枪的使用方法

粤盾牌 ZBW－B 型抓捕网主要由发射器和网筒（内装捕捉网）两部分组成。其中发射器是由网筒接口、滑套、保险环、按键、手柄等组成。专用弹匣里装有 51 式 7.62mm 空包弹，弹夹与空包弹结为一体。网筒由筒体、高强纤维网、8 个带橡胶帽的牵引头、基座等组成（见图 13－19）。

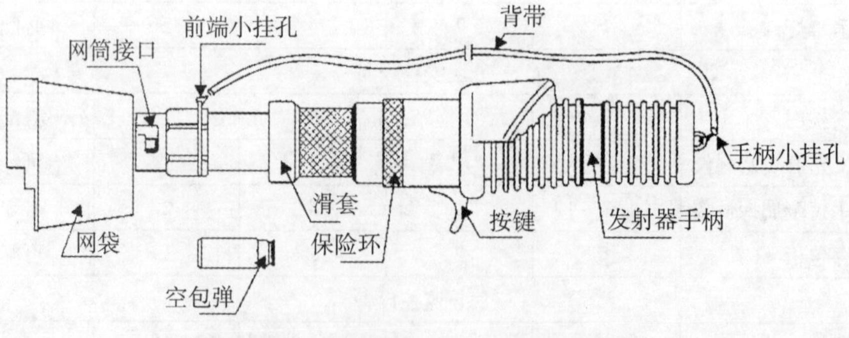

图 13－19　粤盾牌 ZBW－B 型网枪结构图

第一步：装网筒，拧紧到位

发射器按键朝下握紧，将网筒的接头部位如图 20 所示方向的位置，套在发射器前端卡口上，网筒卡入后向左用力，旋紧到位。整套动作如同装插口灯泡一样，如图 13－20、图 13－21 所示。

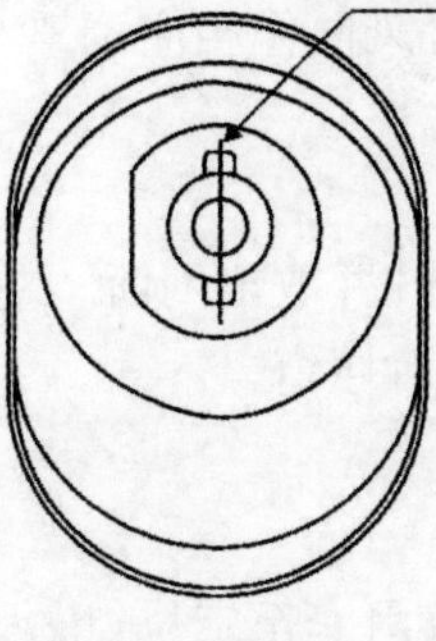

图 13－20

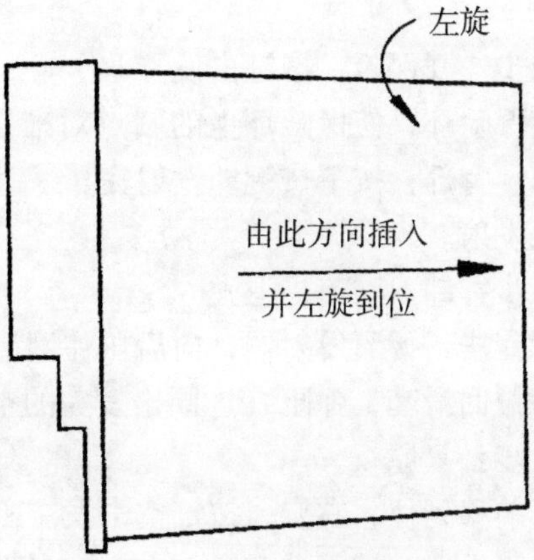

图 13－21

第二步：拉滑套上膛，旋上保险

如图 13－22 所示，将滑套先左旋再由虚线位置往后拉，直到挂上膛，再向右旋转保险环，使保险环上的圆点对准发射器上的“关”字，此时露出弹匣窗的位置。

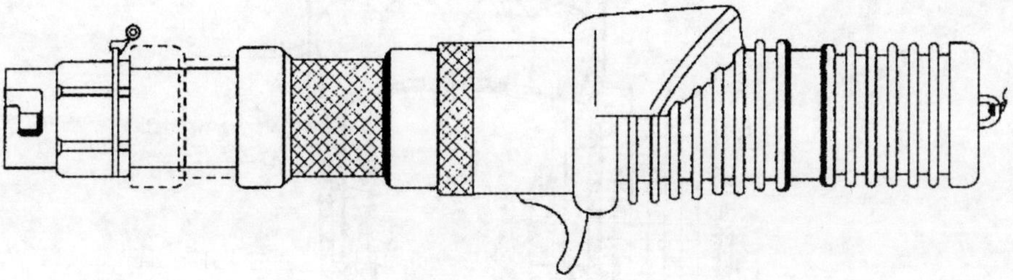

图 13－22

第三步：装弹匣，关弹匣窗

如图 13－23 所示，把弹匣（装有空包弹）有锥的方向朝前，并从弹匣窗放入发射器内，直到整个弹匣平稳放入发射器内，然后前移滑套到限位点（即将滑套移至虚线所示位置）再右旋锁紧，封闭弹匣窗。注意向前移、向右旋滑套均稍用力，以免滑套未到位松脱。

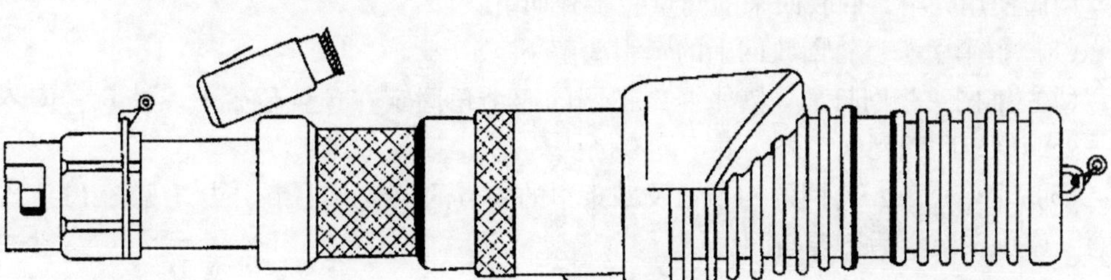

图 13－23

第四步：开保险，按键击发

左旋保险环，使保险环上的圆点对准发射击器上的“开”字，即打开了保险。瞄准目标胸、背部，按下按键即发射完毕。发射时应根据当时风向作相应调整。应尽量避免逆风发射。

第五步：卸下网筒，退弹

发射完毕，握紧发射器，向后压住网筒并向右旋转，松开并取出网筒。左旋滑套，然后往后拉回滑套，弹匣（连同击发完的空包弹）自动跳出弹匣窗。

第六步：复原

滑套前移到位，右旋，按键空击发。

如取消发射，按下述步骤操作：右旋保险，左旋并后移滑套至定位点，弹匣自动跳出弹匣窗。卸下网筒，先前移滑套再右旋滑套，左旋保险环打开保险，按键空击发。

（二）网筒组装方法

网筒的结构如图 13－24 所示：

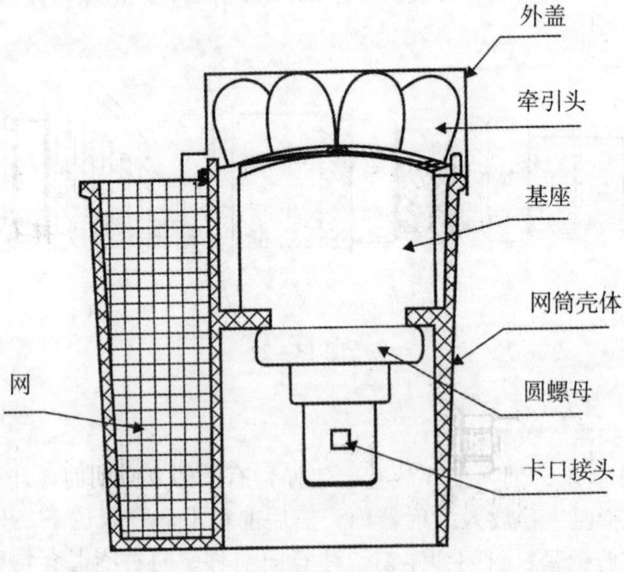

图 13－24

网筒使用完毕，回收回来的网重装步骤如下：

（1）解牵引头：将回收网上的牵引头解下。

（2）铺网：将网打散，铺张开，把网的四个角固定在预置位置上。注意：网不能有一处缠绕；除织网线头外网线不能有断头。

（3）上牵引头：将网的四个角及四条边的中点的引线套上牵引头（见图 13－25）。注意：牵引头装上后不要与网缠绕。

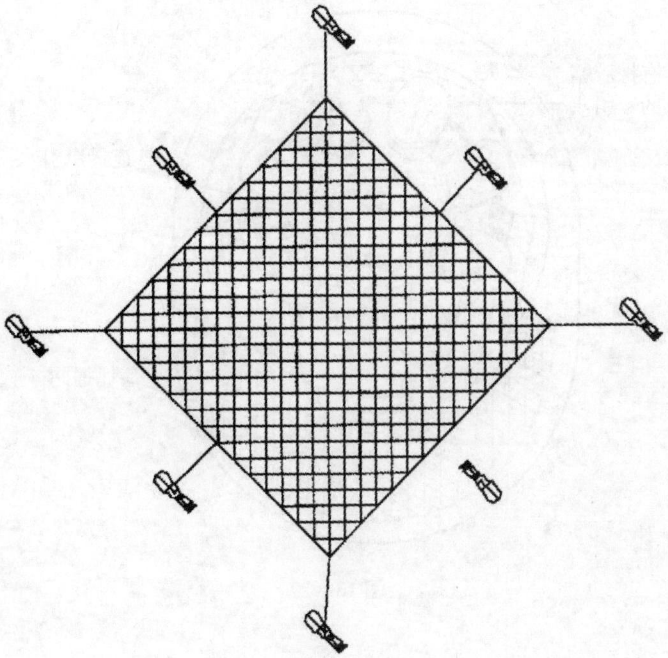

图 13－25

（4）收网：从任意一个牵引头起，按顺序拾取牵引头并顺序装入卡板上（见图 13－26）。注意：牵引头必须按 1、2、3……8 顺序环绕排放在卡板上；排放好的牵引头使整个网形成一个兜状；各牵引头之间的边线长度基本一致。

（5）装网：将网筒的装网区朝着身体外，将卡板举高，把网理顺，从最下部开始将网顺序折叠（约 60cm 长）握在手中，然后把网底部朝下装进网筒装网部，其余部分按上一步顺序，折叠装入并压实。注意：网折叠前要理顺，不能有异物附着其上；装网全过程卡板垂直移动，网线与卡板保持垂直；要按顺序折叠、有层次地装入，网不能扭转。

（6）固定牵引头：把卡板调整好让连接牵引头的线不扭转，然后把牵引头分成左（1、2、3、4）右（5、6、7、8）各四个，对照牵引头在卡板上的位置将牵引头从远到近装入基座的孔内，将左、右各四根连接牵引头的线用网筒上的分线柱分隔开，并按从内向外的顺序卡在网筒的分线槽里，用海绵垫盖住装网区（见图 13－27）。注意：连接牵引头的线不能交叉、重叠；牵引头要装到位。

图 13－26

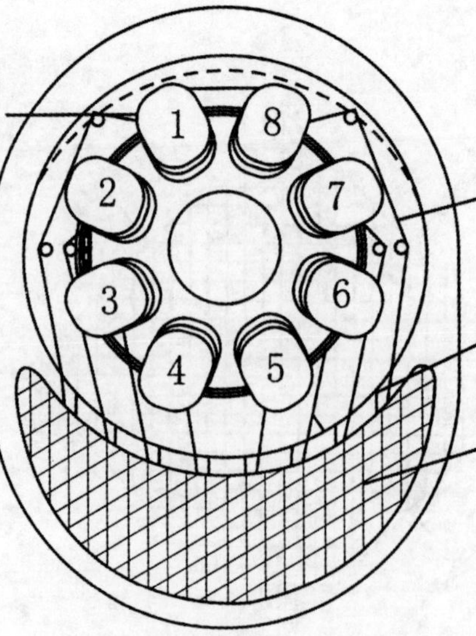

图 13－27

（7）封口：检查 8 个牵引头上是否装有橡胶帽，盖上外盖，压实边沿。注意：橡胶帽是否齐全；检查连接牵引头的线有没有交叉、重叠；壳盖与壳体要对正盖入，表面要平，四周压紧。

（三）训练的过程与分工

学生分为三组，一组扮演逃跑的犯罪嫌疑人，一组扮演民警，另外一组收拾抓捕网并装好网筒，以备下次使用。警察在执勤过程中，遇到违法犯罪嫌疑人员，正要抓他，但是犯罪嫌疑人逃跑了，警察追赶到一定距离后，击发网枪，弹出抓捕网，罩住犯罪嫌疑人，将其抓获。三组队员轮流扮演不同的角色。

五、注意事项

（1）发射时应握紧手把，以防因后坐力过大脱手。

（2）严格按照操作要求执行网枪的发射。

（3）注意网筒的组装应严格遵守各项要求。

（4）取消发射时，应注意执行取消操作，不可直接放下网枪。

六、考核方式及标准

（一）考核方式

（1）教师审查学生的操作过程。

（2）学生之间互相审查操作过程并作出评议，最后由教师总结。

（二）考核标准

四级评分制。

优秀：能熟练操作网枪，熟练并正确组装网筒，恰当地击发网枪以抓捕逃跑的犯罪嫌疑人。

良好：能较熟练操作网枪，比较熟练网筒的组装，能击发网枪抓捕逃跑的犯罪嫌疑人。

及格：基本能正确操作网枪，基本正确组装网筒，能朝逃跑的犯罪嫌疑人击发网枪，射出抓捕网。

不及格：不能正确操作网枪，不懂得组装网筒，击发网枪不成功。

七、思考题

1. 在什么情况下需要使用网枪？
2. 击发网枪的操作过程要遵守哪几个步骤？
3. 网筒组装过程中有哪些细节容易出现问题？组装过程应特别注意的是什么？
4. 在与逃跑的对象距离多远处击发网枪合适？

八、示范案例

【示范案例】

某日上午9时左右，巡警王某和李某刚刚来到火车站广场巡逻。听到有人大喊："抢东西啊！"顺着声音传来的方向望去，东广场上有一个人提着一个皮夹子正快速地向西方向跑去。王某和李某急忙追上前去，并大喊："我是警察！前面在跑的人请停下！停下！"在距嫌疑人约6米处时，击发了网枪，罩住了犯罪嫌疑人。随后将其扭送火车站派出所作进一步调查。

【训练要求】

（1）民警组正确发射网枪，抓捕犯罪嫌疑人。

（2）收网组在嫌疑人被带走后，进行收网、装网。

【训练提示】

（1）当听到叫声后急速追赶可疑人员。

（2）要向怀疑对象喊停。

（3）对方不停下，在追至距对象5~10米处对准对象发射网枪，将其抓获。

（4）等警察与犯罪嫌疑人离开后，收网组进行收网、装网。

九、训练案例

【训练案例1】

民警张某在北京路上巡逻时，有一女群众报案，说前面有个男子抢了她的手提包，正往北京南路方向跑去。张某随即朝北京南路方向追去。很快看到一名男子手里拿着一个女性手提包正跑着，张大声对其喊："我是警察。前面正在跑的男子，请你停下！"嫌疑人没有停下。当追至距嫌疑人约8米处时，张某发射了网枪，成功将嫌疑人抓获。

【训练要求】

（1）扮演警察组的学生正确发射网枪，抓捕犯罪嫌疑人。

（2）收网组的学生等警察把嫌疑人带走后，正确收网、装网，以备下一组用。

【训练案例2】

民警赵某在人民广场巡逻时，发现一男子形迹可疑，见到警察拔腿就跑。凭着警察的直觉，赵某觉得此人可疑，于是追上去，并对其喊停。该男子不但不停，反而加速。赵某追至距可疑人员5米处，发射网枪，将其抓获。后经盘查，该男子刚进行了毒品交易，身上携带毒品1千克。

【训练要求】

（1）扮演警察组的学生正确发射网枪，抓捕可疑人员。

（2）收网组的学生等警察把可疑人员带走后，正确收网、装网，以备下次使用。

参考文献

［1］金川．司法警察概论．北京：中国政法大学出版社，2003

［2］胡建江．司法警察工作教程．北京：中国政法大学出版社，2006

［3］王继平．人民法院司法警察工作指南（上、下册）．北京：昆仑出版社，2006

［4］何平．司法警察队伍规范化建设与公正执法实务全书（上、中、下分册）．合肥：安徽文化音像出版社，2004

［5］黄素萍．司法机关组织法．北京：中国政法大学出版社，2006

［6］金川．法院执行原理与实务．北京：中国政法大学出版社，2006

［7］王少波．人民法院司法礼仪手册．北京：中国法制出版社，2010

图书在版编目（CIP）数据

司法警察实务/周静茹，金琳主编；陈汉彬，龚亭亭副主编．—广州：暨南大学出版社，2011.8（2021.6重印）
（高等法律职业教育系列教材）
ISBN 978-7-81135-726-4

Ⅰ.①司… Ⅱ.①周… ②金… ③陈… ④龚… Ⅲ.①司法—警察—中国—高等学校；技术学校—教材 Ⅳ.①D926.17

中国版本图书馆CIP数据核字(2011)第000608号

司法警察实务
SIFA JINGCHA SHIWU
主　编：周静茹　金　琳　副主编：陈汉彬　龚亭亭

出 版 人： 张晋升
责任编辑： 付有明
责任校对： 胡艳晴　周明恩
责任印制： 周一丹　郑玉婷

出版发行： 暨南大学出版社（510630）
电　　话： 总编室（8620）85221601
营销部（8620）85225284　85228291　85228292　85226712
传　　真：（8620）85221583（办公室）　85223774（营销部）
网　　址： http：//www.jnupress.com
排　　版： 广州市天河星辰文化发展部照排中心
印　　刷： 湛江日报社印刷厂
开　　本： 787mm×1092mm　1/16
印　　张： 21
字　　数： 493千
版　　次： 2011年8月第1版
印　　次： 2021年6月第9次
印　　数： 10251—11750册
定　　价： 41.00元